郑州市地方志“一体两翼”工程

The “One Body Two Wings ” Project of Zhengzhou’s Local Chronicles

郑州地情报告

2020

郑州市地方史志编纂委员会　主办
郑州市地方史志办公室　编著

中国水利水电出版社
www.waterpub.com.cn
·北京·

图书在版编目（CIP）数据

郑州地情报告. 2020 / 郑州市地方史志办公室编著
. -- 北京 : 中国水利水电出版社, 2020.12
ISBN 978-7-5170-9372-5

Ⅰ. ①郑… Ⅱ. ①郑… Ⅲ. ①郑州－概况－2020
Ⅳ. ①K926.11

中国版本图书馆CIP数据核字(2021)第054755号

选题策划：马爱梅　宋建娜　李慧君
责任编辑：李慧君

书　　名	**郑州地情报告（2020）** ZHENGZHOU DIQING BAOGAO（2020）
作　　者	郑州市地方史志办公室　编著
出版发行	中国水利水电出版社 （北京市海淀区玉渊潭南路1号D座　100038） 网址：www.waterpub.com.cn E-mail：sales@waterpub.com.cn 电话：（010）68367658（营销中心）
经　　售	北京科水图书销售中心（零售） 电话：（010）88383994、63202643、68545874 全国各地新华书店和相关出版物销售网点
排　　版	中国水利水电出版社微机排版中心
印　　刷	北京印匠彩色印刷有限公司
规　　格	167mm×237mm　16开本　29.25印张　434千字
版　　次	2020年12月第1版　2020年12月第1次印刷
定　　价	**78.00**元

《郑州地情报告（2020）》编委会

编纂说明

一、《郑州地情报告》以马克思列宁主义、毛泽东思想、邓小平理论、“三个代表”重要思想、科学发展观、习近平新时代中国特色社会主义思想为指导，认真学习贯彻落实党的十九大精神，党的十九届二中、三中、四中、五中全会精神，坚持辩证唯物主义和历史唯物主义立场、观点和方法，继承和发扬我国优秀文化传统，积极服务郑州市国家中心城市建设大局，提高地方志资源开发利用水平，客观翔实地记述郑州市在经济建设、政治建设、文化建设、社会建设、生态文明建设方面的发展状况，力求达到思想性、资料性、科学性的统一。

二、《郑州地情报告》由郑州市地方史志编纂委员会主办，郑州市地方史志办公室编著。该报告以推行地方志资料年报制度为依托，充分反映郑州国家中心城市建设的工作实践，是系统记述本行政区域政治、经济、文化、社会和生态等方面情况的年度资料性文献，为机关、企事业单位等组织及外来投资者和社会各界人士了解郑州、研究郑州、建设郑州提供丰富翔实的地情资料。

三、《郑州地情报告》以出版年号为卷次名称，自 2018 年创刊以来，每年出版一卷。

四、《郑州地情报告》总体结构划分为 3 个部分：第一部分为总报告。第二部分为专题报告，收录各开发区、区县（市），部分市委部委、市直机关、人民团体的年度工作报告，突出展示各方面重点、亮点工作成效。第三部分为调研报告，收录部分开发区、区县（市），市委部委、市直机关、人民团体的专题调研报告，对一些全局性、典型性课题进行深入调查研究。

五、《郑州地情报告》所辑录的内容由各开发区、区县（市），市直各部、委、办、局等单位组织提供，均经各供稿单位审核。

六、《郑州地情报告》在组稿、编撰、印刷、发行过程中得到各有关部门和领导的大力支持，撰写人员付出了艰辛努力，在此一并谢忱。本卷《郑州地情报告》中的疏漏和错误之处，敬请专家和读者批评指正。

郑州市地方史志办公室

2020 年 11 月

目录

Ⅰ 总报告

Ⅱ 专题报告

Ⅲ 调研报告

I

总报告

中共郑州市委
关于 2019 年全面工作情况的报告

中共郑州市委

2019 年，在省委的坚强领导下，中共郑州市委坚持以习近平新时代中国特色社会主义思想为指导，全面贯彻党的十九大和十九届二中、三中、四中全会精神，深入贯彻习近平总书记关于河南工作的重要讲话和指示批示精神，认真落实中央和省委各项决策部署，坚持新发展理念和以人民为中心的发展思想，坚持“稳中求进”总基调，统筹推进“五位一体”总体布局和协调推进“四个全面”战略布局，团结带领全市上下把握方向、凝心聚力、真抓实干，促进经济社会实现持续健康发展，党的建设全面加强，各项工作取得新的成效。

一、坚持以政治建设为统领，聚焦抓好事关全局的大事要事

郑州市委坚持把政治建设摆在首位，树牢“四个意识”、坚定“四个自信”、做到“两个维护”，始终在政治立场、政治方向、政治原则、政治道路上同以习近平同志为核心的党中央保持高度一致，坚定不移地推进中央决策、省委部署在郑州落地见效。

（一）推进习近平新时代中国特色社会主义思想落地落实。坚持把学习贯彻习近平新时代中国特色社会主义思想作为首要政治任务，从市委常委会做起，完善学习制度，增强学习自觉，运用“五学”方式，强化学习效果。市委理论学习中心组设置 20 个学习专题、开展集体学习研讨 10 次，市委常委会及时跟进学习，班子成员积极自学，带头深入高校、基层宣讲促学，不断深化思想认识。狠抓各级中心组学习责任和制度落实，持续开展“万名支部书记大轮训”“万名党员进党校”，培训干部 6300 余人次，培训基层党支部书记 2 万余人，培训党员 24.1 万人次，广大党员干部践行“四个意识”“四个自信”“两个维护”更加坚定自觉。

（二）深入贯彻习近平视察河南工作重要讲话精神，高质量推进国家中心城市建设的理念路径更加明晰。坚持把学习贯彻习近平总书记在参加十三届全国人大二次会议河南代表团审议、在促进中部地区崛起座谈会上等重要讲话精神作为重中之重，落实全省对外开放大会部署，召开了市委十一届十次全会，明确了“东强、南动、西美、北静、中优、外联”的城市功能布局，细化落实省委“三个在”的目标定位，形成了高水平扩大对外开放、进一步加快国家中心城市建设的思路理念和工作体系。9 月 16—18 日，习近平总书记视察河南，在郑州发表重要讲话，确定了黄河流域生态保护和高质量发展的战略部署，全市广大党员干部和人民群众受到了极大鼓舞。我们先后召开市委常委会、市委理论中心组学习会、全市领导干部会，深入学习宣传贯彻总书记重要讲话精神，组织开展专题调研活动，结合贯彻党的十九届四中全会、中央经济工作会议和中央财经委第五次会议精神，按照省委十届十次全会和省委经济工作会议部署，召开了市委十一届十一次全会，确立了把牢“贯彻落实黄河流域生态保护和高质量发展、中部地区崛起、对外开放三大国家战略，加快国家中心城市建设，加快形成更高水平的高质量发展区域增长极”这一方向，坚持省委赋予郑州“三个在”的工作要求，坚持“东强、南动、西美、北静、中优、外联”城市发展布局，坚持以系列三年行动计划为工作抓手，突出“五个更加注重”，统筹“八项重点工作”，贯彻总书记关于河南工作重要讲话精神，落实中央和省委决策的思路更加清晰、部署更加明确、行动更加有力。

（三）以服务保障全国少数民族传统体育运动会为牵引促进城市形象实现根本性转变。大力实施以“序化、洁化、绿化、亮化”为重点的环境综合整治，精心做好场馆建设、重大活动保障、赛事组织等工作，城市环境明显改善，开（闭）幕式和民族大联欢精彩出彩，各项赛事组织井然有序，服务保障周到细致，志愿服务成为城市靓丽风景，达到了“办好一个会、提升一座城”的综合效果。

（四）以“不忘初心、牢记使命”主题教育为载体促进干部作风明显好转。深入开展红色教育、典型教育、警示教育，深入学习党史、新中国史，把学习教育、调查研究、检视问题、整改落实四项重点措施贯通起来，坚持高标准组织、高质量实施，全市 56 万名党员接受了深刻党性教育。组织开展“解民忧、纾民困、暖民心”行动，扎实推进“7＋2”专项整治和省委部署的上下联动 20 项事项整改，促进了党员干部作风转变，增进了人民群众获得感，密切了党群干群关系。

（五）以全面深化改革激发动力、惠及民生。在深入贯彻中央、省委改革部署的同时，紧密结合特大城市发展和治理需要，建立规划集中统一管理制度，启动财政体制改革，推进城市管理重心下移，提高城市建设管理科学化水平；深化“最多跑一次”改革，推进“一件事、一张网、跑一次、不见面”服务模式，加快政务数字化，企业开办、项目审批流程全面优化重构，“周末无休”政务服务极大方便了群众办事，“联合辅导”经验在全国推广。市管公立医院学校去行政化改革、分级办学体制改革扎实推进，中小学午餐配餐和课后托管、诊间结算、“就医一卡通”等便民改革措施受到群众普遍欢迎。

（六）以新中国成立 70 周年为契机凝聚强大社会正能量。认真组织收听收看庆祝中华人民共和国成立 70 周年大会、阅兵式、群众游行、群众联欢等活动，精心组织经济社会发展成就展，深入开展“迎民族盛会·庆七十华诞”系列文化活动和“壮丽 70 年·奋斗新时代”“爱国情·奋斗者”等宣传活动，营造了浓厚氛围，极大激发了全民爱党爱国热情。

二、把方向、管大局、保落实，统筹推进各项工作取得新成效

准确把握郑州发展的时代坐标和使命担当，统筹推进稳增长、促改革、调结构、惠民生、防风险、保稳定各项工作，推动经济社会健康发展。

（一）经济运行质量和效益稳步提升。预计全市全年 GDP 同比增长 7%左右，一般公共预算收入同比增长 6%左右，社会消费品零售总额同比增长 9.5%左右。产业结构不断优化，战略性新兴产业、高技术产业同比分别增长 11.5%和 11.3%，以阿里巴巴、海康威视、新华三、大华、浪潮、中国电子等行业领军企业落地为带动，数字经济快速增长。引进了长城计算机等一批重大产业项目和中国科学院微电子所等研究机构，新旧动能转换加快。服务业提质增效，金融业、物流业增加值同比分别增长 9%和 9.5%，电子商务交易额增长 17.5%。都市型农业持续发展，农业综合效益持续提升。科技创新能力不断增强，新增科技型企业 1560 家，同比增长 50%，引进和建设新型研发机构 35 家，新建市级研发中心 167 个，引育创新创业高层次人才 271 人，万人发明专利拥有量达到 16 件，增长 23%。“一门户、两高地”对外开放体系加快建设，以郑襄、郑阜高铁正式运营为标志，“米”字形高铁网加速形成；“四条丝路”持续拓展，通道功能、贸易功能、集疏功能进一步完善。进一步拓展对外开放，航空港实验区建设取得新进展，自贸区制度创新实现新突破，各类功能口岸和海关特殊监管区等开放平台加快建设，对外开放合作更加广泛，在国际贸易低迷、中美贸易摩擦的大背景下，全市进出口总值保持稳定增长。

（二）城乡环境面貌、形态品质、承载功能全面提升。统筹老城更新、新城开发和乡村振兴，强化规划管控、设计引领，科学确定各区域功能定位，优化城市空间结构，引导城市发展加快向多中心、组团式、集约化、“三生”融合的方向转变。围绕改善人居环境、改进城市管理，

巩固城市环境综合整治成果，启动实施“三项工程、一项管理”三年行动计划。全面提速轨道交通建设，轨道交通三期规划获批，5号线、2号线二期、14号线一期建成运营；城市快速路网体系更加完善，道路微循环体系加快建设，交通秩序有了明显好转。高标准、高品质推进商代王城遗址、二七商圈、龙湖金融岛等一批核心板块规划、开发和建设，大力实施百城建设提质工程，一大批水电气暖、污水处理等基础设施项目建成投用。结合乡村振兴，启动美丽乡村试点建设项目32个，创建省级“千万工程”示范村83个，美丽公路、美丽田园、美丽村庄让乡村变得越来越美丽。

（三）各项社会事业、民生事业协调发展。持续抓好脱贫攻坚，统筹推进黄河滩区居民迁建，248个贫困村全部实现脱贫摘帽，对口帮扶工作取得新的成效。深入实施就业优先战略，前11个月全市新增城镇就业11.3万人，新增农村劳动力转移就业5.2万人。社会保障体系更加完善，各项社会保障覆盖面进一步扩大，保障水平稳步提升。教育医疗事业加快发展，新增113所公办幼儿园，市区中小学新开工34所、新投用23所，义务教育阶段大班额占比下降到27.8%；国家城市医疗联合体建设试点扎实推进，104个病种实行按病种付费，平均降费12%。加快建设保障性住房、安置房，16万群众回迁新居。社会救助、养老服务、社会福利和慈善等事业取得长足发展。

（四）污染防治持续发力，生态环境明显改善。$PM_{2.5}$浓度、PM_{10}浓度均完成省定目标，$PM_{2.5}$秋冬季平均浓度下降19.3%，全年有6个月达到空气质量二级标准，实现“散乱污”企业动态清零、除偏远山区外燃煤全部清零，空气综合指数在京津冀及周边地区“2+26”个城市排名中上升3个位次，空气质量明显改善。水污染防治、土壤污染防治扎实推进，农业农村污染防治全面启动。大力实施国土绿化提速行动，完成各类绿化面积20.8万亩，森林抚育8.3万亩，市区新增绿地面积3455万平方米，公园拆墙透绿受到市民群众广泛好评。围绕黄河流域生态保护和高质量发展核心示范区建设，将黄河风景区变更为黄河文化公园，全面启动核心区规划编制工作，同步推进沿黄生态廊道建设和湿地保护恢复。坚持“四水同治”，贾鲁河综合治理主体工程和配套设施基本完工，牛口峪引黄工程建成通水，环城生态水系循环工程等建设有序推进。

（五）宣传思想工作守正创新，文化事业繁荣发展。严格落实意识形态工作责任制，持续巩固筑牢各类意识形态阵地，不断优化网络生态，充分发挥主流媒体作用，加强舆论引导，弘扬社会正能量。积极培育和践行社会主义核心价值观，大力实施爱国主义教育和红色基因传承工程，扎实推进《郑州市文明行为促进条例》实施，城市文明程度不断提升。基层综合性文化服务中心基本实现全覆盖，“城市书房”布局建设，基层公共文化服务体系更加完善，文化惠民工程惠及200多万群众。

（六）民主法治建设不断加强，生动活泼、安定团结的政治局面得到进一步巩固和发展。坚持党的领导、人民当家作主、依法治市有机统一，支持人大依法履行地方国家权力机关职能，推进人民代表大会制度与时俱进。认真落实中国共产党领导的多党合作和政治协商制度，支持和促进政协政治协商、民主监督和参政议政职能充分发挥。巩固发展爱国统一战线，新阶层人士统战工作、非公经济统战工作富有成效。民族宗教工作更加扎实，群团工作、党管武装工作不断深化。深入推进科学立法、严格执法、公正司法、全民守法各项建设，依法治市取得明显成效。深化平安郑州建设，学习推广“枫桥经验”，完善社会矛盾纠纷排查化解和安全防范体制机制，集中力量打好各类风险防范化解攻坚战，扎实开展扫黑除恶专项斗争，确保了社会大局和谐稳定。

三、全面推进党的建设高质量，营造风清气正良好政治生态

以“不忘初心、牢记使命”主题教育为抓手，深入贯彻新时代党的建设总体要求，认真履行全面从严治党主体责任，切实加强对党建工作的领导和组织推进，着力提高党的建设质量，为国家中心城市建设提供了坚强保证。坚持把政治建设摆在首位。旗帜鲜明讲政治，严格执行《重大事项请示报告条例》，认真落实《中国共产党地方委员会工作条例》

和《党组工作条例》，坚持“一个党委、三个党组”工作制度，引导全市上下增强“四个意识”、坚定“四个自信”、做到“两个维护”，确保政令畅通、令行禁止。提升基层党组织建设整体水平。创新建立乡镇（街道）党（工）委书记交流制度。树立大抓基层的鲜明导向，推进基层党组织全面进步、全面过硬。对排查出的171个软弱涣散农村基层党组织进行集中整顿，建成114个省级规范化社区。积极开展机关党建“灯下黑”专项整治，机关党的建设得到新加强。持续开展非公企业和社会组织党建提质扩面工程，通过打造一批非公党建示范点，以点带面、提升水平。努力建设高素质专业化干部队伍。树立正确用人导向，规范干部选用流程，加强年轻干部历练，重基层、重实干、重实绩的导向进一步形成。有序推动市直与县区交流，配优配强各级领导班子。分层次推荐“新时代新担当新作为”优秀干部，强化干部梯队建设和储备。持续开展干部档案再审等专项治理，推进干部工作更加规范。坚持厉行节约反对浪费。巩固强化三公经费管理，从严控制会议费、差旅费、劳务费、委托业务费等支出，严格执行经费开支范围和标准，压减非急需、非刚性支出，加强日常审计监督。2019年全市公务接待费压减42.37%、公车运行费压减30.26%、培训费压减21.8%。驰而不息推进党风廉政建设和反腐败斗争。把严守政治纪律摆在首位，深入开展“帮圈文化”治理，全市立案审查违反政治纪律案件31件、党纪政务处分41人。持之以恒正风肃纪，查处违反中央八项规定精神案件141起，党纪政务处分167人；深入整治领导干部利用名贵特产类特殊资源谋取私利问题；以“基层减负年”为抓手，集中整治形式主义、官僚主义突出问题，规范文件、会议、督查审批等制度，有效减轻了基层负担。扎实开展十一届市委第八、第九轮巡察，完成对1122个村（社区）党组织的巡察，发现和解决了一批管党治党不力的突出问题。始终保持惩治腐败高压态势，严厉查处了一批违纪违法案件，促进政治生态持续优化。

总结成绩的同时，分析存在的差距和不足，主要表现在：产业发展质量不高，科技创新能力不强，生态环境保护任务依然繁重，民生事业发展与群众日益增长的美好生活需要还有较大差距，市域治理体系和治理能力与特大城市的发展要求还不相适应，党的建设有待进一步加强，等等。下一步，郑州市委将始终高举习近平新时代中国特色社会主义思想伟大旗帜，深入贯彻习近平总书记视察河南重要讲话精神，认真落实中央、省委部署，努力建设黄河流域生态保护和高质量发展核心示范区，加快国家中心城市建设步伐，为打造全国高质量发展区域增长极、支撑中部崛起、谱写中原更加出彩绚丽篇章做出新的更大贡献。

政府工作报告

——2020年5月14日在郑州市第十五届人民代表大会第三次会议上

郑州市人民政府市长　王新伟

一、2019年以来工作回顾

2019年，是郑州发展历史进程中具有里程碑意义的一年。习近平总书记3月参加第十三届全国人大二次会议河南代表团审议，肯定了郑州打造内陆开放高地的做法成效；8月主持召开中财委第五次会议，把郑州列入国家高质量发展区域增长极城市行列；9月在郑州主持召开黄河流域生态保护和高质量发展座谈会，把黄河流域生态保护和高质量发展确定为重大国家战略；2020年1月在中财委第六次会议上提出强化郑州等国家中心城市的带动作用，为郑州指明前进方向、带来重大机遇、赋予重大责任！

各位代表！过去的一年，在省委、省政府和市委坚强领导下，全市上下始终沿着习近平总书记指引的方向砥砺前行，坚定扛起“三个在”和“龙头高高扬起来”的职责使命，交出了一份经济社会高质量发展的时代答卷！初步核算，地区生产总值增长6.5%，地方财政一般公共预算收入增长6.1%，社会消费品零售总额增长9.5%，城镇居民消费价格上涨3.1%，年末登记失业率1.8%，居民人均可支配收入增长8.6%。

（一）抢抓重大机遇，综合实力持续攀升。

区域协调发展纵深推进。全面落实省委、省政府《关于支持郑州建设国家中心城市的若干意见》《郑州大都市区空间规划（2018—2035年）》等部署，加快构建“一核四轴三带多点”空间结构，郑汴、郑新、郑焦、郑许一体化加速融合。全省带动力持续提升。地区生产总值完成11589.7亿元，占全省的21.4%，总量居全国城市第15位，较上年前移1个位次；一般公共预算收入1222.5亿元、社会消费品零售总额5324.4亿元，分别占全省的30.2%、22.7%；进出口总额4129.9亿元，占全省的72.3%，居中部城市首位、省会城市第5位。发展活力不断增强。以庆祝新中国成立70周年为契机开展各种纪念活动，城市始终充满正能量。全市新增市场主体26万户。郑州跻身全球经济竞争力城市100强、全球营商环境友好城市100强、全国数字城市10强。城市影响力大幅提升。第十一届全国少数民族传统体育运动会隆重举行，实现了大型活动、精神风貌、成就展览、舆论宣传、志愿服务“五个出彩”。郑州国际女子网球公开赛、国际乒联巡回总决赛等赛事成功举办，央视春晚郑州分会场精彩纷呈。荣获“国家生态园林城市”“国家质量魅力城市”称号。今年以创新方式举办庚子年黄帝故里拜祖大典，全球20多亿人次线上线下参与拜祖，极大地凝聚了华夏儿女的精神力量。

（二）推动转型升级，现代产业体系加快构建。

制造业高质量发展态势强劲。新增省级制造业创新中心4家。高技术产业增长10.9%，战略性新兴产业增长12.4%，上汽数据中心等243个项目开工建设，明泰铝业高精铝板带箔生产线等246个项目竣工。“三大改造”成效显著，实施工业技改项目546个，投资额增长31.4%，压减煤电装机111万千瓦、钢铁产能95万吨、水泥61万吨、电解铝35万吨、煤炭310万吨。建成国家级绿色工厂8家，规模以上工业增加值能耗下降16%。中铁装备等23家企业入选国家级智能制造、绿色制造试点示范单位，国家工业设计中心实现“零”突破，“上云”企业达1.3万家、占全省的40%。成功创建国家综合型信息消费示范城市和工业资源综合利用基地。

现代服务业发展提档增效。金融业增加值突破1200亿元，占服务业比重达18%；新增上市公司4家、“新三板”挂牌公司2家，郑商所新增上市品种6个。网络零售额增长18.5%，快递业收入增长16.6%，物流业增加值增长9.5%。全年接待国内外游客1.3亿人次，增长14.5%，实现旅游总收入1598.9亿元，增长15.2%。

数字经济发展成效显著。阿里巴巴、海康威视、中国电子、紫光集团在郑落地。国家超级计算郑州中心、中原鲲鹏生态创新中心开工。国家大数据综试区核心区实现产值300亿元。下一代信息网络、信息技术服务入选国家第一批战略性新兴产业集群名单。数字郑州“城市大脑”项目启动建设。

都市型农业提质发展。粮食总产量达到149.7万吨。非洲猪瘟疫病有效防控。新发展环城都市生态农业10万亩、湿地农业1万亩。实施第三批都市生态农业示范园2.5万亩、高标准“菜篮子”生产示范基地1.2万亩。国家级、省级农业龙头企业达67家，三全、思念、白象荣登“2019中国品牌价值评价榜”。

科技创新能力持续增强。国家自主创新示范区核心区建设扎实推进，加快科技创新推动经济高质量发展若干意见及六项配套政策制定实施。“智汇郑州”人才工程获评“全国人才工作最佳案例”。获国家技术发明奖1项、科技进步奖5项，占全省的40%。新认定院士工作站11家，培育国家企业技术中心3家，浙江大学、中国科学院微电子所、中国科学院苏州医工所在郑建立新型研发机构。全社会研发投入增长16.8%，新增高新技术企业726家，累计达到2048家，增长55%；万人发明专利拥有量16件，增长23%，技术合同成交额增长54.8%。

（三）深化改革开放，发展活力不断释放。

机构改革持续深化，市县机构改革全面完成。实施规划集中统一管理制度，推进城市管理重心下移。启动财政管理体制改革，市属学校去行政化改革基本完成，分级办学体制扎实推进。“放管服”改革纵深推进，政务服务“周末不打烊”，172个事项凭身份证“一证简办”，261个事项实现“掌上办”。工程建设项目审批全流程压减至100个工作日内，“联合辅导”模式全国推广。企业开办注册3天完成，不动产登记5个工作日办结、单办业务实现“当场办”。国企改革攻坚战扎实有效，15家“僵尸企业”破产终结，50家驻郑央企和18家市属企业完成“四供一业”移交。产权、组织、治理三大结构改革有序推进。营商环境持续优化，全省营商环境评价排名第一。成功创建国家社会信用体系建设示范城市，荣获国家“守信激励创新奖”。清理拖欠民营企业中小企业账款12.1亿元，减税降费271.1亿元。

“四条丝路”协同发展。“空中丝绸之路”：完成旅客吞吐量2913万人次、货邮吞吐量52.2万吨，保持中部“双第一”。航空口岸全面实施“7×24”小时通关。“陆上丝绸之路”：班列开行1000班、货重54.1万吨，分别增长33%、56.1%。国际陆港“一干三支”多式联运示范工程通过国家验收。“网上丝绸之路”：跨境电商交易额107.7亿美元，增长24.6%。“海上丝绸之路”：实现与青岛、连云港、天津等港口无缝衔接，海铁联运完成1.1万标箱。

开放平台持续完善。自贸区郑州片区形成创新成果140项，新注册企业1.5万家、注册资本1811亿元。航空港实验区首家本土货运航空公司成立，河南首条直达欧洲定期客运航线郑州—伦敦开航。200余家智能终端企业入驻智能终端手机产业园；河南省中国公民签证申请受理便利化平台正式启用。口岸建设不断强化。药品进口口岸获国家批复并公告，粮食口岸建设取得突破，汽车口岸二期建设稳步推进；国际陆港保税物流中心（B型）省政府批准筹建；国际贸易“单一窗口”全覆盖。

招商引资成果丰硕。引进域外境内资金2235亿元，增长6%；引进世界500强企业6家，实际吸收外资44亿美元，增长5%；上汽全球数据中心、APUS全球第二总部等新兴产业项目落地。

（四）着力强基提质，城乡融合步伐加快。统筹推进老城区复兴、新城开发和乡村振兴，城镇化率达到74.6%。枢纽建设提档升级。累计开通客货运航线242条，郑州获批全国唯一空港型国家物流枢纽。郑万、郑阜高铁河南段通车，米字形高铁网初步成形。轨道交通三期规划获批，农业路高架、金水路西延等道路建成通车。入选全国第二批城市绿色货运配送示范工程创建城市。城市基础设施建设加快推进。实施百城建设提质工程项目 1174 个、完成投资 2096.2 亿元；新建停车泊位 6.2 万个；新增供水能力 10 万立方米/日、新增污水处理能力 15 万吨/日、污泥处理能力 300 吨/日。清洁取暖、综合管廊、海绵城市等试点城市工作顺利推进。城市人居环境持续改善。全面启动“三项工程、一项管理”，加快推进“一环十横十纵”道路升级；整治提升老旧小区 89 个。加快推进城乡结合部 36 个乡镇环境综合整治。城市精细化管理三年行动计划全面落实。中心城区生活垃圾分类处置覆盖率 74.3%、无害化处理率 100%。生态建设成效凸显。国土绿化 20.76 万亩、森林抚育 8.26 万亩；铁路沿线、生态廊道五项整治连通绿道 530 公里；市区新增绿地 3455 万平方米，建成公园、微公园、游园 460 个，建成区绿化覆盖率达 41.05%，碧沙岗、紫荆山等公园拆墙透绿。1 亿立方米南水北调中线观音寺调蓄水库工程获国务院批准；贾鲁河综合治理生态修复工程主体基本完工，牛口峪引黄工程干线建成通水，全年生态调水 3.36 亿立方米。乡村振兴战略加快实施。编制完成乡村振兴战略规划和都市生态农业产业发展规划。新建农村公路 158.9 公里，所有行政村农村公路实现“双通”。90%以上行政村生活垃圾得到有效治理，完成农村户厕改造 25.2 万户。创建省级“千万工程”示范村 83 个，建设美丽乡村 32 个。

（五）聚焦三大攻坚战，短板弱项加快补齐。

脱贫攻坚圆满完成。全市 181 个贫困村全部“摘帽”、存量贫困人口 1715 人全部脱贫。累计投入 3.23 亿元助力卢氏县如期“摘帽”。污染防治攻坚深入推进。PM_{10} 年均浓度指标提前一年完成“蓝天保卫战三年行动计划”目标。在全国 168 个重点城市、京津冀“2+26”城市、全省 18 个省辖市排名同比均提升 2 位。秋冬季 $PM_{2.5}$ 改善率在“2+26”城市居第 3 位，重污染天数下降率在“2+26”城市排并列第 1 位。全面开展工业企业绿色绩效评价，规模以上企业煤炭消费总量削减 168 万吨，完成工业企业深度治理 1270 家、整治“低小散”企业 1152 家，全市 20 蒸吨以下燃煤锅炉全部拆改；新增新能源公交车 1000 辆、出租车 6444 辆。完成清洁型煤“双替代”近 7 万户，全市散煤实现清零，“散乱污”企业实现动态清零。河湖长“治、管、护”责任全面落实，“三污一净”专项治理扎实推进。5 个国控断面稳定达标，省控断面达标率 100%。受污染耕地及建设用地安全利用率 100%。防范化解重大风险扎实推进。非法集资案件有序化解。全市商品住房去化周期处于合理区间，省交办问题楼盘化解率 81.5%。

（六）突出普惠共享，民生福祉实现新改善。全年民生支出 1494.2 亿元，占一般公共预算支出 78.2%。32 项重点民生实事全面完成。新增城镇就业 11.5 万人，发放创业担保贷款 11.62 亿元，“零就业家庭”动态为零。新增公办幼儿园 113 所、学位 3.8 万个；市区中小学新开工 34 所、新投用 23 所、新增学位 3.6 万个，新开工普通高中 4 所。中小学午餐及课后延时服务受到好评。国家儿童区域医疗中心建设成效明显；医疗卫生行业综合监管“郑州模式”获评全国优秀信用案例；全国基层中医药工作先进单位通过复审，获批国家城市医疗联合体建设试点城市。奥体中心建成投用。启动建设各类博物馆 39 家；新建遗址生态公园 22 处。建成基层综合文化服务中心 100 个、城市书房 55 处，全民阅读工作全国领先。“舞台艺术进乡村、进社区”演出 1200 场。建业电影小镇等一批文旅项目建成开放，宋城黄帝千古情等文旅项目基本完工。举办群众性体育赛事 100 余项、国家（省）级赛事 8 项、国际赛事 12 项。新建改建标准化农贸市场 20 家。新增食品安全管理示范单位、餐饮示范店、食品小作坊示范单位各 100 家，完成食用农产品集中交易市场（农贸市场）信息可追溯建设 100 家。加大猪肉、蛋、菜政府储备投放，市场供应充足、物价基本平稳。建成保障性住房 9.3 万余套，分配公租房 1.1 万套，安置房竣工 2832 万平方米，网签 10.1 万套，回迁群众 17 万人。

各位代表，过去的一年，我们围绕贯彻落实习近平总书记关于打造高质量发展区域增长极的殷切期望，编制实施了高质量发展先进制造业、高水平扩大对外开放、高品质推进城市建设等系列三年行动计划。围绕“让黄河成为造福人民的幸福河”，谋划了黄河流域生态保护和高质量发展核心示范区建设，启动编制了重大战略研究、总体发展规划、起步区建设方案，提出了建设黄河国家博物馆等重点工作，着力打造黄河历史文化主地标城市。围绕国家中心城市建设，明确了“东强、南动、西美、北静、中优、外联”功能布局，着力构建大交通、大开放、大产业、大文化、大生态的城市之“势”，郑州贯彻新发展理念，推进高质量发展的路子更清、氛围更浓、势头更强。

在做好各项工作的同时，扎实开展“不忘初心、牢记使命”主题教育，持续纠正“四风”，认真做好中央、省委巡视及国务院大督查反馈问题整改，自觉执行市人大及其常委会决议决定，办理省市人大建议和政协提案 1328 件。大力推进军民融合深度发展，“双拥”工作持续深化。“扫黑除恶”专项斗争取得阶段性成效。安全生产、信访稳定、社会治理等工作进一步加强。妇女儿童、残疾人、红十字、慈善等事业健康发展。民族宗教、外事、侨务、对台、统计、史志、气象、地震、文联、社科研究、援疆等工作取得新成绩。

各位代表！过去一年取得的成绩，是以习近平同志为核心的党中央举旗定向、掌舵领航的结果，是省委、省政府和市委坚强领导的结果，是中央、省驻郑单位共同参与、市人大市政协支持监督和全市上下奋力拼搏的结果。

进入新的一年，面对突如其来的新冠肺炎疫情，全市上下坚持以习近平总书记系列重要讲话和指示批示精神为指引，落实省委省政府和市委决策部署，突出“早”字抓防控，全力打好疫情防控人民战争总体战阻击战，万众一心守护了城市安全、守卫了群众安康。我们主动担当政治责任战疫情。以“宁可信其有、不可信其无，宁可信其重、不可信其轻”的底线思维，迅速启动了抗疫战时工作机制，构建了以村保乡、以乡保县和以小区保社区、以社区保城区防控体系，依法科学精准统筹疫情防控和经济社会发展，实现了任务全覆盖、点位无盲区、人员全链条、联动无间隙。我们健全数据责任管理闭环战疫情。依托疫情防控一体化管理平台，全省率先实行“红黄绿三色码”管理，管住了重点人、放开了健康人。压实了市包县、县包乡、乡包村三级领导分包责任，“四早”

“四集中”全面落实。创新实施“五防八管八控”工作法，采用“居家隔离+集中隔离”等方式，织密了横到边、纵到底防护网。我们紧紧依靠人民群众战疫情。号召6万多名医护人员奋战在抗疫最前沿，187名优秀医务工作者驰援武汉；发动各条战线群众参与支持疫情防控，用10天时间建成了岐伯山医院，口罩产能迅速提升至每天1200万只；推动全市各级机关三分之二干部下沉基层，党旗在抗疫一线高高飘扬。我们通过“三送一强”稳住了经济基本盘。着眼抓“六稳”、促“六保”，常态化开展送政策、送要素、送服务、强信心活动，出台了应对疫情促进经济平稳健康发展30条、促消费增活力稳增长新10条等系列举措，累计帮助企业37.6万家，协调解决用工268.4万人，减免缓各类税费477.9亿元，复工率、用工率均达100%，带动3月以来经济运行企稳向好。

“五一”国际劳动节前夕，习近平总书记回信郑州圆方集团，发出了“伟大出自平凡，英雄来自人民”“在平凡岗位上续写不平凡的故事，用自己的辛勤劳动为疫情防控和经济社会发展贡献更多力量”号召，盛赞了疫情防控中展现出的人民力量，坚定了我们夺取大战大考“双胜利”的信心决心。在这场没有硝烟的疫情防控人民战争中，广大医务工作者逆行冲锋、舍身忘我，广大海内外郑州人守望相助、众志成城，全市2.2万个基层党组织、20余万名党员及广大干部群众闻令而动、坚守一线，25.3万名志愿者真诚奉献、不辞辛劳，展现了“黄河儿女”的精气神和上下同欲的战斗力。在此，我代表市人民政府向奋战在疫情防控一线的医务工作者、社区工作者、公安干警、基层干部、志愿者，向主动投身疫情防控斗争的广大市民群众，向支援支持我市疫情防控的国际国内友城和社会各界，向过去一年给予政府工作大力支持的人大代表、政协委员，向驻郑人民解放军、武警官兵，向民主党派、工商联、人民团体及各界人士，向参与郑州建设的劳动者，向关心支持郑州发展的港澳台同胞、海外侨胞、国际友人，表示衷心感谢并致以崇高敬意！

回顾过去，特别是经历这场疫情，让我们更加清醒认识到，经济社会发展中还有不少困难和问题。随着国际疫情持续蔓延，“外防输入、内防反弹”风险始终存在，经济发展不确定性增多。新发展理念还未完全成为行动自觉，创新能力不强，先进制造业占比不高，经济下行压力加大。污染治理和生态建设任重道远，城市综合承载力亟待提升。民生领域还有不少薄弱环节，优质教育、基层公共服务能力供给不足。营商环境有待进一步优化提升。政府治理体系和治理能力与国际化现代化大都市要求还有差距；少数公职人员担当精神不够、服务能力不强，形式主义、官僚主义问题依然存在，消极腐败问题仍有发生。对此，我们将直面问题，采取有力措施，切实改进解决。

二、2020年政府工作总体要求和主要预期目标

2020年是全面建成小康社会和“十三五”规划收官之年，更是应对疫情考验极不平凡的一年。

当前，我国经济发展面临前所未有的挑战，但展现出巨大韧性，宏观政策更加积极有为，稳中向好、长期向好的基本趋势没有改变。以习近平同志为核心的党中央对郑州发展高度重视，省委、省政府以中心城市带动城市群发展战略导向明确，推进郑州大都市圈建设力度不断加大。中央和省委、省政府对郑州发展寄予厚望，郑州在全国发展大局中的地位从未如此之高。郑州作为正在建设中的国家中心城市，近年来，通过全市上下不懈努力，发展优势不断积累，多重国家战略叠加赋能，形成了独具特色的枢纽体系、开放体系、制造业体系、商贸业体系，为加快形成国家高质量发展区域增长极奠定了坚实基础。面对世界大变局、中国新时代、防控常态化，我们必须始终牢记总书记的殷殷嘱托，紧扣重要战略机遇新内涵，及时把握大势，主动应变求变，坚定信心、保持定力，干在实处、走在前列，努力把郑州建设成为“发展高质量、城市高品位、市民高素质”“富而强、大而美”的国家中心城市！

政府工作总体要求：坚持以习近平新时代中国特色社会主义思想为指导，坚决贯彻党的基本理论、基本路线、基本方略，深入贯彻习近平总书记系列重要讲话，特别是关于河南和郑州重要讲话指示批示精神，增强“四个意识”、坚定“四个自信”、做到“两个维护”，按照党中央国

务院、省委省政府统筹推进疫情防控和经济社会发展的各项决策部署和市委要求，树牢新发展理念和以人民为中心的发展思想，坚持稳中求进工作总基调，以供给侧结构性改革为主线，以改革开放为动力，把牢“一个方向”，做到“三个坚持”，突出“五个更加注重”，做好“六稳”工作，落实“六保”任务，抢抓机遇、做强优势、补齐短板，扎实推进稳增长、促改革、调结构、惠民生、防风险、保稳定，保持经济持续健康发展，确保全面建成小康社会和“十三五”规划圆满收官，让人民群众有更多获得感、幸福感、安全感，为推进中原更加出彩、中部地区崛起、黄河流域生态保护和高质量发展做出更大贡献。

建议主要预期目标：生产总值增长6.5%左右，一般公共预算收入增长7%左右，居民人均可支配收入与经济增长同步，消费价格指数涨幅控制在3.5%左右，全社会研发投入经费增长15%左右，登记失业率控制在4%以内，节能减排、环境保护等指标完成国家、省下达任务。

把牢“一个方向”，即：贯彻落实黄河流域生态保护和高质量发展、中部地区崛起、对外开放三大国家战略，加快国家中心城市建设，加快形成更高水平的高质量发展区域增长极。做到“三个坚持”，即：坚持省委赋予郑州“三个在”工作要求；坚持“东强、南动、西美、北静、中优、外联”功能布局；坚持以高质量发展先进制造业、高水平扩大对外开放、高品质推进城市建设等系列三年行动计划为工作抓手。突出“五个更加注重”，即：更加注重深化改革开放、激活发展动力；更加注重经济稳增长、发展高质量；更加注重民生改善、增进群众获得感；更加注重提高城市经济和人口承载力；更加注重治理体系和治理能力现代化建设。

三、2020年重点工作

重点抓好10个方面工作。

（一）统筹推进疫情防控与经济平稳健康发展。坚持大战大考“两手抓、两手硬”，在做好常态化疫情防控工作的同时，把稳增长作为经济工作首要任务，尽最大可能把疫情耽误的时间抢回来、把疫情造成的损失补回来，为顺利完成全年目标任务提供支撑，努力让高质量发展基础更厚实。

精准做好疫情常态化防控工作。推动防控机制常态化，调配更加精干的专班队伍常态化开展工作，严格落实属地管理责任、行业部门监管责任、企事业单位主体责任，健全及时发现、快速处置、精准管控、有效救治等机制，构建更加高效的防控体系。推动防控措施常态化，加快“人防＋物防＋技防”融合，筑牢“枢纽”、居民楼院、复课校园等重点区域防线，做好境外入郑、风险地区返郑和无症状感染者健康服务管理，持续巩固疫情向好态势。推进防控保障常态化，健全完善排查—发现—隔离—救治全链条应急预案，有序做好防疫物资生产储备，积极宣传引导群众提升健康素养，增强防护意识，养成良好卫生习惯，创新爱国卫生运动方式方法，营造安全整洁有序的生产生活环境。

千方百计扩大有效投资。抢抓国家实施更加积极有为的财政政策和“十四五”规划编制机遇，高质量编制我市经济社会发展“十四五”规划，争取更多项目进入国家和省大盘子。聚焦5G、人工智能、工业互联网等新型基础设施和公共卫生、市政设施补短板等领域，谋划储备一批重大项目。强力推进新增中央投资和专项债券申报工作，统筹推进总投资2.11万亿元的912个省市重点项目建设，确保完成年度投资。研究制定能源、交通、信息等产业三年行动计划和年度推进方案。加快新增中央投资储备项目前期工作，完善政府专项债券项目推进机制，推动平台公司加快市场化转型。落实鼓励民间投资政策措施，吸引民间资本参与项目建设运营。

携手实体经济发展共克时艰。持续开展“三送一强”活动，切实把政策送及时，全面落实国家、省、市新出台的支持政策和配套措施，适时出台新的政策措施。全面落实减租减息减税降费政策，通过税费减免和延期缴纳、国有房产租金减免、水电气暖“欠费不停供”等举措，降低企业经营成本。用足用活地方政府专项债券扩大发行政策，扩大有效投资。切实把要素送到位，聚合要素资源导入实体经济，在项目审批、安全环保评估、基础配套等方面提供全方位服务和全要素保障。设立350亿元产业发展基金，重点支持先进制造业等领域实体经济发展。开展100亿元财政性资金竞争性存放，设立15亿元应急转贷周转资金，中小企业担保公司增资5亿元，着力纾解企业融资难、融资贵问题。切实把服务送到家，针对企业经营中出现的用工、用地、资金、防疫物资储备等瓶颈制约，第一时间协调解决，确保稳定复工达产。

多措并举激发消费潜力。顺应消费升级趋势，落实好中央、省、市促进消费举措，积极发展“新零售”，鼓励线上线下融合发展，运用大数据、人工智能等先进技术手段，促进传统消费模式向场景化、体验式、互动性、综合型消费模式转化。办好“醉美·夜郑州”系列消费促进活动，推出一批夜品、夜购、夜赏、夜游、夜健项目，打造“夜郑州”消费地标，活跃夜间消费。采取财政支持、企业配套等多种形式，向特殊困难群体和百货、餐饮、汽车、图书、旅游等领域发放3.7亿元消费券，刺激消费潜力释放，撬动千万级人口城市消费大市场。加快现代商贸、健康医疗、养老托幼等生活性服务业精细化发展，积极培育信息、体验、定制、智能等新兴消费热点。把二七广场片区打造成“郑州人精神家园、河南省消费中心、全国城市复兴典范”，把紫荆山路打造成具有中原特色、富有国际气息的城市商业大街。扎实推进“互联网+农产品”出村进城工程，支持品牌连锁服务企业向乡村延伸。

（二）高质量构建现代产业体系。深入实施质量强市战略，把制造业高质量发展作为主攻方向，把创新摆在发展全局的突出位置，加快提升产业基础能力和现代化水平。

强化先进制造业主导地位。落实制造业高质量发展三年行动计划，稳定工业增长基本盘。着力提升产业能级。做大做强电子信息、汽车及装备制造、现代食品、新型材料、铝加工制品和生物医药6大主导产业集群，力争主导产业规模占工业比重达到72%左右。出台实施氢燃料电池汽车、人工智能、智能传感器、5G及北斗应用和软件信息服务业等战略性新兴产业发展规划，积极培育新一代信息技术，大力发展新能源及智能网联汽车、高端智能装备、网络空间安全等战略性新兴产业，力争战略性新兴产业比重提高到25%以上。力争东风日产100万台发动机，奥克斯空调生产基地等210个项目开工，加快中铁装备产业园等236个续建项目进度，确保华锐光电等215个项目竣工达产。推进新一轮500个“三大改造”项目建设，抢抓国家启动“新基建”机遇，加快推进5G、工业互联网、数据中心、云平台等新型基础设施建设，制定实施优先保障项目落地机制，力争工业技改投资增长20%以上，规模以上工业增加值能耗下降4%以上。大力发展数字经济。加快国家大数据综试区核心区、中国智能传感谷建设，推进阿里巴巴、海康威视等企业区域总部建设。实施“万企上云上链”计划，力争建成具有全国影响力的工业互联网平台和“工业大脑”5～6个，新增“上链”企业1000家、“上云”企业达到1.8万家。加快培育区块链、虚拟现实、生命健康等未来产业。提升国家服务型制造示范城市建设水平，创建省级以上智能工厂（车间）、服务型制造试点示范20个。强化四大功能区“四梁八柱”作用。航空港区加快培育高端装备和以智能终端为代表的世界级电子信息先进制造业集群。郑东新区以数字经济为支撑、金融业为重点，加快推进鲲鹏软件小镇、中原科技城规划建设。高新区围绕以传感器为重点的物联网、精密测量为重点的北斗应用、网络安全为重点的电子信息、超硬材料为重点的新材料，推动产业成规模、上水平。经开区围绕汽车与装备制造业科技研发、补链强链及产品升级，提升产业竞争力。精心筹办国家网络安全宣传周系列活动。

大力发展现代服务业。编制实施现代服务业高质量发展三年行动计划。推动生产性服务业向专业化和价值链高端延伸，支持制造业和服务业深度融合。加快国家区域性金融聚集核心功能区、高新区科技金融创新实验区建设。持续推进龙湖金融岛、龙子湖智慧岛建设；发挥郑商所龙头作用，做强期货产业链，打造亚洲重要的期货交易中心；落实挂牌上市“千企展翼”行动计划，力争科创板上市实现新突破；协同金融机构用好信贷、债券、股权三大融资渠道，确保社会融资规模稳定增长。启动国家文化和旅游消费示范城市创建工作，大力发展全域旅游，支持县（市）区创建国家、省级全域旅游示范区。壮大数字创意、动漫游戏、文创设计等新型业态，培育一批国家级龙头企业和文化旅游品牌。高质量建设国家物流枢纽和现代国际物流中心，力争国家 A 级以上物流企业突破 100 家、物流业增加值达到 925 亿元、增长 8%左右。加快标准化市场建设和转型提质，巩固外迁成果，新建和改造标准化农贸市场 20 家。

持续强化科技创新引领发展。加快形成“两翼驱动、四区支撑、多点联动”的科技创新引领高质量发展格局。深入推进国家自创区核心区建设。依托沿黄生态走廊将自创区核心区、金水科教园区等串联打造沿黄科创带；积极争取国家大科学中心、重大科技基础设施、综合性产业创新中心等落地布局；支持高新区深化改革创新，在市场化配置资源、创新创业生态构建方面取得突破。加快提升企业技术创新水平。继续实施高新技术企业倍增计划，力争新增高新技术企业 500 家、科技型企业 1000 家、新建省级及以上创新平台 100 家。在装备制造、人工智能、数字经济等领域凝练 50 个重大科技专项。推动百家高成长性企业三年倍增发展，新培育“专精特新”中小企业 100 家、规模以上企业 200 家；大力建设制造业创新中心、工业设计中心。加速科技成果转移转化。中科院过程所郑州分所加快建设，国家超算郑州中心投入运营，中关村（河南）科技园挂牌运营，力争新引进高端创新资源在郑建立研发机构 5 家。依托国家技术转移中心建设郑州科技大市场，力争技术合同交易额突破 130 亿元，万人发明专利拥有量达到 19 件。

强力推进县域经济高质量发展。深入践行习近平总书记县域治理“三起来”重要指示精神，全面落实省委省政府关于县域经济高质量发展重大决策部署，研究制定我市县域经济高质量发展实施意见，县域生产总值全市占比逐年提高，确保县域经济在全省排名稳步提升。坚持以强县富民为主线，培育县域经济发展新优势，聚焦主导产业和新兴产业培育，在进一步明晰六县（市）主导产业定位的基础上，重点支持新密市节能环保、登封市新型材料、荥阳市高端装备制造和新型材料、新郑市新一代信息技术、中牟县新能源和新能源汽车及零部件、巩义市新材料和高端装备制造等新兴产业创新发展；壮大县域产业集群，全面推进产业集聚区和服务业园区“二次创业”、提档升级，确保县域产业集聚区和服务业园区排名稳步提升、争先晋位，按照县（市）主导产业和新兴产业定位，支持荥阳市、巩义市、新密市、中牟县建设千亿级产业集群（基地）。以改革发展为动力，深化扩权强县和行政区划改革，进一步扩大县（市）经济社会发展自主权，把项目建设、资金使用等部分经济管理权限下放到县一级；推动土地、资本、技术、数据等要素配置市场化改革，激发县域经济发展活力。支持新郑加快全省县域治理“三起来”示范县（市）建设。以城乡贯通为途径，构筑城乡融合发展新格局，做优做强产城一体的美丽新型城区，因地制宜发展一批特色小镇和特色小城镇，高标准实施城乡基础设施互联互通工程，加快路网、水网、电网、气网、互联网“五网”改造提升延伸等工程建设，全面提升县城的承载力和服务功能；高标准补齐城乡公共服务短板，推进县域医疗卫生、教育、公共文化服务体系建设。

（三）高水平扩大对外开放。落实高水平对外开放三年行动计划，以自贸区建设为引领、航空港实验区为载体、综合性交通枢纽为依托、开放体系为保障，走好“枢纽＋开放”的路子，打造“一门户、两高地”。

着力打造国际交通枢纽门户。加速航空枢纽、铁路枢纽建设，全力推进国际航空运输网、米字形高铁网和轨道交通网“三网”融合，加强空陆联动，加快形成以航空为主的国际交通、高铁为主的国内交通、轨道为主的大都市交通网络，实现“航空＋高铁、城铁、地铁、普铁、快速路”高效衔接，提高枢纽通达能力和集疏能力。增强空中丝绸之路辐射力。加大本土航空公司培育力度，用好第五航权，谋划建设空中丝绸之路综合试验区，深化郑州和卢森堡“双枢纽”战略合作，加快郑州空港型国家物流枢纽建设，力争客货运继续保持中部“双第一”。提升陆上丝绸之路核心竞争力。实施“中欧班列（郑州）＋”工程，构建“一主两翼”国际货运班列体系，确保班列开行增长10%。推进网上丝绸之路创新突破。加强与“一带一路”沿线国家合作，推进跨境电商进口药品和医疗器械试点建设，跨境电商交易额实现稳定增长。深化与海上丝绸之路无缝衔接。加强与中铁联集战略合作，加强与青岛、天津等港口合作，建设以东向为主的铁海联运国际通道，班列运送货物力争完成1.2

万标箱。

着力构建对外开放体系高地。强化自贸区开放引领作用。推进口岸提升、综保区创新、大通关服务、多式联运体系建设，做强金融、物流支撑，引领对外开放体系构建。率先实现口岸、通关、保税、多式联运、综合服务等要素在制度创新方面的突破，深化政务、监管、金融、法律等服务体系协同创新，引领对外开放体系创新。系统推进改革试点任务落实，全链条培育产业业态，引领开放型经济高质量发展。建设功能完备优势突出的口岸生态。完善口岸体系，提升现有 9 个功能性口岸业务规模。放大口岸能级，发展口岸经济，延伸口岸产业链条，提高本地企业对口岸的利用率。建设国内一流综合保税区。加快推动新郑综保区调整扩区和国际陆港保税物流中心（B 型）申建。引导高端制造企业向区内集聚，推进货物监管便利化，构建跨境物流体系，扩大汽车整车进出口业务规模，打造加工制造中心、物流分拨中心。推进“保税＋”业务创新发展，加快综保区由商品加工贸易向服务贸易、技术贸易转变。建设“一站式”快捷大通关服务体系。依托国际贸易“单一窗口”，推动与“一带一路”沿线国家互联互通、海关监管互认，积极申报 72 小时过境免签。支持“互联网＋”物流服务平台建设，构建以信息化为基础的“一单到底、物流全球”多式联运体系，积极申建全国骨干冷链物流基地，逐步打造全国冷链配送“郑州标准”。

着力打造全方位参与国际合作高地。高质量推进招商引资。强化定向招商、以商招商，依托人才招商，紧盯京津冀地区、长三角地区、珠三角地区，围绕新一代信息技术等产业，引进一批处于价值链顶端、具有产业链号召力的龙头企业，力争引进域外境内资金突破 2300 亿元，实际吸收外资实现同步增长。各开发区引进 2 个以上投资超 30 亿元、各县（市）区引进 2 个以上投资超 10 亿元高质量项目。引进世界 500 强企业 5 家以上。发挥中欧区域政策合作案例地区引领作用，吸引跨国公司在郑设立地区总部、采购中心、结算中心等功能性机构不少于 3 家。加快外经贸转型发展。实施外贸贷、出口退税资金池等措施，创新重点行业、新型贸易的支持促进政策，引进培育外贸企业和综合服务贸易企业，打造千亿级外贸产业集群。支持企业参加第三届中国国际进口博览会。加快中美国际创业港、河南服务外包产业园二期建设。营造高水平开放环境。对标国内外先进水平，健全与国际接轨的商事制度、贸易仲裁、知识产权保护、金融服务等商务体系。在郑东新区、航空港区、经开区布局国际化公共服务设施，探索建设国际化社区。推进郑州与“一带一路”沿线节点城市缔结友好城市，建立常态化合作机制，争取世界城地组织、欧铁盟等国际组织在郑设立分支机构。

（四）高品质推进城市建设和管理。落实高品质推进城市建设三年行动计划，更加注重“新城区现代化建设、老城区有机更新、城乡融合发展相统筹”，更加注重“多组团发展、多节点支撑、网络化布局衔接”，让郑州更有颜值、更具气质、更富活力。

推进郑州都市圈建设。发挥“龙头”作用，推动与开封、许昌、新乡、焦作深度融合，加快建设沿黄科创走廊及开港、许港、郑新、郑焦产业带；抓好郑州都市圈交通共联工程，加快推进与周边地市“3＋3＋4”交通网络建设。

优化城市空间结构。坚持规划引领。编制《郑州市国土空间总体规划（2020—2035年）》，突出“东强、南动、西美、北静、中优、外联”功能布局，建立“多规合一”国土空间规划体系，完成城市综合交通体系、轨道交通线网等专项规划编制。强化城市设计引导，围绕“主城区—组团—片区—板块”城市架构，加快中央文化区北部片区等32个核心板块建设，集中打造一批以1～3平方公里为尺度的片区核心板块，使之成为城市网络结构的关键点、开发建设的新亮点、经济增长的支撑点。

加快推进城市“双改”。以“三项工程、一项管理”为抓手，落实老城区改造提升三年行动计划，推动环境品质全面提升，实现老城区、新城区协调发展。以“两优先、两分离、两贯通、一增加”为核心，完善城市交通微循环体系和慢行系统；全面启动违法建设专项整治，年底前“一环十横十纵”一期工程7条道路完工、二期7条道路开工建设。以“一拆五改三增加”为重点，加快1833个老旧小区改造，确保年内完成60％的改造任务；扎实开展无主管楼院整治提升行动，利用2年时间彻底改善老旧小区、无主管楼院人居环境；落实物业管理长效机制，形成共管共治新格局。对纳入城乡结合部综合整治的36个乡（镇、办、园区）进行高标准整治提升。持续强化城市精细化管理，构建一体化全覆盖大城管格局，深入推进“路长制”，完成新一轮“千百十”道路创建工作，集中解决停车秩序、渣土车管理等突出问题；推动执法管理重心下移，使城市整洁、有序、舒适、愉悦，努力实现“一年一个样，三年大变样”。

提升城市枢纽能级。推进机场三期和空港型国家物流枢纽建设。加快郑州南站、郑济高铁河南段建设，郑合杭高铁年内开通，推进薛店、占杨铁路物流基地建设，小李庄客运站力争开工。加快G310西南段等环城货运通道建设，争取年内主体工程完工、焦平高速开工，加快G207登封和巩义段、S541二七段前期工作。轨道交通3号线一期、4号线开通运营，6月底前轨道交通三期规划所有线路全部开工。

加快推动新型智慧城市建设。全力推进“城市大脑”建设，加快基本公共服务、生活服务数字化和交通智能化发展，确保“城市大脑”一期建成投用，二期加快建设。推动5G试点城市及5G基站和规模组网建设；加快城市物联网建设，推动移动通信行业与交通、市政等公共设施共享。实施全市电梯物联网智能化监管全覆盖三年行动计划。完善全市数据共享交换体系建设，夯实新型智慧城市数据基础。

加快基础设施建设。确保四环线及大河路快速路建成通车，加快大河路西延等快速路建设。新建及改造城市供水管网100公里。开工建设输变电工程45个，完成配电台区改造升级52个。新建改造燃气管道110公里，发展天然气用户10万户。持续推进清洁取暖试点城市建设，新增集中供热面积500万平方米。加快新郑、荥阳市级生活垃圾处理场及西部、南部垃圾焚烧电厂建设，10个县（市）区区级分拣中心全部投运，力争生活垃圾分类覆盖率和回收利用率分别在95%、35%以上，建筑垃圾资源化利用进入全国第一方阵。全面推进综合管廊、海绵城市试点工作。加快城市地下空间开发利用。

（五）深入实施黄河流域生态保护和高质量发展战略。全面贯彻习近平生态文明思想、黄河流域生态保护和高质量发展座谈会重要讲话精神，全力打造宜居宜业宜游美丽中国示范城市。

加快黄河流域生态保护和高质量发展核心示范区建设。围绕打造沿黄生态保护示范区、国家高质量发展区域增长极、黄河历史文化主地标，完成郑州建设黄河流域生态保护和高质量发展核心示范区总体发展规划和起步区建设方案，努力在打造幸福河上走前列。保障黄河安澜。坚决落实“重在保护、要在治理”，做好桃花峪水库前期工作，将治河、惠民和滩区生态保护相结合，加强黄河河道工程和标准化堤防建设，从根本上解决防洪安全和滩区居民安居问题。着力打造沿黄生态保护示范区。以沿黄河、沿路网和山区河湖区域为关键，构建森林生态系统，建设黄河生态廊道、城市生态隔离带，提升沿黄区域和高速公路、铁路沿线绿化，加快 S312 市区段和大河文化绿道建设，打造沿黄最美公路。以“自然风光＋黄河文化＋慢生活”为重点，构建休闲生态系统，谋划建设国家黄河绿道郑州段。坚持节水优先，实施全社会节水行动，修编《郑州市黄河水资源利用规划》，全域推进分质供水、循环用水，合理调配现有南水北调和黄河水资源，科学分配生活、生态、生产用水，实现以水润城、城水共生。着力打造黄河历史文化主地标。加快推进黄河国家文化公园建设，谋划建设黄河国家博物馆、大河村国家考古遗址公园、黄河滩地公园及沿黄慢行系统、黄河文化演艺综合体、国际文化交流中心、黄河中下游分界线标志性建筑等项目，推进双槐树遗址等黄河文化遗产系统保护，着力打造黄河文化遗产廊道。以商代王城遗址、黄帝故里、河洛汇流、登封“天地之中”、荥泽古城等历史建筑群保护利用为抓手，打造世界级黄河文明寻根胜地和郑州黄河国际文化旅游目的地。

着力打造宜居宜业绿色生态环境。坚持生态惠民、生态利民、生态为民，打造“绿城”变“绿都”的生态屏障。全域推进国土绿化提速行动，造林绿化 15 万亩、抚育中幼林 11.1 万亩，干线公路及县乡通道绿化提升 800 公里，建设省级森林城市 2 个、森林特色小镇 17 个和森林生态乡村 166 个。全市新增绿地 1000 万平方米以上，新建公园、微公园、小游园 400 个；加快推进 15 个郊野公园建设，西流湖公园等建成开放。

加大黄河等5个湿地区段保护力度，新建续建森林湿地公园20个，加快推进中牟雁鸣湖等湿地公园建设。积极推动南水北调中线新郑观音寺调蓄工程，谋划推进黄河滩区调蓄、沿黄口门引水能力提升改造等工程；坚持“安全、生态、景观、文化、幸福”五河共建，建成贾鲁河综合治理生态修复工程，实施贾峪河生态治理等工程。

（六）坚决打好打赢“三大攻坚战”。抓住关键环节，打好重点战役，让全面小康的成色更足更亮。

打好精准脱贫攻坚战。坚持脱贫不脱责任、脱贫不脱政策、脱贫不脱帮扶、脱贫不脱监管，紧密衔接脱贫攻坚与乡村振兴，强化产业扶贫力度，提高脱贫质量。建立健全巩固脱贫成果和返贫预警机制，有效防止脱贫人口返贫和产生新的贫困人口。

打好污染防治攻坚战。坚持方向不变、力度不减、标准引领，以“工地不停建、企业分类管、指标降下来、空气好起来”为目标，突出精准治污、科学治污、依法治污，确保生态环境质量总体改善。坚决打赢蓝天保卫战。围绕PM_{10}浓度不高于97微克/立方米、$PM_{2.5}$浓度不高于56微克/立方米、在168城市排名稳定退出后20位的总体目标，系统谋划大气污染防治工作。实现市区煤电机组清零，全市煤炭消费量控制在2100万吨以内。强化分级管理，实施工业企业“亩均论英雄”综合评价；开展25个特色产业集群综合整治，深化重点行业污染超低排放治理，“散乱污”企业动态清零。深化VOCs综合治理，提高铁路运输比例，加快市区商贸市场和火车站商圈市场转型提质。加强重型柴油车辆管控，大力推动新能源汽车更替，市区新增公交车、市政环卫车、公务车全部新能源化，出租车电动化替代30%以上，加快推进充电桩建设。坚决打好碧水保卫战。强化水生态保护，开展入河排污口、河道综合治理；加强水源地保护，力争环境问题“动态清零”；提升污水收集率、处理率，持续推进黑臭水体治理；强化河湖长履职尽责，开展“清洁河流”行动，努力实现国省控断面全部达到地表水Ⅲ类、水源地水质100%达标、全市建成区消除黑臭水体目标。坚决打好净土保卫战。统筹推进土壤污染防治、矿山环境治理恢复，确保安全利用率100%。

打好防范化解重大风险攻坚战。加强地方政府债务风险监控，有序化解隐性债务。支持非公企业市场化“债转股”。落实城市主体责任，促进房地产市场平稳健康发展，专班专案做好问题楼盘化解工作。加强地方金融组织监管，持续推动互联网金融风险出清，加大非法集资案件处置力度，确保不发生系统性区域性金融风险。

（七）纵深推进改革优化营商环境。

深入推进重点领域和关键环节改革。完善要素市场化配置体制机制，用改革的办法解决发展中的问题。深化财政体制改革。实施更加积极的财政政策，坚持一体化统筹全市财税工作，统筹管好一般公共预算、政府性基金预算、国有功能性平台3个“盘子”，构建统分结合、分层分类的现代财政管理体制。建立税收增量部分合理分成机制，进一步提高区级财政保障水平。围绕提高财政资金使用绩效，改进支出管理，确保财政收支高效安全运行。深化规划管理体制改革。坚持全市规划一盘棋、一张网、一张图，建立分类、分层、全流程规划管理机制。加强市级规划编制统筹，构建国土空间规划编制体系；加强规划集中统一管理，推进编制权和审批权上收、执行权下沉，实行规划编制计划管理；理顺市与县（市）之间、各功能区之间、规划各环节之间关系，做好闭环管理，确保规划的严肃性、权威性和持续性。深化土地管理制度改革。推进实施深化土地储备制度改革、优化产业用地管理、完善安置居住用地供应等政策。完善创新土地储备管理机制，统筹推进政府主导、市区两级参与的储备土地综合开发。优化产业用地管理，推动工业用地更新升级；鼓励工业用地弹性出让和租赁，积极推进“标准地”模式供应，探索实施带“施工图”供地；支持自持物业的企业总部、金融、科技研发等类型项目建设，规范重点产业项目复合利用；完善国有存量土地退出补偿机制，加快盘活存量土地。完善安置居住用地供地方式，加快安置房建设。深化国有企业改革。制定国企改革三年行动方案，加快构建国资监管大格局；深化企业“三项制度”改革，建立监管权力清单和责任清单，完善投资事项负面清单，落实保值增值责任，推动国有企业做强做优做大；继续做好国有企业退休人员社会化管理及“四供一业”移交工作。

同时，持续深化投融资体制改革和医药、卫生、教育、文化、价格等领域改革。持续深化机构改革，抓好公安系统“一区一分局”整合改革。

着力营造一流的营商环境。以市场化法治化国际化为原则，重点推进落实开办企业、纳税服务、市场监管等方面举措，加速迈向全国营商环境第一方阵。打造高效透明的政务环境，持续减材料、减环节、减时限、减“跑动”，优流程、优服务，推动企业注册1个工作日内办结，不动产登记一般业务“当场办、当天办”，工程建设项目审批力争压减至70天，300个公民个人高频“一件事”“一网通办，一次办成”，确保95%以上的政务服务事项网上可办，新增150个公民个人事项凭身份证“一证简办”。打造规范诚信的市场环境，加快构建以信用为基础的新型监管机制，完善政府部门及跨部门联合监管平台；放宽市场准入，全面实施准入前国民待遇加“负面清单”制度；全域推行“信用＋监管”模式，“信易＋”项目应用加快落地，监管数据关联加快融合，实现“双随机、一公开”监管全覆盖。打造公平公正的法治环境，全面落实《优化营商环境条例》，着力消除制度性障碍，用法治化手段把有效的改革举措固定下来，推动实现规则公平、机会公平、权利公平。

（八）大力实施乡村振兴战略。

加快发展都市型农业。做好“米袋子”工作，落实“菜篮子”市长责任制，扛稳粮食安全政治责任，强化重要农产品保供稳价。发展适度规模经营，推动种植业结构调整和产业升级，稳步提高农村土地流转率。推动县（市）区建设县级现代农业示范园30个。改造提升“菜篮子”生产示范基地5000亩，尽快恢复生猪产能。建设高标准农田3.1万亩，主要农作物耕种收综合机械化率达到85%。编制乡村旅游发展三年行动计划，高标准规划建设环城游憩带，培育提升全国休闲农业与乡村旅游星级精品园区5家。强化农产品质量安全监管，守住食品安全底线。

扎实推进美丽乡村建设。加强传统村落保护提升，统筹建设美丽乡村，重点抓好40个示范村建设，开展农村公共服务建设维护试点村60个。广泛开展文明村镇、文明家庭、星级文明户等创建活动，60%以上行政村和80%以上乡镇达到县级以上文明村镇标准。强化基层基础工作，走好乡村善治之路。

持续强化农村环境整治。改造农村户厕15万户，推进省级“千万工程”示范村建设。开展生活垃圾和污水治理、养殖种植业污染防治，加大农业面源污染治理，主要农作物化肥、农药使用量负增长，畜禽养殖粪污综合利用率90%以上。

扎实推进农村综合改革。有序推进承包地“三权分置”改革，稳慎推进宅基地、集体经营性建设用地制度改革，盘活土地资源。加快推进农村集体产权制度改革，10月底前基本完成经营性资产股份合作制改革任务；六县（市）选取50个行政村开展扶持村级集体经济发展试点工作，提高村集体经济收入。

（九）切实保障和改善民生。树牢以人民为中心发展思想，以更大力度、更实举措抓好民生保障，持续增进民生福祉。

认真办好民生重点实事。一是新增城镇就业11.4万人，农村劳动力转移就业3.5万人。二是免费为郑州市户籍的适龄妇女进行“两癌”筛查各6万人；免费为符合条件的郑州市户籍孕妇进行一次血清学筛查和产前超声筛查；免费为郑州市户籍的新生儿进行听力障碍初筛、“两病”筛查、35种遗传代谢病筛查和耳聋基因筛查；免费为郑州市户籍的适龄人群进行脑卒中危险因素筛查、肺癌早期筛查各5万人。三是继续举办“舞台艺术进乡村、进社区”演出1200场、精品剧目演出50场。四是新改建农村公路200公里，市区新增公共停车泊位5万个、限时车位10万个。五是建成安置房6.3万套、新开工5.6万套、网签10万套，回迁安置群众10万人，分配公租房7000套。六是市区建成区内新建公园游园200个、新增绿地500万平方米，新增、升级改造智能健身驿站30个、多功能运动场20个、健身步道10条。七是新增公办幼儿园100所，市区新建、改扩建中小学校30所、投用20所，新建、改建乡村教师周转宿舍1115套。八是市区新建、改造公厕全部达到二类以上标准，新增一类公厕252座、二类公厕126座。九是延长地铁夜间运营时间。十是实现全市中小学校及托幼机构食堂明厨亮灶全覆盖，新增农产品集中交易市场食品安全信息化建设30家。民生实事已向社会征求意见，实施结果接受全市人民监督。

继续稳定和扩大就业。坚持把稳就业摆在突出位置，实施稳就业攻坚行动，落实创业担保贷款、一次性创业补贴、一次性吸纳就业补贴、公益性岗位托底安置等扶持政策；加大对高校毕业生、转岗下岗失业人员、农民工、退役军人等重点群体支持力度；落实社保费阶段性“减、免、缓、降”政策，支持企业稳定岗位。

大力发展教育事业。加快中心城区高中外迁，迁建郑州市第五高级中学等4所，腾出校舍用于义务教育。加快优质普惠学前教育资源扩容试点建设，增加乡村普惠性学前教育资源，支持社会力量发展普惠托育。提高中小学校自建食堂供餐和区级配送中心比例，提高中小学午餐和课后延时服务比例，年底实现午餐和课后延时服务两个全覆盖。推行名校托管弱校，基本消除大班额；规范校外培训，切实减轻学生负担。支持职业教育和特殊教育内涵式发展，推进国家产教融合建设试点。加大对市属高校支持力度，郑州工程技术学院航空港校区年内开工建设。积极引进国内外优质教育资源来郑办学，继续支持郑州大学“双一流”建设。

推动文化体育事业繁荣兴盛。“四个中心”全面建成，加快推进中心城区文化板块建设，规划建设黄帝故里园区。新建各类博物馆30个、遗址生态文化公园20个，商都遗址博物院建成开放。积极申报国家文物保护利用示范区。继续开展“出彩郑州”“书香郑州”等文化活动。实施基层综合性文化服务中心提升工程。大力扶持优秀文艺作品创作生产。筹办好第29届中国金鸡百花电影节等活动。扎实推进城乡公共体育设施建设，加快创建全国全民运动健身模范市。

加快健康郑州建设。提升重大疫情防控水平，重塑重大疫情应急响应机制，加快推进县（市）区疾控中心达标建设，完善重大疫情防控体系。提升公共卫生服务水平，夯实县（市）区主体责任，按照“有人、有房、有设备、有投入”标准，建成社区卫生服务中心62个；每个县（市）至少建成1个紧密型县域医共体；推动市级医院资源下沉，带动基层能力提升。提升医疗服务水平，以建设国家儿童区域医疗中心为引领，推进四级医疗中心建设；加快市中心医院高新医院、市七院滨河医院等项目建设。提升健康服务管理水平，深入开展健康郑州行动，构建预防、治疗、康复一体化健康服务体系。提升重大疾病保障水平，探索建立特殊群体、特定疾病医药费豁免制度。提升中医药传承创新水平，发挥中医药整体医学和健康医学优势，弘扬中医药健康养生文化，让中医药产业焕发新活力。确保通过第四次国家卫生城市复审。

健全社会保障体系。做好低保工作，及时启动社会救助和保障标准与物价上涨联动机制。实施普惠养老城企联动试点专项行动，推进居家和社区养老服务改革试点，新建改扩建城乡社区养老服务中心100家，新增养老床位3000张。

继续深化社会治理。坚持和发展新时代“枫桥经验”，规范信访秩序，加强一体化矛盾纠纷调处中心建设，推动“一村（格）一警”和“一村（居）一法律顾问”工作机制融合发展，创建全国市域社会治理现代化试点城市，打造更高水平的平安郑州。开展根治欠薪攻坚专项行动。加快实施全市冷链食品安全智慧化监管行动计划。推进国家食品安全示范市建设，各县（市）区达到省级食品安全示范县（市）区标准。推动“扫黑除恶”专项斗争纵深开展。推进媒体融合发展，营造清朗网络空间。加快推进国家安全发展示范城市工作，扎实开展安全生产专项整治三年行动，加强应急管理体系和能力建设，压实安全生产责任，严防重特大事故发生，确保城市安全、社会安定、人民安宁！

大力践行社会主义核心价值观，推进“文明用餐123”“‘三公一租’作示范，斑马线前见文明”等精神文明创建和“绿城使者”志愿服务行动，确保全国文明城市“四连冠”。加强国防动员、后备力量和人民防空建设，深入开展“双拥”共建。强化统计工作，做好国民经济核算改革和第七次全国人口普查工作。做好外事、侨务、港澳、对台工作，抓好审计、民族宗教、机关事务、地方志、慈善、气象、地震、援疆等工作。支持工青妇及科协、文联、社科联等群团工作。

（十）全面提升政府治理效能。

着力建设人民满意的服务型政府。加强政治建设。探索建立“不忘初心、牢记使命”长效机制，对习近平总书记步伐步步紧跟，对党中央决策部署闻令而动，让实干担当成为政府的鲜明底色，让抓落实重实效成为工作主旋律。严格依法行政。深化国家级法治政府建设示范创建工作，不断完善法律顾问制度，全面落实行政执法“三项制度”。认真执行市人大及其常委会决议决定，依法接受人大监督，自觉接受政协民主监督，主动接受群众监督和舆论监督。加强审计监督。政府工作人员要自觉接受法律监督、监察监督和人民监督。全面推进政务公开，让权力在阳光下运行。提升治理能力。深化行政体制改革，加快推进市域治理体系、治理能力现代化，用心用情用力办好群众身边的操心事、烦心事、揪心事，让广大群众的获得感、幸福感、安全感更加充实、更有保障、更可持续。完善容错纠错和干部澄清保护机制，健全激励保障体系，让谋事干事、担责担难蔚然成风。建设廉洁政府。严格落实党风廉政建设责任制，坚持依法用权、为民用权、廉洁用权、阳光用权，从严查处侵害群众利益的不正之风和腐败行为，筑牢不能腐、不敢腐、不想腐坚实防线。从严落实中央八项规定及实施细则精神和省市有关规定，驰而不息纠“四风”、树新风。树牢带头过紧日子思想，压减一般性支出15%以上。

各位代表！让我们更加紧密团结在以习近平同志为核心的党中央周围，在省委、省政府和市委的坚强领导下，不忘初心、牢记使命，万众一心加油干，越是艰险越向前，加快建设具有黄河流域生态保护和高质量发展鲜明特征的国家中心城市，奋力夺取疫情防控和经济社会发展“双胜利”，为打造国家高质量发展区域增长极、支撑中部地区崛起、谱写新时代中原更加出彩绚丽篇章做出新的更大贡献！

（根据郑州市人民政府市长王新伟2020年5月14日在郑州市第十五届人民代表大会第三次会议上的政府工作报告整理编写。）

Ⅱ

专题报告

郑州市2019年组织工作报告

中共郑州市委组织部

2019年，全市组织系统围绕大局、提高站位，把高质量发展作为主题，把担当作为、狠抓落实作为主调，不断深化拓展组织工作布局，推动各项工作取得新成效。

一、扛稳政治责任，扎实开展“不忘初心、牢记使命”主题教育

坚持把开展主题教育作为重大政治任务，作为检验“四个意识”“两个维护”的具体行动，提高政治站位，及早研究、提前谋划，确保高起点开局、高标准开展、高质量推进。

精心组织实施。市委主题教育领导小组召开市委常委会和专题会、推进会、座谈会等8次，领导小组办公室坚持日碰头、周例会，对共性问题及时作出答复，明确时间表、方法措施和上级要求，细化任务、定下标准，做到挂图作战、环环相扣。组建16个巡回指导组，下沉到一线督导指导，把关定向，引正纠偏。

紧扣主题主线。把深入学习贯彻习近平新时代中国特色社会主义思想作为主线，注重原原本本学，认真抓好自学基础上，市委理论学习中心组精心设计7个专题，分3个阶段，拿出9大时间，深学细悟、互学

互鉴，带动各级领导班子普遍研讨 3 次以上，开展集中交流互学 996 次；开展“党委（党组）书记谈初心”“支部书记谈党建”等活动，让各级书记结合职责真正入脑入心。创新方式方法，以会代训领学、深入高校党校讲学、沉到基层宣讲促学，各级领导干部讲党课 1748 场次，全市成立 438 个宣讲团，开展宣讲 2337 次、宣讲党员群众近 20 万人次，把党的声音传递下去。盯住薄弱环节，针对“两新组织”党员、流动党员等薄弱点、空白点，积极创造条件送学助学；深化“万名党员进党校”，培训农村无职党员、社区党员等 449 次、81101 人。

注重典型引领。牢记“红色政权从哪里来的”谆谆教导，认真学党史、新中国史，挖掘田又生、靳华成、索良民等一批老革命感人事迹，组织 12 万余名党员就近就便参观红色基地，接受革命传统教育。广泛开展“讲好四个故事”，以支部为单位营造人人讲、人人受教育的浓厚氛围。选树党员干部身边先进典型 481 名，编印《郑州身边典型事例》，开展先进典型教育 4909 场次，以可感可学可用的身边事迹，激励党员立足岗位做奉献。

走实群众路线。坚持开门搞教育，顺应群众美好生活向往，实施“解民忧、纾民困、暖民心”行动，着力解决群众的操心事、烦心事、揪心事，中小学推行中午配餐、下午放学免费延时托管，政务服务大厅推出“双休日便民服务”措施等，一项项实打实的举措，增加了群众的获得感、认同感、幸福感。结合正在做的事情，坚持边调研边整改，共打通工作“堵点”4578 个、办好惠民实事 13675 件，发现好经验好典型 3915 个。

狠抓整改落实。树立问题导向，深入开展“7＋2”专项整治，采取清单式管理、项目化推进方式，推进漠视侵害群众利益问题、基层党组织软弱涣散、基层负担较重等问题整改；全面查找各种违背初心和使命的问题，高质量召开专题民主生活会。坚持从制度机制上建起来，把制定“当下改”的举措同制定“长久立”的机制结合起来，建立乡镇（街道）党（工）委书记季度交流制度等，用制度固化主题教育成果。

二、紧扣发展需要，着力加强领导班子和干部队伍建设

着眼郑州高质量发展，突出政治标准，坚持事业为上，持续在倡树导向、严格规范、精准科学、激发活力中狠下功夫，推动干部工作取得新进展、新成效。

*以推进机构改革为契机，加强领导班子建设。*认真贯彻上级部署，确保机构、职责、队伍按改革要求及时调整到位，46 家市直单位 93 项职能调整、1662 名人员编制转隶、70 家事业单位调整隶属关系，高质量完成改革任务。把涉改单位干部安置、非涉改单位缺职补充、巡视超配干部消化等结合并贯通起来，突出政治标准，坚持人岗相适，注重通盘考虑，顺利完成 55 家党政机构班子配备工作，配优配强新机构领导班子。用足用活干部政策，在严格职数基础上，对市直单位空缺的非领导职务进行调整补充，重用一大批低调务实、勤勤恳恳、实绩突出的业务骨干，激发干事热情，优化了队伍结构。

*以有效激发活力为重点，加强干部队伍建设。*开展精准培训，举办新发展理念、创新驱动、环境治理等专题培训班 200 余期，培训干部 15 万人次，提升干部专业能力和专业素养。强化实践锻炼，紧盯环境污染防治、第十一届全国少数民族传统体育运动会等市委中心工作和重点任务，及时选派 15 批 353 名优秀年轻干部一线历练，对表现特别突出的先进集体和个人给予记功嘉奖和通报表彰，既服务保障重点工作开展，又提升了干部实践能力。注重正向激励，印发激励干部新时代新担当新作为的实施意见，开展不担当不作为专项整治。面向村（社区）党组织书记定向考录，遴选 18 个公务员职位、18 个事业编制岗位，倡树了重基层、重一线的鲜明导向。

*以集中专题调研为突破，加强年轻干部储备。*着眼事业薪火相传，出台大力发现培养选拔优秀年轻干部的意见，开展优秀年轻干部专题调研，17 个调研组蹲点 284 家单位，经过面上调研、深度调研、实地走访、

征求意见、审核把关等，对人选分析研判、差额筛选，分层分类掌握了一批优秀年轻干部，保证使用上有梯队、选择上有空间。加大选调生招录培养力度，定向招录清华北大等“双一流”建设高校选调生56人，优化选调生队伍结构；推行领导联系帮带、列席乡镇党政联席会、新录用选调生到村任职等制度，积极为选调生成长成才创造机会、搭建平台。

以深化巡视整改为牵引，持续提升干部工作规范化水平。扎实推进干部档案再审、“带病提拔”“跑官要官”等8个整改专项行动，组织对11家开展选人用人专项检查，建立未整改到位事项清单、周报月结、函询督办等制度，层层压实整改责任、落细整改要求，确保各项整改任务清仓清零。坚持举一反三、健全机制，制定干部预审、推荐考察、谈话宣布、选用纪实等系列规范化流程，出台《市管干部任前档案审核办法（试行）》《市管干部个人信息更改流程》《市管干部在企业、社团兼职（任职）审批备案暂行规定》等文件，推动干部工作程序、政策、制度进一步完善。

以职务职级并行为抓手，统筹推进公务员管理各项工作。加大公务员局并入组织部后人员、理念、政策体系融合力度，认真抓好新修订公务员法学习宣传贯彻落实，扎实做好公务员考录、考核、调任等各项日常工作。稳妥慎重推进公务员职务与职级并行制度落实，提前摸底调研、测算底数，积极预判风险、用活政策，加强思想引导、组织提醒，初步完成职级套转和首次职级晋升工作。认真做好公安机关、监狱、戒毒场所执法勤务警员职务和警务技术职务序列改革。从严从优把好公务员队伍“入口”，招录公务员399人，加强初任培训，考录公务员的进入主渠道作用进一步凸显。

三、大抓基层基础，扎实推进党的组织体系建设

牢固树立大抓基层鲜明导向，聚焦解决基层党建存在的突出问题，坚持分领域推进、精细化指导，着力提升基层党组织建设整体水平。

在夯实基层基础工作上持续用力。研究制定《郑州市加强以新时代

党的建设为根本的基层基础工作实施方案》，确定24项重点和106项具体任务，压紧党建工作责任，加强工作督查考核，确保有力有序推进。持续实施“支部建设提升年”，开展“逐支部观摩”，集中排查整顿各领域软弱涣散基层党组织。强化基础保障，将村办公经费、服务群众经费和党建工作经费，分别提高至5万元；加快推进乡镇“五小”和周转房建设，优化基层干部工作生活环境。

在抓党建促乡村振兴上实处着力。大力实施农村党建“六项行动”，制定抓党建促乡村振兴20项重点任务清单，推动农村党建水平整体提升。深化换届“后评估”机制，指导乡镇（街道）对村“两委”村干部履职尽责情况进行量化打分和满意度测评，调整撤换不合格不尽职“两委”干部；建立村干部县级“联审”制度，清理受过刑事处罚村干部，净化村干部队伍，增强了村党组织书记整体素能。推进乡土人才联络与回归工作，建立村级后备干部库近9000人，为乡村振兴储备人才和后备军。扶持发展壮大村级集体经济试点村69个，“一村一策”制定扶持方案，为乡村振兴提供强力支撑。持续抓党建促脱贫攻坚，管好用好490个村派驻第一书记和工作队，建立驻村干部动态管理考核机制，做法被《中国组织人事报》头版报道。

在以党建引领特大城市治理上精准发力。发挥城乡社治委作用，强化领导指导、顶层设计、统筹协调、督查考评，编制《郑州市城乡社区发展治理规划导则》，构建协调有序的城乡基层治理格局。以街道体制改革为契机，取消“招商引资”考核指标，制定街道、社区权责清单和职责准入制度，把社区承担的行政性工作事项由202项缩减到72项，让基层干部把更多精力投入为群众服务上来。立足解决好群众身边的“关键小事”，积极探索党建引领物业服务模式，制定“物业党建十条”“业委会党建六条”，在130家符合条件的大型物业企业建立党组织，推行居委会、物业公司、业委会交叉任职，建立“三方联动”机制，提升物业管理水平和服务群众质量，受到了中组部有关领导肯定。规范运用“一征三议两公开”工作法，探索“一领四单”等共建共治共享模式，激发群众参与治理积极性，被中组部、中宣部列为“十大案例”进行宣传报道。

盯紧各类园区、商务楼宇、城乡接合部等党建空白点，推行“126”源头覆盖机制，“两新”组织覆盖率均达85%以上，涌现出UFO共享办公，郑东新区CBD楼宇党建商务中心、UU跑腿、瑞光产业园等一批新亮点，带动新兴领域全面融入、有效服务基层治理。

在发挥党员先锋模范作用上凝心聚力。加大向产业工人、青年农民、高知识群体等领域党员发展倾斜力度，推行发展党员“双推双评三全程”，开展排查解决发展党员违规违纪问题试点工作，党员发展质量不断提升。全面推行党员积分管理、志愿服务和在职党员社区报到等做法，分级建立党员志愿者服务梯队，全市党员累计参与活动96万人次，开展各项服务10万余次。开展“十大先锋党支部”和“十大先锋共产党员”评选活动，征集1500多份“红色家书”开展“致敬·传承”活动，抓实“支部书记谈党建”系列微党课、“践行初心使命”系列微视频、“党徽闪耀中原”摄影大赛等活动，在全市营造了个个争先、积极奉献的浓厚氛围。

四、注重政策落实，着力集聚爱国奉献的优秀人才

全面贯彻人才强市战略，持续完善人才政策、人才体制、人才发展环境，努力打造人才受到充分尊重、人才价值充分体现的城市。

深入实施“智汇郑州”人才工程。大力推进7项人才计划落实，定期对人才工作政策落实情况进行研判评估，及时解决存在问题，确保各项政策落地见效。高质量、高水平筹办第二届“中国·河南招才引智创新发展大会”，积极向海内外推介“智汇郑州”人才政策，发布《郑州市2019—2020急需紧缺人才需求指导目录》，签约人才项目110个，国际合作项目10个。

持续完善人才体制机制。印发《郑州市人才工作领导小组工作规则》，健全联席会议、督查观摩、情况通报和评优评差等机制，实行人才工作目标责任制考核，进一步调动各职能部门的积极性。制定《关于进一步支持大数据产业发展的实施意见》，出台加快科技创新“1+5”支持

政策，大力培育创新引领型企业、机构、平台和人才。完善高层次人才认定标准动态调整机制，推出升级版高层次人才认定程序，变每年定期申报、集中评审为全年常态化申报、多批次评审，简化申报办理流程，方便人才及时申报。

营造良好人才服务环境。健全完善人才服务保障体系，优化“智汇郑州”App服务，整合“一库一网一热线一平台”，积极推进人才综合服务指挥中心建设，开辟人才服务绿色通道，加快人才公寓建设。放宽青年人才首次购房补贴发放范围和条件，打通信息共享渠道，再造申办核准流程，最大程度缩减青年人才补贴事项办理时间，实现申报即时核准，补贴即时发放，着力打造人才政务服务最优体验。

加强对人才的政治引领和政治吸纳。以“八个一”专题活动为抓手，高质量开展“弘扬爱国奋斗精神、建功立业新时代”活动；制定下发《关于进一步加强党委联系服务专家工作的实施办法》，持续推动市、县两级党委联系专家全覆盖；举办第二届高层次人才“爱国奋斗”主题教育培训班，引导各类人才为中原出彩、中部崛起做出贡献。

五、牢记“两个绝对”，打造模范部门建设过硬队伍

坚持从严治部，深入开展“不忘初心、牢记使命”主题教育，持续巩固和扩大“三学三抓三提升”行动成果，着力建设讲政治、重公道、业务精、作风好的模范部门。

抓好主题教育。坚持高点站位、高标谋划，成立领导小组及工作机构，列出任务清单，部务会带头示范，全体党员积极参与。强化理论武装，编印资料引导党员干部原原本本学习规定篇目，领导班子研讨交流4次、各支部60余次，部领导带头讲党课，邀请先进典型作报告，观看电影《我和我的祖国》，参观主题教育文献展、豫西抗日根据地，举行观国庆盛典主题党日，组织知识测试和演讲比赛，引导大家不断感悟党的初心使命。聚焦组织工作突出短板问题，组成7个调研组分头进行深入调研，摸实情、找差距，听意见、问对策，梳理了组织工作高质量发展的

思路举措。坚持刀刃向内，开门评部，广泛征求意见建议，排查并整改领导班子、机关作风等 16 个方面问题和机关干部个人存在问题，高质量分层次召开民主生活会和组织生活会，推动主题教育与组织工作相互促进、同频共振。

抓牢支部建设。坚持“一切工作到支部”导向，深入开展党建“灯下黑”专项整治，进一步压实支部责任，严格落实“三会一课”、党费收缴、周五学习日、民主评议党员等制度，认真抓好部机关共驻共建、基层联系点、党员到社区报到、志愿服务等工作，确保支部组织生活经常、认真、严肃，各项活动丰富、精彩、有效。在服务保障第十一届全国少数民族传统体育运动会等中心工作中，充分发挥组织部门职能作用，带头践行“四讲四带头”要求，市委组织部被记“集体二等功”。

抓实队伍建设。按照机构改革要求，及时做好公务员管理职责调整和相关人员的转隶工作，科学制定部机关三定方案，进一步壮大组工干部队伍，理顺公务员管理体制。大力弘扬“安专迷”精神，对组织工作新部署新条例新规定，定期学习、组织研讨、开展培训、知识测试；对新进干部抓好“传帮带”，教方法、引路子，提升规矩意识和专业能力。坚持人岗相适、人尽其才，7 名同志走上事业科级领导岗位，树立鲜明的用人导向。

抓严纪律作风。继续抓好以案明纪以案促改工作，严格落实“十严禁”“十不准”纪律要求，制定党规党纪“十提醒”，开展纪律作风整治暨“学找谈改建”专题教育活动，深化拓展岗位风险防范管理，常念紧箍咒、常敲警示钟。大力弘扬担当实干之风，对症推出解决形式主义带头为基层减负十条举措，持续改进组织系统文风、会风、调研、督查等工作，《中国组织人事报》予以报道。争创省级文明单位标兵，开展丰富多彩活动，营造了和谐向上的文化氛围。

郑州市2019年宣传思想文化工作报告

中共郑州市委宣传部

2019年，全市宣传思想文化系统深入贯彻落实习近平新时代中国特色社会主义思想，紧紧围绕“举旗帜、聚民心、育新人、兴文化、展形象”的使命任务，着力抓好宣传思想文化各项工作，全市上下主旋律更加响亮，正能量更加强劲，自信心更加坚定。

一、旗帜鲜明讲政治，不断提升思想政治水平

始终把政治建设放在首要位置，始终坚守宣传部门作为政治机关的鲜亮本色，自觉肩负起新形势下宣传思想工作的使命任务。

始终坚定政治立场。带头讲政治、敢担当、重操守，牢固树立“四个意识”、增强“四个自信”、做到“两个维护”，始终在政治立场、政治方向、政治原则、政治道路上同以习近平同志为核心的党中央保持高度一致，做到党中央提倡的坚决响应、党中央决定的坚决执行、党中央禁止的坚决不做。坚持落实“政治首题”制度，部务会坚持第一时间学习传达习近平总书记重要讲话精神及中央、省委、市委重要会议、文件精神20次，不折不扣落实中央、省委、市委重大决策部署。

不断强化理论武装。把深入学习贯彻习近平新时代中国特色社会主义思想作为首要政治任务，切实加强理论武装。印发《市委宣传部直属

机关党委理论学习中心组2019年度学习专题安排》，全年共组织中心组学习10次，机关党员集中学习7次。结合工作实际，对党的十九届四中全会精神、《中国共产党重大事项请示报告条例》《中国共产党宣传工作条例》等进行深入学习。特别是以学习贯彻习近平总书记视察河南重要讲话精神为重点，坚持先学一步、学深一层，并开展心得体会交流，以理论上的清醒保证政治上的坚定、行动上的自觉。

时刻不忘初心使命。扎实开展“不忘初心、牢记使命”主题教育，严格按照习近平总书记“四个到位”“四个注重”要求，开设“五种课堂”，学习教育有深度；针对“六个课题”，调查研究有广度；采取“七种途径”，检视反思有准度；建立“九个台账”，整改落实有力度。同时，将主题教育与宣传思想文化战线增强“脚力、眼力、脑力、笔力”工作相结合，精心制定24项推进计划，开展“政策宣讲下基层”“倾听民声下基层”“学身边典型、做时代先锋”等多项特色活动，进一步擦亮初心、扛牢使命。

二、坚持守正创新，切实推动宣传思想工作强起来

坚持围绕中心、服务大局，真抓实干，奋发有为，全市宣传思想文化工作取得新成效。

大力推动习近平新时代中国特色社会主义思想深入人心。始终把学习宣传贯彻习近平新时代中国特色社会主义思想和党的十九大精神摆在首要位置，深入学习领会，持续入脑入心。一是中心组学习扎实开展。围绕学习贯彻习近平新时代中国特色社会主义思想，结合“不忘初心、牢记使命”主题教育和郑州国家中心城市建设实际，精心设置学习专题，深入开展学习讨论，组织开展考学验学，年度开展市委中心组学习10次，指导开展县级中心组学习1200余次，学习效果得到有效提升。二是理论宣讲入脑入心。不断创新宣讲形式，通过“百姓宣讲直通车”“文艺＋理论”等形式，组织开展“党的创新理论万场宣讲进基层”和党的十九届四中全会精神集中宣讲活动7360余场，推进习近平新时代中国特色

社会主义思想在郑州落地生根。三是“学习强国”运用效果显著。通过组织专题培训会、开展答题挑战赛等方式加强“学习强国”平台推广运用。积极搭建“学习强国”平台供稿链，抓住全国少数民族传统体育运动会在郑举办有利时机，供稿、发稿量显著提升。

*严格落实意识形态工作责任制。*大力推进意识形态工作责任制落实，持续巩固筑牢各类意识形态阵地，全市意识形态总体态势向上向好。一是把牢领导权毫不松懈。市委常委会2次召开专题研究，4次召开市委意识形态联席会议，对网络、高校、基层等领域意识形态工作进行研究部署，切实推动党委主体责任落实到位。二是落实责任制坚决有力。出台《郑州市防范化解意识形态领域风险工作方案》《郑州市党委（党组）意识形态工作责任制负面清单》。针对省委对县（市）意识形态专项巡视和专题督查发现问题，第一时间认领研究整改。对郑东新区、经开区、高新区开展意识形态专项巡察，对全市58家单位进行专题督查。三是各类意识形态阵地可管可控。深入开展农村基督教专项治理，加强高校阵地和各类讲座、论坛、报告会等管理，持续加大网上主流思想舆论宣传力度和有害信息综合治理，不断强化对印刷发行、电影放映、新闻出版等经营单位日常管理，确保各类意识形态阵地可管可控。

*着力营造昂扬向上的舆论氛围。*围绕市委中心工作，组织协调各级媒体为全市经济社会发展营造良好舆论氛围。一是主题宣传浓墨重彩。精心组织庆祝新中国成立70周年、“不忘初心、牢记使命”主题教育、第十一届全国少数民族传统体育运动会等重大主题宣传，全年中央媒体累计宣传报道郑州200多次。二是媒体助政凝心聚力。聚焦环境污染防治、脱贫攻坚、扫黑除恶等重点工作，组织市属媒体开设专题专栏，全方位、多角度进行宣传报道，引导广大市民自觉参与城市建设管理。三是舆情引导妥善及时。先后妥善处置北四环在建高架落梁、宇通客车召回等突发舆情，全市舆情大局平稳有序。重点做好庆祝新中国成立70周年、全国民族运动会等期间舆论监测引导，没有发生重大突发舆情事件。四是对外宣传出新出彩。依托拜祖大典、全国少数民族传统体育运动会、郑州国际马拉松、河南招才引智大会等大型活动，积极协调、组织境内

外媒体对郑州进行宣传报道，城市对外影响力持续提升。

积极培育和践行社会主义核心价值观。以全国文明城市创建为统领，以市民公共文明素养提升行动为抓手，全面提升市民文明素质和社会文明程度。一是文明创建工作扎实推进。把全国文明城市创建工作与百城建设提质、“路长制”等工作融合推进。持续提升文明单位、文明校园、文明村镇、文明家庭等精神文明细胞工程建设。不断加强农村精神文明建设，强化移风易俗工作，引导农民群众自觉树立文明新风。二是公共文明素质有效提升。“绿城使者”志愿服务广泛深入，全国民族运动会期间，日均活跃志愿者达10万人次，“满城都是志愿红”成为一道时尚风景。积极推进诚信制度化建设，建立健全诚信建设“红黑榜”及部门联合奖惩制度。深入开展“四项集中治理”行动和城区行人、非机动车交通违法行为专项治理行动，市民文明素养有效提升。三是爱国主义教育深入开展。组织开展“传承红色基因、讲好四个故事”“传承红色基因、寻找红色记忆”等活动。挖掘整理我市红色资源，编印发放《红色记忆——郑州市红色资源选编》《抗日烽火——郑州抗战简史》，讲述郑州红色历史。开展党员参观红色教育基地活动，16家红色教育基地累计接待参观者20余万人次。四是公益宣传引导深入人心。常态化开展社会主义核心价值观、庆祝新中国成立70周年、全国文明城市创建、《郑州市文明行为促进条例》公益宣传，让人们在潜移默化中感悟认同社会主流价值。

不断丰富群众美好精神文化生活。围绕推进中原文化高地建设，持续推动文化事业繁荣发展，不断满足群众对美好精神文化生活的需求。一是大型活动出新出彩。圆满完成第十一届全国少数民族传统体育运动会开幕式、闭幕式、民族大联欢等系列大型文化活动演出任务，网络浏览量突破35亿人次。中国（郑州）国际街舞大赛全球关注，线上点击超过2亿人次。二是公共文化服务巩固提升。积极推进基层公共文化服务体系建设，已建成基层综合性文化服务中心2577个、图书馆分馆95个、文化馆分馆137个、城市书房50个。持续推进生态保遗工程，建成生态遗址文化公园24处，完成生态绿化面积6277亩。三是群众文化活动精彩不断。“迎民族盛会 庆七十华诞”系列文化活动喜庆热烈，营造了浓厚节日氛围。持续开展“出彩郑州”“大地情深”“戏曲进校园”“文艺轻骑兵”等系列文化活动，惠及群众200余万人次。郑州市被中宣部列为2019年春节节庆活动试点城市。

持续激发文化产业发展活力。不断深化文化体制机制创新，文化改革发展工作扎实推进。一是体制改革稳步推进。大力推进国有文化资产监管机制创新，组建国有文化资产监管机构。协调推进公共文化机构法人治理结构改革，完成郑州文化馆、郑州图书馆等法人治理结构改革工作。积极推进文化市场综合行政执法改革。二是发展环境持续优化。出台《文化产业发展专项资金“一事一议”申报指南》，产业发展政策体系不断完善。对全市57个项目拨付扶持资金4160万元，文化市场主体不断壮大。积极参加宁波文博会、深圳文博会、中原文博会，大力宣传推介郑州优势文化产业项目。探索文化产业与金融服务融合，筹备成立“文化银行”。谋划打造郑少洛高速精品旅游线路，筹备组建文旅集团。三是重大项目进展顺利。电影小镇等项目开业运行，华强四期中华复兴之路、王潮歌“只有”河南演艺公园等正在加快推进。中央文化区奥体中心等主体工程基本完工。“四大历史文化片区”项目逐步进入实施阶段。

三、强化党建引领，推动全面从严治党不断向纵深发展

严格落实全面从严治党主体责任，在抓党建、打基础、强素质上下功夫，不断强化自身党的建设，营造凝心聚力、干事创业、风清气正的良好生态。

加强组织领导，扛稳抓实党建主体责任。一是全面落实班子主体责任。坚持把党建工作与业务工作同研究、同部署，成立专门的全面从严治党领导小组，制定《市委宣传部2019年度履行全面从严治党主体责任工作台账》，层层签订目标责任书，使党建工作责任化、目标化、制度

化，形成横向到边、纵向到底、覆盖完整、责任落实的全面从严治党责任体系。二是严肃党内政治生活。贯彻执行《关于新形势下党内政治生活的若干准则》，严格执行民主集中制，坚持集体领导制度、“三重一大”集体决策制度，建立完善部务会议制度，2019年先后召开部务会22次研究议题112项，对一系列涉及重大问题决策、干部任免、大额资金使用等问题集体研究决策，及时形成会议纪要推进工作落实。4月，就2018年度全国文明城市测评成绩低于80分和网上申报个别材料存在弄虚作假问题召开专题民主生活会；12月，召开“不忘初心、牢记使命”专题民主生活会。三是不断强化基层组织建设。推进党支部规范化标准化建设，督促所属28个党支部严格落实“三会一课”等组织生活制度。严把党员发展政治关，2019年预备党员转正6人，发展党员12人，接收入党积极分子15人。以“党在我心中”为主题，举办主题演讲比赛、戏曲微党课等党日活动，组织党员干部到中原英烈馆、豫西抗日纪念园等地接受革命传统教育，筑牢信仰之基。

持续正风肃纪，深入推进党风廉政建设。一是认真履行廉政“一岗双责”。部务会全年研究党风廉政建设议题5次，传达学习中央、省、市纪委会议精神7次，召开党风廉政建设形势分析会2次，围绕市纪委《典型案例通报》开展交流讨论3次，召开廉政谈话会6次，并通过短信、微信等形式及时向全体党员发送廉政提醒。在压紧砸实班子廉政主体责任的同时，认真制定班子成员个人履行主体责任清单，班子成员与分管领域签订廉政建设责任书，开展廉政谈话，切实落实“一岗双责”。二是健全完善廉政建设各项制度。深入学习贯彻党的十九届四中全会精神，强化制度意识，坚持用制度管人、靠机制管事。完善《部机关财务管理规定》《关于进一步完善部财务审批有关规定的通知》《财务规定文件汇编》等规章制度，统一经费管理，明确三公经费开支管理规定，使财务管理有章可循。三是贯彻落实八项规定要求。严格遵守中央八项规定及实施细则精神，坚持调研督导轻车简从，做到不搞排场、不增加基层和群众负担。严格执行财务管理政策，对“三公”经费开销实行严格控制。进一步规范公车使用管理。厉行勤俭节约，积极推广无纸化办公，压缩办公用品、耗材支出。出台《关于进一步落实中央八项规定精神规范市级领导干部出席会议活动新闻报道的实施意见》，精简规范会议报道工作。

严格率先垂范，不断提高单位意识形态建设水平。一是压实双重责任。在推动全市意识形态工作责任落实的同时，狠抓自身意识形态建设，成立部意识形态工作领导小组，健全部意识形态工作研判机制，全年专题研究意识形态工作 5 次。二是严格审核把关。严把公文政治方向，2019 年审核各类公文 100 余份。研究制定《郑州市进一步加强文化活动政治导向管理的暂行办法》，严把文化活动的价值关、导向关。三是持续巩固阵地。落实“三审三校”制度，强化对内部刊物《郑州宣传》，文明郑州、遇见郑州、郑州发布等网站、微信、微博平台，以及各类工作交流群的管理，杜绝不当言论。对市属媒体各类报刊、频率频道、新媒体平台进行全面排查和治理，严防意识形态工作“灯下黑”现象。

郑州市 2019 年统一战线工作报告

中共郑州市委统战部

2019 年，郑州市统一战线深入学习习近平新时代中国特色社会主义思想和党的十九大，十九届二中、三中、四中全会精神，全面贯彻习近平总书记考察调研河南、郑州时的重要讲话精神以及中央、省委、市委关于统一战线系列重大决策部署，以“不忘初心、牢记使命”主题教育为主线，以庆祝新中国成立 70 周年和第十一届全国少数民族传统体育运动会举办为牵引，高举“大团结大联合”旗帜，深入谋划“五篇文章”，思想共识进一步凝聚，智慧力量充分激发，职能作用有效发挥，服务中心工作更加有力，为加快郑州国家中心城市建设、谱写中原更加出彩的绚丽篇章做出了积极贡献。

一、主题教育扎实开展，筑牢统战思想根基

坚持把加强组织领导作为基础保障，做到聚焦聚力。安排部署上求“先”。全市主题教育工作动员会后，面对民族运动会艰巨繁重的工作任务，市委统战部连夜召开部务会，专题研究部署部机关主题教育工作。为推进工作落实，中秋假期第一天召开部机关主题教育动员部署会，对相关工作进行安排。组织力量上求“强”。成立部机关主题教育工作领导小组，由市委常委、统战部部长杨福平任组长，部班子成员任副组长，

机关各处室负责人为成员，负责主题教育的组织领导；抽调机关精干人员组建主题教育办公室，具体负责主题教育的组织实施，督导机关各支部严格落实教育内容，指导服务好各民主党派的“不忘合作初心、继续携手前进”主题教育活动。安排部署上求“细”。结合工作实际，制定了《市委统战部“不忘初心、牢记使命”主题教育实施方案》和具体工作安排，把开展主题教育与贯彻落实中央、省委、市委重大决策部署结合起来，与推进“两学一做”学习教育常态化制度化结合起来，与推动全市统战工作结合起来，与推动机关建设结合起来，与精神文明创建结合起来，切实促进主题教育与业务工作有机融合、相互促进。同时，班子成员和领导干部率先垂范，带头讲党课，以普通党员身份参加各支部活动，谈学习体会，检视自身问题，做出积极表率。

坚持把理论学习和调查研究作为重中之重，做到固本强基。丰富学习内容。把学习贯彻习近平新时代中国特色社会主义思想、习近平总书记视察河南重要讲话精神、关于加强和改进新时代统战工作的重要思想作为重中之重、贯穿始终，不断增进政治认同、思想认同、理论认同、情感认同。集中领读领学了《习近平新时代中国特色社会主义思想学习纲要》《习近平关于“不忘初心、牢记使命”重要论述摘编》等，组织观看了《英雄本色张富清》《初心永恒》《不忘初心继续前进》专题教育片以及警示教育片《伞戒》，先后组织集中学习 13 次，累计集中学习研讨 14 天。创新学习形式。利用党建云平台、公务员培训网站、“根在中原”网站等信息化学习载体，促进学习实效。依托郑州市委统战部“最大同心圆”微信公众号推送理论文章和学习心得 901 篇。开展“每月一文”读书竞赛活动，每月选择一个主题，每人写出一篇思辨性文章，部领导从中选出“精彩观点”在统战部机关电子屏和微信公众号上发布交流，已编发 19 期。注重用活身边红色教育资源，组织党员干部前往豫西抗日纪念馆、二七纪念馆、中原英烈纪念馆、大河村遗址博物馆进行现场教学，传承红色基因，感悟黄河文化，接受精神洗礼，强化使命担当。深入调查研究。市委常委、统战部部长杨福平围绕“扩大新的社会阶层人士统战工作覆盖面”赴管城区、惠济区、新郑市等地开展调查研究，探索新时代新阶层人士统战工作的方法路子。各班子成员和机关处室围绕主业主责深入企业、乡村、学校等开展调查研究，编发《郑州统战信息》20期，形成调研报告70篇。统战系统各单位积极开展信息宣传工作，截至11月底，在中央统战部刊发信息33条、省委统战部刊发信息10条；在中央、省委主流媒体发表统战宣传稿件90余篇；在根在中原网站发布信息1598条。

坚持把检视整改问题作为关键环节，做到找准实改。坚持开门搞教育，征求党外人士、基层统战部门、干部群众意见建议67条。分别召开部班子民主生活会和党支部组织生活会，对标理想信念、担当作为、党性修养等方面标准，挖根源、找差距、定措施，部班子检视问题8个，班子成员检视问题共17个。印发《市委统战部在"不忘初心、牢记使命"主题教育中开展专项整治工作方案》，检视制定问题整改台账，梳理查摆各类问题71个，限期整改到位61个，坚持长期整改10个。认真落实信访接待工作，落实"首问负责"制度，全年受理涉台投诉案件17件，涉侨投诉案件12件，处理历史遗留案件8件，维权案件办结率90%。

坚持把推进工作作为关键环节，做到求实求效。机关党建持续强化。统战部机关注重结合主题教育加强自身党建，开展"支部强堡垒、党员争先锋"活动，通过支部换届选举、吸收发展党员、支部结对共建等方式，不断优化自身结构，强化组织功能。扶贫帮困成效明显。积极稳妥做好扶贫联系点登封市唐庄镇寺沟村扶贫帮困工作，采取调整优化结构、组织专题培训、结成共建对子等形式建强村党支部，发挥基层组织作用；多方争取扶贫资金420万元，为村里建造蔬菜大棚19座，整修道路2条，实施自来水入户工程，解决了群众所急所忧，受到群众一致好评。中心工作有力开展。注重把主题教育与当前重难点工作搞好结合，把主动担当作为、提升党性修养作为检验学习成效的外在体现，引导广大统战成员、统战干部在机构改革和公务员职级并行等重点工作中讲大局、讲党性，目前机关机构编制体制调整已顺利完成，公务员职级并行工作如期推进。配合市委市政府抓好全市重点工作推进，圆满完成各项工作任务。主题教育与统战中心工作有机融合，协同推进。作风建设稳步加强。结合主题教育严抓党风廉政建设，组织机关党员以观看警示教育片、参观巩义市反腐倡廉警示教育基地、组织召开节日廉政提醒会等形式筑牢思想防线；及时通报市纪委典型案例，对自我要求不严、造成不良影响的党员作出严肃处理，引导广大党员干部以案明纪、对照反思，持续整改。

二、提升多党合作效能，做好“团结协作”文章

以加强民主党派自身建设为抓手，着力提升参政议政水平，推动新型政党合作关系不断发展。

政党协商水平持续提升。协助市委印发《2019 年度政党协商计划》，开展各类政党协商活动 6 次；组织各民主党派、工商联、无党派代表人士参加党外人士座谈会 3 次，主题教育中征求党外人士对中共市委常委班子的意见建议 3 次。协助市委印发了《2019 年各民主党派重点调研课题的通知》，各民主党派开展广泛调研，形成调研报告 14 篇；在各民主党派中开展信息报送评比工作，建立信息周报告、月反馈机制，累计报送社情民意 100 余篇，零讯稿件 60 篇。其中民建市委《建议加快解决机械基础零部件“卡脖子”问题》被中央统战部《零讯》采用。年内接待外省市民主党派调研组 13 个，展示了郑州的良好形象和光明前景。

合作共识持续深化。结合新中国成立 70 周年、多党合作制度确立 70 周年的重要时间节点，指导各民主党派开展诗歌朗诵会、演讲比赛、歌咏比赛、书画展、摄影展等 8 项系列活动，全市统一战线工作成员单位、各县（市）区、各开发区、各市属高校等 30 多个单位、2000 余人次踊跃参加。协助各民主党派举办各类培训班 13 个，采取重走长征路、重温政党协商历程、实地参观见学等方式，培训各民主党派领导班子、市委委员、参政议政骨干、基层组织负责人 700 余人次。联合重庆市委统战部举办“民主党派统战发展历程展”，引导民主党派成员在重温历史中铭记合作初心，在弘扬传统中深化政治共识。

党派自身建设持续加强。深入学习中央印发的《关于加强中国特色社会主义参政党建设的意见》《民主党派代表人士队伍建设规划（2018—2027年）》《各民主党派中央关于新时代组织发展座谈会纪要》等文件精神，采取交流研讨、调研推动、征求意见、组织培训等方式，引导民主党派认真学习，进一步摸清底数，掌握实情，分析研判，统筹考虑安排使用，保持班子的活力。加强代表人士队伍建设，推荐优秀年轻代表人士人选62名。加强基层组织建设，协助23个基层组织圆满完成换届；就拟新成立的3个支部领导班子人选进行了协商。加强制度建设，协助各民主党派制定完善参政议政工作制度2项、基层组织量化考评制度4项，机关内部管理制度及内部监督机制5项。

三、加强非公经济统战，做好“助推发展”文章

加强政治引领，强化服务保障，推进营造民营经济高质量发展良好环境。

“两个健康”积极推进。注重教育引导。以年轻一代非公有制经济人士为重点，在非公有制经济人士中深入开展理想信念实践教育活动，印发了《关于深入开展理想信念教育2019年度工作推进方案》，抓好整体统筹、建立长效机制。注重理论培训。采取集中培训、研学考察等形式，组织召开辅导报告会2次，外出研学2次，举办企业家培训班2期次，加深了我市民营企业家对当前经济形势的认识，提升企业发展的信心。注重典型激励。在非公有制经济人士中开展“光彩杯”竞赛表彰活动，18个先进集体、48名先进个人受到表彰；积极开展第五届全国非公有制经济人士优秀中国特色社会主义事业建设者人选推荐工作，河南开元国际经贸有限公司董事长徐平等3人当选，在非公有制经济人士中产生较大影响，进一步坚定了非公有制经济人士勇于创业、坚守底线、守法经营的信念。

营商环境持续优化。畅通交流渠道。召开全市优化营商环境企业家座谈暨评价会和企业家座谈会，与非公经济人士面对面座谈，了解情况，

听取意见建议，极大振奋了非公经济人士的信心。建设综合服务平台。分别与中原银行、市检察院、市司法局、河南省卓越质量品牌研究院等单位联合，搭建金融、企业法律服务、企业发展战略等服务平台，为民营企业发展提供便利，保驾护航。引导非公有制领域人士参与社会治理，向市政协提交提案 74 件、立案 65 件。扎实开展调查研究。围绕我市民营经济发展现状和需求，组织市工商联会同中小企业局、工信局、科技局等单位，深入新郑、中牟、荥阳、高新区等地 11 家企业开展调查研究，形成调研报告 24 篇，为市委市政府施政决策提供一手资料。

商会建设稳步加强。抓实各级工商联组织功能，认真贯彻落实中办、国办《关于促进工商联所属商会改革和发展的实施意见》精神，全面推进全市工商联商会改革。加强商会党建工作，推动统战工作向商会覆盖，郑州市温州商会、郑州市泉州商会被评为全国“四好”商会、全省“四好”商会，郑州市钢铁贸易商会被评为全省“四好”商会，钢贸、温州、嘉兴、盐城等商会党组织被评为郑州市社会组织先进党组织。制定《2019 年郑州市“五好”县级工商联建设工作实施方案》，细化“五好”标准，新推荐全国“五好”县级工商联 7 个。

四、持续依法管理民族宗教事务，做好“和谐稳定”文章

牢牢把握民族宗教工作的特殊性和重要性，坚持依法依规做好民族宗教工作，全力维护民族宗教领域和谐稳定。

民族团结氛围浓厚。开展民族团结进步创建活动。推荐第七批全国民族团结进步模范集体 4 个、个人 2 名；推荐河南省第四批民族团结进步示范区（单位）4 个。全力筹办体育盛会。第十一届全国少数民族传统体育运动会筹办期间，市委统战部承担港澳台海外代表团接待服务工作，因工作突出荣立集体二等功。持续加大对少数民族聚居地的帮扶力度。对涉及民族事业的 13 个项目进行扶持，下拨市级少数民族补助费 300 万元，加强少数民族聚居地区道路、电力线路、学校等基础设施建

设。加强清真食品监管。规范全市清真食品牌证审批业务，严把清真牌证审批关。

宗教工作依法规范。全面提升基层宗教工作管理服务水平。以党政机构改革为契机，进一步落实县级宗教工作部门行政执法主体资格，12个县（市）区已全部具备行政执法主体资格。对宗教工作关注村统筹推进脱贫攻坚、乡村振兴、扫黑除恶、宗教治理等工作；推进基层公共文化服务体系建设，全市184个乡镇都建有文化站，2585个村（社区）建起了文化活动中心，通过组织健康有益活动激发群众的归属感、家国情，增强文化自信和文化认同。积极探索宗教中国化的有效载体。指导宗教界编撰中国化讲章讲义，开展讲经讲道交流活动；首批命名了新郑市黄帝故里、新密密县县衙等24个宗教界人士中华传统文化教育基地。支持宗教团体加强自身建设。指导市道教协会、市天主教“两会”顺利完成换届工作。为12个县级宗教团体解决办公场所、人员、经费问题，宗教团体“三无”问题已全部解决。

五、创新开展新阶层人士统战工作，做好“出新出彩”文章

全力加强新阶层人士统战工作实践创新基地建设，大胆探索实践，共建立实践创新基地示范点39个（其中国家级6个），形成了一系列可复制的创新成果，为新阶层人士统战工作提供了样板。

在统战模式上有新探索。在新阶层人士分布相对集中的行业、协会、楼宇、园区进行实践创新试点建设，不断扩大覆盖面，积极探索“全镇域”模式，选取新郑市3个经济发达的镇（办）开展全镇域新阶层人士统战工作探索。其中，新郑市15个乡镇（办）试点全覆盖，实现了由全镇域向全县域开展新阶层人士统战工作“一片红”，为郑州各县（市）提供了样板。11月上旬，中央统战部、省委统战部相继在郑州召开新阶层人士统战工作会议，对郑州的实践创新做法给予了高度评价。

在组织管理上有新突破。探索建立新联会，逐渐摸索出一条“属地

负责、层级分明、组织有序”的新联会组织模式。党建上，在每个新阶层联谊会、联谊分会上建立党支部、党小组或配备党建指导员；纵向上，在县、乡（镇）、村（社区）节点上设立联络服务站，实现了“牵总在县级、主体在乡镇、延伸到社区、覆盖到全域、联系到人士”；横向上，按照行业类别区分组织分会，便于新阶层人士对号入座，进入组织；运行上，采取“党委政府主导‘公转’＋各自发挥作用‘自转’”方式良性互动，实现了新阶层人士统战工作“八有”（有党的组织、有统战力量、有骨干队伍、有工作阵地、有制度规范、有专门经费、有主题活动、有工作品牌）。

*在作用发挥上有新成效。*注重畅通沟通渠道，依托新联会及各分会，以组织活动为载体，以健全机制为抓手，搭建党委政府与新阶层人士的对接合作平台，引导新阶层人士参与社会治理，逐步强化其社会认同；注重唤醒阶层自律，通过开展“不忘初心、牢记使命”主题教育和“愈新豫出彩”活动，加强思想引领，强化政治自觉，引导新阶层人士合法经营、自律自强；注重发挥作用，大力宣扬新郑市蓝天救援队、仁爱助学协会等新阶层人士助力社会发展的善行义举，引导新阶层人士积极参与基层社会治理，回馈社会，造福人民。

六、开展港澳台侨争取人心工作，做好“海外统战”文章

注重发挥同宗共祖的血脉、文化等联系纽带，强化港澳台侨交流交往，大力开展海外争取人心工作。

*圆满完成己亥年黄帝故里拜祖大典。*邀请中国国民党前副主席林政则、全国工商联副主席李兆前，全国人大常委会委员、香港民建联前任主席谭耀宗等港澳台海外侨胞和“一带一路”沿线国家的侨商侨领约270人参加拜祖大典，嘉宾规格层次更高，覆盖面更广，为大典成功举办奠定了坚实基础，进一步增进了港澳台海外侨胞感情基础，扩大了对外宣传和影响。

对台工作全面加强。积极推动中央惠台 31 条政策和我省惠台 60 条措施落地见效，着力构建郑台经贸合作新格局。重点做好涉台纠纷化解工作，涉台历史遗留问题 9 件已有 8 件得到有效化解。以第二届海峡两岸智能装备制造郑州论坛、2019 年豫台经贸洽谈会等重大涉台经贸活动等为契机，积极与台湾重要工商团体、行业公会、知名企业开展项目对接，推动海峡两岸智能装备论坛会址落地郑州，构建郑台经贸领域深层次、常态化交流合作机制，吸引台湾的资金、技术、人才向郑州汇聚。认真策划和精心设计对台宣传项目，形成对台交流品牌效应，依托平台增进往来、凝聚人心。深入做好台湾青少年的工作，争取举办更多在两岸有影响力的青年交流品牌，增进他们对中华传统文化的认知，为遏阻“台独”势力负面影响多做贡献。积极发挥郑州文化优势，探索与港澳有关高校、中小学交流合作平台建设，扩大中华传统文化交流。

对侨工作水平持续提升。深入海内外侨情研判，加大对海外重点社团、重点侨领侨商和新华侨华人、专业技术人士联谊力度，充分发挥海外侨胞在推进郑州融入国家“一带一路”建设和国家中心城市建设中的独特作用。推动侨务渠道“双招双引”“创业创新”和文化教育交流，切实增强广大华侨投身郑州经济社会发展的积极性和主动性。充分发挥郑州黄帝文化、根亲文化、功夫文化、姓氏文化、客家文化等优势，着力培育商都文化、黄帝文化海外传播的本土力量，打造特色鲜明的对侨工作品牌。聚焦华裔新生代和代表性人士，加强沟通交流和宣传推广，充分发挥示范带动作用，吸引海外侨团开展寻根谒祖活动。扎实开展港澳台侨服务保障工作，接待港澳来访团组 5 批 152 人次，侨商侨领 8 批 42 人次，办理侨眷证及归侨侨眷考生身份认证 52 人。

郑州航空港经济综合实验区（郑州新郑综合保税区）2019年经济社会发展报告

郑州航空港经济综合实验区
（郑州新郑综合保税区）管理委员会

2019年，航空港实验区坚持以习近平新时代中国特色社会主义思想为指引，深入贯彻中央及省、市党委政府各项决策部署，坚持稳中求进工作总基调，紧扣高质量发展根本方向，全力推进各项工作，经济社会发展呈现出“总体平稳、稳中突破、稳中加快、稳中提升”的良好态势。

“总体平稳”，即经济运行总体平稳。地区生产总值完成980.8亿元，增长10.2%，分别高于省、市3.2、3.7个百分点；规模以上工业增加值增长10.1%，分别高于省、市2.3、4个百分点；在减税降费3.5亿元的情况下，一般公共预算收入完成46.7亿元，仍保持了10%的增长，其中税收收入完成38.9亿元，同比增长26.9%，增速在全市县（市）区中排名第一，税占比达到83.3%；社会消费品零售总额完成138.2亿元，增长12.3%；在国际贸易低迷、中美贸易摩擦的大背景下，外贸进出口健康平稳，进出口总额在全省、全市占比分别为64.1%、88.7%。“稳中突破”，即“空中丝绸之路”建设取得新突破，资本市场发展取得新突破，优质教育资源培育取得新突破。“稳中加快”，即富士康产业集聚持续加快，项目建设速度持续加快，跨境电商产业发展持续加快，办事速度持续加快。“稳中提升”，即新兴产业培育品质持续提升，开放水平持续提升，创新活力持续提升，城市面貌持续提升，人民群众的获得感持续提升。

一、枢纽建设取得新进展

坚持以郑州—卢森堡“空中丝绸之路”为统揽，全面融入“一带一路”，综合交通枢纽建设加快推进。航空枢纽功能持续提升。郑州空港型国家物流枢纽入选2019年国家物流枢纽建设名单。首家本土基地货运航空公司——中源龙浩航空公司揭牌，结束了我省本土基地货航缺失的历史；中州航空有限责任公司已获得公共航空运输企业经营许可证。与泰国东部经济走廊办公室积极打造“郑州—乌塔堡”双枢纽，与柬埔寨国家航空公司积极打造郑州—东盟“空中丝绸之路”，进一步加强经贸合作往来。机场三期扩建工程（一期）北货运区工程等项目已启动建设。开通客运航线208条（国内182条，国际地区26条），开通货运航线30条（国内7条，国际地区23条），基本形成了横跨欧亚美三大经济区、覆盖全球主要经济体的航线网络。高铁南站建设快速推进。郑万高铁（郑州—襄阳段）、郑合高铁（郑州—阜阳段）开通运营，高铁南站配套工程迎宾大道、冀州路、高架进出站道路系统已进场施工，郑州迎宾大道跨郑万高铁转体桥成功转体，这也是世界跨高铁整幅最宽转体桥。集疏能力进一步增强。航空港区北站高速出入口开通；京港澳高速公路、省道102、华夏大道组合式互通立交新建工程项目超额完成年度投资计划。新签约引入安博空港仓储服务中心、绿地全球进口商品中部运营中心等项目，初步构建了服务于航空运输的现代物流产业体系。

二、产业培育实现新突破

按照“长短结合、育引并重”的产业发展思路，瞄准产业链、价值链高端，全力推进产业培育工程，积极打造“5＋3”产业体系。智能终端累计入驻200余家智能终端企业，其中投产78个，全年累计生产手机21369.6万台，其中，富士康生产苹果手机8954万台，同比增长8%。合晶单晶硅、东微电子先进集成电路芯片靶材、视博电子产业园等项目建成投产，华锐液晶面板项目主体封顶，合众思壮北斗导航产业园、实达集团智能终端及总部项目、光力科技半导体封装划片机、富士康中州研发中心、联创电子等一批高新技术项目入驻，都填补了全省空白。恒大新能源产业项目投资规模超600亿元，设计产值近千亿元；航空物流新签约安博空港仓储服务中心、绿地全球进口商品中部运营中心等项目；跨境电商连续四年翻番式增长，全年累计完成7290.1万单、货值70.6亿元，分别增长244.8%、196.8%，单量撑起郑州综试区的“半壁江山”，达到57.7%，比2018年底提升35.9个百分点；临空生物医药园累计有70余家具有核心竞争力的创新医药、医疗器械企业签约入驻或正在洽谈；新增大宗商品贸易企业8家，全年交易额达454亿元，同比增长62%。

三、对外开放取得新成效

深度融入“五区联动”“四路协同”，加快对外开放步伐，厚植开放优势。口岸功能体系更加完备，药品进口口岸获批，结束了河南“只有进口药品、没有药品进口”的历史。航空口岸及肉类、水果、冰鲜水产品、食用水生动物、活牛、邮政等功能性口岸总体运行平稳。郑州新郑综保区累计完成外贸进出口总值3461.9亿元，同比增长1.4%，实现“8连增”。郑州海关所属新郑海关揭牌，机场口岸全面实施7×24小时通关保障和货物出口“提前申报”通关模式，实现“随到随检、快速通关”“秒通关”。国际贸易“单一窗口”新增申报中心、出口信用保险、出口退税、金融服务等4项特色功能，出口退税模式处于全国领先地位。“郑州—卢森堡”双枢纽合作模式持续深化，卢森堡货航（含意卢货航）全年在郑航线累计执飞航班776班，贡献货运吞吐量约12.3万吨。与泰国东部经济走廊签订谅解备忘录，新打造“郑州—乌塔堡”双枢纽，努力高质量推进“空中丝绸之路”建设。河南联合签证中心累计提供服务超过5000人次，已成为河南最大的签证便利化平台。成立国际专家委员会，积极发布并推介“中国的航空大都市——郑州航空港经济综合实验区”品牌，国际影响力大幅提升。

四、改革创新激发新活力

坚持把创新作为发展第一动力，突出问题导向、聚焦重点领域，不断增创区域竞争新优势。《郑州航空港经济综合实验区条例》已进入省政府审核阶段。初步完成《关于创新郑州航空港经济综合实验区体制机制激发开放发展活力的若干意见》，总的改革思路基本确定。“放管服”改革持续深化，政务服务大厅事项集中进驻率达到98.6%，“一窗分类受理率”达到86.7%，网上可办率达到93.7%，企业开办实施企业登记全程电子化和电子营业执照应用，增值税留抵退税实施“一条龙”服务，跨境贸易和公共资源交易水平走在省市前列。出台《关于支持创新创业高质量发展若干政策》《中小微企业创业创新示范基地认定管理办法》，“双创”工作加速提质升级，建成“双创”综合体面积超过300万平方米，累计入驻“双创”项目和创客团队600余个；全年新增省、市级研发平台7家，累计达到103家；高新技术企业累计达到46家，科技型中小企业达到193家。中国科学院软件研究所郑州基地中科空港成果转化平台、中科空港创投基金挂牌运营；与北京航空航天大学郑志明院士团队签约郑州空港人工智能研究院已启动建设；引进具有海外留学背景的人才（团队）项目20个、院士4名、国家级专家8名、入选“智汇郑州”高层次人才86名。增量配电业务试点改革取得重大阶段性成果，兴港电力获得《电力业务许可证（供电类）》，110千伏志洋、钟观输变电工程竣工投运。

五、城市建设焕发新面貌

迎宾大道景观提升、京港澳高速公路S102互通立交区域及洪泽湖大道互通立交区域绿化顺利完成，新增绿化面积 300 万平方米。全年新增通车道路 40 公里以上，基础设施覆盖超过 200 平方公里，建成区面积达到 95 平方公里，集聚人口 74 万。全力推进环境整治提升工作，城市精细化管理深入推进，道路机械化清扫面积达到 1142.3 万平方米，主次干道机械化作业率 100%。已在 42 个小区开展垃圾分类试点，分类覆盖率 76%。

六、人民群众的获得感持续提升

新开工棚改安置房 9444 套，新建成棚改安置房 11228 套。四至九安置区 11 所新建幼儿园已全部主体封顶，慈航路小学投入使用，另有郑州一中、郑州回民中学、郑州外国语航空港校区和郑州工程技术学院、郑州财经学院、河南水利与环境职业学院新校区等项目开工建设。省立医院二期项目正在进行楼宇装饰，郑州中医骨伤病医院正在进行场地平整，郑州市第一人民医院港区医院已经开诊。省职工文体中心项目实质性开工，建成 17 个基层综合性文化服务中心。《郑州航空港区乡村振兴战略规划（2018—2022 年）》编制完成，以“路平、灯明、水通、景美”为目标，梯次推进农村人居环境整治。开展“巾帼大培训”300 余场，受益群众 4 万人，品牌效应和社会影响力越来越大。

七、“三大攻坚”成效明显

大气污染防治同比实现“两降一增”，即 $PM_{2.5}$ 浓度下降 7.9%，PM_{10} 浓度下降 3.8%，优良天数增加 14 天，空气质量明显改善；顺利通过省脱贫攻坚考核，7 个扶贫项目建设基本完成，全市排名第一。持续加强融资担保公司和小额贷款公司等“两类机构”监管和服务，深入摸排典当、融资租赁和从事商业保理业务企业等“三类机构”，建立债券风险防范机制，开展互联网金融风险排查，区内非法集资继续保持“零上访”，重大风险防控有力。

八、人民群众的安全感持续提升

严格落实信访工作主体责任，全年同比上访人次下降 20.3%，信访安全办理重信重访率低于省定标准，网上信访案件处理群众满意率 97.3%，责任单位群众满意率 92.9%。持续保持“扫黑除恶”专项斗争高压态势，严惩了一批黑恶犯罪。食品安全监管取得新突破，经过三年创建，航空港实验区首次被河南省命名为河南省食品安全示范区。进一步健全完善安全生产责任体系，稳步推进安全生产依法治理，全区安全生产形势持续保持稳定。

九、党建引领作用持续增强

扎实开展“不忘初心、牢记使命”主题教育。将主题教育放在重要位置，组建工作专班，成立 6 个巡回指导组，创新实施“311”工作机制（即每周制定下发三类清单，开展一次督导，进行一次讲评），有力有序推进主题教育，对梳理出的 600 余项“解纾暖”“急民忧”的问题逐项整改，解决了一批群众的操心事、烦心事、揪心事。

不断提升基层党组织组织力。建立党工委领导党建工作联系点制度，推进党建质量稳步提升。强化调查研究，形成《港区农村回迁安置党建工作中存在的主要问题对策》等调研成果多篇。建强农村带头人队伍，持续开展软弱涣散村党组织整顿，扎实开展驻村帮扶，农村基层党建设基础更加牢固。开展非公党建调研，高标准做好企业和社会组织党建工作；扎实开展城市基层党建工作，城市党建体系更加完善。

深入推进党风廉政建设。围绕“三大攻坚”“扫黑除恶”专项斗争、人防系统腐败问题专项治理重大决策部署执行情况，开展监督检查 90 余次，开展作风建设监督检查 200 余次。召开“以案促改”警示教育 120 余场，近万名党员干部接受教育。规范公车管理，公务用车运行维护费支出合理；严格办公房管理，全面普查督查，全区办公用房全部合规。

意识形态工作水平不断提升。坚持每半年召开 1 次航空港实验区党工委意识形态工作专题会议，每季度召开 1 次意识形态联席会议和分析研判会，提前分析研判风险隐患和薄弱环节，科学研究预防和处置办法；健全完善管理制度，筑牢意识形态阵地，切实做好意识形态风险防范，全区意识形态工作水平不断提升。

郑东新区2019年经济社会发展报告

郑州市郑东新区管理委员会

2019年，是推动国家中心城市先导区示范区核心区高质量发展的关键一年。一年来，郑东新区高举习近平新时代中国特色社会主义思想伟大旗帜，全面贯彻落实党的十九大和十九届二中、三中、四中全会精神，深入贯彻习近平总书记关于河南和郑州发展的重要讲话精神，认真落实中央和省、市各项决策部署，坚持新发展理念和以人民为中心的发展思想，以市委"东强"战略布局为统揽，抢抓机遇，克难攻坚，国家中心城市先导区示范区核心区建设取得新进展。初步统计，地区生产总值增速11.5%（根据第四次全国经济普查情况，初步核算东区GDP突破800亿元）；固定资产投资完成799亿元，增速7%；公共财政预算收入完成97.8亿元，增速8%；社会消费品零售总额完成225亿元，增速26.4%。第四次全国经济普查实现"四上企业"入库276家，较上年同期增加97家，新增数量占全市的36%。

一、现代服务业发展的基础不断夯实

数字经济发展势头强劲。阿里巴巴、华为、京东、海康威视、A-PUS、大华股份、深蓝科技等领军企业签约落地，中科院遥感与数字地球研究所高光谱研究室、智联网数据感知实验室等国内顶尖科研机构加快集聚，北京大学、北京理工大学、复旦大学等名校创新平台和实验室加速落户，中俄郑州轨道基础设施综合检测设备基地、鹰豪科技无人矿山项目等高端智能制造项目相继签约，带动200余家骨干企业集聚。形成了头部企业引领、国家级科研平台带动、上下游产业链企业支撑的良好生态。鲲鹏小镇、云湖智慧城建设步伐加快，智慧岛·未来城市全景实验室积极推进，2019数字经济峰会、CCF大数据与计算智能大赛顺利落幕，推动数字经济产业能级不断提升。

金融业影响力持续提升。20家金融机构、49家基金机构落户，金融业增加值同比增长9.5%，对GDP贡献率达44%。郑商所正式加入国际期货业协会，全年新上市期货、期权品种6个，交易量占全国市场的28%。棕榈股份落户，辖区共有境内上市企业6家，境外上市企业9家，新三板挂牌企业13家，中原股交所挂牌公司162家。

总部经济、高端商贸、科技创新取得突破性进展。新引进利宝保险等世界500强企业3家，四大会计师事务所全部落户并开业，恒拓升源、赞宇科技等10个总部类项目入驻，“星光里”、少林国际武术交流中心等文化引领项目签约，永威·木色、龙湖里正式营业，培育税收亿元楼宇41栋，高星级酒店达到19家，电商交易额同比增长80%。新增知识产权贯标企业11家，新增高新技术企业96家，新增科技型企业备案156家，新增市级重点实验室6家、市级技术研究中心8家，增速均位于全市前列。

二、对外开放合作迈出坚实步伐

国际化项目加快集聚。抢抓“一带一路”倡议和自贸区等重大机遇，扎实开展开放招商，引进中俄（郑州）科技经贸产业园、中俄知识产权技术转移中心、河南澳大利亚中心、龙湖国际商务中心等对外合作交流项目12个，为开展国际产业技术合作、推动国际科研成果落地转化、推动城市国际化奠定了坚实基础。

国际化载体平台加快构建。自贸区出台全省首张金融服务业对外开放清单，虚拟注册模式试运行，郑东区块注册企业 12847 户，注册资本 1610 亿元，分别占郑州自贸片区的 80.8％和 88.9％。发起和承办了郑州国际期货论坛、郑州国际城市设计大会、WTA 郑州国际女子网球公开赛、国际教育论坛、2020 年中原非遗文化与商品展暨“一带一路”交流展等国际经贸文化交流活动，《区域全面经济伙伴关系协定》（RCEP）会议第 27 轮谈判圆满举行，扩大了知名度和影响力。卢森堡中心签证平台办理签证近 500 人次，打造了河南联络世界的“国际会客厅”。全省第一所外籍人员子女学校主体封顶。

招商引资成效显著。引进域外资金 174 亿元，占年度目标的 104.8％，全市排名第二；实际利用外资 5.5 亿美元，占年度目标的 104.5％，完成境外投资 2.7 亿美元，占年度目标的 101.2％，两项指标排名均位居全市第一；外贸进出口额预计完成 83.3 亿元，完成年度目标。

三、城乡融合发展取得扎实成效

强化设计引领。高标准完成龙湖中环路沿线、龙子湖大数据产业园、科学谷、鲲鹏软件小镇、金融创新集聚区等重点片区城市设计，引领重点片区高质量建设。实施龙湖区域城市空间品质综合提升，优化了中小尺度空间。

强化重大基础设施带动。开工科学大道等 17 个项目，新增通车里程 32 公里，完成投资 57 亿元。金融岛能源站、外环地下空间工程、龙源十街和龙翼二街湖底隧道、107 辅道综合管廊等重大项目快速推进。

持续擦亮水域靓城底色。牢固树立“绿水青山就是金山银山”理念，持续加大生态建设力度。清运土方 1400 万立方米，实施绿化项目 40 个，新增绿地面积约 400 万平方米。高铁公园等一批公园游园建成开园，助力郑州成功创建国家生态园林城市。如意河跨东风渠、莲湖工程等一批水系连通工程进展顺利。

扎实开展“乡村振兴”和脱贫攻坚。实施连霍以北村庄污水处理工程、村容村貌综合整治等，农村人居环境持续提升。农村集体产权制度改革进展顺利。对口帮扶取得新成效，投入资金 570 万元，扎实推进产业帮扶、教育帮扶、产销对接三大领域帮扶，积极助力卢氏县一乡一镇脱贫攻坚。

四、城市形象面貌实现大幅提升

人居环境持续优化。以服务保障全国民族运动会为契机，以路长制 12 日例会、“千百十”道路升级达标、安置区整治和红旗办事处创建为抓手，扎实推进以“序化、洁化、绿化、亮化”为重点的环境综合整治。高标准打造 225 条优秀路段、23 条红旗道路、17 条卓越道路，龙湖、龙子湖办事处被评为红旗办事处。完成 100 公里道路、河湖岸线、538 栋楼宇夜景亮化，以如意湖为核心，美轮美奂的都市夜景展现了国际化新形象。

城市功能品质提档升级。启动实施“三项工程、一项管理”三年行动计划，老旧小区综合改造 4 个试点小区、城乡接合部综合改造“两点一线”全面铺开；道路综合改造“一环十纵十横”涉及的 8 条道路和中兴路等 17 条路段施工前期准备工作扎实有序；四环沿线城市管理突出问题整改完毕。以文明城市创建为契机，完善配套设施，高标准新建、改造公厕 350 座，更新配备果皮箱、便民休闲椅、灭烟器等设施，建成停车场 15 处、泊位 7616 个，常态化推进志愿服务，城市功能不断完善，品质和形象持续提升。借鉴上海、厦门等地经验，在 5 个乡（镇）办、185 个居民小区全面铺开生活垃圾分类，在五洲农贸市场试行果蔬垃圾就地处理，日处理能力 300 吨的生活垃圾分拣中心建设大头落地。

污染防治攻坚深入推进。聚焦工地、道路扬尘、工业深度治理等，坚持乡（镇）办轮流值班调度、“五好十差”工地评选等，不断提升大气污染防治的科学化、精准化、制度化水平，空气质量实现“七降一增”。土壤污染防治体系基本建立，环境质量总体保持稳定。落实“五河共建”，深入推进“四水同治”，开展“清四乱”“三污一净”等专项整治，河湖水质持续向好。

五、营商环境得到持续改善

以“最多跑一次”为目标，全面优化企业开办、项目审批流程，“服务八同步、拿地即开工”机制被国务院自贸区工作部际联席会议办公室推广，工程项目审批时限压缩至 74 个工作日内，企业开办一天领证，在全省率先实现二手房交易全流程 1 天办结，最快可 1 小时办结，食品经营许可证立等可取。“我要开饭店”等 18 个“一件事”套餐服务事项落地，真正实现一件事一次办成。周末无休、“五免”服务、发票领取“就近办”等暖心服务得到了办事企业和群众的充分肯定。营商环境保持一流。法治政府建设全面推进，依法行政成为全区各级自觉行为；积极落实国家减税降费政策，共为 9.6 万纳税户减负 22 亿元；扎实推进社会信用体系建设，郑东新区综合信用指数领跑全市。新增各类市场主体 34183 户，增幅连续三年位居全市第一。

六、各项社会事业谱写崭新篇章

教育、医疗事业出新出彩。全市率先实现公办中小学校午餐配送和校内课后延时服务全覆盖，惠及全区近 7 万学生家庭，以奥运冠军孙甜甜、省书协副主席吴行等专家名师领衔的首批课后服务专业辅导员队伍正式组建，美好教育迈出坚实步伐。华水小学等 13 所学校开工建设，春华学校等 16 所学校建成招生，新增学位 28170 个，建成区学校实现外教全覆盖。接收安置区（公租房）配建幼儿园 21 所，普惠园覆盖率达到 62%。泰康豫园、金庚中医院等高端医疗项目签约落地，全市第一家公办社区卫生服务中心——莲湖社区卫生服务中心揭牌开诊。

文体事业蓬勃发展。中原国际时装周、龙湖音乐节圆满举办，全国民族运动会纪念公园、如意画舫游船、智慧岛自行车公园开园迎客，龙湖公共艺术中心、郑东新区图书馆以及 12 家城市书房建成运营，中原网球中心二期主场馆加速建设。

就业和社会保障稳步开展。实现城镇新增就业 3098 人，农村劳动力转移就业 359 人，均超额完成市定任务。落实在建项目单位“一金三制”和欠薪“黑名单”制度，累计为农民工追发工资 5600 万元。城乡居民养老保险、城乡居民基本医疗保险、被征地农民基本生活保障实现全覆盖，参保率达 100%。抓好住房保障，发放青年人才购房补贴 654 万元。实现群众回迁 2.1 万人，完成网签 12371 套，安置房建设大头落地。

社会治理提质增效。9 起问题楼盘全部化解，重大活动期间信访工作实现“四零”目标。先后获评全国和省两级民族团结进步示范区荣誉称号。宋春霞、姑再阿依获评全国民族团结进步模范个人。安全生产形势持续稳定，扫黑除恶深入开展，连续三年获评省、市平安建设优秀单位和先进集体，群众的获得感、安全感和满意度持续提升。

七、党的建设高质量全面起势发力

“不忘初心、牢记使命”主题教育高标准高质量开展。以学习贯彻习近平新时代中国特色社会主义思想为主线，按照“五个在”的思路，统筹抓好学习教育、调查研究、检视问题、整改落实，广大党员干部普遍接受了一次深刻党性教育，践行“四个意识”“四个自信”“两个维护”更加坚定自觉。以办好“四件实事”（中小学午餐供应、民族运动会纪念公园、智慧岛骑行公园、如意画舫水上旅游）和“三项暖心工程”（打造“三最”高铁站、城市书房、中小学校内配餐升级）为引领，扎实开展“解民忧、纾民困、暖民心”行动，增进了人民群众获得感，密切了党群干群关系。

基层党组织建设得到了加强。整顿软弱涣散村党组织 13 个，培育花庄村、正光街社区、UU 跑腿等各领域党建示范点 11 个，“红港 e 家”、体育公园党群服务中心“1360”工作法等党建品牌走向全国。深入推进区域化党建，以党群服务中心为依托，探索如意湖社区治理发展公益慈善基金等区域共驻共建项目 49 个，提升了社区治理水平。探索了郑州东站地区联合党委、项目建设联合党委、税务系统蜂巢式党建等党建新模式，党建统领作用得到有效发挥。

干部队伍素质能力进一步提升。围绕政治业务双过硬目标，分层分批开展干部教育培训共 83 期、7476 人次。建立优秀干部库 71 人，选树担当作为干部 64 人、优秀共产党员 147 人，激发了干事创业的热情。

全面从严治党不断深化。扛稳抓牢主体责任，强化监督执纪问责，加大正风肃纪力度，严厉查处了一批违纪违法案件，优化了政治生态。组建巡察机构，高质量完成首轮对 3 个乡（镇）办、12 个村（社区）党组织巡察任务，推动了全面从严治党向基层延伸。

郑州经济技术开发区2019年经济社会发展报告

郑州经济技术开发区管理委员会

近年来，在习近平总书记视察郑州经济技术开发区指示精神的指引下，郑州经济技术开发区以国家中心城市建设为统揽，突出高质量发展主题，以“双十工程”为工作主线，脚踏实地，真抓实干，经济社会保持了良好发展态势。2019年，地区生产总值完成1059亿元，同比增长6.0%；规模以上工业增加值完成484.4亿元，同比增长5.6%；固定资产投资完成429.5亿元，同比增长0.1%；社会消费品零售额完成256亿元，同比增长0.4%；财政总收入完成261.1亿元，同比增长2.8%；公共财政预算收入完成72.8亿元，同比增长6.3%。

一、产业发展提质增效

坚持把产业作为经济发展的关键支撑，努力打造汽车及零部件、装备制造和现代物流三个千亿级主导产业集群。2019年新增一家超百亿元企业，全区超百亿级企业达到12家，10亿元以上企业达到48家，亿元以上企业220家，继续保持全省最多。汽车及零部件产业方面，拥有上汽、宇通等4家整车厂和森源鸿马等6家专用车厂，配套零部件企业近

130家，产品涵盖轿车、SUV、客车、专用车等。2019年整车产量59万辆，产值905亿元，产能达到130万辆。其中，上汽整车产量27.5万辆，同比增长65%；实现产值179亿元，同比增长71%。装备制造业方面，拥有中铁盾构、郑煤机、海尔等一批龙头项目，是全球最大的矩形盾构机生产基地和液压支架生产基地。2019年，郑煤机产值成功突破100亿元。现代物流业方面，集聚物流企业275家，其中5A级物流企业14家，建成仓储面积400多万平方米。2019年医药物流收入突破550亿元，同比增长30%以上，占全省一半以上，物流业营业收入突破1000亿元。公路港建设加快推进，“河南省物流公共服务平台”即将试运营，获批国家发展改革委、交通运输部物流降本增效综合改革试点项目，助推物流业向数字化发展。

二、对外开放日新月异

通过近年来的发展，对外开放已经成为经开区的一张名片。“陆上丝绸之路”越跑越快，2013年，依托铁路集装箱中心站，省市谋划建设郑州国际陆港，规划面积5.78平方公里，已基本建成。2019年中欧班列（郑州）开行1000班，同比增长33%，货值33.63亿美元，同比增长3.7%，货重54.1万吨，同比增长56.1%，在中国铁路总公司综合评估中，郑欧班列在56个开行城市中排名第二。功能性口岸加速发展，汽车整车进口口岸简化运营流程，拓宽进口渠道，进口整车322辆；粮食口岸一期投入运营，完成粮食进口10000吨；邮政口岸打造第四经转口岸，业务全年实现6000万件，打通我省国际邮件陆路通道，成为国际邮件物流通道重要节点。“网上丝绸之路”越来越便捷，自2013年跨境电商试点率先运行以来，通过不断创新管理机制，取得了巨大突破，海关备案企业达到1500家，综合指标位居全国前列。建成“豫”满全球等7家跨境电商产业园区，形成了多园区、多主体、多模式、多平台的产业发展格局。1210监管模式在全国复制推广，成为跨境电子商务的主导模式。全国首例跨境电商进口药品试点正式开展业务。2019年跨境电商业务走货量1.01亿包，进出口货值110.15亿元，出口交易额首次超过进口交易额。自贸区建设快速推进，河南自贸区郑州片区经开区块面积41.22平方公里，占郑州片区面积的56.3%，累计注册企业10647家。郑州新区海关、邮政海关和车站海关正式挂牌成立。经开综保区正式通过验收。跨境电商正面监管模式案例、上汽整车出口创新案例在全国复制推广，上汽通过班列出口整车2万辆，开放、制造实现融合发展。

三、项目建设快速推进

招商引资和项目建设是经开区的“生命线”。2018年以来，谋划推进了“双十工程”，包括上汽、宇通等10个投资超20亿元的重大产业项目和安置房建设、城区道路等10类政府投资重点工程。成立了重点项目建设领导小组，设立了10个产业项目服务部和10个重点工程指挥部。建立了周例会、月观摩、季讲评、年终总结推进机制，营造了大抓项目的浓厚氛围，带动经济社会快速发展。2019年，继续围绕“双十工程”工作主线，谋划实施项目443个，总投资1960亿元。2019年新开工项目90个，竣工投产75个，完成投资410亿元。同时，围绕战略性新兴产业，加大招商引资力度。新签约项目56个，签约金额561亿元；引进境内域外资金89亿元，实际吸收外资额完成5.88亿美元，全年完成进出口280亿元。

四、创新创业稳步提升

以国家自主创新示范区、全国双创示范基地为依托，深入实施创新驱动发展战略，营造了良好的大众创业、万众创新氛围。2019年高新技术产业完成产值1400亿元，同比增长12%；高新技术产业增加值完成315亿元，占规模以上工业增加值的64.5%。累计获批科技企业孵化器9家，各类研发机构247个，院士工作站13家，专利授权量9680件，万人有效发明专利拥有量达到30.98个。集聚高新技术企业158家、上市企业16家。2019年新增科技型企业134家，累计备案科技型企业数484家，获批市级以上研发中心27个，获批市级以上科技人才60人。获批市级以上研发机构243个，其中国家级7个。大连理工大学程耿东院士工作站正式揭牌。安图生物荣获河南省科技进步一等奖，旭飞光电荣获国家第21届专利金奖，中铁装备荣获中国机械工业科技一等奖，中铁研制的大直径土压平衡盾构机出口意大利，进一步彰显了“郑州造”盾构机在国际高端市场的综合实力和品牌影响力。

五、新型城镇化快速推进

按照以产兴城、产城融合的发展理念，扎实推进城市建设，城市功能进一步完善。安置房建设顺利推进，坚持政府主导安置模式，全区共有53个行政村，已完成整村征迁40个。共规划建设安置区15个，建筑面积1310万平方米。截至2019年，累计完成投资189亿元，交付使用432万平方米，安置群众7.5万人，基本实现安置工作大头落地。城市建管不断完善，建成区面积60平方公里，道路通车总里程350公里，基本实现基础设施全覆盖。2019年，集中利用3个月时间，围绕高铁沿线等5个重点区域，投资30亿元，完成绿化提升面积1000万平方米；全面开展“迎民族盛会、庆七十华诞”环境综合整治工作，累计投资7703万元，持续推进城市“序化、洁化、绿化、亮化”工程，为第十一届全国少数民族传统体育运动会的成功举办提供有力保障；全面启动实施“双改”工作，统筹推进老旧小区综合改造工程，城市环境面貌不断改善。2019年在郑州市城市满意度调查中，经开区满意度同比提升25%，排名全市第一。

六、民生事业持续改善

预计全年民生支出40亿元，占公共预算支出的70%，民生投入创历年之最。教育事业蓬勃发展，2019年建成学校10所，投用6所，新增学位万余个，为历年来最多。扎实开展中小学午餐集中供应工作，现已实现全覆盖。生态环境持续改善，强力推进国土绿化提速行动，以过境干线等“绿道”连通为重点，完成四港联动大道（华夏大道）等40公里400万平方米的绿道建设。以朝风路、高铁沿线节点为重点，建成风河、瑞锦等公园、游园45个，绿地服务半径覆盖率达到93.5%以上，基本实现300米建绿，500米见园的目标。制定出台强化攻坚“1+9+1”方案，实施11个大气污染防治专项行动，PM_{10}平均浓度106，同比下降6.19%，$PM_{2.5}$平均浓度58，同比下降9.38%，下降率全市排名第一，年度优良天数同比增加10天。社会事业全面发展，制定出台临时救助、急难救助实施办法，累计发放各类救助资金400万元，城镇登记失业率控制在4%以内，各项社会事业稳步推进。

经济技术开发区已经发展成为全省对外开放的前沿和高质量发展的高地，是全省“五区联动”的重要平台，“四路协同”的主要载体。中国（河南）自由贸易试验区、中国（郑州）跨境电子商务综合试验区、郑州经开综合保税区、郑州国际陆港（汽车、粮食、邮政三大口岸）等开放平台助推经开区走在对外开放的前沿，郑洛新国家自主创新示范区、郑州航空港经济综合实验区国家双创示范基地等国家级创新平台多重政策叠加优势凸显，为区域高质量发展插上了腾飞的翅膀。

郑州高新技术产业开发区 2019 年经济社会发展报告

郑州高新技术产业开发区管理委员会

2019 年，郑州高新区树牢“四个意识”，坚定“四个自信”，做到“两个维护”，深入贯彻习近平新时代中国特色社会主义思想，全面加强党的领导、全面推进党的各项建设，以良好的政治生态凝聚发展合力，推动改革发展稳定各项事业全面进步，向高质量发展迈出坚实步伐，在郑州国家中心城市建设、中原更加出彩进程中担当高新责任、奉献高新智慧、做出高新贡献。

一、持续深化改革，不断增强高质量发展动力

持续深化高新区体制改革成果。持续深化高新区体制改革成果，河南省首个开发区级政府规章《郑州高新技术产业开发区暂行规定》于 2019 年 1 月 1 日起正式施行，为高新区扩权赋能。

率先推出新型产业用地（M0）试点政策。充分发挥国家自主创新示范区先行先试作用，为郑州新型产业发展“趟路子”，在全省率先推出新型产业用地（M0）试点，首次试行工业用地兼容商业用地新政策。

大力推进“放管服”改革。牵头工程建设项目审批制度改革，把工

程建设项目审批时间压缩至90个工作日以内。持续优化不动产交易和登记服务，实现27项业务1小时现场办结。深化项目建设联审联批，实行“容缺办理”，推进“多评合一”，实现“一次申请、一次告知、集中评审”。提升审批服务效能，高效便捷完成企业投资项目备案，全年累计办理行政审批服务事项359项，平均提速36%，其中，企业投资项目备案301项，备案金额533.3亿元。

积极探索政策先行先试。共推出11项创新型政策。在全省率先研究出台梯度促进供给侧动力转换“瞪羚独角兽双十条”政策，系统构建了瞪羚独角兽五级企业成长梯度体系和六级培育计划。研究出台《科技创业创新服务券管理办法》，有效降低企业创新成本。同时，针对高新区主导产业，“网安十条”“北斗十条”“传感器十条”等政策密集出台，政策体系不断完善。

推进科技金融创新实验区建设。委托北大深圳研究院设立“中小企业发展指数”，成功上线发布，成为中部地区第一个企业指数。年内新增对中小企业贷款16亿元。研究制定郑洛新自创区首个风险补偿资金管理办法——《郑州高新区科技中小微企业融资风险补偿资金管理办法》。每年财政设立1亿元，撬动金融机构放大对中小企业贷款规模达到10亿元，是省内第一个启动风险补偿运作的区级风险补偿资金。积极推动企业走进资本市场，天迈科技是2019年河南省第一家A股上市公司。

二、聚焦年度目标，推动经济健康发展

2019年，全区GDP为496亿元，同比增长7.5%；规模以上工业增加值133.2亿元，增速8.3%；一般公共预算收入45亿元、增长9.5%，税收占比91.5%。荣获全市科技创新工作先进单位，8个科技指标总量位居全郑州市第一。全国高新区排名由2018年的第23位前进至第20位。

聚焦主导产业，持续优化产业结构。一是主导产业发展基础持续夯实。聚焦发展智能传感器、网络空间安全、大数据、北斗应用等产业，

积极谋划“一产业、一规划、一展会、一学院、一政策、一基金”的产业发展模式，主办承办了2019世界传感器大会、强网杯系列活动、北斗年会等一系列品牌大会，不断提升影响力和辐射力，初步搭建了覆盖数据感知—数据处理—数据服务—网络安全的数字经济生态链，全力构建高端现代化产业体系。二是重大项目及平台相继落地。全年新签约项目32个，签约总额283亿元，中科院微电子所、中科院苏州医工所、中国地质大学（北京）郑州研究院、优路全国创新中心及运营总部、路桥集团智能交通总部基地项目、固高郑州智慧产业研究院项目、中国长城（郑州）基地项目等一批重大项目签约落地。全年累计完成投资304.3亿元，完成年度目标任务的104%。三是着力推动产业转型升级。全年新增天迈、黎明重工2家省级技术创新示范企业，全市占比29%，累计达到14家，全市占比31%；新亚、凯邦电机等4家企业获批2019年河南省质量标杆，全市占比50%；获批省级“专精特新”中小企业46家，全市占比40%；新增市级“专精特新”中小企业45家，全市占比40.9%；入选工信部第一批“专精特新小巨人”2家，全市占比66.7%；UFO众创空间获批2019年度国家小型微型企业创业创新示范基地（全市唯一）；6家企业获得市级公共服务示范平台称号，3家企业获批2019度郑州市小型微型企业创新创业示范基地。四是不断深化企业服务。常态化开展管委会、园区两级企业家（科学家）接待日活动，2019年共接待企业194家，接待人员410余人次，解决提出的问题、申请和建议300余项。

营造创新环境，持续激发创新创业活力。立足“四个一批”，推动科技创新再上新台阶。一是创新引领型企业快速成长。认定准独角兽企业1家、种子独角兽企业6家、瞪羚企业28家及潜在瞪羚企业74家。科技部公布的瞪羚企业高新区入选37家，单项排名第17位。承担郑洛新自创区首批创新引领型产业集群专项9个，全市占比69%，全省占比31%。二是创新引领型人才队伍逐步增强。新引进培育领军人才和高层次紧缺人才84人，占全市新增总量的31%；青年人才落户高新区2158人；获批市级博士后创新实践基地8家，占全市25%，全市各县区中排名首位。三是创新引领型平台稳步推进。高新区新增新型研发机构6家，占全市新增总量的46%；新增国家级企业技术中心1家，新增市级以上研发机构56家，新建院士工作站6家，占全市新增总量的31%；郑州磨料磨具磨削研究所筹建的“国家磨料磨具产业计量测试中心”获批建设，是河南省首家国家级产业计量测试中心。四是创新引领型机构加快建设。全年新备案新型研发机构6家，占全市新增总量的46%，其中省级新型研发机构2家，占全省新增总量的13.3%；郑州市政府和高新区管委会分别与中国地质大学（北京）、中国科学院微电子研究所、中国科学院苏州医工所共建产业技术研究院，郑州高新区经备案的新型研发机构累计达到11家，其中2家为河南省重大新型研发机构。五是双创孵化能力持续增强。2019年，新增备案市级以上孵化载体13家，其中国家级创新载体5家；新增备案3家国家级众创空间，占全市新增总量的27%。2019年国家高新区评价中，高新区孵化载体在孵企业数以3400家位列全国高新区第五位。在2019年5月国家三部委联合开展的双创特色载体2018年度绩效评价中获评A级（优秀）。

打造开放平台，持续深化对外开放。一是搭建国际协同创新体系。通过和科特勒集团以及以色列友文国际咨询公司合作，已在全球物联网、智能制造、智慧城市、下一代通信技术和生命科学领域的重要城市，如美国波士顿、德国慕尼黑、英国剑桥、以色列特拉维夫等地成功搭建了第一批4个海外创新网络节点，并设立了4个实体性的高新区海外国际创新中心，累计向高新区推送100余条海外创新合作资源信息。积极引入美国科特勒咨询集团设计的“国际协同创新体系智慧招商大脑”系统平台，助力高新区创新资源的高频互动、协同工作高效进行。二是构建协同共享平台。搭建中部协同创新服务平台，共聚集人才资源3925位、技术资源7884项、政策资源10万余条、仪器设施6230台套、知识产权11675项、金融机构36家、高校院所72家，为区域科创要素市场化配置及中小企业科技创新提供全面的服务。与猪八戒网合作，基于市场机制，搭建知识产权服务运营（中部）大数据平台上线运行。同时协同创新资源的共享平台（全国总部）已经运行。全年平台交易额达13300.81万元，其中商标版块成交19253件，专利成交5348件。三是助力企业“走出去”和项目“引进来”。坚持区内和区外两个市场统筹、企业“走出去”和项目“引进来”并重、引资和引技结合，先后开展“走进中科院系列活动”“走进国内重点高校”“走进资本市场”系列活动，搭建区内企业与域外优质科研资源、重点高校的合作平台，开创了区内企业在一线城市举行专场路演的新模式。全年开展“走出去”系列活动 7 场，区内 80 多家企业参与，取得较好成果。

三、着力提升品质，推进城市建设提质增效

强化污染防治攻坚。常态化开展大气污染防治管控，开展臭氧应急减排、VOCs 行业管控等，严厉整治各类环保违法行为。统筹推进水土污染防治工作。2019 年秋冬季重污染天数同比减少 18 天，取得历史性突破，获评土壤污染防治优秀单位、大气和水污染防治良好单位。

强力推进新型城镇化。全年完成公租房分配 2355 套，新增交付回迁安置房约 100 万平方米，新增回迁群众 6822 人，安置房网签 8511 套。三是加快城市基础设施建设。通过“亮、改、换、减、留、联”，解决了高新区有路无灯、有灯不亮、亮度不够的功能性的亮化问题，主次干道亮灯率提升至 98%，楼体亮化 273 栋；完成四环内单体式路名牌更新 800 余块；完成 42 个路段架空线缆入地改造，基本达到净空标准；积极推进“公厕革命”，加强施工过程中的安全管理，新建公厕 44 座。全面开展“千百十”道路升级达标创建工作，全区已成功创建 82 条优秀路段、2 条卓越路段，完成了 7 段支路背街整治提升。四是持续改善人居环境。全面推进五大区域绿化、重点路段重点区域绿化、公园游园绿化、景观绿化等重点工程；贾鲁河综合整治西流湖成湖工程按期实现通水蓄水；全年新增绿化面积共计 418.2 万平方米，新建综合性公园、微公园游园共 45 个。

四、突出普惠共享，持续改善民生福祉

承担的 36 项民生实事全部完成。全年新建续建学校 8 所，投入使用

及局部交付6所，积极推进小区配套幼儿园移交和普惠性幼儿园发展，普惠性幼儿园占比上升至76%，义务教育阶段大班额数量明显下降。沟赵社区卫生服务中心、郑州西区中医院、梧桐社区卫生服务中心开放接诊，全面推进省中医院高新区院区建设。先后举办了2019郑州（高新区）国际女子半程马拉松赛等全民健身系列活动。

着力加强平安建设。平安建设年度调查得分96.85，位居全省开发区第五位，公众安全感明显提升。扫黑除恶摸排各类线索50条，摧毁涉恶等犯罪集团6个，抓获涉黑涉恶类犯罪嫌疑人50人，深挖保护伞6人。

着力抓实安全生产。以“六落实六关键”为抓手，全年不间断开展安全生产监督大检查，推进施工项目双重预防体系建设工作，精心组织“防风险除隐患保平安迎大庆”攻坚行动、“大培训大排查大整治大执法”活动，全区安全生产形势平稳。

着力筑牢食品安全防线。先后开展了校园及其周边食品安全整治“百日行动”、非洲猪瘟疫情防控、“保健”市场乱象联合整治等各类专项整治工作，有效净化了食品药品生产经营秩序。在全区食品生产经营单位全面推行6S标准化管理，生产、流通、餐饮行业6S完成率均达100%。

五、全面加强党的领导，凝聚共谋发展的强大合力

持续深化理论武装。一是强化集体学习，进一步明确全区中心组学习内容和目标。不断增强领导干部的思想觉悟、政治素质、理论水平和工作能力。二是宣传贯彻习近平新时代中国特色社会主义思想。邀请市委宣传团成员进机关、进企业、进村（社区）、进校园作宣讲报告，全区共开展宣讲活动52场。三是坚决贯彻习近平总书记考察调研河南重要讲话精神。学习领会习近平总书记考察河南期间发表的重要讲话和系列重要指示，结合工作实际，对工作再梳理、再研究、再完善、再提升，“谋划2035、规划2025、计划2021”，进一步完善了高新区的发展思路。

深入开展“不忘初心、牢记使命”主题教育。一是多种方式抓学习。

原原本本系统学，编印学习资料7本，中心组集中学习10次，县处级以上党员干部集中研讨3次，班子成员讲党课7场，开展基层宣讲52场。二是强化导向抓整改。围绕学习贯彻习近平总书记到河南讲话精神、市委全会精神，及工作中的堵点、难点问题，开展调研课题30个，其中3个入选市级优秀调研报告3篇。查摆各类问题609条，已完成整改474条。三是形成机制抓长效。建立三级基层动态分析会和“读入党志愿书找初心”两项长效机制。四是围绕中心抓落实。第十一届全国少数民族传统体育运动会期间，开展志愿服务4292次，参与党员15000多人次，完成82条优秀路段和2条卓越路段创建工作，有力保障重点工作。对30个调研课题进行持续转化，不断提升群众的获得感幸福感。

切实加强基层基础工作。一是扛牢责任作示范。全年召开党建领导小组会议4次，党工委会21次，研究党建事项30多项，书记讲党课3次。会议文件、督查考核分别减少30%、50%以上，对33项“一票否决”和签订责任状事项进行清理规范，压减率达到70%。二是强化督导促实效。先后组织开展2018年度民主生活会（组织生活会）和民主评议党员工作情况专项检查、扫黑除恶工作专项督查、党务村务财务公开及“4+2”工作法运用情况集中检查、党费收缴管理使用专项督查等，通过智慧党建平台加强对各党支部“三会一课”监控，把检查融入平时工作，对安排布置的工作及时跟踪问效，以整改促规范。三是突出重点抓支部。建立县处级以上党员干部包村联居抓支部制度，整顿软弱涣散村8个，清理“十不宜”村干部27名，建设提升党群服务中心9个、新建计划21个，整改设置不规范的机关党组织2个，全区380多个党支部基本达到合格以上标准。中小学卫生院组织关系全部理顺；把党建写入国企章程，深入推进国企改革；非公党组织覆盖率达到100%。四是综合治理强基础。在整顿软弱涣散党组织的基础上，深入推进扫黑除恶专项斗争。着力优化村干部队伍结构，选配村级后备干部91名。着力完善村（社区）基本工作制度，规范基层权力运行，建立村级小微权力清单。推进落实“四议两公开”“一征三议两公开”工作法，集中开展“一征”工作，推进基层民主协商。五是整合资源提服务。坚持以整合为基础、服务为导向、信息化为手段、共治为目标，以实行片区化治理、推进区域共建为具体项目抓手，积极构建共建共治、开放共享的城市社会治理体系。建立区域化党组织25个，机关党支部和党员全部到社区报到参与服务，通过区域共商、区办村（社区）上下联动、条块协同，解决问题700多项。其中红色物业实现全覆盖，社区、物业、业委会三方联动机制初步建立。

抓牢意识形态工作强化思想引领。组织召开意识形态分析研判会和联席会议4次，印发《高新区防范化解意识形态领域风险工作方案》等文件，建立完善“大型活动申报制度”。制定了三级基层动态分析会议制度、突发舆情应急反应机制和区领导小组专题研究工作机制。建立警示约谈制度，重要问题亲自过问、督促督办。以庆祝新中国成立70周年为契机，深入开展系列宣传文化活动。全年策划推出身边的先锋——“每周一星”17期，身边的模范党员——“党建‘先锋’”11期，优秀企业推介——“每日一企”40篇。

加强对人大、政协工作的领导和支持。党工委对人大工作高度重视，多次就人大工作作出重要批示，为人大工作把关定向，给予大力支持。区人大代表之家、各办事处代表联络站建成启用，各办事处1名专（兼）职人大联络员已经到位，驻区的省、市、区三级人大代表已经全部入站。区人大工委先后完成了高新区党工委安排的调研卢氏县结对帮扶工作，调研与哈密市伊州区德外里乡结对共建工作，人大代表视察辖区国土绿化、城市环境整治提升、全国文明城市创建、回迁安置区供水、供暖情况及集中视察社区建设、政府投资项目计划执行情况等工作，为党工委、管委会决策部署提供了重要参考。创造条件支持政协委员履职，按照“五有”标准对位于中原广告产业园的区级“委员之家”进行完善提升。充分利用现有办事处“两委员一代表”活动室，按照“十个有”的标准规范化建设，逐步实现省、市、区三级政协委员进点开展活动“全参与”和“广覆盖”。

全面推进党风廉政建设和反腐败斗争。一是驰而不息纠正“四风”。深入开展作风纪律监督检查，全年通报违纪人员44人。着力整治形式主义官僚主义，从区级层面做起，以上率下，层层大幅精简会议，严格执行党工委、管委会会议 8 项负面清单制度。二是持续强化专项整治。聚焦群众反映强烈的焦点问题，开展“天价烟”背后“四风”问题专项整治和减税降费政策落实情况和落实中央八项规定精神专项监督检查，开展领导干部利用名贵特产特殊资源谋取私利问题专项整治，持续发力、善做善成。三是切实维护群众利益。开展漠视侵害群众利益问题专项整治活动，畅通监督举报渠道，鼓励群众对发生在身边的漠视侵害群众利益的问题进行反映。通过主题教育查摆各类问题 143 条，完成整改 99 条，全区查摆问题 466 项，已解决 375 项。四是保持反腐败高压态势。坚持重遏制、强高压、长震慑，全年处置问题线索 167 件，同比增长 8.4%；立案 30 件，同比下降 25%；给予党纪政务处分 58 人，同比增长 20.8%。坚持依规依纪依法安全文明审查调查，紧盯借调人员管理、“走读式”谈话等环节，压实“双责任”，确保“双安全”。五是抓好建章立制。深入推动以案促改工作制度化常态化，做好监督执纪的“后半篇文章”。开展“廉洁教育村村行”活动，以人为镜、以案为鉴、警钟长鸣，推动以案促改和廉洁教育向村居延伸，打通全面从严治党“最后一公里”。

巩义市2019年经济社会发展报告

中共巩义市委　巩义市人民政府

2019年，巩义市认真学习贯彻习近平新时代中国特色社会主义思想和习近平总书记视察指导河南时的重要讲话精神，全面贯彻新发展理念，落实高质量发展要求，持续深化供给侧结构性改革，落实“4＋4＋2”重点工作推进机制，扎实做好“六稳”工作，全市经济社会实现持续健康发展，位居全国综合实力百强县市第53位、全国工业百强县市第41位、全国投资潜力百强县市第34位、全国科技创新百强县市第55位，入选中国率先全面建成小康社会范例城市，宜居宜业宜游美丽新巩义建设迈出坚实步伐。

一、经济质量效益实现新提升

坚持用党的创新理论指导实践，积极应对国内外风险挑战明显上升的复杂局面，认真落实减税降费、降成本、援企稳岗补贴等政策措施，狠抓企业风险化解、问题楼盘处置、营商环境优化和生产要素保障，凝心聚力推动高质量发展，全市经济保持总体平稳、稳中有进的良好态势。全市地区生产总值同比增长5.8％，规模工业增加值增长6.5％，固定资产投资增长9.1％，社会消费品零售额增长10.2％。财政总收入完成100.5亿元，比上年增长22.6％，其中一般公共预算收入48.2亿元，增长6.2%，税占比70.4%。

项目建设扎实推进。继续完善重点项目周例会、月督查、季观摩和三级分包等工作机制，狠抓项目谋划、项目招商、项目开工和要素保障，全市198项重点建设项目完成投资403亿元，其中省重点项目14项，完成投资90.1亿元；郑州市重点项目35项，完成投资80.2亿元。明泰铝业电子材料产业园铝循环利用项目建成投产，恒通新材料高精铝幕墙板及汽车水箱、融创云智大数据产业示范园等一批重大项目有序推进。

工业加快转型升级。坚持把制造业摆在战略位置，出台实施铝、耐材、净水材料、碳素等8个行业发展指导意见，强力推进工业转型升级创新发展，在转型阵痛凸显的情况下，结构调整迈出坚实步伐。突出抓好铝及铝加工业转型，转移电解铝产能25万吨，标兵集团超级盖项目一期投产；明泰铝业、万达铝业跻身中国铝板带材十强，明泰铝业入围中国民营制造业500强。军民融合产业园主干道路基本完工，全市5家企业入选河南省民参军目录，2家企业取得军工资质。加强产业集聚区建设，巩义市产业集聚区创客中心、电线电缆产业园一期二期建成投用，巩义市产业集聚区被评为国家三星级新型工业化产业示范基地、河南省五星级产业集群。强化创新驱动发展，全年新增高新技术企业30家，新申请专利1364件、授权专利610件，万人发明专利拥有量达到2.99件，泛锐熠辉复合材料有限公司入选河南省新型研发机构，中孚实业高效能铝基新材料创新中心被认定为郑州市制造业创新中心；人民电缆入选国家第一批专精特新“小巨人”企业，天祥新材料被评为省创新示范企业；宏建模板、泛锐熠辉等企业人才团队入选“智汇郑州·1125”聚才计划。加强质量品牌建设，明泰科技、顺祥耐材被认定为省质量标杆企业。大力实施智能化、绿色化和技术改造，累计实施技术改造项目345项、完成投资139.9亿元，恒星科技钢帘线项目被评为省制造业与互联网融合发展试点示范项目，天祥新材料、庆州耐材、顺祥耐材纳入省级培育类绿色工厂名单。

现代服务业提质增效。坚持以创建国家全域旅游示范区为载体，抓好重大旅游项目和公共服务设施建设，长寿山熊孩子综合实践基地和牛郎山、罗曼小镇展示中心及景观示范区、十里香山小镇展示中心及景观示范区等项目顺利完工，浮戏山旅游综合开发、永昌陵遗址生态文化公园等项目加快推进，累计完成投资80.4亿元，旅游接待能力得到提高。全方位开展旅游宣传营销，首届嵩顶音乐节、客家舞龙舞狮挑战赛等特色节庆活动成功举办，旅游产品供给进一步丰富，文化旅游加快融合发展，被评为文旅融合特色创新示范市。2019年，全市接待游客1742万人次，增长14.5%；实现旅游综合收入70.9亿元，增长31.4%。加快商贸流通业发展，建业百城天地、正上豪布斯卡等重大项目有序推进，商务中心区晋级省二星级服务业两区。积极发展电子商务，金路网在线平台上线运营，全市新认定备案省级电子商务企业16家，华德地毯获评省电子商务示范企业。

现代农业加快发展。全市粮食总产达到16.98万吨。深化农业供给侧结构性改革，加快都市生态农业、农业产业化和农产品质量安全建设，新认定省级重点龙头企业2家、郑州市级3家，新增绿色食品15个、河南省知名农产品品牌6家，被命名为国家农产品质量安全县。小相菊花正式纳入全国名特优新农产品名录。深入推进农村集体产权制度改革，成立集体经济组织299个，清查核实资产51.3亿元，确认集体经济组织成员72万人，在全省第三批试点县（市）中率先完成改革任务。

二、城乡发展面貌呈现新变化

坚持把新型城镇化和实施乡村振兴战略结合起来，统筹推进百城建设提质工程、“摘星夺旗创三宜”活动，累计实施新型城镇化项目374项，完工272项，完成投资306亿元，城乡面貌得到改善。

全面推进百城建设提质工程。加快完善城乡规划体系，市镇两级国土空间总体规划编制正式启动，城市综合交通、道路系统、城市供热等专项规划和主城区25平方公里控制性详细规划、回郭镇等4镇总体规划编制工作顺利完成。积极推进中心城区提质，智慧城市体验中心项目启动建设，青龙山路、和平路中段等10条道路先后完工；新建改造供水管网 6 公里、燃气管网 85 公里、供热管网 4.3 公里，新增供暖面积 66.7 万平方米，城区公共供水普及率 86%、燃气普及率 96.5%、供热普及率 64.9%。加快城中村改造步伐，二十里铺、里沟城中村改造有序推进，全市实施城中村改造项目 37 项，完成建设 63.4 万平方米，完成投资 14.6 亿元。加强园林绿化，以拆墙透绿为带动，新建续建综合公园 3 个、小游园 6 个，圆满完成“三线两区”绿化提升任务，全市新增绿化面积 92.4 万平方米。积极推进夜景亮化，河洛路、新兴西路、镇北路路灯升级改造顺利完工。扎实推进城市精细化管理，全面推行“路长制”，深入开展城市“四治”，狠抓户外广告和门头牌匾、占道经营、违法建设集中整治，加快推进生活垃圾分类，市容环境进一步提升，国家园林城市顺利通过复查，国家卫生城市届满复审工作通过国家暗访检查。认真落实公交优先发展理念，五里堡城乡客运公交场站主体完工，新购投运纯电动公交车 20 台，全市万人公交车保有量提高到 7.6 标台，获评省“公交优先”示范城市。

稳步实施乡村振兴战略。坚持以“摘星夺旗创三宜”活动为抓手，统筹整合涉农资金项目，梯次推进“星级村”“红旗村”“宜居宜业宜游新村”创建，积极探索“以党建引领促进乡村振兴、提升基层治理水平”新路子。大力推进农村人居环境整治，深入开展拆违促改集中行动、“三清一改”和农村生活垃圾、污水治理、户厕改造工作，累计拆除违建 42.4 万平方米，实施户厕改造 36521 户，高质量超额完成年度目标任务。13 个“千万工程”示范村创建通过省市验收。积极开展美丽乡村建设，韵沟、楼子沟、山川等 5 个村美丽乡村建设试点项目按计划推进。继续推动城镇基础设施向农村延伸，启动城乡供水一体化工作，城乡供水规划通过专家评审；扎实推进农村公路“百县通村入组工程”和“万村通客车提质工程”，累计新建农村公路 47.6 公里、创建“文明示范路”40.6 公里，新购农村客运车辆 7 台，全市 288 个行政村全部实现公交化运营和班线客运线路连通。

强力推进互联互通。南部山区旅游通道东段、中原西路连接线韩门出口和杨里出口等 6 条道路基本实现通车，陇海路西延荥巩界至口头段、康芝路、七里铺至韩门道路、G310 西线改建工程顺利推进，G310 新线、G207 新建和陇海路西延快速通道等项目列入畅通郑州白皮书。郑州至巩义轨道交通项目前期工作有序推进，被列入《中原城市群轨道交通网规划修编方案（初稿）》和《郑州市轨道交通一体化规划研究（初稿）》近期建设项目，项目线站位方案和可行性研究报告基本完成。

三、生态文明建设取得新突破

全面贯彻落实习近平生态文明思想，以国土绿化提速行动和“四水同治”工程建设为契机，实施生态建设项目 81 项，完成投资 68 亿元。强力推进“四河一库”绿水工程建设，累计完成土石方工程 600 万立方米、河道清淤 15 万立方米、微地形塑造 160 万平方米、绿化 3100 亩，完成投资 13.5 亿元。加快实施青山工程，统筹推进国家储备造林、生态建设造林、困难山地造林、河道景观造林和连霍高速巩义站、中原西路、S312 沿线生态廊道造林，累计完成新造林 5.5 万亩、生态廊道绿化提升 2880 亩，完成投资 3.7 亿元。加强生态修复，焦桐高速北山口镇段废弃矿山恢复治理项目主体完工。全面落实最严格水资源管理制度，被命名为县域节水型社会达标县（市）。坚持经济发展与污染治理“双统筹、双促进”，持续打好蓝天、碧水、净土保卫战，全面开展“三散”治理，累计完成工业企业深度治理 1282 家、VOCs 治理 193 家、燃气锅炉低氮改造 59 台、双替代清洁取暖 21475 户，新创成省绿色环保引领企业 4 家，全市环境空气质量持续改善，PM_{10} 年累计浓度 101 微克/立方米，同比下降 5.61%，$PM_{2.5}$ 年累计浓度 58 微克/立方米，同比下降 9.37%，优良天数 187 天，“巩义蓝”越来越多。加强水污染防治攻坚，严格落实河长巡河制度、“一河一策”精准施治，深入开展河库“清四乱”、河道非法采砂专项整治行动和入河排污口封堵“回头看”，第二污水处理厂、北山口污水处理厂建成试运行，伊洛河出境水质稳定达到地表水Ⅲ类标准。有序推进土壤污染防治攻坚，畜禽养殖禁养区划定、12 个村农村环境综合整治顺利完成。

四、发展动力活力得到新增强

深化重点领域改革。全面完成党政机构改革，稳步推进镇（街道）机构改革、事业单位改革，并推动人员编制下沉，公开选派 315 名工作人员充实到镇（街道）基层一线。深化“放管服”改革，稳步推进“证照分离”改革和“一网通办”前提下的“最多跑一次”改革，1060 项政务服务事项进驻政务服务大厅并实现“一窗综合受理”，383 项实现“最多跑一次”，370 项简易事项做到“马上即办”；深入推进工程建设项目审批制度改革，五类事项清单取消调整 114 项、保留 165 项。统筹推进综合行政执法改革、经济发达镇行政管理体制改革试点等重点领域改革，郑州市生态环境局巩义分局挂牌组建。积极推进企业上市挂牌，润鑫新材料在新三板挂牌，大海机械等 14 家企业在中原股权交易中心挂牌。

持续扩大对外开放。认真贯彻落实全省对外开放大会精神，坚持把扩大开放作为“县域治理”的重要抓手，积极融入郑州“一门户、两高地”对外开放体系建设，紧盯行业龙头和产业领军企业开展精准招商，全年组织外出招商小分队 100 余支，走访企业 110 余家，累计签约亿元以上项目 25 个，总投资 569.6 亿元，目前已开工 11 个。全市累计引进省外境内资金 86 亿元，增长 5%；实际利用外资 3.44 亿美元，增长 3.2%。获评“2019 浙商最佳投资城市”。全面落实省、郑州市“稳外贸”政策措施，引导企业积极应对中美贸易摩擦，深入开拓“一带一路”市场，全市有实绩出口企业达到 145 家，全年进出口总额完成 47.5 亿元，其中出口 46.9 亿元，增长 2.1%。

五、人民生活水平获得新提高

围绕解决群众关注度高、需求迫切的问题，继续办好民生实事，进一步加大民生投入，全市财政民生支出达到 68.8 亿元，占公共预算支出的 75.4%，预计居民人均可支配收入达到 30467 元，增长 8.7%，群众的获得感、幸福感和安全感不断提升。

全力打好脱贫攻坚战。创新实施扶贫驿站、标准化厂房带贫等做法和红黄蓝研判制度，投入资金 9231.7 万元，实施项目 126 个，综合采取转移就业、产业扶贫、兜底保障等措施，推动存量贫困人口全部实现脱贫。“扶贫同扶志扶智相结合”经验做法入选全国典型案例。扎实做好结对帮扶淮滨县工作，投资 4500 万元的标准化厂房扶贫项目建成投用。

加强就业和社会保障。强化公共就业创业服务，积极开展就业困难对象再就业援助和职业技能培训，全年累计新增城镇就业 9205 人、转移农村劳动力 5932 人、返乡下乡创业 2235 人。持续扩大社会保险覆盖面，全市养老保险参保 40.8 万人，医疗保险参保 66.1 万人。不断提高社会保障水平，城乡低保标准由每人每月 600 元和 315 元提高到 700 元和 490 元。加大住房保障力度，累计实施保障房项目 31 个，其中竣工 16 个 5280 套，回迁群众 3789 户 13640 人。

协调发展社会各项事业。持续加大教育投入，青龙山小学、伏羲路小学建成投用，3 所公办幼儿园、5 个乡村小规模学校校舍改造类项目完工，公办幼儿园中小学午餐供应及课后延时服务全面启动；加大优质教育资源引进力度，正商职业学院开工建设。大力完善公共文化服务体系，镇村综合性文化服务中心提质升级全面完成，15 个图书馆分馆、5 座“城市书房”建设扎实推进，全市业余文化团队达到 700 多支。广泛开展群众性文化活动，成功举办杜甫故里诗词大会，常态化开展“河洛大舞台”、戏曲文化艺术节和“广场文化进基层”活动，累计参与群众 600 余万人次，丰富多彩的广场文化活动被央视《焦点访谈》栏目专题报道。巩义市博物馆被评为省优秀县级博物馆。加快完善公共卫生服务体系，市医院东区医院建设有序推进，市总医院正式启动运行，紧密型县域医共体建设迈出坚实步伐。全民健身运动广泛开展，体育馆改造、22 个新型农民体育健身工程、37 条健身路径、1 个乡镇体育工程全部完工，第三届巩义国际马拉松赛、巩义市第五届运动会成功举办。积极推进退役军人服务保障体系建设，全国双拥模范城创建扎实开展。

加强社会治理。深化全面依法治市工作，被评为全省依法行政工作先进单位。深入开展“防风险、除隐患、保平安、迎大庆”活动，庆祝新中国成立 70 周年、第十一届全国少数民族传统体育运动会安保维稳工作得到省、郑州市的充分肯定。扎实开展基层平安和谐创建，稳步推进“雪亮工程”和电子警察三期建设，进一步强化社会治安综合整治，深入开展“扫黑除恶”专项斗争，社会大局保持和谐稳定。认真落实安全生产责任，全面加强重点行业领域安全生产基础建设和专项整治，安全生产形势保持基本稳定。圆满完成 2019 年度全国公路交通军地联合应急演练保障任务。获评全国 2019 社会治理创新典范城市。

登封市 2019 年经济社会发展报告

中共登封市委　登封市人民政府

2019 年，登封市高举习近平新时代中国特色社会主义思想伟大旗帜，坚持不忘初心、牢记使命，把握稳中求进工作总基调，坚定不移贯彻新发展理念，坚决落实“六稳”要求，以党的建设高质量引领经济社会发展高质量，干成了一批打基础、利长远、顺民意、惠民生的大事要事实事，开启了高质量建设美丽登封的新征程。初步核算，全年地区生产总值增长 1.6%；固定资产投资增长 4.8%；第三产业增加值增长 4.5%；一般公共预算收入增长 7.1%；社会消费品零售总额增长 10%；城镇居民人均可支配收入增长 7.6%，农村居民人均可支配收入增长 8.7%。我市位列全国县域综合经济竞争力百强县 71 位、全国工业经济百强县 60 位、全国创新百强县 57 位。

一、产业结构持续优化，转型升级进一步加快

工业经济提档升级。加速淘汰落后产能，整合退出刚玉企业 29 家，关停中岳电力 2×5.5 万千瓦燃煤机组，全市万元 GDP 能耗下降 15 个百分点；加快传统产业升级步伐，深度治理工业企业 146 家，实施“三大改造”重点项目 19 个，完成华润电力 2×33 万千瓦机组供热改造，创成国家级“绿色工厂”2 家、省级“绿色工厂”“智能工厂”4 家，传统优

势产业焕发出新的生命力；积极培育新兴主导产业，设立10亿元产业发展引导基金，支持非晶、碳纳米管、玄武石纤等新材料产业发展壮大；重点项目高效推进，世博钨钼、德圣堂中药饮片等29个省、郑州市重点项目完成年度投资109亿元，投资3亿元的东方宇亿万林家居等30个项目落地建设，投资1.2亿元的克莱威碳纳米管、5亿元的玄武岩纤维等18个项目竣工投产；招商引资成效显著，引进了绿色建筑科技园、城源集团装配式建筑产业基地等新兴产业项目37个，签约总额达444.6亿元；园区集聚效应凸显，“一区两园”实现营业收入151亿元，累计入驻规模以上工业企业111家，占全市的37.5%，产业集聚区被评为“河南5星级投资集聚区”。

文旅融合提优增量。以全国旅游标准化试点城市创建为载体，投资4.5亿元，深入开展核心景区综合整治，完成居民外迁350余户，流转景区耕地6733亩；理顺了嵩山风景名胜区经营管理体制，实现了核心景区封闭管理，我市世界遗产监测工作被国家文物局评为“最高五星级”荣誉，少林景区被省文化和旅游厅评为“四钻级智慧景区”。文旅项目顺利推进，投资12.7亿元的建业中岳文化产业园、投资6亿元的少林印象项目一期竣工；赛会活动蓬勃开展，成功举行第十一届全国少数民族传统体育运动会火种采集仪式和登封系列活动，顺利举办嵩山论坛2019年会、2019年第六届嵩山少林国际马拉松赛等重大活动；文化事业繁荣发展，城隍庙等4个城市书房建成开放，举办二十四节气文化大讲堂等文化活动425场次，出版《登封市革命老区发展史》，被河南省唯一推荐为全国红色文化优秀图书；乡村旅游持续升温，开发乡村旅游精品线路5条，新增全国休闲农业与乡村旅游星级企业2家，告成镇入选河南省特色生态旅游示范镇，徐庄镇何家门村入选河南省乡村旅游特色村；全年接待游客1700万人次，旅游总收入达150亿元，均增长10%以上，登封市被评为全国县域旅游竞争力百强县。

现代农业提质增效。农业供给侧结构性改革取得新成效，新增高标准农田1万亩，建设生态景观果园1万亩；大力培育新型农业经营主体，新申报绿色食品基地3个、绿色农产品5个；不断提高农业产业化水平，实施区域特色经济项目6个，创成省级农产品质量安全县。

二、城乡面貌持续改善，承载能力进一步增强

城市功能日臻完善。高标准编制完成《登封市总体城市设计》和19个控制性详规，明晰了景城融合发展格局；实施74个百城建设提质工程项目，完成投资143亿元。以道路有机更新推动城市有机更新，投资2.5亿元高标准实施G207市区至少林景区段道路综合提升工程，中心城区功能提升一期5条道路和东区4条道路竣工通车，投资4.8亿元的少林大道街区改造工程全线开工，铺设电力、燃气等管网27公里，城区燃气、热力管网覆盖率分别达到95%和87%；投资5.5亿元的市民文化中心城市展示馆、图书馆主体完工，新增旅游厕所19座，城市品质明显提升；坚持“宜居城市”理念，投资2.8亿元的市民公园完成拆迁透绿，实施少林大道沿线机关单位、公园游园拆墙透绿9.3公里，新建小微游园5个，新增绿地260亩，连通绿道21.6公里，实现让绿于民、共享绿色，登封市荣获“河南省百城建设提质工程工作先进县市”称号。

城市管理显著提升。以创建全国文明城市为契机，大力开展城市“四治”活动，建成文明交通严管示范街3条，新增停车位1770个；拆除城区违章建筑1.5万平方米，完成22个小区既有建筑节能改造，中岳大街等5条道路明线入地60余公里；启动生活垃圾分类试点工作，城区垃圾分类设施覆盖率达到52%；数字化城市管理系统有效运行，受理解决问题3万余个；登封市顺利通过省级文明城市届满重创工作测评。

乡村振兴稳步推进。深化“党建领航、六村联创、三亮一争”工作，实施美丽乡村试点项目9个，完成农村改厕3万户，创建农村人居环境示范村150个、“千村示范、万村整治”示范村12个，农村人居环境显著改善；卢店镇、大金店镇等4个中心镇投资5.9亿元实施43个基础设施项目，大冶镇、告成镇入选“2019年度全国综合实力千强镇”；扎实推进81个行政村生活污水设施配套建设，17个自来水厂实现统一规范管理；实施“百县通村入组”“万村通客车”工程，新改扩建城乡公路

126.4公里，登封市被评为河南省“四好农村路”示范县，303个行政村客运班线全覆盖，城乡融合发展水平明显提升。

三、发展动能持续增强，要素保障进一步强化

重点领域改革有序推进。完成党政机构改革和具有行政职能事业单位改革，有序推进乡镇街道机构改革，完成阳城工业区撤并，向乡镇、街道下沉事业编制217名，招聘补充事业身份人员201名；深入推进“放管服”改革，102个事项实现凭身份证“一证简办”，“最多跑一次”事项达到50%以上，工程建设项目审批时限压减至74天以内，企业开办注册2天内完成，政务服务“周末不打烊”极大方便群众办事；社会信用体系建设快速推进，登封市在全国县（市）级城市信用监测排名中位列全省第2位；完成317个村级组织农村集体产权制度改革，实现303个行政村集体经济全覆盖。

科技创新卓有成效。持续深化与郑州大学、北京航空航天大学等院校合作，成功举办第二届非晶产业发展论坛，新增省级工程技术研究中心4家、郑州市级工程技术研究中心3家、科技雏鹰企业8家、科技小巨人企业10家、科技瞪羚企业4家、高新技术企业13家，获得授权证书专利438件，科技支撑作用更加显著；落实放宽市场准入政策，新增市场主体1.1万户，增长21.8%，市场活力持续释放。

要素保障坚实有力。加快普惠金融体系建设，全年授信24.4亿元，覆盖率达到61%，新增贷款23亿元，增长14%，成功创建河南省普惠金融示范县；批回建设用地3122亩，完成土地储备3087亩，保障了重点项目用地需求；盘活存量用地，梳理闲置厂房30万平方米、大宗工业用地2031亩，为新上项目留足了发展空间。

四、生态建设持续深化，治理效能进一步提升

坚持生态优先促发展。大力实施生态优先发展战略，初步编制了

《登封市绿色生态空间三年建设规划（2020—2022年）》《“四水同治”总体规划》，明确了“一核、一带、两山、多廊、多点”的美丽登封生态空间布局。坚持生态治理守底线。持续深化大气污染防治攻坚，高标准完成中央、省环保督察“回头看”交办问题整改；狠抓“三散”污染治理，累计取缔“散乱污”企业407家，完成“双替代”改造1万户，实现“散乱污”企业动态清零、禁煤区燃煤全部清零，空气质量综合指数稳居郑州市首位；坚持“四水同治”，严格落实“河（库）长制”，开展河道“三污一净”专项行动，拆除河道违法建筑14处，清理河道80余公里，全市42家涉水企业实现稳定达标排放，开展饮用水水源地保护立标工程，安装设置隔离防护围网5万余米，取缔水源地周边违规经营场所69家，创成全国第二批节水型社会建设达标县；全面推进嵩山生态保护综合整治，深入开展非煤矿山专项治理、非法侵占林地专项治理、“大棚房”问题专项清理整治等行动，累计治理矿坑218个，拆除违法建筑888处，恢复耕地6016亩、林地1623亩，生态环境日趋好转。

坚持生态建设聚优势。大力实施国土绿化提速行动，投资2.9亿元，完成营造林3.3万亩，过境高速公路廊道绿化提升67公里9110亩，6个高速出入口绿化2593亩，大熊山森林旅游小镇被评为河南省森林特色小镇，石道乡被评为河南省绿化模范乡镇，中岳办北高庄、少林办雷家沟、宣化镇申家沟等11个村被评为国家森林乡村，全市森林覆盖率达到43.5%，创成河南省森林城市。

五、社会事业持续发展，民生福祉进一步改善

脱贫攻坚成效得以巩固。坚持精准扶贫方略，聚焦“两不愁三保障”，持续打好“四场硬仗”，深入开展“六大行动”，大力实施“四项工程”，投入财政专项扶贫资金1.4亿元，实施专项扶贫项目110个，改造危房200户，存量贫困人口6093户26039人全部实现脱贫，贫困户年人均纯收入达到1.19万元，贫困村集体经济收入全部达到7.5万元以上。

民生保障水平明显提升。实施安置房项目14个，建成70万平方米，

网签 1710 套，回迁群众 989 户 3810 人；投资 7.18 亿元，历时 600 余天，横跨两个地市，铺设管网 60 公里，南水北调顺利实现引水入登、通水入城，让群众喝上了清澈甘甜的丹江水，历史性地破解了登封无外来水源的难题；投资 2 亿元，新改建中小学校 19 所，新增公办幼儿园 7 所，增加学位 1 万个，招聘引进教师 285 名，全面推行中小学网上阳光招生、市区学校午餐供应、乡镇学校“营养餐”工程，普通类重点本科、普通本科上线率跃居郑州六县（市）“双第一”；深化县域医共体建设，制定医保基金支持医共体建设政策，确定 104 个病种收费标准，收费平均下降 35%，改造提升乡镇敬老院 8 所，新建日间照料中心 3 家，在全国健康城市建设评选中，登封市位列全省第 1 名；完善食品安全治理体系，5342 家食品生产流通及餐饮服务单位完成 6S 管理标准化建设，创成河南省食品安全示范县；完成农村劳动力技能培训 6184 人，新增城镇就业 6017 人、返乡创业 1267 人；采集退役军人信息 1.7 万余条，悬挂光荣牌 1.6 万余户，发放各类优抚资金和退役士兵补助资金 5076 万元，营造了拥军优属的浓厚氛围。

*社会治理成效更加显著。*深入推进社会治理现代化，全面开展“防风险、除隐患、保平安、迎大庆”等集中攻坚行动，113 家企业建成安全风险隐患双重预防体系，煤炭生产、森林防火等重点领域安全生产形势持续稳定向好；着力打好信访矛盾化解攻坚战，化解信访突出问题 187 起，创建“六无”示范村 159 个；果断处置炭疽病和非洲猪瘟疫情，有效防止了疫情扩散蔓延；稳步推进宗教领域专项治理，实现了全市宗教形势的整体和谐稳定；扎实开展武术学校专项治理，依法取缔非法习武场所 76 处，分流学生 7500 余人，全市武术学校实现了规范有序发展；深入开展“扫黑除恶”专项斗争，有力震慑了黑恶势力犯罪；大力防范化解重大风险，稳步化解政府隐性债务，妥善处置“大妈黄金”“伏牛新能源”等非法集资积案；发放城乡低保、特困人员等各类救助资金 1.1 亿元，清欠农民工工资 8798 万元，清偿 105 家民营企业中小企业账款 1.3 亿元；开展“嵩山志愿者”志愿服务活动 1700 余场，参与人数超过 8 万人次，“志愿红”成为一道靓丽的城市风景线。

六、政府效能持续提升，营商环境进一步优化

依法行政深化推进。完善重大决策合法性审查制度，办结行政复议案件41件，提高了依法行政水平；坚持政府信息公开制度，主动公开信息5266项，依申请公开55项；自觉执行人大决议决定，主动接受各方监督，全年共办理人大代表议案建议56件、政协委员提案162件，办复率100%，满意率97%。

行政效能全面提升。进一步简政放权，城乡低保审批权限全面下放乡镇；建成营商环境投诉受理平台、政务服务“好差评”系统；深入推进“互联网+监管”工作，监管事项覆盖率达到70%，居郑州市首位；受理市长热线建议问题2万余件，群众满意率98%。

作风建设切实加强。深入开展“不忘初心、牢记使命”主题教育，推动全市党员干部守初心、担使命，找差距、抓落实；扎实做好国务院大督查、省委巡视反馈问题整改，创新开办《政务督查面对面》电视问政栏目，落实基层减负政策，先后开展专项督查15次，全年精文简会30%以上，各项决策部署有效落实，全市政务效能明显提升。

七、美丽登封开篇布局，发展路径进一步明晰

坚持高起点谋划。根据郑州市委“东强、南动、西美、北静、中优、外联”功能布局，准确把握登封在郑州“西美”发展中的时代坐标、使命担当和历史任务，全面梳理负面清单，充分发挥“生态、文化、旅游”三大优势，确立了以党建为引领、以“六美”建设为重点、以社会治理现代化为保障的“1+6+1”发展体系。

坚持高标准规划。立足特色，遵循城市发展规律，聘请中国城市规划设计研究院、清华大学、北京林业大学等专家团队为登封市把脉问诊，系统论证了美丽登封建设的总体思路、功能定位、发展目标和实现路径，深入研究了“建设什么样的美丽登封”“怎么建设美丽登封”等重大问

题，编制完成了《美丽登封建设三年行动计划（2020—2022 年）》，为今后发展提供了遵循和依据。

坚持高质量实施。实行台账式管理、项目化推进，梳理谋划“六美”建设项目 173 个，主动破解项目建设中存在的资金、土地等难题，为登封今后一个时期的发展提供了强有力支撑，美丽登封建设顺利开篇。

新密市2019年经济社会发展报告

中共新密市委　新密市人民政府

2019年，新密市高举习近平新时代中国特色社会主义思想伟大旗帜，围绕郑州“西美”的功能布局，按照“融入郑州、对接空港、创新驱动、持续转型”的发展要求，促进经济社会持续健康协调发展，着力打造生产、生活、生态“三生融合”的美丽新密。荣获7个“全国百强”：全国综合竞争力百强县（市）第66位、全国县域经济与县域综合发展百强县（市）第63位、全国工业百强县（市）第79位、全国制造业百强县（市）第37位，中国营商环境百强区（县）第32位、全国新型城镇化质量百强县（市）第64位，中国城市全面小康指数百强县（市）第100位；荣获河南省市县经济社会发展目标考核评价先进县（市）。

一、强化思想政治引领，凝聚干事创业的强大正能量

推动学习贯彻习近平新时代中国特色社会主义思想往深里走、往心里走、往实里走。把学习贯彻习近平新时代中国特色社会主义思想作为一项长期的重大政治任务，读原著、学原文、悟原理，持续在学懂、弄通、做实上下功夫，更好地用党的创新理论武装头脑、指导实践、推动工作。认真抓好各级党委（党组）理论学习中心组学习，组织市委中心

组集中学习研讨 18 次，指导乡科级中心组开展学习活动 800 余场次。扎实推进党的创新理论进基层，组织基层宣讲 500 余场次。

扎实开展“不忘初心、牢记使命”主题教育。紧扣主题主线，强化学习教育，市委中心组召开集中学习研讨会 3 次，开展“四讲初心”宣讲 247 场次。聚焦问题短板，深化调查研究，深入开展“下农村（社区）、下企业、下农家，把一线意见带上来，把基层需求带上来，把群众智慧带上来”“三下三上”活动，召开专题调研成果交流会推动成果转化。坚持刀刃向内，精准检视问题，高质量召开专题民主生活会，广泛听取党员干部群众、“两代表一委员”意见建议，形成各级各类问题清单 2216 个。

以庆祝新中国成立 70 周年为契机大力弘扬爱国主义精神。认真组织收听收看庆祝新中国 70 周年庆祝大会等活动，深切感受祖国繁荣富强带给我们的强烈自豪感。组织开展“庆盛世华诞·讴歌新时代”庆祝新中国成立 70 周年文艺会演。市属各媒体开设专题专栏，营造庆祝新中国成立 70 周年浓厚氛围。

二、落实高质量发展要求，不断提高经济发展质量效益

坚定不移调结构、促转型，坚定不移提质量、增效益，推动经济平稳运行、稳中向好。全年生产总值增长 5.6%左右，一般公共预算收入增长 6.1%，社会消费品零售总额增长 10%左右，位居全国综合竞争力百强县（市）第 66 位。

全面加快产业转型升级。加快推动产业结构实现“三二一”转变，三次产业比重调整为 2.9∶52.2∶44.9，三产比重首次超过二产。着力提高先进制造业竞争力，以产业集聚区、专业园、创业园等为支撑，推动装备制造（新型耐材）、品牌服装等千亿级、百亿级产业扩大规模、提升水平、集群发展，园区经济占全市经济比重达到 46%。全市规模以上工业增加值增长 5%左右，居全国制造业百强县（市）第 37

位、全国工业百强县（市）第79位。全面加快以旅游、商贸为重点的现代服务业提档升级，全市接待游客突破900万人次、增长20%，综合收入66.8亿元、增长30%，省级电子商务示范企业达到4家，被评为全国电子商务进农村综合示范县（市），服务业对经济贡献率达到61%。大力发展都市农业，建设都市生态农业示范园8个，新发展环城都市农业2.7万亩，益源湖专业合作社、养老湾休闲生态农业公司入选全国休闲农业与乡村旅游星级农业企业。主要农作物耕种收综合机械化水平达到82.5%以上。粮食总产量达到219572吨。顺利通过河南省农产品质量安全县验收。

持续深化改革开放。有序推进机构改革，市党政机构改革全面完成，事业单位改革深入推进，乡镇和街道机构组建、职能配置任务基本完成，涉改部门机构、职能、人员融合不断深化。持续深化“放管服”改革，着力推进“一网通办”前提下的“最多跑一次改革”，“互联网+政务服务”网上审批率达100%，办理时效整体提速45%。建立完善全市公共事项服务清单，40个部门1183个服务事项全部纳入清单管理。加快农村集体产权制度改革，完成3577个组织清产核资。深化商事制度改革，市公共资源交易中心荣获全国公共资源交易平台整合先进单位，全市市场主体达到7.3万户。落实国家减税降费政策，为企业减税降费5.9亿元。不断扩大对外开放，引进域外境内资金190亿元，吸收境外资金2.26亿美元，外贸进出口完成6.3亿元，荣获郑州市对外开放先进县（市）。

深入实施创新驱动发展战略。出台科技创新推动经济高质量发展“1+5”政策，实施高新技术企业、科技型企业、全社会研发投入倍增行动，培育高新技术企业39家、科技型企业60家、院士工作站2家，市科技创新创业综合体建成投用，科技进步对经济增长的贡献率达到62%。实施企业绿色化、智能化、技术改造项目74个，培育国省级绿色工厂3家。高新技术企业增加值增长21.5%，高于工业17.5个百分点。成功举办2019中国（河南）国际大学生时装周暨青年时尚创意文化节、绿色发展高端论坛、科技活动周等。

三、突出城乡融合发展，大力改善城乡环境品质

按照城市现代化、全域城镇化、城乡一体化的要求，持续探索符合时代特征、具有新密特色、顺应群众意愿的发展路子，全市城镇化率达到 61.6%。

优化功能布局、完善基础支撑。强化规划设计引领，完成 31 个专项规划、65 个控制性详细规划的编制工作。持续深化交通道路建设，S321、X027 等道路整修工程完成，G310、S317 等项目建设加快推进，郑登洛城际铁路、焦平高速、G234 开工前各项准备工作有序进展，路网密度提高到 2.5 公里，通达郑州城区、航空港区和中原城市群的半小时、一小时经济圈，域内 15 分钟高速圈、15 分钟干线公路圈基本形成。统筹推进水、电、气、暖等基础设施建设，铺设改造溱水路、栖霞路、西大街等路段老旧供水管网 12.8 公里，推进电力主网基建工程 8 个、配网项目 76 个，铺设天然气管网 84 公里，新增供热入网面积 41.76 万平方米。

持续提升城市品质。统筹推进建成区更新提升和外围组团开发建设，29 个老旧小区纳入中央、省财政奖补范围，北密新路社区、新惠街社区、和平街社区等 10 个老旧小区启动改造，城东商务新城概念性规划编制完成，城北产业新城控规通过评审。加快完善城市公共服务体系，报恩寺文化公园、雪花山运动公园等主题公园一期完工，建成郑少高速新密东站迎宾园、月季花主题公园等综合性公园、游园 7 个。启动城区冲沟生态修复、景观建设，截污纳管工程全部完工。数字化城市管理监督指挥中心建成试运行。

着力推进乡村振兴。初步建立“1+20”支持服务政策体系和工作推进督导考核体系，谋划项目 874 个。全面推进美丽乡村建设，成功创建农村人居环境示范村 21 个、达标村 44 个，城关高沟、岳村竹竿园、超化黄固寺、米村朱家庵等美丽乡村建设成效显现。不断深化乡村治理，扎实推进基层党支部标准化规范化建设，完善“四议两公开一监督”工作机制，推广新时代村规民约，荣获全国乡村治理体系建设试点县（市）。

四、深化生态文明建设，厚植绿色发展优势

深入推进污染防治攻坚战。强化大气污染防治，持续加大“三散”治理、扬尘治理、机动车污染治理力度。完成耐材企业深度治理222家，纳入天然气锅炉治理改造172台，完成涉VOCs（挥发性有机物）企业提标治理151家，万元GDP能耗下降1.35%。全市空气质量综合指数5.55，优良天数达到203天，较上年同期增加2天。深化城乡污水治理，持续开展河湖（库）“清四乱”和“三污一净”行动。全域规划建设污水处理厂、站、点548个，日处理生活污水能力达到28万吨，“1+5”污水治理体系建设更趋完善。完成“四改”9.6万户，农村污水处理率达到85%以上。全市集中式饮用水水源地取水水质达标率达到100%。推进土壤污染防治，完成土壤环境重点行业企业信息采集调查27家，5处工业固体废物堆存场所全面完成整治任务并通过验收。

持续完善全域生态系统。推进“一山、两廊、四提、十节点”绿化工程，实施国土绿化4.2万亩，占郑州市下达任务的122%。加强生态水系建设，以“扩充水源、改善水质、扩大水面”为目标，节水、引水、蓄水、净水、利用再生水多管齐下，荣获河南省县域节水型社会建设达标县（市）。统筹重大生态项目建设，商登高速廊道绿化提升完成，郑州第二植物园、云蒙湖生态湿地公园等进展顺利，溱水河、双洎河综合治理工程建设有序实施，陆浑水库“西水东引”规划建设加快推进。

大力改善人居环境。着力推进5个美丽镇区、100个美丽村庄、100个美丽田园、10条美丽公路、5000个美丽庭院建设。完善“户投放、村收集、镇转运、市处理”垃圾收集处理体系，市乡村和社会力量投入、群众积极参与的“三级五方”农村人居环境整治保障机制进一步巩固加强。全市乡村清理垃圾杂物1.6万立方米，粉刷墙体50余万平方米，制作文化墙21万平方米。

五、全面加强宣传思想文化工作，唱响爱党爱国爱社会主义主旋律

牢牢掌握意识形态工作领导权。市委常委会研究意识形态工作 2 次，召开意识形态联席会议 4 次。加强校园、网络等阵地建设，推动网络信息发布规范化。强化市属媒体管理，提高新闻舆论传播力、引导力、影响力、公信力，巩固壮大主流思想舆论。

积极培育和践行社会主义核心价值观。大力推进新时代文明实践中心（所、站）建设，建成新时代文明实践所 18 个、实践站 98 个。加强和改进新时代未成年人思想道德建设工作，组织开展“争做新时代好少年”学习宣传、“传承红色基因”系列教育、中华优秀传统文化传承等活动。深入开展志愿服务，建成志愿服务站点 467 座，注册志愿者近 11 万人。市、乡、村三级表彰文明市民、道德模范、身边好人、最美人物等先进典型 26000 余人。

推动文化事业蓬勃发展。郑州市下达的 18 个文化馆分馆、9 个图书馆分馆、青屏广场城市书房项目、基层综合性文化服务中心项目建设全部提前完成。加强文化保护利用，推进窑沟窑遗址生态文化公园建设、法海寺石塔保护维护等，申报郑州市文物保护单位 14 处，窑沟窑遗址被评为全国重点文物保护单位。丰富群众文化生活，举办绘画大赛、基层群众文化会演、戏曲晚会、舞蹈大赛、专题音乐会等 42 场次，放映电影 150 场，受益群众近 22 万人。深化“书香新密”建设，开展经典背诵大会、中华传统经典诵读、公益读书会等活动 56 场次。

六、加强民主法治建设，巩固发展生动活泼、安定团结的政治局面

人大及其常委会依法履行职责。市人大及其常委会先后作出决议决定 11 项，任免国家机关工作人员 92 人次。围绕经济高质量发展、“三大

攻坚战”、乡村振兴等重点工作，开展视察调研和执法检查活动29项，听取和审议专项工作报告10次。加强代表联络站建设，完善代表工作机制，对代表提出的2件议案、162件建议及时交办督办。

政协履行政治协商、民主监督、参政议政职能。市政协及其常委会，发挥协商民主重要渠道和专门协商机构作用，围绕乡村振兴战略、国家生态文明建设示范市创建、实体经济发展等，认真履职尽责，开展专项监督、调研视察、建言献策，举办专题协商、调研视察活动32场次，办理政协提案151件，反映社情民意信息55件，录播《中国·新密故事会》电视节目40期。

巩固和发展爱国统一战线。围绕新中国成立70周年、多党合作制度确立70周年，举办“礼赞七十年·出彩新时代”主题演讲比赛、“壮丽七十年·奋斗新时代”书画展等。组织民族宗教界代表人士开展“迎民族盛会·庆七十华诞”传统文化主题教育活动。成立新密市新的社会阶层人士联谊会，统一战线工作覆盖面进一步扩大。荣获全国五好县级工商联称号。

深入推进全面依法治市。深入开展法治政府创建，有序推进综合行政执法改革。依托三级公共法律服务平台，持续推进“一村（居）一法律顾问”工作。深入开展“七五”普法教育，被评为“河南省‘七五’普法中期先进集体”。

切实加强党对群团工作的领导和党管武装工作。有序推进群团改革，注重选优配强群团领导班子。认真抓好新时代党管武装工作，被郑州市委、市政府、警备区联合表彰为“国防后备力量建设先进单位”。

七、切实保障和改善民生，不断满足人民对美好生活向往

纵深推进脱贫攻坚。深入实施旅游＋扶贫、产业＋扶贫、创业＋扶贫等，新建续建扶贫基础设施、公共服务和产业项目92个，顺利通过省旅游扶贫示范县验收，荣获河南省电商扶贫先进单位。全市安排就业困

难建档立卡贫困劳动力135人，开展建档立卡贫困人员“三单联动”技能培训1190人次，发放短期技能培训补贴、种养殖贫困户到户补贴、各类助学补贴等1149.8万元，贫困人口就医全部享受“七免一减”和慢性补贴政策。实现全市28个贫困村全部摘帽，贫困人口全部脱贫。

协调发展社会事业。加大财政支持力度，优先办好人民满意的美好教育，实施中小学幼儿园新建改扩建项目78个，城区9所公办学校加快建设，“大班额”现象得到进一步缓解。荣获国家农村职业教育和成人教育示范县。深化全国县域紧密型医共体试点县改革，家庭医生签约医疗服务全省领先，顺利通过省级健康促进市、全国基层中医药先进单位验收复审。深入开展“全民创业”，新增各类创业主体1.2万个，创业带动就业突破10万人，荣获省农民工返乡创业工作先进单位。“智慧公交”正式上线，市图书馆新馆免费对外开放，首个5G基站信号开通运行，15分钟医疗圈、健身圈、阅读圈、便民圈更加完善。社会救助、养老服务、住房保障和慈善事业等稳步推进。承办的13项省民生实事和22项郑州市民生实事基本完成。

切实维护社会稳定。着力打通联系服务群众“最后一公里”，全面提升社会治理体系和治理能力现代化水平。深化平安新密建设，形成上下联动、条块结合、各方齐抓共管工作格局。荣获省食品安全示范县（市）、省安全生产工作先进单位、省煤矿安全生产监管先进单位等称号。食品安全6S监管经验在全省推广。

八、推动党的建设高质量，营造风清气正良好政治生态

坚持把政治建设摆在首位。市委常委班子带头旗帜鲜明讲政治，将政治标准和政治要求贯穿于各项工作，确保政令畅通、令行禁止。自觉扛起全面从严治党主体责任，指导推动各级党组织和领导干部严格落实“两个责任”和“一岗双责”。健全完善市委党建工作领导小组工作规则，推动党建责任考核与高质量发展考核双印证、双促进，构建统筹协作、

齐抓共管的“大党建”工作格局。

大力推进基层组织建设和干部队伍建设。扎实推进“健康支部”建设，整顿软弱涣散党组织16个、调整“村民组党小组”2705个、优化机关党组织123个、新建“两新”党组织16个。全面实施社区代表大会制度，推行在职党员“双报到”制度，建立“红色物业”党建平台。建立村（社区）党组织书记任（免）职、履职情况“两项备案”制度，开展乡土人才联络回归工作。推行农村党员积分管理和“一编三定”，纯洁党员队伍，发挥党员作用。坚持正确的选人用人导向，注重在经济社会发展主战场和基层一线锻炼、培养和选拔干部。

坚定不移正风肃纪反腐。深入抓好省委巡视整改，针对重点问题和关键环节，细化任务，强化措施，落实责任，推动问题整改落细落地落实。4个方面29项问题已全部落实整改措施，其中已整改到位问题20项。扎实开展市委巡察工作，对平陌、曲梁、岳村、袁庄4个乡镇辖区内93个村（社区）党组织的巡察整改情况开展专项巡察，反馈问题整改到位率、转（交）办问题线索（事项）办结率均达到98.5%以上。持续深化以案促改，召开警示教育大会221场，1.9万余人次接受警示教育。开展第三届“好家风家庭”和第四届“讲家史、学家训、传家风”评选活动。把惩治腐败和作风问题放在突出位置，查处侵害群众利益、扶贫领域腐败和作风问题案件34起，党纪政务处分49人。

荥阳市 2019 年经济社会发展报告

荥阳市人民政府

2019 年，荥阳市以习近平新时代中国特色社会主义思想为指导，全面贯彻落实习近平总书记视察河南、郑州时重要指示精神，以供给侧结构性改革为主线，全面融入郑州国家中心城市建设。初步核算，全年地区生产总值增长 4.1%；规模以上工业增加值增长 5.3%，装备制造、新材料两大主导产业分别增长 11.9%、16.1%，高新技术产业增加值占规模以上工业增加值比重 34.8%；社会消费品零售总额增长 9.7%；一般公共预算收入增长 6.7%；城乡居民人均可支配收入分别增长 7.6%、8.6%。位居 2019 年度全国综合实力百强县市第 56 位、投资潜力百强县（市）第 27 位、全国科技创新百强县市第 68 位、中国工业百强县（市）第 42 位、全国绿色发展百强县（市）第 83 位、全省 105 个县（市）经济发展质量总体评价第 2 位；荣膺“国家园林城市”“国家卫生城市”“全国科普示范县市”“全国百强慈善城市”“全国绿化模范县”等称号。

一、着力补短板、强基础，三大攻坚战加力增效

全力实施精准扶贫。围绕“两不愁三保障”，狠抓责任落实、政策落实、工作落实，脱贫攻坚战取得决定性成就。以环翠峪为主的南部贫困山区饮水安全得到解决，村集体收入明显提升。实施扶贫项目 59 个，完

成投资 5853 万元，发放小额扶贫贷款 305 万元，实现现行标准下贫困人口全部稳定脱贫。

持续强化污染防治。深入推进大气污染防治攻坚，实施工业企业深度治理项目 538 个，“双替代”工程全部完成；空气质量实现“两降一升”，PM_{10}、$PM_{2.5}$ 年平均浓度较上年分别下降 9%、13%，优良天数较上年增加 49 天。强力推进水环境综合整治，建成区污水实现全收集、全处理，索河、汜河等河流水质持续改善。稳妥推进受污染耕地安全利用和治理修复，土壤生态环境质量保持总体稳定。

防范化解重大风险。深入开展非法集资案件风险处置三年攻坚、互联网金融风险专项整治行动，依法有序处置非法集资案件。稳妥处置房地产领域个案风险，重点问题楼盘基本化解。严格规范政府债务管理，政府债务规模、债务率持续可控。

二、着力调结构、促转型，发展质量稳步提升

先进制造业主体作用更加凸显。编制实施高质量发展三年行动计划。荥阳产业集聚区虏克电梯等 3 个项目投产达效，“荥阳造”郑州地铁成功交付 34 列 208 辆；新材料产业园区圣莱特等 3 个项目主体完工；五龙产业集聚区新引进郑西物联网产业园等项目 10 个，东方百合等 8 个装备制造项目开工建设，获评“河南省中小企业特色产业集群（建筑机械）”。深入推进“三大改造”，实施百万元以上工业技改项目 65 个、智能制造项目 17 个，创成省绿色工厂 2 家。

现代服务业引领作用持续增强。健康园区人工智能研究院等 4 个项目开工建设，郑州卫生健康职业学院一期建成投用。特色商业区新城吾悦广场商业综合体等项目开工建设，获评“2019 中国最具投资价值城区”。全市接待游客 603 万人次，实现旅游总收入 2.6 亿元；环翠峪获评“河南省特色生态旅游示范镇”，忆江南旅游度假区创成省级旅游度假区。电子商务公共服务中心建成投用，新认定省级电子商务企业 10 家，建成村级电子商务服务网点 139 个。

都市生态农业基础作用日益夯实。大力推进高标准农田工程和农业基础设施建设，新建高标准农田1万亩，粮食总产27.9万吨；创成“河南省农产品质量安全县”。完成环城都市生态农业产业带种植结构调整2.9万亩、湿地种养1339亩，提升休闲观光农业园区4家，培育全国休闲农业与乡村旅游星级企业5家。发放农机购置补贴1009万元，主要农作物综合机械化率、农作物秸秆综合利用率分别达84%、95%。“大棚房”及农地非农化整治长效机制全面落实。

三、着力抓统筹、提品质，城乡发展更加协调

城乡品质不断提升。深入推进城市建设提质工程，实施项目106个，完成投资81亿元。编制专项控规33项、城市设计5项。新建改建、升级改造索河路、京城路等道路12条，郑上路跨索河桥主体完工。新增雨污水管网17公里、供水管网15公里、供气管网40.2公里。扎实推进“四好农村路”建设，改造提升农村公路22公里，行政村通客车率95%以上。

城市治理精细高效。全面实施“三项工程、一项管理”，启动“三纵三横”道路升级，完成道路修缮13.7万平方米；永丰巷、政法小区等一批老旧小区改造项目有序实施。城乡接合部38个村环境综合整治加快推进，城市精细化管理三年行动计划全面落实。全面推广生活垃圾分类，公共机构及相关企业垃圾分类实现全覆盖。推行市、乡、村三级“路长制”，155条道路纳入考核管理，创成郑州市优秀道路7条，城区主干道机械化洗扫率100%。扎实开展道路交通秩序整治，完成郑上路等9条道路中心隔离、人非分离；科学施划车位3000个、智能地磁停车泊位400个。大力实施城区亮化提升工程，主干道亮灯率98%以上。

乡村振兴稳步实施。《乡村振兴战略规划（2020—2035）》编制完成。全面开展农村人居环境整治行动，深入实施垃圾、污水、厕所“三大革命”，铺设污水管网501公里，改造厕所3万余户，132个行政村生活污水集中处理项目具备运行条件，打造省级农村人居环境整治示范村

12个。实施村集体经济发展试点项目3个，打造农村公共服务建设维护试点村8个。完成索坡、刘沟等美丽乡村年度建设任务。

四、着力抓改革、促开放，发展活力不断增强

各项改革纵深实施。完成政府系统机构改革，涉改部门全部挂牌履职。教育、卫生、城市管理等领域改革取得实质性进展。持续巩固“三去一降一补”成果，淘汰化解过剩产能61万吨，整治关停高污染高耗能企业85家。商事制度改革深入推进，新增企业3014家、个体工商户4511户、农民专业合作社30家。全面落实减税降费和税收优惠政策，累计为企业减负1.3亿元。全市289个行政村完成资产量化并成立股份经济合作社。

开放招商成果丰硕。新签约源乾电子、三一筑工等合同项目28个，总投资325亿元。引进域外境内资金155.7亿元，实际利用外资1.88亿美元，外贸进出口总额10.16亿元。156个重点项目完成投资362亿元，完成目标综合排名位居郑州市前列。成功举办第十六届世界象棋锦标赛启动仪式。

创新能力不断增强。加大科技创新支持力度，申请专利859件，授权专利573件，万人发明专利拥有量5.5件，增长12.7%。新增郑州市级各类研发中心7家、科技型企业62家、高新技术企业19家，完成高新技术产业增加值21亿元。加快创新创业平台建设，中原智谷新增孵化企业52家、毕业企业7家，获评“2019中国100家特色空间”。新引进培育高层次科技创新创业人才（团队）4个，培养高技能人才1100余名。

五、着力守底线、增底色，生态建设卓有成效

生态建设持续推进。扎实开展国土绿化提升行动，实施生态建设项目25个，完成新造林1.1万亩、抚育林8400亩。新增城区绿地54.7万平方米，绿化提升改造42.9万平方米，建成微公园、小游园6个，林木覆盖率36%。

生态修复力度加大。制定实施《南部矿山生态修复规划》，关停整治非煤矿山企业38家，恢复治理矿山1900余亩。扎实开展“携手清‘四乱’、保护母亲河”专项行动，清理整改黄河湿地人类活动点位134处。加快土地综合治理，恢复耕地1445亩，综合治理水土流失1.2万亩。

生态整治卓有成效。深入开展环保专项检查，完成各类工业企业深度治理135家，立案查处违法案件585起，“散乱污”企业实现动态清零。河（湖）长制工作扎实推进，累计巡河5100余次，清理河道45公里，整治销号排污口65个。强化饮用水水源地保护，压采自备井30眼，饮用水水质达标率100%；畜禽规模养殖场粪污综合处理设施配套率95%以上。

六、着力办实事、惠民生，发展成果共建共享

社会保障工作取得新进展。公共财力大幅度向民生倾斜，全年民生支出增长8.8%，占一般公共预算支出的78%。养老、助残、救孤、济困等制度全面落实，城乡低保标准分别提高至每人每月700元、490元，80岁以上参保老人住院报销比例提高5个百分点。全市新增城镇就业6226人、农村劳动力转移就业9210人，发放创业担保贷款6811万元，城镇登记失业率控制在2%以内。募集善款1458.2万元，发放慈善救助金1029.5万元，实施慈善项目35个，惠及困难群众1.8万余人（次）。建成保障性住房2277套，完成安置房网签3600套，回迁群众1.1万人；创成郑州市级以上物业服务示范项目7个，培育国有住房租赁平台2家。

社会事业发展交出新答卷。61项三级民生实事基本完成。商隐路小学等5所学校主体完工；高考一本上线人数增幅达27%，清华、北大录取人数位居郑州市县（市）第一。深化医药卫生体制改革，实施药品带量集中采购和医用耗材“零加成”；全市首家固定献血屋建成投用，创成国家级慢性病综合防控示范区。升级改造村（社区）综合文化服务中心137个，新建城市书房4个，文化惠民工程惠及群众30万人（次）；创成省第四批公共文化服务体系示范区。官庄遗址、西史村遗址等入选第八批全国重点文物保护单位。

社会治理水平得到新提升。深入开展“防风险、除隐患、保平安、迎大庆”专项行动，纵深推进扫黑除恶专项斗争，全面加强立体化社会治安防控体系建设，获评“河南省平安建设优秀县（市）区”。全力协办第十一届全国少数民族运动会，荣记省集体三等功。市级综治中心建成投用，三级矛盾纠纷多元化解机制基本建立。强化重点行业、重点领域专项整治，安全生产形势持续稳定，食品药品监管全面加强，获评“河南省食品安全示范县”。人事、统计、气象、档案史志、人防应急、外事侨务、民族宗教、老干部、妇女儿童等各项工作取得新进步。

七、着力转作风、重效能，自身建设全面加强

作风建设不断强化。扎实开展“不忘初心、牢记使命”主题教育，严格落实党风廉政建设责任制、中央八项规定精神，深入开展“以案促改”专项行动，刚性落实办公用房、公务用车、公务接待等管理制度，坚定不移纠“四风”、转政风、树新风。制定完善政府工作规则，严格“三资”监管和招投标管理，持续强化审计监督，开展审计项目 132 个，促进增收节支 9.9 亿元。

法治建设效果显著。自觉接受人大法律监督和政协民主监督，办理人大代表议案 3 件、建议 70 件，办结率 100%、满意率 98%；办理政协委员提案 210 件，答复率 100%。严格执行重大决策合法性审查制度，政府文件、合同合法性审查率 100%；召开市政府常务会议 29 次，依法集体研究解决重大事项 183 件。严格落实政务公开制度，依申请公开政府信息答复率 100%。拓宽社情民意表达渠道，办理市长热线、网民留言反映问题 1.7 万件，整体办结率 100%。

政务服务全面提速。放管服改革跑出“加速度”，不见面审批稳步推进，“一张网”建设延伸扩面，工程建设项目审批时限压缩至 74 个工作日，新企业开办实现“一日办结”。推行政务服务“周末无休”制度，远程咨询系统上线运行，网上一次办成事项 300 项以上，政务服务事项网上可办率 85%以上，审批服务事项“一窗”分类受理率 70%以上。

新郑市2019年经济社会发展报告

新郑市人民政府

2019年，新郑市紧紧团结和依靠全市人民，坚持以习近平新时代中国特色社会主义思想为指导，深入贯彻落实习近平总书记视察河南重要讲话和党的十九届四中全会精神，牢牢把握稳中求进工作总基调，紧紧扭住高质量发展目标不动摇，积极应对各种风险挑战，主动作为、强力攻坚，全市经济社会发展呈现稳中有进、稳中向好良好态势，较好地完成了市五届人大四次会议确定的目标任务。

全年完成地区生产总值720.3亿元，同比增长6.1%；一般公共预算收入80.4亿元，增长7.2%，其中，税收57.4亿元，增长3.1%，总量蝉联全省县（市）首位；社会消费品零售总额340.4亿元，增长13.2%；城镇和农村居民人均可支配收入分别达35991元和23503元，增长7.5%、8.6%。全国中小城市综合实力百强县（市）、县域经济基本竞争力百强县（市）、财政收入百强县（市）排名分别升至第39位、第31位、第28位，县域经济发展质量总体评价连年位居全省县（市）首位，被认定为全省第一批践行县域治理“三起来”示范县（市）；龙湖镇连续五年全省唯一跻身全国综合实力百强镇，排名升至第77位。

一、调整优化结构，发展质量稳步提高

工业经济加快转型。坚持把培育发展电子信息和高端装备制造业作

为制造业高质量发展主抓手，制定扶持政策，抓好链条延伸，设立总规模10亿元战新信息产业基金，引进集成电路产业港等产业项目20个，亚利韦智能终端设备、力坤科技触摸屏2个项目实现当年签约、当年投产，电子信息和高端装备制造业集群初步形成。强化质量与品牌建设，新增挂牌上市企业31家，新注册商标3146件，8家企业通过河南省质量诚信体系建设A等企业认定。狠抓工业项目建设，智能终端产业港等50个项目开工建设，人人利食品二期等41个项目竣工投产；新增规模以上工业企业33家，主要工业增加值增长6.6%。全国工业百强县（市）排名第32位，被评为全省制造业高质量发展综合评价试点县（市）。

现代服务业势头强劲。高端商贸物流业加速集聚，华南城九大高端商业项目开建面积达112万平方米，全省首家5G智慧物流园区传化中原物流小镇快速建设，红星美凯龙中原家居城建成招商，华南城特色商业区晋升省二星服务业“两区”。全域旅游加快发展，成功举办己亥年黄帝故里拜祖大典和枣乡风情游活动，“宋城·黄帝千古情”基本完工、格局初现。房地产业健康发展，商品房屋交易面积383万平方米，交易额331亿元，均居全省县（市）榜首。积极发展金融服务业，广发银行、平顶山银行新郑支行开业运营，进驻银行16家，银行存贷款规模分别达681.4亿元、640.3亿元，保持全省县（市）首位。第三产业增加值增长7.1%。

现代农业有序发展。农业综合生产能力稳步提升，划定粮食生产功能区17万亩，测土配方施肥技术推广覆盖率超90%，农作物耕种收综合机械化率84%，粮食总产量达26.8万吨。加快农业产业化建设，新培育郑州市级以上农业龙头企业3家，农民合作社12家，家庭农场11家，建成都市生态农业2.6万亩。农产品质量稳步提升，新认证“三品一标”农产品10个，“三品一标”总量居全省之首；成功创建省级农产品质量安全县（市）。

二、统筹城乡建设，新型城镇化快速推进

城市品质持续提升。瞄准全国一流中小城市建设目标，大力推进城

市建设提质工程，投资 280.9 亿元，谋划实施城市提质项目 184 个，城市综合承载力显著增强。功能品质日益完善。全力推进老城区有机更新，实施城市道路综合改造工程，投资 3.5 亿元，新建改造府西路等道路 13 条，打通陶文路西延至文化路等 5 条群众密切关注的“断头路”，完成郑新路、解放路雨污分流改造，城市道路更加畅通。着力改善居住条件，改造老旧小区 18 个、背街小巷 12 个，新建天然气、供水管网 100 公里。精心做好城市亮化，完成 18 条道路桥梁及轩辕湖公园周边灯光亮化工程，城市内涵品位显著提升。环境品质明显改善。坚持把更多的城市空间留给市民，将老城区疏解腾退的宝贵土地全部用于留白增绿和公共服务设施建设，建成良师园等多功能游园 13 个、公厕 6 处，新增城市绿地 30 万平方米、公共停车泊位 3000 个，人均公共绿地面积增至 15.7 平方米，城市环境更加生态宜居。深入开展国土绿化提速行动，强力推进铁路、干线公路两侧和高速互通立交、出入口区域绿化整治及生态廊道提升，新建提升郑新快速通道等生态廊道 6 条 1.7 万亩，完成商登高速新郑新区站等 8 个出入口及互通立交绿化，创成省、郑州市园林单位（小区）8 个，被列为省生态廊道高标准建设示范县（市）。南水北调中线观音寺调蓄工程获国务院批准，水系连通及农村水系综合整治试点县项目获水利部、财政部批复，被评为全国第二批节水型社会建设达标县（区）、国家高效节水灌溉示范县。服务品质不断增强。积极推进城乡公交一体化，大力实施“村村通客车提质工程”，购置新能源公交车 200 台，增建公交场站、候车站（亭）516 座，增开公交线路 29 条 349 公里，互联互通公交网络日益健全。强化农贸市场综合整治，新建标准化农贸市场 2 家，洧水路农贸市场主体建成，文化路农贸市场获评郑州市规范化管理三星级农贸市场。文化品质更加丰富。持续推进南街古巷和郑韩故城国家考古遗址公园建设，建成郑公大墓遗址公园等 3 个遗址公园。强化公共文化服务，建成 19 个图书馆分馆、3 座城市书房和 16 个基层综合文化服务中心。在全市上下的共同努力下，城市环境卫生明显改善，形象品质持续提升，文明程度显著提高，成功创建国家园林城市和省级文明城市，再添两张有分量的城市名片。

城市管理规范精细。全面推行“路长制”，精细化管理水平明显提升。深入推进道路清洁机械化联合作业，城区主干道实现每日两扫一冲洗、人工保洁全天候；持续加大城市顽疾整治力度，取缔占道经营1.3万次，拆除大型户外广告269处；积极推行生活垃圾分类，安装改造分类式果皮箱3000个，生活垃圾分类覆盖率达40%，城市更加整洁靓丽。加快智慧城管建设，数字化城管基本实现全域覆盖，运营效果连年排名郑州市县（市）第一。城乡管理综合考评连续三年排名郑州市县（市）首位。

乡村振兴扎实推进。农村人居环境显著改善，完成11个示范村村容村貌提升、100个行政村改厕改厨改水，建成示范街道23条，创建“千万工程”示范村18个、“五美庭院”2000户，加快建设辛店北靳楼等7个美丽乡村。建成安置房4376套51万平方米，网签安置房5568套，1.6万名群众入住新居。加快完善农村基础设施，建成“四好农村路”61条，改造农村电网415公里，33个行政村实现生活污水集中处理。

交通路网日益完善。投资12.5亿元，新建提升市域干道126公里，全市公路通车总里程达1864公里，居全省县（市）前列。融郑路网持续优化，强化龙湖区域交通综合整治，G310西南段等4条道路工程加紧建设。融港道路更加顺畅，S321上跨G107立交桥改建等4条道路工程竣工通车，双湖大道东延等8项道路桥梁工程快速推进。市财政出资1.45亿元，新郑籍豫A牌ETC小客车在郑州市域高速公路规定路段免费通行。

三、深化改革开放创新，发展活力持续释放

创新引领作用显著增强。以国家创新型县（市）建设为抓手，大力推进科技创新，新培育高新技术企业7家、科技型企业45家、郑州市级以上研发中心7家，主导制定行业标准17项，新申请专利15件、转化科技成果15项，2家企业荣获中国专利优秀奖，是郑州市首次获此奖项的县（市）；好想你健康食品通过国家知识产权示范企业复审，中原工学

院入选省首批高校知识产权运营管理中心建设试点，灵佑药业、运达造纸设备被认定为国家知识产权优势企业。加快创新创业载体建设，建成创新创业综合体、众创空间、科技企业孵化器 23 个、公共服务平台 3 家，入驻各类创新创业企业 670 家、团队 331 个。深化校地合作，高规格举办“科技赋能经济、校地共谋发展”高峰论坛，与电子科技大学等 3 所高校签订合作协议，合作共建知识产权交易中心、轨道交通 5G 网络平台及人工智能与机器人研究中心。全国科技创新百强县（市）排名升至第 47 位，居全省县（市）首位。

*重点改革力度不断加大。*持续深化“放管服”改革，加快推进“一网通办”前提下“最多跑一次”改革，企业开办时间压缩至半个工作日，工程建设项目审批时限压缩至 74 个工作日，政务服务网实现市乡村三级全覆盖，中国营商环境百强县（市）排名第 74 位，全省县（市）排名第 2 位。调整完善市乡财政管理体制和高质量发展考核评价办法。机关事业单位人事制度和养老保险制度改革进展顺利。全面推进农村集体产权制度改革，265 个村（社区）成立农村集体经济组织。着力激发市场主体活力，全年新发展个体工商户 1.2 万户、注册各类企业 6134 家，市场主体达 7.5 万家，居郑州市县（市）首位。规范公共资源交易管理，全省唯一县级市入选世界银行“中国省级电子采购系统评估项目”。强化国土资源管理，扎实开展“大棚房”和违建别墅专项整治行动，整改“大棚房”1066 个、违建别墅 23 栋，整治违法用地 1815 亩，盘活闲置低效用地 1123 亩。

*全面开放格局快速形成。*聚焦主导产业招大引强，成功举办己亥年黄帝故里拜祖大典经贸洽谈活动，新签约锐杰微芯片封装等科技创新型、产业带动型项目 26 个，签约金额 258.3 亿元，其中，10 亿元以上重大产业项目 4 个。央企中铁十五局四公司迁至新郑，央企总部招引实现新突破。引进域外境内资金 139.8 亿元，实际吸收外资 2.1 亿美元，完成外贸进出口 5 亿元。积极搭建对外开放平台，成功举办亚太大学联合会——世界大学校长联合会联合年会，30 多个国家和地区、高校校长和国际教育专家齐聚新郑，国际知名度和影响力持续提升。

四、补短板强弱项，三大攻坚战成绩显著

脱贫攻坚取得新进展。扎实开展驻村帮扶，投入7503万元，实施扶贫开发项目76个；为5038名建档立卡贫困群众免费体检，改造农村危房155户，发放贫困资助救助金2700万元、小额扶贫贷款8300万元，4383名贫困群众稳定就业；具茨山11个行政村2510户贫困群众易地搬迁、入住新居；全市存量贫困人口全部脱贫。结对帮扶南召县，2个基础设施、4个产业扶贫项目快速推进。

污染治理取得新战果。狠抓大气污染防治，持续强化“六控”措施，强力推进“三散”治理，依法取缔“散乱污”企业88家，关停型煤厂2家、型煤销售中心10个，燃煤锅炉全部拆改完毕，空气质量六项污染因子指数同比下降，空气质量优良天数同比增加25天。加强水生态治理，严格落实“河长制”，全面开展河湖“清四乱”“三污一净”专项行动，综合治理河道14.9公里，河湖生态环境显著改善；高标准打造生态水系，洧水公园局部开放，潮河景观公园一期基本完工；城关污水处理厂二期建成投运，新区污水处理厂等3座污水处理厂建设快速推进；双洎河国控断面水质稳定达标。

防范化解重大风险取得新成效。全面加强政府债务管理，扎实推进政府融资平台公司市场化转型，积极稳妥化解存量债务，政府债务风险总体可控。防范化解金融风险，稳妥处置化解非法集资案件，挽回经济损失1亿余元。持续推进问题楼盘化解攻坚，化解问题楼盘10个。全力做好根治农民工欠薪工作，追讨农民工工资6980万元。

五、践行为民初心，人民生活更加幸福

社会保障水平越来越高。坚持以人民为中心，将有限的财力向民生领域倾斜，投入民生资金100.3亿元，占一般公共预算支出比重达83.8%。积极促进创业就业，新增城镇就业再就业8689人，转移农村劳

动力 8421 人，发放创业担保贷款 7090 万元。民生保障扩面提标，新增社保参保 9762 人，城乡居民最低保障标准和城乡特困人员供养标准分别提高至每人每月 700 元、每人每年 12600 元，城乡居民基础养老金最低标准年人均增加 60 元，企业和机关事业单位离退休人员基本养老金年人均分别提高 1572 元和 2016 元。深入推进社会保险“一降三补”，为参保企业减负 9600 万元，发放各类补贴 5120 万元，支持用人单位稳定就业岗位 1.8 万个。关心关爱特殊群体，新建扩建 6 所敬老院和 8 所社区托老站，增加床位 1076 张；为四类重点对象开展医疗救助 3359 人次，为 1 万余名残疾人购买综合保险、112 户住房困难家庭发放廉租补贴。全面落实优抚安置政策，启动部分退役士兵社保接续工作，在全省率先建成市乡村三级退役军人服务中心（站），切实维护军人军属合法权益。

社会事业发展越来越优。始终坚持教育优先发展战略，着力办好人民满意教育，新建改造中小学、幼儿园 40 所，新增优质学位 3.4 万个，华东师范大学首家对外合作附属学校签约落户；高考一本上线率达 36.18%，较上年提高 2.67 个百分点，高考成绩连续 28 年保持郑州市县（市）领先位次。文化事业蓬勃发展，成功举办第十三届黄帝文化国际论坛、白居易故里诗歌文化季，开展惠民演出 600 余场，放映公益电影 3430 场，建成市乡村三级新时代文明实践中心，获得“中华诗词之乡”荣誉称号；村史馆建设经验全国推广，《中国影像方志》新郑篇在央视科教频道播出，“戏曲进乡村”全省唯一入选首批全国农村公共服务典型案例，通过省公共文化服务体系示范县（市）验收。优化公共卫生服务，建成中医馆 14 个，市公立人民医院通过“二甲”医院评审、中国胸痛中心认证，顺利通过全国基层中医药工作先进单位复审。

社会治理能力越来越强。深化平安新郑建设，依法打击和惩治违法犯罪活动，“扫黑除恶”专项斗争取得阶段性成效。健全完善应急管理责任体系，强化隐患排查整治，安全生产形势持续稳定；被评为全省安全生产工作先进单位，渔夫子路社区荣获全国综合减灾示范社区。引导群众依法逐级反映诉求，越级上访量同比下降 5%，群众满意度持续提升。深入开展“七五普法”，扎实推进法治政府示范市创建工作。统战工作取得新成效，新的社会阶层人士弥补社会治理盲区做法被《人民日报》报道，新的社会阶层人士统战工作实践创新基地建设经验交流推广片会(中部地区)、全省新的社会阶层人士统战工作现场会在新郑成功召开，荣获全国统战工作实践创新成果奖。加强食品安全监管，创成省级食品安全示范县（市）。圆满完成第四次全国经济普查。大力推进军民融合深度发展，“双拥”工作持续深化。同时，妇女儿童、残疾人、红十字、慈善等事业健康发展，税务、粮食、供销、人防、气象、新闻出版、黄帝文化研究等工作取得新成绩，邮政、铁路、烟草、盐业等部门和各高等院校，都为全市经济社会发展做出了积极贡献。

高度重视政府自身建设。扎实开展“不忘初心、牢记使命”主题教育，深入学习贯彻习近平新时代中国特色社会主义思想，增强“四个意识”、坚定“四个自信”、做到“两个维护”，自觉在思想上政治上行动上同以习近平同志为核心的党中央保持高度一致。坚决贯彻落实中央、省委和郑州市委决策部署，始终坚持在市委领导下开展工作，自觉接受市人大法律监督和市政协民主监督，高效办理人大代表建议 125 件、政协委员提案 146 件，获评郑州市建议提案办理先进单位。持续转变工作作风，突出抓好省委巡视反馈问题整改，全面落实基层减负各项措施，强力推进“3+2”专项整治，政府系统召开会议和下发文件数量均减少 30%。不断拓宽社情民意表达渠道，认真办理市长电话、信箱、网民留言反映问题 1.3 万件，整体办结率达 97.8%，被评为全国人民网网民留言办理工作先进单位、郑州市市长电话优秀督办单位。加大审计监督力度，完成审计项目 261 个，为财政增收节支 3.2 亿元。

中牟县2019年经济社会发展报告

中牟县人民政府

2019年，中牟县以习近平新时代中国特色社会主义思想为指导，认真落实习近平总书记关于河南和郑州的重要讲话指示、批示精神，坚持稳中求进工作总基调，全面做好“六稳”工作，不忘初心、牢记使命，克难攻坚、砥砺奋进，经济社会不断进步，人民生活质量持续改善，城市综合竞争力和影响力显著提升，为全面建成小康社会打下了决定性基础。一年来，中牟县以多个“首次”为标志，践行了高质量发展的“硬道理”，按下了跨越赶超的“快进键”。地区生产总值首次突破400亿元，达到428.9亿元，投资潜力首次挺进全国百强县前10名，首次进入全国科技创新百强县市、全国营商环境百强县市。经济发展质量连续两年居全省前三位，综合竞争力上升至全国第82位；一般公共预算收入完成57.3亿元，同比增长8.1%，固定资产投资同比增长9.6%，均居郑州各县（市）第1位；居民人均可支配收入增长8.8%。

一、强实体、促转型，产业发展更加稳健有力

制造业转型升级持续发力。以制造业为主的实体经济、新兴产业实现空间扩大、功能扩展、产业扩面。汽车及零部件、新能源、生物医药三大主导产业占工业比重达到78%，产业集聚度达到86%，新增规模以

上工业企业14家。汽车产业集聚区完成扩容规划，承载能力进一步提升，建成项目20个，新开工项目14个，郑州机动车质量检测认证中心开工建设，进一步完善了产业链条，提升了核心竞争力。官渡生物医药产业园概念性规划、重点区域城市设计启动编制，路网结构逐步完善，大健康产业稳步发展。“三大改造”加快推进，新增市级以上“专精特新”中小企业11家，工业投资增长89%，高新技术产业增加值占规模以上工业的比重达83.4%。

文旅产业生态体系持续构建。郑州国际文化创意产业园产业、城市、人居环境“三融合”态势加快营造。重点区域城市设计和各类专项规划加快编制；建业电影小镇一期开业运营，成为传播中原文化新窗口，郑州海昌海洋公园、“只有河南·戏之国”、中华复兴之路3个标志性项目主体工程基本完工；学校、医院、高端酒店等配套和服务设施建设全面加快。一见“中”情、“牟”名而来的旅游品牌更加响亮，连续5年入选“最美中国榜”，荣获新华网评选的“2019文旅融合发展优秀城市”称号，创成省级旅游标准化示范县，全年累计接待游客1480万人次。

农业发展水平持续提升。农业发展呈现生态化、产业化、品牌化、融合化新局面。农业结构更加合理，新发展环城都市生态农业2万亩、湿地农业1000亩；9000亩的“菜篮子”生产示范基地基本建成。休闲农业提档升级，全国休闲农业与乡村旅游星级示范单位达到9家。农产品质量和安全更有保障，“三品一标”总数达到36个，成功创建省级农产品质量安全县。农田水利建设持续加强，成功创建国家高效节水灌溉示范县，连续25届获得河南省“红旗渠”精神杯。河南万邦荣获全国“2019农业产业化龙头企业500强”第二名，获评“一带一路”践行奖。

二、增活力、优环境，发展态势更加强劲持续

区域协调进一步深化。区位优势、交通优势迎来“双增强”，区域协同开放、联动发展打开新空间。从国家中心城市东部新城拓展至“东强”战略主战场，从“两个一体化”叠加至“三个一体化”，融入国家中心城

市、连线“1+4”大都市的态势更加凸显。中牟历史上“黄河第一跨”官渡黄河大桥建成通车，新国道107贯通县域南北，畅通了融入黄河流域生态保护和高质量发展重大国家战略的大通道；国道G310新建工程竣工，省道S312、S317加快推进，15分钟快速交通圈初步构建，一个流动起来的中牟更具生机和活力。

发展活力进一步增强。“放管服”改革持续深化。政府机构改革全面完成，机构设置、职能配置得到优化，职责明确、依法行政的治理体系加快形成。投融资体制改革深入推进，国有平台公司完成整合重组，单一的财政投融资模式，逐步向财政与国有平台公司运营并重转变。落实招商引资“一把手”工程，全力招大引强、招优引新，全年签约项目30个，协议资金700亿元，比克二工厂等一批强链、补链、延链项目纷纷入驻，为优化产业生态、提升产业竞争力奠定了坚实基础。民营经济活力更足，民间投资同比增长27.9%，新增市场主体1.25万个。

创新水平进一步提升。汽车产业集聚区获批国家火炬特色产业基地。“四个一批”成效明显，新增国家高新技术企业16家、科技型企业21家，总数分别达到40家、112家；新认定省级企业技术中心4家、市级研发中心7家，市级重大科技专项实现零突破。入选“智汇郑州·1125聚才计划”项目3个，引育创新领军人才2人、创新紧缺人才1人。“5G+新型智慧城市”建设在全省率先启动，数字化城市管理系统以第一名通过省级验收，信息技术与社会各领域的深度融合进一步加快，推动中牟更好更快搭上郑州“网上丝绸之路”快车。

营商环境进一步优化。群众办事更便捷，除特殊事项外，全部1135个审批服务事项实现“只进一扇门”，公积金提取等486个事项实现“最多跑一次”，婚姻登记等288个事项实现“马上办”，企业注册等83个高频事项实现“零跑动”。行政审批更高效，新开办企业全流程审批压缩至3天以内，不动产登记最快1小时办结，工程建设项目审批时限由340个工作日压缩到最短30个工作日。政务服务更贴心，不动产交易等5大类民生事项周末无休办理，24小时自助服务厅覆盖新老县城，社保卡挂失补办等40个事项365天“不打烊”。企业负担更轻，减税降费6.8亿元，惠及各类税收主体 1.7 万个、8.4 万人次。

三、补短板、提品质，城乡环境更加宜居宜业

城市功能不断完善。县城建设提质工程深入推进。实施路网加密疏堵工程，新建续建市政路网项目 41 个，通车 22 个。雨污分流体系加快构建，建成雨污水及防汛项目 5 个。公共服务设施持续完善，建成环卫、停车场项目 5 个，新增独立公厕 84 座，郑州（东部）环保能源工程建成投用，垃圾处理实现减量化、资源化、无害化。生态功能不断提升，建设、改造游园、微公园 11 个，优化升级景观节点 12 个，新增绿化面积 750 万平方米。供电能力持续提升，新建改扩建输变电工程 5 个，建成电力线路 464 千米。公交改革迈出关键一步，投运新能源公交车 120 辆，新增公交线路 4 条，“乘坐公交、绿色出行”成为新时尚。

城市形象大幅提升。“三项工程、一项管理”全面启动。“路长制”全面推行，打造市级优秀路段 3 条，县级示范路段 7 条、优秀路段 18 条，角落里的靓丽、道路边的文明随处可见。第一批老旧小区改造全面完成，惠及 3558 户、1.2 万余人，居住条件有了“看得见”的改善。市政项目实施过程更加科学化、人性化，围挡瘦身、退路便民全面推行，无牌无证电动三轮、四轮全面禁行，群众在城市生活的流畅度、舒适度大幅提升。违法建设治理、“大棚房”整治成效显著，发展环境进一步净化。全县上下把创建当成“塑容颜”“提内涵”的幸福接力，创成国家园林县城、省级文明城市提名城市。

优美生态持续塑造。国土绿化提速行动强力推进，陇海铁路、连霍高速沿线实现绿廊贯通，新增绿化面积 1.2 万亩；营造生态林 2.7 万亩，完善提升森林公园 3 个。碧水工程大力实施，承载中牟人民文化印记的潘安湖公园建成开园，贾鲁河下游生态绿化全面完成，史公湖（史公指明末抗清名将、民族英雄史可法）生态水系基本完工，新增水域面积 980 亩。环廊相连、绿廊绕城、碧水穿城的生态景象更加宜人。

乡村振兴加速推进。农村活力持续激发，“1＋N＋2”系列规划编制

完成，土地制度改革、宅基地改革不断深入，集体经营性资产股改全面完成，集体经济有收入的村庄达到87%，官渡镇“孙庄模式”走出乡村振兴新路子。人居环境持续改善，整治提升农村道路1000公里，新增“四好农村路”29条，获评省级“四好农村路”示范县；建成生活污水处理项目113个，完成户厕改造3.1万户，全部乡镇实现全域一体化保洁，农村生活垃圾治理通过省级达标验收；建成“千万工程”省级示范村12个、美丽乡村试点3个。乡镇经济势头强劲，雁鸣湖镇综合实力迈入全国千强，大孟镇、刘集镇综合竞争力进入中部乡镇百强。

四、惠民生、增福祉，群众获得感更加充实真切

三大攻坚战成效显著。脱贫攻坚圆满完成，3246户、12300人建档立卡贫困人口和低收入人口全部脱贫，14个贫困村、13个低收入村全部退出。结对帮扶卢氏县范里镇工作扎实开展。黄河滩区居民迁建一期工程圆满完成，6443名群众搬出黄河滩，开启新生活。污染防治攻坚深入推进，成功创建省级节水型社会达标县，空气优良天数比上年增加17天，居全市第1位，受污染地块安全利用率100%，成为郑州各县（市）区唯一的水、气、土三项全优秀单位。防范化解重大风险扎实推进，地方政府债务风险有效化解，非法集资新发案件持续下降，商品住房去化周期处于合理区间，省市交办问题楼盘案件有序化解。

公共服务全面优化。全年民生支出80.3亿元，占一般公共预算支出的79.2%。47项省市县重点民生实事全部完成。坚持教育优先发展，新建中小学5所，新增学位10440个；高招成绩优异，3名学生被清华大学、北京大学录取；开展“两类幼儿园”专项治理，学前教育秩序更加规范。全民和老年人健身示范园建成投用，广大市民特别是老年人健身、休闲有了新去处。医药卫生体制改革持续深化，医用耗材加成全面取消，紧密型医共体建设全面推开，公立医疗机构就诊全面实现“一卡通”，中医院新院区开诊，全国基层中医药工作先进县通过复审。文化事业更加繁荣，“双优”“双带”、送戏下乡深入开展，老城区文化活动中心建成投

用，4个“智慧书房”建成并免费开放；新编历史剧《花县令》荣获黄河戏剧节精品剧目一等奖，中牟文化名片越擦越亮。用心保障，周到服务，为第十一届全国少数民族传统体育运动会的成功举办，贡献了中牟力量，展现了中牟风采。

保障水平全面提升。不断扩大社会就业，新增城镇就业3631人、农村劳动力转移就业8401人，零就业家庭保持动态清零，退役军人安置、服务和保障不断强化，荣获全市构建和谐劳动关系工作先进单位。加大社会保障力度，城乡低保标准分别由630元、430元提高至700元、490元。动迁群众安置房加快建设，回迁35192人，荣获全市新型城镇化工作先进县。

社会大局和谐稳定。群众诉求渠道更加通畅，信访总量实现“双下降”，获评省级人民满意接访窗口，连续四年荣获全省信访工作先进单位。食品药品安全监管更加严密，成功创建河南省食品安全示范县，人民群众饮食用药安全更有保障。平安中牟建设不断深化，“扫黑除恶”保持高压态势，荣获全省平安建设先进县，侦破全国最大跨国网络贩卖枪支弹药案件，受到公安部表彰。安全生产形势保持稳定。人民群众幸福感、安全感、获得感持续上升。同时，老龄、妇女、儿童、青少年、慈善等工作健康发展，工会、统计、粮食、物价、广电、档案、气象、国防、人防、地方志等工作取得新成绩。

2019年，中牟县人民政府自觉执行县人大及其常委会决议决定，主动接受人大法律监督、工作监督和政协民主监督、社会舆论监督，办理人大代表议案建议151件、政协委员提案117件。把人民满意作为最高追求，切实加强政府自身建设，“不忘初心、牢记使命”主题教育扎实开展，依法行政深入推进，办事效率和为民服务水平持续提高。财政监管、审计监督不断强化，“三公”经费等一般性支出压缩15%，政府公信力进一步提升。

中原区2019年经济社会发展报告

中原区人民政府

2019年，中原区高举习近平新时代中国特色社会主义思想伟大旗帜，认真落实习近平总书记关于河南、郑州工作的重要讲话，围绕“中优、西美”的功能定位，统筹推进“五位一体”总体布局、协调推进“四个全面”战略布局。“四个中原”建设步伐不断加快，以郑州中央文化区（CCD）为引领的国家中心城市产城融合示范区建设取得新的进展。2019年，地区生产总值预计增长7.8%；财政一般公共预算收入完成30.64亿元，同比增长1.53%；固定资产投资完成335.3亿元，同比增长10.1%；规模以上工业增加值完成82.7亿元，同比增长2.9%；社会消费品零售总额完成210.5亿元，同比增长9.6%；城乡居民人均可支配收入预计增长8%。连续两年上榜全国科技创新百强区、全国新型城镇化质量百强区，高质量发展的路子越走越稳、高质量发展的态势越来越好。

一、深入贯彻落实新发展理念，经济高质量发展

提速重点片区建设。以“六片两园”作为推动当前产业转型发展的核心载体和重要抓手，将其作为推动转型发展的主战场、主阵地。

须水河片区项目用地规划方案已初步确定，可研报告已完成；《郑州市中原区须水镇总体规划（2014—2030）调整方案》已完成公示；主导

产业规划已基本确定，完成4宗168.54亩土地供应。庙沟遗址生态文化公园南部区域一期工程已经建成开放，二期工程已进入扫尾阶段。中原路至新田大道观光路建设已完成，具备通车条件。

中央文化区片区高标准编制中央文化区产业发展规划并通过市发改委评审、报省发改委备案；奥体中心已投入使用，美术档案史志馆、博物馆、大剧院、市民活动中心即将完工，广播中心、电视中心正在进行主体施工，报业大厦正在进行内外部装饰装修；“四个中心”组团先期建设的8个市级投资项目建设进展顺利，8个区级投资地块部分已进行规划初设及招商；九曲莲湖区域计划投资建设九曲合生新文创园，已通过区产业项目招商准入初审，轨道公司总部项目进入土地供应程序；北部片区组团商务楼、东九州坊组团万豪商业商务综合体、华润燃气西北大区总部等正在抓紧推进。

贾鲁河片区一期（淮河路南）控规已批复，一期完成9批次712.8亩土地收储，开发区用地首批次正加紧土地供应；二期城市设计及核心区产业规划完成编制；首批安置房正加快建设，贾鲁河整治初见成效，南水北调运动公园部分工程正在加快建设。

二砂文化创意园片区文化创意园项目，合资公司“郑州星河文化发展有限公司”已揭牌，文物保护规划和办公楼及橡胶砂轮制造车间本体保护修缮设计方案已通过省、市文物局核准批复。芝麻街1958双创园区项目，产业定位方案已编制完成，首开区1.4万平方米的机具厂房改造工程已完成，面积约5.3万平方米的机具加工厂南区、北区正抓紧施工；同济大学中原环保共享实验室、河南东泰电子科技有限公司等12家企业已入驻，中国能源建设投资集团有限公司河南分公司等15家企业已达成入驻意向。河南青联建设集团等3家企业拟上市。郑州纺织工业遗址博物馆项目已面向全社会公开征集藏品。

纺织服装片区招商活动已全面启动；丁庄等4个安置区已开工建设，须水河西路、服装三街、元通大道等片区内道路建设正加快推进。

家居片区家居Mall和建材Mall一期工程顺利推进，二期产业策划、控规调整方案已编制完成。

科研设计园，中机六院高科技信息产业园（一期），主体已全部完工；上海瀚联建筑设计院、中国电子工程设计院河南分院等10余家知名设计院或区域总部落户；郑州市中原智慧地质研究院和同济大学中原环保共享实验室投入运营。

环保产业园环保产业发展三年行动计划编制完成，园区概念性规划编制工作已启动，一期完成150亩土地总体规划调整；污染控制与资源化利用研究实验室已启用，河南万达环保工程有限公司等13家环保类企业被认定为郑州市科技型企业。

强化重点项目带动。梳理确定重点推进项目212个，年度计划投资505.33亿元，全年完成投资533.63亿元，完成年度目标的105.6%。22个重大产业项目，年度计划投资82.2亿元，全年完成投资91.9亿元，完成年度目标的111.8%。

二、坚定不移深化改革开放创新，发展动力活力增强

深化改革取得新进展。党政机构改革全面完成，事业单位改革深入推进，街道机构组建、职能配置任务基本完成，涉改部门机构、职能、人员融合不断深化。全面落实减税降费政策，全年减税4.16亿元、降费1.42亿元。优化营商环境，严格落实商事制度改革，企业设立登记审批时间压缩至1个工作日，“最多跑一次”“一日办结”的设想变为现实。全年新增企业9525户，同比增长38.4%。深入推进农村集体资产产权制度改革，46个村全部完成清产核资工作，筹备成立股份经济合作社。

招商引资取得新成效。大力开展产业链招商、以商招商、精准招商、片区式招商，着力引进科学技术含量高、产业聚集效果好、示范带动能力强、财政税收贡献大的好项目。全年新引进招商引资项目24个，总投资额289.8亿元（其中超5亿元的项目19个）；新开工项目12个，完成投资173.6亿元，完成年度目标的106.5%；完成外贸进出口总额20亿元，完成年度目标的110.1%。引进域外资金207.7亿元，完成年度目标的103.3%；预计全年实际吸收境外资金完成22650万美元，完成年度目

标的100.5%。

创新发展实现新突破。加强科技型企业和创新型平台培育，新增备案郑州市科技型企业134家，高新技术企业23家。认定科技雏鹰企业31家、科技小巨人企业1家、科技创新龙头企业3家。引进、建成新型研发机构5家，新认定市级工程技术研究中心1家、市级重点实验室3家，申报省级工程技术研究中心5家。目前，全区拥有工程技术研究中心37家、重点实验室19个、院士工作站8个，科技进步贡献率达65%左右。已建成并运营创新创业载体14个，4个人才（团队）项目入选郑州市第四批“智汇郑州·1125聚才计划”项目。

三、着力推进城市有机更新，城市承载功能提升

道路综合改造加快推进。新建、续建道路81条，13条中修道路竣工通车，15条道路支路完成改造提升，34条（段）道路完成架空线缆入地；兴国路隧道、市民大道隧道基本建成，北环廊、南环廊、中环廊、站前大道管廊主体已基本完工。

老旧小区改造成效明显。坚持设计引领，建立健全“一个理念、两个原则、三个坚持、四项保障”的老旧小区整治提升“1234”模式，重点突出“一拆五改三增加”，老旧小区改造工作稳步推进。完成改造老旧小区20个，创建棉办棉西小院、建办桐柏路191号院、建西100号院等改造示范点，基础设施缺失、设施设备陈旧、功能配套不全、管理服务缺位、环境脏乱差等一系列热点、焦点问题得到妥善解决，小区环境逐步改善。

城乡接合部综合改造成效初显。划定须水、西流湖、柳湖、莲湖4个街道为综合改造范围，以推动“完善基础设施建设、加强日常管理、改善人居环境、优化产业结构”为重点，扎实推进垃圾清运、私搭乱建治理、“散乱污”企业整治，基础设施配套各项工作，初步实现治标的目标。

城市精细化管理水平显著提升。坚持“路长吹哨部门报到”工作机

制，全区341条路段实现路长全覆盖，创建“千百十”工程优秀道路107条、卓越道路5条，建设路街道办事处率先在全市创建并获评“红旗街道办事处”。5条道路、369栋楼体完成亮化改造，生活垃圾分类覆盖率达76.62%，机械化清扫率达到93%，中原生活垃圾分栋中心率先在全省建成并投入运行。城市精细化管理工作在全市月度考核中，2次第一、2次第二、5次第三，累计获得市级奖励1470万元，综合排名全市第二。

四、坚持绿色发展，“生态中原”建设步伐加快

环境质量持续好转。围绕打赢蓝天、碧水、净土保卫战，建立环境攻坚工作调度会、空气质量分析研判周例会、重点攻坚时期日例会等制度，全年PM_{10}、$PM_{2.5}$、优良天数3项考核指标同比改善，综合改善率全市第一，空气质量持续提升。开展“清四乱”、“三污一净”、入河排污口整治等专项行动，强化土壤污染源头管控，建成区黑臭水体全面消除，省级县域节水型社会达标创建工作顺利完成。

生态水系日益完善。坚持“全域水系、循环水系”的建设理念，聚焦水清河美，贾鲁河综合治理工程、须水河生态水系改造提升项目、新开挖秀水河工程、西流湖综合整治提升工程等生态水系建设项目稳步推进。全年生态建设项目完成投资17.14亿元，占年度投资计划的105.9%。石佛沉砂池至郑州西区生态供水工程、牛口峪引黄工程已全部完工。

园林绿化成效显著。新增绿地431.4万平方米，完成率431.3%。加快推进铁路沿线、生态廊道、绕城高速、高速互通立交及出入口区域绿化，树立“老城区+公园”“新城区公园+”工作理念，加快公园游园建设，新建公园5座、游园40座，创建省级园林单位1个、市级5个、区级25个。

五、着力保障和改善民生，人民对美好生活的向往不断满足

2019年，共完成民生支出34.4亿元，占一般公共预算支出的79.1%。

安置房建设加快推进。全年续建安置房项目38个，开工面积115.28万平方米，封顶面积224.8万平方米，回迁6790人，8644套安置房完成网签。

公共服务水平显著提升。优先发展教育事业，全年教育事业投入达8.4亿元，招聘教师474人，新建中小学4所、建成中小学3所，交付幼儿园7所，新增中小学教学班242个（新增学位11500个），幼儿园教学班72个。全区60所公办中小学全面启动午餐供餐、课后延时服务，覆盖率达100％。城乡居民基本医疗服务和基本公共卫生服务体系建设不断完善。文化事业和文化产业协调发展，文化惠民工程扎实推进，庙沟、白寨、马庄3座遗址生态文化公园基本完成建设，累计举办800余场文化艺术惠民活动。

社会保障体系更加完善。新增城镇就业再就业24671人；认定低保对象1181户、1438人，累计发放低保金1009.6万元、医疗救助金55.9万元。提高住房租赁登记备案率，全年办理住房租赁登记备案3787户，完成公租房分配1113套。制订切实有效的帮扶措施和工作方案，推动卢氏县朱阳关镇、狮子坪乡脱贫工作取得实效，助力卢氏县如期退出贫困县序列。

社会大局和谐稳定。着力推进治理能力和治理体系现代化。深入开展“防风险、除隐患、保平安、迎大庆”专项行动和信访突出问题“百日攻坚化解行动”，圆满完成中华人民共和国成立70周年和第十一届全国少数民族传统体育运动会等时期的安全稳定任务。深化运用新时代“枫桥经验”，建立“和顺中原”一站式多元纠纷化解机制，推动信访形势进一步稳定，首次实现赴京涉访零目标。深入开展“扫黑除恶”专项斗争，坚持扫黑、除恶、治乱、打伞并举，黑恶势力违法犯罪问题得到有效遏制。

六、加强社会主义民主法治建设，生动活泼、安定团结的政治局面得到巩固和发展

大力加强民主政治建设。人大及其常委会坚持依法履行职权，依法

决策重大事项、行使人事任免权、监督权，不断推进决策科学化、民主化。全力支持、配合人大代表就经济高质量发展、城市环境综合整治、民族运动会筹备、环境保护等重点工作开展视察，对代表提出的1件议案132件建议及时交办督办，办结率100%。强化政协党建工作的制度保障，丰富政协党建工作的平台载体，引导政协委员为全区高质量发展、现代产业体系建设、城市有机更新等重点工作建言资政。提高提案办理实效，全年共收到提案210件，立案193件，办结率100%。定期向各民主党派、工商联、无党派人士通报情况，扎实推进非公经济统战、新阶层人士统战工作。深化“中华民族一家亲、同心共筑中国梦”主题活动，促进各民族交往交流交融。贯彻落实党的宗教工作基本方针，切实加强党对宗教工作的领导。加强对群团工作的领导，全力支持工青妇等群团组织依法依章履职。党管武装得到新的加强，“双拥共建”基础更加扎实。持续完善法律顾问制度和公共法律服务体系，全面推行行政执法公示、执法全过程记录、重大执法决定法制审核制度，着力加大政务公开力度，全力推进法治政府建设。积极推进涉企执法监管“负面清单”制度，以良法善治为企业发展提供稳定预期，给各类市场主体更加真实可靠的安全感。

七、推动党的建设高质量，巩固良好政治生态

聚焦党的政治建设。把增强“四个意识”、坚定“四个自信”、做到“两个维护”作为政治建设的首要任务，把政治建设摆在首要位置，以党的政治建设为统领全面推进党的各项建设、推动新的伟大工程建设，确保党始终成为中国特色社会主义事业的坚强领导核心。按照党和政府机构改革部署，逐步完善了党的各个委员会等议事机构工作制度。

聚焦党的思想建设。积极培育和践行社会主义核心价值观，深入开展“党的创新理论万场宣讲进基层”活动，累计宣讲251场，其中宣讲党的十九届四中全会精神142场，主流舆论引导作用得到充分发挥。加强对省委意识形态专项巡视反馈问题的组织领导，积极做好市委专题督

查整改，隆重表彰“中原好人”，弘扬社会正能量，持续开展“扫黄打非”专项整治行动，加大网络舆情监督，防范打击非法宗教活动。

聚焦干部队伍建设。优化干部队伍结构。大力推进关键岗位干部年轻化，组织抽调优秀年轻干部参与全区中心工作，引导年轻干部到项目建设、信访维稳、大气污染防治、农村基层等一线“墩苗”。全年区委常委会研究任免干部3批237人次。加强干部教育培训。严格落实干部外出培训备案审批制度，全区共审核批复27个干部外出培训班次。针对党政正职、中青年干部等培训群体的不同，制定不同的培训方案，全年组织各类培训2500余人次。严格干部监督管理。认真做好干部选任监督，对干部调整进行全方位“体检”，防止干部“带病提拔”。精心组织年度考核，增加党建工作、巡视反馈问题整改等内容，充分发挥考核的“指挥棒”作用。抓好干部谈心谈话、人事档案审核、经济责任审计等工作，组织做好县处级干部个人有关事项年度集中填报工作，推动干部监督管理常态化、规范化、制度化。

聚焦基层党组织建设。大力推行“一征三议两公开”工作法。深入开展区域化党建“立体工程”，落实“资源清单、需求清单、项目清单”，充分调动300余家驻区单位积极融入社区工作，30个社区的党群服务中心由驻区单位无偿提供，全市区域化党建暨共驻共建工作推进会在中原区召开。大力实施乡村振兴战略，持续提升基层党组织组织力，壮大集体经济。实施头雁工程，建立基层党组织带头人动态调整机制，对全区1791名村、社区干部进行审核，及时清退12名；积极推进“乡土人才队伍扩容提质行动”，入库乡土人才227名，其中列入村级后备干部库34名。强化工作保障，研究制定《街道机构改革方案》，推动资源、服务、管理进一步下沉。先后招聘事业编制人员220名。

聚焦党风廉政建设和反腐败斗争。持续保持反腐高压态势，推进“不敢腐、不能腐、不想腐”机制，不断净化政治生态。大力整治“四风”，特别是形式主义、官僚主义问题。对辖区70多家单位开展违反中央八项规定精神专项监督检查5次，通报典型案件1起，给予党纪政务处分2人。开展“8＋1”专项整治行动，采取清单式管理、项目化推进的方式，会议减少 37.5%，文件减少 49%，督查检查考核减少 60%。大力推进区级巡察工作。对 16 个区直单位党组织和 52 个村（社区）党组织开展 3 轮巡察，聚焦“六围绕、一加强”，立案审查 2 人，党纪政务处分 4 人。大力开展警示教育。推进以案促改制度化常态化，组织召开全区拆迁领域、教育系统以案促改警示教育大会，开展廉洁教育活动 187 次。

二七区2019年经济社会发展报告

中共二七区委　二七区人民政府

2019年，二七区高举习近平新时代中国特色社会主义思想伟大旗帜，深入贯彻习近平总书记关于河南工作的重要讲话精神和省、市主要领导调研二七讲话精神，坚持新发展理念和以人民为中心的发展思想，站位郑州建设国家中心城市大局，聚焦“中优”“西美”的功能定位，深入推进“品质二七、田园二七、温暖二七”建设，团结带领全区上下凝心聚力干事业，克难攻坚抓落实，全区经济社会发展和党的建设各项事业迈出新步伐、取得新成绩。

2019年，二七区连续4年荣获“郑州市综合考核工作优秀单位”称号，再次揽获全国“综合实力、投资潜力、创新创业、绿色发展”4个百强区，并实现位次前移；二七特色商业区晋级河南省唯一“五星级服务业两区”，马寨产业集聚区连续两年被评为河南省“二星级产业集聚区”，樱桃沟景区入围“河南省生态特色示范镇”，顺利通过省级文明景区验收；二七区入选“国家知识产权强县工程试点县（区）”，荣获“河南省对外开放工作先进单位”“郑州市产业发展工作先进单位”“郑州市新型城镇化建设先进单位”“郑州市平安建设先进县（市）区”等多项荣誉。

一、以项目建设为抓手，做强经济增长的支撑点

2019年，深入开展“项目建设全面决胜年”行动，经济规模效应、

产业品牌效应、城区辐射效应持续增强。全年地区生产总值完成 754.8 亿元，同比增长 7.4%。全部工业增加值 71.0 亿元，同比增长 12.7%；其中，规模以上工业企业 91 家，完成增加值 40.2 亿元，同比增长 18.6%。全年一般公共预算收入完成 32.71 亿元，同比增长 1.90%；税收收入完成 29.13 亿元，同比下降 0.37%。全年一般公共预算支出完成 45.90 亿元，同比增长 30.14%，一般公共预算收入占全区生产总值的比重达到 4.33%。全年全社会固定资产投资同比增长 5.1%。全年完成社会消费品零售额 547 亿元，同比增长 9.5%。全年全区出口总值完成 11 亿元，同比增长 22.2%；实际利用外商直接投资完成 2.3 亿元，同比增长 4.6%。楼宇（总部）经济全口径税收 14.35 亿元，区级留成 5.44 亿元。全区城镇居民人均可支配收入达到 45133 元，同比增长 7.9%；农村居民人均可支配收入达到 26530 元，同比增长 8.6%。

项目建设再提速。深化“三定四推五落实”项目推进机制，加快运作二七华侨城、凤湖生态休闲区、建业足球小镇等 20 个出彩项目，新开工奥马广场等 38 个重点项目。全区 175 个重大项目完成投资 510 亿元，14 个省重点、19 个市重点项目分别完成投资 264 亿元、152.6 亿元，均超额完成年度目标任务。

招商引资再发力。围绕产业布局优化、产业链条完善，坚持精准招商、靶向招商，开展专项招商活动 13 次，签约尔兰总部港、无尽藏文化创意中心、联东 U 谷科技总部港等重大产业项目 12 个，签约总额 339.1 亿元，为全区产业发展积蓄了强大动能。

要素保障再强化。坚持规划引领，马寨总规修编初步方案编制完成，荆寨红花寺、八卦庙上阎垌等 3 个项目控规获批，孙八砦、贾砦、刘砦二期等 3 个项目修规通过审查；强化土地运作，完成土地收储征收 3370.9 亩，供应 1582 亩；扩宽融资渠道，通过加快土地供应、发行专项债券、争取上级奖补等措施，全年筹措资金 94.5 亿元。

二、以四大片区为主战场，厚植高质量发展的动力源

坚持组团式高质量发展，统筹中心城区“加快复兴”、二七新区“提升品质”、马寨产业集聚区“内涵塑造”、樱桃沟田园区“优化生态”，构建产业为主导、服务业为主体、产城融合的发展动力源，实现全域更高水平、更有效率、更加公平、更可持续发展。特色商业区围绕二七商圈复兴，以“一年见成效、两年大变样、三年成品牌”为节点，聚焦文化复兴、产业复兴、活力复兴及生态复兴，谋划实施 39 项重点工作。金三角、普乐天地、亚细亚等升级改造项目大头落地，二七广场核心区域改造提升、锦尚德化、友谊大厦、二七广场文化中心、华润二期、金博大扩建等“九大节点”项目全面推进，资产整合、资本运作、运营管理体系建设初见成效，形态风貌显著提升，被评为全省唯一“五星级服务业两区”。二七新区围绕打造现代化国际化生态化新城区示范区，聚焦金水河源、新二七中心、医疗养老产业等 3 个核心板块，坚持规划设计、环境打造、基础设施、核心功能先行，全力推进重大项目攻坚，精准开展招商引资，加快补齐基础设施短板，取得积极成效。全年完成固定资产投资 230 亿元，二七华侨城、万科医疗养老产业园等一批重大项目加快推进，侯寨水厂一期、芦河变电站、郑密路污水提升泵站等一批市政设施建成投用，城市功能品质显著提升，连年进入全市“两强”组团新区。马寨产业集聚区围绕“新旧动能转换、产业转型升级”，坚持互联网与实体经济融合发展、二三产业融合发展，加速推进“园中园”、凤湖智能新区建设，灏宇数字包装产业园等一批重大产业项目签约落地。预计全年完成营业收入 245 亿元，区级财政收入超 3 亿元，固定资产投资 55 亿元，社会消费品零售总额 40 亿元，连续两年被评为河南省二星级产业集聚区。樱桃沟景区深入实施全域旅游、美丽乡村战略，大力发展文旅文创、运动休闲、农业观光、研学体验等美丽产业，全力推进城乡接合部综合改造工程，努力打造生态、生产、生活为一体的“西美”先导区。成功入围“河南省特色生态旅游示范镇”，樱桃沟文创艺术村初具规模，

钓鱼沟景区3A创建顺利推进。

三、以城市“双改”为契机，做好“中优”功能的大文章

老旧小区综合改造扎实推进。深化“一领四单”“路院同治”“四联共建”治理模式，突出“一拆五改三增”，14个老旧小区改造试点全部竣工，绿云小区成为亮点品牌。

道路综合改造效果初显。高标准完成淮北街、交通路、华中路等10条道路整治提升，拆除住改商、违法建设、门头等4630处，打造微景观67处，为群众生活营造了良好氛围、创造了更多空间。“三路一园”美丽街区建设加快推进，在第十六届中国标准化论坛城市家具分论坛上，二七区作了美丽街区建设典型发言。淮河路街道“四美街区”建设代表二七区在全市第一次乡镇街道党工委书记工作交流会上发言。

城乡接合部改造全面加强。聚焦“西美”功能，坚持标本兼治、综合治理，统筹推进脏乱差问题整治、基础设施和公共服务完善以及乡村振兴、产业发展、社会治理，大力开展无手续物流园、搅拌站、大货车违规违章运营等专项整治，取缔关停“散乱污”企业30家，美化、绿化裸露黄土6万平方米，清理残垣断壁240处，拆除私搭乱建2.8万平方米，清理垃圾2000余吨。

城市精细化管理持续深化。荣获卫生城市管理红旗单位称号2次、城市精细化管理月考核第一名3次、红旗21面，打造极致、卓越、优秀路段113条，3D斑马线、“雾森系统”等一批特色设计引发媒体好评。积极推进市容“洁化”工程，高标准开展道路清扫保洁，重拳整治沿街建筑立面招牌、占道经营、噪声污染、餐饮油烟、扬尘管控，实现还净于民、还序于民。有序推进生活垃圾分类，覆盖率达到70%以上，超额完成市定任务。积极探索街道城市管理专业化服务，逐步覆盖全区。火车站管委会围绕安全、整洁、有序、文明“四个站区”建设，聚焦市民出行时的痛点、难点、堵点问题，全面优化功能配套、交通秩序、站场

环境、治理体系、服务质量。

城市承载力不断提升。安置房建设加快推进，冯庄、路砦等 4 个安置区顺利回迁，大田垌、坟上等 4 个安置区主体完工，孙八砦、北安置区三期等 5 个项目加快建设，完成安置房网签 9055 套；路网建设快速推进，续建新建市政道路 127 条，渠北路等 30 条道路建成通车，永和路等 10 条道路主体完工，景中路、椰风路两个综合管廊试点项目即将投用；公共基础设施不断完善，新建公厕 51 座、改造提质 88 座；区级大型垃圾分拣中心、10 座垃圾中转站加快建设；新增停车场 38 个、新能源汽车充电桩 509 个、停车泊位 10847 个，建成全省第一条 5G 智慧停车示范街。

四、以生态建设为依托，展现城市“西美”的品质风貌

坚决打好污染防治攻坚战。空气质量进一步改善，空气综合指数 5.92，全市排名第二。$PM_{2.5}$ 累积浓度 58 微克/立方米，优良天数 197 天，均位居全市第一。全面落实河长制，认真开展“三污一净”专项行动，加强水源地保护，整治金水河、熊儿河等河道污染问题 57 处，建成投用生活污水集中处理设施 89 处，建成区内黑臭水全面消除，水环境质量稳中向好。尖岗水库被生态环境部推选为首批“最美水站”。

全力改善生态环境质量。推进 20 个生态项目，完成投资 27.57 亿元，新增绿地 350 万平方米以上。贾鲁河综合治理生态绿化即将完工。大力推进生态隔离带建设，郑西高铁、普铁沿线、过境干线公路沿线、高速互通立交及出入口等涉及我区绿化任务全部完成。高标准建成馨悦园等 5 个综合性游园、40 个微公园，1 个遗址生态文化公园，全区公园（游园）数量增加到 159 个，园林绿化面积 2330 公顷。

五、以改革创新为突破，激发产业升级的新动能

改革红利不断释放。持续深化“放管服”改革，实施行政审批“三

集中三到位”，32 个部门、730 个审批事项进驻大厅，一窗分类受理率达到 97%，最大限度地减事项、减材料、减环节、减时间，努力实现一件事情一次办。深入推进“不见面审批”，搭建自助政务服务平台，让群众在家门口享受便捷高效的 24 小时政务服务。创建“人民帮办”党建品牌，累积帮办 1.98 万次，受益群众 3 万余人，连续三次获得全市营商环境测评县（市）区第一。全区新增市场主体 2.5 万户，总数达到 10.8 万户，市场活力显著增强。深化重点领域改革，农村产权制度改革顺利推进，53 个村启动股份制改革，26 个村成立股份合作社；义务教育管理体制改革扎实推进，10 所市属公办初中顺利交接；党政机构改革稳妥推进，36 个涉改单位队伍平稳过渡、工作平稳开展。

创新驱动不断增强。制定《郑州市二七区创新创业发展规划》等文件，实施“智慧二七”人才工程，引进培育领军人才和高层次紧缺人才 5 人，中原产业创新领军人才 1 人。新增备案科技型企业 84 家，高新企业 21 家，登记各类技术合同 240 件，交易额 3.85 亿元，高质量发展的动能更加强劲。积极培育创新创业载体，成立全省首家区级创新创业联盟，众创空间、星创天地、科技孵化器等双创平台发展壮大。中物军民融合产业园、中原数字经济科创园先后落地，辐射带动作用明显。加大知识产权保护力度，专利申请量和授权量形成量质并举的良好态势，成功入选国家知识产权强县工程试点县（区）。

对外开放不断扩大。持续扩大对外经贸交流，以致欧跨境电商为代表，电子商务逐步壮大。预计全年引进域外境内资金 250 亿元，实际利用外资 2.25 亿美元，均超额完成目标任务，新增备案注册外贸企业 113 家，同比增长 32.9%。

六、以民生改善为目标，打造美好生活的温暖城区

深入实施“温暖二七”建设，聚焦聚力群众关心的热点问题，用心用情用力办好民生实事，群众获得感幸福感安全感更加充实。全区财政民生投入 35.6 亿元，占比 77.7%。

困难群体倍感二七温暖。“温暖二七”成效持续扩大，建立城市精准救助“两提三抓四贴近”工作机制，重点打造了社区综合养老、社区“小厨房”助餐、全民参与“公益＋”慈善工程等五大特色品牌，筹集善款 2.3 亿元，建成各类服务站点 312 个，受益群众 27 万余人。创新建立“慈善＋新零售”社区慈善驿站，打造“造血式”城区慈善新模式，经验被全省刊发推广。全面贯彻落实惠民政策，累计发放各类补贴 5.3 亿元。不断加大对就业困难群体的帮扶力度，创新实施“4050”技能相亲等特色项目，实现城镇新增就业 2.38 万人。住房保障水平不断提升，分配公共租赁住房 3474 套。

公共服务更加优质均衡。新投入使用中小学、幼儿园 15 所，新增优质学位 1.4 万个，48 所中小学实施了午餐配送，优质教育资源覆盖面不断扩大。文体惠民工程加快推进，新建、改扩建综合性文化服务中心 21 个，新建城市书房、图书馆分馆 27 个，健身路径 20 条、社区活动中心 5 个；群众性文化活动丰富多彩，开展各类公益演出、培训活动 370 余场，群众健康幸福指数大幅提升。深入推进家庭医生签约服务，累计签约 35.2 万人，全面开展“优质服务基层行”活动，基层医疗卫生服务能力进一步提升。率先试行政府购买居家养老服务，累计投入 1000 余万元，基本形成了保障基本、适度普惠的服务供给体系。

社会大局持续和谐稳定。落实信访各项制度，到省、去市、来区信访保持“两降一升”的良好态势，信访稳定“十大机制”被省委《内部参阅》刊发。深化平安守护“十大举措”，探索“互联网＋社会治理”，以 1131 个楼院智能门禁系统建设为契机，构建智慧化治安防控体系，全区连续三年发案量保持下降态势。不断加强安全生产、食品药品安全监管，健全完善应急管理体系。

七、以民主法治为保障，巩固安定团结的工作格局

坚持把巩固和发展社会主义民主法治，作为推动各项事业发展的重要保障，充分发挥党总揽全局、协调各方的领导核心作用，坚持党的领

导、人民当家做主、依法治区有机结合，更好地凝聚共识、促进和谐、推动出彩。全力支持人大依法履行职权，区人大及其常委会聚焦全区经济高质量发展、“双改”工作、项目建设等全区中心工作，积极开展视察、专题询问、专项工作评议等活动，开展各类视察 19 次，作出决议决定 12 项，依法任免地方国家机关工作人员 36 人次，有力推动了区委重大决策落地落实。全力支持政协履行政治协商、民主监督、参政议政职能，区政协及其常委会主动服务全区工作大局，聚焦改革发展的重要问题，深入调查研究、积极建言献策，收集意见建议 155 件，形成提案 120 件，开展专题视察调研 15 次，形成报告 14 篇。深入推进全面依法治区，围绕科学立法、严格执法、公正司法、全民守法，加快建设法治政府和阳光政府，深化司法体制改革，扎实开展“七五”普法，推进各项工作规范化、法治化。全力支持“一府两院”依法行政、公正司法，区法院“基本破解执行难”工作位居全市前列，区检察院荣获河南省人民满意的政法单位荣誉称号。巩固发展最广泛的爱国统一战线，全面落实民族、宗教、侨务、对台等政策，最大限度凝聚发展合力。全面加强党对群团工作的领导，持续深化群团改革，工会、共青团、妇联、科协、工商联、残联等群团组织的桥梁纽带作用得到充分发挥。党管武装得到新的加强，双拥共建基础更加扎实，在全市率先完成“一中心两站”退役军人服务保障体系建设，代表郑州市迎接创建“全国双拥模范城”调研考评。

八、以党的建设为引领，营造风清气正的干事氛围

大力实施“基层党建巩固深化年”“作风建设纵深推进年”行动，着力加强党员干部政治、思想、能力、作风建设，推动全面从严治党向纵深发展。

严守意识形态主阵地。落实意识形态工作责任制，召开意识形态专题、联席会议 7 次，制定《二七区防范化解意识形态领域风险工作方案》，全面加强意识形态、宗教事务风险防范化解。创新专项巡察，对 125 个村（社区）意识形态工作进行专项巡察，确保责任压实落细。强

化正面宣传，讲好二七故事，唱响主旋律，各级各类媒体刊发稿件1万余篇，“二七发布”公众号发稿阅读量达100万人次。大力弘扬社会主义核心价值观，评选各类好人20人，建立志愿服务队伍540支、人数14万余人。加强阵地管控，完善网络舆情监测、报告、处置机制，确保第一时间处理到位。全市“扫黄打非”基层站点规范化标准化建设现场观摩会在二七区召开。

建强党员干部队伍。以机构改革为契机，选优配强干部队伍，树牢“两德三注重”的干部选用导向，乡镇（街道）干部提拔重用的总体占比达60%以上。扎实开展不担当不作为问题专项整治，中组部《组工信息》刊发二七区的做法。抽调干部参加“双改”、大气污染防治等重点任务，推动中心工作落实。建立完善干部档案管理信息系统、干部信息管理系统和年轻干部数据库，推进干部工作信息化建设。举办城市精细化管理品质提升、社会治理创新、防范化解重大风险等专题研修班42期，培训干部2700余名。扎实开展干部谈心谈话、人事档案审核、个人信息采集、经济责任审计等工作，定期召开干部监督联席会，运用提醒、函询和诫勉等方式，强化党员干部警示。严格党员教育管理，持续开展“万名党员进党校”活动，1.9万名党员干部接受专题党性教育。组建党员教育管理“模拟课堂”宣讲团，为基层党员现场模拟规范化的党内组织生活模式。

夯实打牢基层基础。把抓基层打基础作为长远之计和固本之举，制定《二七区“基层党建巩固深化年”行动实施方案》，持续推进党支部标准化规范化建设。实施村（社区）阵地达标提升计划，协调公共单位、村级集体用房2.7万平方米，用于党建阵地提升，建成全市首家组织力实践中心，完成13家党群服务中心亲民化社区改造，创建达标16个升级规范化社区，祥和、绿云、铁道家园3个社区被命名为全市首批示范社区。严格落实“三级抓村”工作责任，大力开展软弱涣散基层党组织整顿，3个村级软弱涣散党组织和7大类巡察问题全部整改到位。扎实开展基层减负年活动，制定下发《关于解决形式主义突出问题为基层减负的六项措施》，明确文件“十不发”、会议“十不开”和督查考核“十不得”负面清单，确保基层减负落地落实。持续深化非公党建“提质扩面”工程，成功打造亚新“红色物业”等4个党建示范点。“一领四单”基层社会治理模式荣获2019年全国创新社会治理典型优秀案例。全市“红色物业”党建观摩推进会、社区治理工作推进会在二七区召开。

全力营造干事环境。严肃执纪问责，把力戒形式主义、官僚主义作为“作风建设纵深推进年”行动的重要内容，持续开展“四风”问题专项整治，对27家单位、39名人员进行了通报曝光，7人因违反中央八项规定精神被处理。坚持无禁区、全覆盖、零容忍，创新建立“一问二查三到位”工作机制，处理问题线索315件，立案83件134人、结案70件85人；实施留置措施11人，移交司法10人。精准运用监督执纪“四种形态”处理472人次，第一种形态占78.4%，实现由惩治极少数向管住大多数拓展。常态化推进以案促改，以剖析反面典型案例为抓手，开展警示教育、“廉洁教育村村行”活动107场，受教育党员干部2.1万人。坚定不移深化政治巡察，全年巡察党组织138个，对5家单位开展“回头看”，共发现“三大问题”1674个，立案12件，党纪政务处分3人。

金水区 2019 年经济社会发展报告

金水区人民政府

2019 年，金水区坚持以习近平新时代中国特色社会主义思想为指导，紧盯“实现领跑中部城区发展、打造高品质现代化城区”战略方向，不忘初心、砥砺奋进，顺利完成了区十三届人大四次会议确定的目标任务。

一、领跑之势在内涵提质增长中全面巩固

经济实力持续攀升。初步核算，2019 年，全区实现地区生产总值 1752.5 亿元，同比增长 6.7%；地方一般公共预算收入增长 7.1%，达到 65.8 亿元，其中税收占比达 94.5%；社会消费品零售总额增长 5%，固定资产投资增长 7.2%，城镇居民人均可支配收入和农村居民人均可支配收入分别增长 7.8%和 8.5%，达到 49601 元和 28224 元；综合经济实力稳居中部城区前列。

产业结构迈向高端。世界 500 强思爱普等知名企业相继落户，新认定市级总部企业 6 家，占全市增量的三分之一强。信息安全产业纳入全省新兴战略性五大产业集群，共享生态科技产业智能制造、智能物流和智能服务三大模块形成体系，软件和信息技术、互联网服务等行业营业收入增速分别达到 23.6%、10.5%。农科路酒吧休闲一条街晋升国家级

特色商业街，税收超亿元楼宇达到 12 幢，现代服务业增加值突破 1100 亿元。

园区经济挺立潮头。金水科教园区进入国家大数据（河南）综合试验区核心区建设范围，中部网络安全产业园顺利落户，创新活跃的科技企业突破 600 家。河南科技园区搬迁改造全面启动，智汇城顺利开业运营，主营业务收入和税收双双实现两位数增长。国家知识产权创意产业试点园区新入驻今日头条、百度百家号等知识产权服务、新媒体文创企业 37 家，推动专利申请量达到 13558 件，成功获批国家知识产权强县工程示范县（区）。

二、动力之源在改革创新引领中加速成型

涉企服务越改越优。深入推进“放管服”改革，全面推行政务服务周末“不打烊”，工程建设项目区级审批时限控制到 13 个工作日，企业开办时间缩短至 2 个工作日，366 个事项实现“最多跑一次”。深入开展走访企业服务活动，帮助企业争取各类扶持资金 2.8 亿元、融资近 40 亿元；新登记市场主体 4.6 万户，总量达到 22.5 万户，占全市的近五分之一；鑫苑服务在香港交易所上市，全省首颗卫星“国智恒好年景中原金水一号”成功发射。

开放大门越开越大。金水自贸区块开发模式和规划方案基本确定，进入开发建设新阶段；在全省率先出台企业集群注册办法，搭建中欧、中俄自由贸易合作平台，布局 21 个境外办事处和 10 万平方米海外仓，初步构建“海外园区＋境外办事处＋海外仓”的海外运营体系。新引进亿元以上项目 20 个，其中 10 亿元以上项目 14 个，招商引资实现了从“数量规模”向“质量结构”的重大转变。

创新动能越聚越强。突出自创区建设带动，新认定高新技术企业 137 家、科技型企业 371 家，总量分别达到 351 家和 1302 家，占全市的 17.1％和 21.3％。新增国家级孵化器 2 个、院士工作站 3 个、市级以上工程技术研究中心 28 家，推动 23 家中小企业成为“专精特新”企业。

新引进高层次人才21人，新增技术交易机构60家，实现登记技术合同成交额16.4亿元，为全市最高。

三、品质之区在精建细管严治中逐渐彰显

城区建设深入推进。庙李等5个项目安置房顺利分房，新回迁群众1.4万人；完成土地出让2544亩，再创供地量新高；新网签安置房9261套，并成功为琉璃寺、白庙等安置房项目办理不动产证。新建成道路19条、公厕32座，改造提升道路75条，增加公共停车泊位1.8万个，率先在全市设置限时免费停车泊位，群众出行更顺畅、生活更舒心。

城区更新有序实施。以服务保障全国民族运动会为契机，深入推进“三项工程、一项管理”，将道路、楼院和街区联动整治，推进线缆入地5.2万米，依法拆除违法建设30.9万平方米，顺利改造老旧小区79个，实施楼体夜景亮化238栋，打造优秀以上路段218条，“可阅读、可流传、可观赏”的精品街景成为金水靓丽风景线，让群众真切感受到了看得见、摸得着的改善和变化。

城区环境不断优化。坚持“治”“建”并举，贾鲁湖湿地初具规模，马渡污水处理站建成投用，40台锅炉完成综合改造，45个公园游园建成开放，162处区管工地全部纳入“八个百分之百”动态管理，214.5万平方米绿地扮靓城区，空气优良率位居全市第二，公园绿地服务盲区基本消除，建成区全面消除黑臭水体，辖区群众乐享更加清爽、舒适的生活环境。

四、幸福之城在共建共治共享中持续提升

民生保障精准落地。深刻践行以人民为中心的发展思想，民生领域投入达到52.4亿元、增长6.7%，占一般公共预算支出的74.6%。开展技能培训和创业辅导5096人次，发放创业担保贷款1.93亿元，新增就业再就业29556人。新建保障性住房3663套、基本建成7230套，完成

公租房实物配租 847 户。新建社区居家养老服务站 11 个，总医院南区医养结合项目顺利投用，养老服务、残疾人精准康复等专业社工服务全面展开。

公共服务优质均衡。新投用学校 6 所，新增普惠性幼儿园 16 所，扩充优质学位 11610 个；艺术小学等 4 所学校入选第一批省中小学数字校园标杆校；金水健儿在跳绳世界杯、世界荷球锦标赛中获得优异成绩，国家体育总局发来贺信。标准化改造社区卫生服务机构 5 家，家庭医生签约服务居民 61.35 万人。新建党群服务中心 3 个、城市书房 4 个，成功举办“我和我的祖国”群众性主题宣传教育等文化活动，以激扬风采献礼祖国 70 华诞。

社会治理高效有序。严格落实安全生产责任制，成立 14 个专业委员会，建成 34 座微型消防站，应急处置能力和安全监管水平持续提升。突出食品安全标准化建设，8264 家餐饮服务单位建成“互联网＋明厨亮灶”，2.9 万余家食品经营单位达到 6S 标准。统筹推进社会矛盾化解，持续推进“扫黑除恶”专项斗争，免费为无主管楼院加装智能化安防系统，群众安全感、满意度明显提升。同时，国防动员、人民防空、民兵预备役、退役军人事务、双拥共建、地方史志和脱贫攻坚结对帮扶等工作都取得新成绩。

2019 年，金水区编制实施高质量发展三年行动计划，在全市打造国家高质量发展区域增长极中找准了新方位。深入开展“不忘初心、牢记使命”主题教育，扎实推进“解民忧、纾民困、暖民心”行动，集中解决 681 项群众关心关注的热点难点问题。以项目化、台账式坚决落实上级党委政府决策部署和区人大及其常委会决议决定，318 件人大代表建议和政协委员提案顺利办结，经济总量占全市的比重同比提高 1.5 个百分点，接连入选中国综合竞争力百强区和中国创新百强区。

管城回族区2019年经济社会发展报告

管城回族区人民政府

2019年，管城回族区坚持以习近平新时代中国特色社会主义思想为指导，深入贯彻习近平总书记关于河南工作的重要讲话和批示指示精神，认真落实中央及省委、市委各项决策部署，积极融入国家中心城市建设大局，紧紧围绕"古都新生"总体目标，扎实践行"一四四"发展思路，团结带领广大干群凝心聚力、担当实干，以党的建设高质量推动经济社会发展高质量，各项工作有力有序有效推进，改革发展稳定各项事业展现新气象、开创新局面。

一、稳增长、调结构，发展质量持续提升

坚持把稳增长摆在首位，清醒认识形势、牢牢抓住机遇，统筹推进稳增长、促改革、调结构、惠民生、防风险、保稳定各项工作，全区经济发展质量效益稳中向好。

主要经济指标运行平稳。坚持"稳中求进"总基调，准确把握宏观经济形势，精准研判、妥善应对经济领域可能出现的风险，推动经济高质量发展不断迈上新台阶。2019年地区生产总值同比增长6.6%；固定资产投资同比增长10.2%；社会消费品零售总额同比增长10.1%；一般公共预算收入在大幅减税降费的情况下，完成29.6亿元，经济发展质量

和效益不断提升。

产业转型升级提质增效。产业结构持续优化。第三产业增加值完成494.8亿元，同比增长8.1%。三次产业比重由上年同期的0.1∶22.1∶77.8调整为0.1∶24.3∶75.6，第三产业法人单位达到近3万家，服务业成为推动全区经济增长的重要动力。政策保障更加完善。制定《管城回族区产业兴区三年行动计划》，严格落实“1+7”产业扶持政策，对符合政策的43家企业（项目、单位）进行资金扶持，投入资金1087万元，为全区产业发展保驾护航。项目建设支撑有力。全年全区236个重大项目完成投资790.2亿元，占年度计划的106.3%；38个重大精品项目完成投资259.2亿元，占年度计划的110.9%；28个省市重点项目完成投资337.5亿元，占年度计划的106%；开工率、审批率均达到100%，超额完成市定目标任务。

开放创新水平持续提升。招商引资成果丰硕。新签约日本7-Eleven河南区域总部、唯品会杉杉购物中心、光明食品华中地区总部等重点项目22个，签约总额282亿元，圆满完成年度目标任务；全年引进境内域外资金138亿元，占年度目标104.5%。政务服务持续优化。项目审批时限压缩至74个工作日内，企业开办注册2.5天完成；政务服务网实现三级全覆盖，政务服务事项网上可办率超过95%，“最多跑一次”事项达到581项，112项高频事项全年无休办理，“综合满意度”市内五区排名第一。创新驱动深入实施。实施科技型企业和高新技术企业“双倍增”计划，新增科技型企业84家；全社会研发投入达到23.5亿元，投入强度高出郑州市4.3个百分点，高新技术产业增加值超60.5亿元。

二、优规划、重建管，城乡面貌焕然一新

围绕提高城市综合承载力和环境品质，统筹抓好老城有机更新和新城拓建提升，切实走好以人为核心的新型城镇化路子。

新型城镇化建设稳步推进。聚焦打造区域经济核心增长区的目标，聘请顶尖设计团队，高品质启动商代王城遗址、金岱科创、新火车站三

大板块规划编制；开工 33 个安置房建设项目，开工面积 999 万平方米，十里铺、苏庄八郎寨安置区已实现回迁，完成网签 9162 套；完成土地收储 3533 亩，供应建设用地 3679 亩，涉及土地出让金 111.6 亿元。

基础设施建设扎实有序。豫兴路、振兴东路等 37 条道路加快建设，霞飞西路、江诚路等 9 条道路完工通车；完成支路提升改造 30 条、大中修道路 21 条、小修道路 134 条、架空线缆改造道路 27 条；新建改建公厕 60 座、环卫中转站 7 座；生活垃圾分拣中心项目、百吨级厨余垃圾处置设施改建项目基本完工，全区生活垃圾分类覆盖率超 75%；新增停车泊位 8023 个，建成 4 条智慧停车示范街；南曹污水处理厂规划已批复，明珠、刘湾等 4 座变电站开工建设。

城市人居环境持续改善。配合郑州市做好第十一届全国少数民族传统体育运动会服务保障工作，荣立省级集体二等功。深入落实郑州市改进城市管理与改善人居环境工作部署，扎实开展“三项工程、一项管理”，统筹推进“整街坊靓化”“消棚去危”，启动老旧小区改造项目 235 个，总投资达到 5.48 亿元，打造的清真寺街等一批精品街区，受到辖区群众广泛好评；常态化开展“序化、洁化、绿化、亮化”整治，打造“千百十”优秀路段 111 条，前三季度城市精细化管理工作市内八区第一名，两个办事处被评为郑州市红旗办事处。

三、重民主、聚共识，政治局面安定团结

坚持把发展社会主义民主法治作为推动各项事业发展的重要保障，坚持党的领导、人民当家做主、依法治区有机统一，更好地凝聚共识、推动发展、促进和谐。

人大、政协依法履职。区人大及其常委会依法行使监督、决定、任免等职权，紧紧围绕“一四四”发展思路和工作部署，结合经济高质量发展、扩大对外开放、城市环境综合整治提升等重点工作，积极开展视察、专题调研、专项工作评议、执法检查活动，依法依规做出决议、决定 22 项，任免地方国家机关工作人员 26 人次、法律职务人员 248 人次，

对代表提出的125件建议及时交办督办，促进了相关工作有效开展。区政协及其常委会主动服务全区工作大局，引导广大政协委员积极参政议政、建言献策，提交提案220件。围绕生态建设、城市精细化管理等开展专题议政，围绕十一届全国少数民族运动会筹办、依法治区等工作深入开展民主监督和视察调研活动，较好地发挥了职能作用。

巩固发展最广泛的爱国统一战线。始终牢牢把握大团结大联合主题，定期向各民主党派、工商联和无党派人士通报经济社会发展情况，听取意见建议。始终高举民族大团结旗帜，深化“中华民族一家亲、同心共筑中国梦”主题活动，促进各民族交往交流交融，再次荣获全国民族团结进步模范集体称号。扎实推进新阶层人士统战工作，“兴达·同心楼宇”获批全国新社会阶层人士统战工作实践创新基地第三批重点项目。港澳台侨和海外联络工作进一步加强。党对群团工作的领导进一步加强，群团改革持续深化，群团组织的桥梁纽带作用得到充分发挥；党管武装得到新加强，双拥共建基础更加扎实。

深入推进全面依法治区。高规格成立全面依法治区委员会办公室和立法、执法、司法、守法普法等4个协调小组，围绕科学立法、严格执法、公正司法、全民守法，全面完善法制建设责任制体系和工作机制，深入开展以宪法宣传为重点的法治宣传教育，被评为河南省“七五”普法中期先进区。深化“枫桥经验”，进一步完善社会矛盾纠纷排查化解和安全防范体制机制，严格落实领导接访下访制度，圆满完成各项工作。

坚决抓好风险防范攻坚。坚持底线思维、增强忧患意识，密切关注、积极化解非法集资、问题楼盘等突出问题，依法严厉打击各类违法违规金融活动，切实抓好政府债务防控，统筹做好安全生产、食品药品安全监管等工作，做到守土有责、守土尽责。列入郑州市台账的29起非法集资案件，已销号7起，兑付资金74亿元，兑付比例71%；省交办问题楼盘5个，已化解4个，化解率80%；区政府综合债务率、一般债务率和专项债务率均低于预警线，隐性债务风险等级评定结果为绿色安全等级。

扎实推进扫黑除恶专项斗争。围绕“深挖彻查、打伞破网”的总目标，层层发动宣传，依法严厉打击，共审结涉恶案件18起，涉案人员79

人。制定《创建扫黑除恶“排头兵”工作方案》，中央扫黑除恶督导组交办问题线索已全部办结；通过其他途径接收问题线索 22 件，已查结 20 件。

四、把方向、聚合力，思想阵地更加牢固

主动承担举旗帜、聚民心、育新人、兴文化、展形象的使命任务，坚持正确政治方向，全力推动宣传思想工作不断强起来。

扛稳抓牢主体责任。牢牢把握意识形态工作领导权，带头落实意识形态工作责任制，召开意识形态联席会议 4 次，研究通报意识形态领域工作 10 次、听取专题汇报 3 次，建立《管城回族区意识形态工作责任制考核体系》，印发《管城回族区防范化解意识形态领域风险工作方案》，对南曹街道等 10 家单位工作落实情况开展专项检查。深入落实上级意识形态工作专项巡视巡察反馈意见整改，省委巡视组反馈的 4 大项 12 小项问题均已整改完毕，整改率 100%。

巩固主流意识形态。围绕培育和践行社会主义核心价值观，将传播主流价值与丰富群众文化生活相结合，开展主题活动 900 余场，广泛凝聚社会共识，让核心价值观入耳、入脑、入心。建成 6 座“城市书房”以及管城博物馆等文化场馆，基层公共文化服务体系更加完善。围绕实现“古都新生”总体目标、落实“中优、南动”城市功能布局等中心工作，制作《千年商都 芳华再现》商都历史文化区主题画册、《管城回族区“一四四”发展规划》宣传片等一批具有管城特色的外宣品，利用“两台一报”“两微一网”宣传平台，展示管城形象，讲好管城故事，网上网下商都“好声音”不断壮大。

依法规范宗教事务。大力弘扬和践行社会主义核心价值观，积极培育中华民族共同体意识；引导宗教界人士用中国优秀传统文化推进宗教发展；健全宗教工作“三级网络两级责任制”，依法规范宗教活动场所、人员和资金。

五、强治理、重保护，生态环境明显改善

全面践行习近平生态文明思想，牢固树立“绿水青山就是金山银山”理念，持续推进生态环境保护工作深化、细化、常态化。

大气环境持续改善。持续深化涉气企业整治，实现“散乱污”企业动态清零；大力开展重型车辆污染治理，全年抽检重型车辆 8270 辆，对于 269 辆不合格车辆，严格依法进行处罚；严格落实“8 个 100%”要求，推动大气污染综合治理常态化、长效化。2019 年，全区优良天数 164 天，市内八区（开发区）排名第三；PM_{10} 年均浓度 101 微克/立方米；$PM_{2.5}$ 年均浓度 57 微克/立方米，市内八区（开发区）排名第一。

国土绿化扎实开展。32 个生态项目完成投资 16.4 亿元，新增绿化面积 265 万平方米，建成小微公园、游园 43 个，全区人均公园绿地面积超 12 平方米；在全省国土增绿专项行动中率先启动铁路拆违，创新实施 EPC 模式，高标准完成市定目标任务，获评郑州市生态建设优秀单位，陇秀园被央视《新闻联播》报道。

水生态建设成效显著。坚持“四水同治”“五河共建”，以“四河两库一渠”为重点，全面落实“河长制”，统筹推进辖区 4 条河流水质监测、水体整治工作。十七里河、十八里河 2 条河流水质为Ⅲ类，达到郑州市水质改善目标，获评郑州市“河长制”工作优秀单位。

六、惠民生、促和谐，群众福祉日益增进

坚持以人民为中心的发展思想，以“钉钉子”精神解决好事关群众切身利益的热点难点问题。2019 年，民生领域支出完成 32.1 亿元，占一般公共预算支出的 72.32%。全区新增城镇就业和农村劳动力转移就业均超额完成目标任务。立足人民满意的“美好教育”，新建、续建霞飞路中学等中小学校 16 所，新增公办幼儿园 10 所，7 所市级中学顺利交接，引进教师 342 名，青山路小学等 3 所学校投入使用。持续深化基层医疗服

务能力倍增工程，建成区疾控中心1家、健康管理服务中心4家、健康管理小屋11个，北下街社区卫生服务中心被选定为全省唯一一家“中国社区卫生协会培训基地”。建成区级中心养老院1个、老年人日间照料中心19个，医疗养老保险应保尽保，各项社会保障覆盖面持续扩大，人民群众的幸福感、获得感进一步增强。持续深化与卢氏县双槐树乡的结对帮扶工作，划拨财政资金817万元，组织健康义诊、教育帮扶等系列活动，建成食用菌基地项目1个，为当地群众解决了一批生产生活中的实际困难，为双槐树乡脱贫“摘帽”做出了积极贡献。

七、担主责、抓主业，党的建设高质量发展

以“不忘初心、牢记使命”主题教育为载体，以推进省委巡视整改为契机，认真履行全面从严治党主体责任，在打牢基础、补齐短板、创新提升上下功夫，全面推进党的建设高质量发展。

把党的政治建设摆在首位。认真落实《中共中央关于加强党的政治建设的意见》，将“两个维护”作为最根本的政治任务，始终在思想上政治上行动上同以习近平同志为核心的党中央保持高度一致，做到党中央提倡的坚决响应、党中央决定的坚决执行、党中央禁止的坚决不做，确保政令畅通、令行禁止；严格落实《重大事项请示报告条例》，及时如实地向市委请示报告工作、反映情况；认真贯彻《中国共产党地方委员会工作条例》和《党组工作条例》，充分发挥党委统揽全局、协调各方的领导核心作用，有效调动各方面积极性，推动中央和省委、市委各项决策部署在管城落地落细落实。

织密建强党的组织体系。强化基础保障。投入3500万元用于阵地改造升级，新建、改扩建党群服务中心14个；高规格打造2600平方米的党性教育阵地“党员初心馆”，接待各级党员干部2000余人次；建立党务工作者职业化体系，实现全区社区专职党务工作者全覆盖，使党群服务更有底气、更有质量、更有内涵。聚焦重点领域。持续开展软弱涣散基层党组织整顿，“一村一策”制定方案，县级干部联系分包，区直单位

结对帮扶，2个软弱涣散村顺利“摘帽”；发挥圆方非公党建学院示范带动作用，开展非公党建“321”工程，成功举办非公党建高峰论坛。党建引领创新。实施“1+6党建领航工程”，在265个楼院小区探索实施“红色物业”，构建居委会、物业公司、业主委员会“三方联动”治理格局。2019年4月，管城回族区作为全省城市区代表，在省委基层基础工作大会上作经验交流。

着力打造过硬干部队伍。严格落实新时代好干部标准，倡树在急难险重岗位、经济社会发展一线选人用人的鲜明导向，以机构改革为契机，选任科级领导干部225名，配齐配强36家党政机构的领导班子，有效激发了干部队伍活力。加强干部培训力度，累计培训干部70班次、5500余人次，重点办好科级党政正职综合素能提升研修班、“支部书记大轮训”，全面提升基层党员干部党性修养和履职能力。实施农村（社区）“两委”干部和监委会成员区级“联审”制度，抓实“选育管用调”各个环节，把村党组织书记“领头雁”选优配强、严管用好。完善驻村第一书记和工作队员派驻长效机制，推进乡土人才联络与回归工作，将64名农村后备干部和26名乡土人才纳入后备干部队伍库。

惠济区2019年经济社会发展报告

惠济区人民政府

2019年，惠济区高举习近平新时代中国特色社会主义思想伟大旗帜，站位郑州国家中心城市建设，抢抓黄河流域生态保护和高质量发展国家战略的重大历史机遇，坚持新发展理念，统筹推进稳增长、调结构、促改革、惠民生、防风险等工作，高处谋势，实处落子，“一核三带六园”空间布局加速构建，“四城联建”迈出坚实步伐，较好地完成了区三届人大四次会议确定的主要目标任务，获评河南省民族团结进步创建示范区、郑州市新型城镇化建设先进集体、依法行政工作先进集体、“七五”普法中期先进集体、大气污染防治工作优秀单位等荣誉称号，全区高质量发展进入崭新境界。

综合实力持续增强。地区生产总值完成278.2亿元，同比增长6.5%；固定资产投资增长10.4%，增速居全市第一；地方财政一般公共预算收入完成22.52亿元，增长3.65%，居六区第二。其中，税收占比为85.36%；规模以上工业增加值增长7.1%，居全市第二；城镇居民人均可支配收入完成36479元，增长8.1%，居全市第一；农村居民人均可支配收入完成27597元，增长8.6%。地区生产总值、地方财政一般公共预算收入提前完成“十三五”规划目标任务，区域经济“稳”的态势在延续，“进”的力度在加大。

地位形象显著提升。黄河流域生态保护和高质量发展号角吹响，惠济站在了落实重大国家战略的第一线、最前沿。高水平完成第十一届全国少数民族传统体育运动会内蒙古代表团服务保障工作，秋千、珍珠球、表演 3 个项目和民族大联欢活动在我区顺利举行，荣获省级集体二等功。2020 年央视春节联欢晚会郑州分会场、首届黄河音乐节在我区成功举办，惠济的知名度、美誉度、影响力进一步扩大。

发展势能蓄积壮大。宜家家居、中国交建等世界五百强企业惠济项目分别正式营业、顺利入驻；诺贝尔奖获得者科技创新中心建成投用，汇聚国际先进医疗技术的交流互动平台成功搭建；三全、思念荣登"2019 中国品牌价值评价榜"、入选年度河南省民营企业百强；新增中原股交中心交易板挂牌企业 4 家、展示板挂牌企业 71 家，产业发展向更加高端方向迈进。

民生保障更加有力。完成民生支出 18.37 亿元，占财政一般公共预算支出的 75.42%，增长 16.91%。新建社区健身活动中心 3 个、日间照料中心 6 家，新增苏宁小店 7 家、金融网点 8 家、批零住餐企业 14 家，群众生活更加便利。加快建设"美好教育"，中小学午餐供应比例达 52%，超额完成市定目标。公立医院全部取消医用耗材加成；在全市率先启动脑卒中筛查，完成妇女及新生儿免费筛查 1.4 万人；家庭医生签约人口 18.25 万人，签约率 61.2%，群众关心的热点难点问题加快破解。

一、主动融入重大国家战略，区域协调发展纵深推进

坚持把推进黄河流域生态保护和高质量发展作为政治之责、发展之要，主动融入黄河流域生态保护和高质量发展核心示范区建设，做好生态保护、产业布局、文化传承等融合发展文章。

黄河滩区生态治理成效显著。扎实开展"大棚房"整治、"绿盾行动"、饮用水水源地生态环境保护、黄河湿地保护、"两违"整治"五大行动"，2019 年拆除违章设施 17.24 万平方米、拆除硬化地坪 22.6 万平方米，累计拆除违章设施 120 余万平方米，清运垃圾 40 万立方米，清理整治大棚房 9 处（违规设施 318 个）、违建别墅 230 栋，黄河滩区乱象得

到有效治理，受到国家相关部委及省市主要领导充分肯定。

高标准启动沿黄区域发展规划建设。先后邀请北京土人、清华同衡、深圳奥雅等国内外知名团队，对沿黄和大运河片区的滩地公园慢行系统、产业布局，以及东风渠生态景观带、沿黄13个村庄“美丽乡村”等进行设计。中原高科技花卉博览园等一批重大产业项目相继开工，沿黄区域高质量发展的基础更加夯实。

黄河历史文化主地标加快打造。荥泽古城土地一级开发整理顺利推进，区域开发主体确定；大运河国家文化公园一期谋划建设取得重大成果，“黄河澄泥砚”“黄河澄泥砖雕”列入省级非物质文化遗产名录，黄河文化公园、黄河博物馆新晋成为旅游热点。

二、着力构建现代产业体系，高质量发展态势更强劲

把准发展大势，保持发展定力，坚持走好高质量发展之路。

重点项目加快建设。月湖广场投入运营，13个省市重点项目超额完成年度投资目标，区级在建重点项目达到89个，成为经济增长的重要引擎。

特色产业提质增效。郑州运河遗址博物馆一期完工，纪信庙、古荥汉代冶铁遗址博物馆纳入“郑州黄河文化旅游融合发展协作体”特色线路，艺贸国际仓获评“郑州市最具发展潜力旅游特色示范街区”。建筑业总部基地一期完成选址，引进一级总承包资质建筑企业3家，建筑业产值完成185亿元，增长18.5%。

创新驱动发展战略深入实施。成功举办惠济区创新创业成果展、“郑创汇”国际创新创业大赛、第二届中国河南招才引智创新发展大会有机农业发展国际论坛等活动。引进培育“智汇·郑州1125聚才计划”项目4个，新增院士工作站2家，国家高新技术企业9家、郑州市科技型企业25家，国家级众创空间2家、省级科技企业孵化器1家，省级研发平台5个、“专精特新”企业7家。

三、统筹推进生态环境建设，绿色发展的底色更靓

坚持生态优先、绿色发展，落实“重在保护、要在治理”要求，生态环境品质再上新台阶。

污染攻坚扎实有力。散乱污、散煤、散尘等污染源综合治理扎实推进，中央、省、市环保督察转办问题全部办结，岗李水库国控点 6 项污染物指标全部下降，空气质量综合指数为 5.67，同期消减 6.13%，PM_{10}、$PM_{2.5}$ 年均浓度分别下降 2.9%、4.9%，空气质量持续改善。认真落实“河长制”，扎实开展“三污一净”专项整治，建成农村污水处理设施 8 座；鸿运路污水管道工程完工，五龙口支沟截污工程加快建设；清理河沟渠底淤泥 1.7 万吨，封堵排污口 55 处，整改污水私排雨水管涵 23 处，集中式饮用水水源地水质达标率达 98%以上。强化土壤污染治理，核查疑似污染地块 5 块，排查重点行业企业 3 家，坚决扼守土壤环境质量底线。

国土绿化质高效优。将园林绿化与城市美化有机融合，高标准实施铁路沿线、生态廊道、过境干线公路、高速互通立交及出入口区域绿化，建成公园游园 43 个，打造微景观 76 处，连通提质绿道 31.78 公里，新增绿地 380 万平方米；古树苑及其周边绿化提升，青少年公园建设扎实推进；完成国土绿化 1.17 万亩，为市定任务的 4.8 倍。

生态水系加速建设。贾鲁河综合治理蓝线工程基本完工，索须河花王桥至祥云寺段生态提升工程绿化完毕，索须河汇合口上游至弓寨大桥段生态提升工程可研报告编制完成。金洼干沟、张牛支沟、石苏干沟综合治理有序实施，新增水域面积 80 万平方米，水域总面积达到 1880 万平方米。

四、全面加强城市建设管理，人居环境更具品质

围绕城市环境“整洁、有序、舒适、愉悦”目标，大力开展“三项

工程、一项管理”工作，城市建管水平持续提升。

交通体系更顺畅。重点推进176条市政道路建设，建成31条，新增通车里程25公里。三全路西延、长兴北路等重点道路打通加快推进；地铁2号线二期通车运营，地铁3号线一期、4号线、四环线及大河路快速化工程稳步推进。京水东路、迎宾东路综合管廊竣工；整修道路9条，建成公交场站2个，新建公共停车场11处、停车泊位4746个，超额完成市定任务。

城市建设更优质。弓庄等7个项目，122万平方米安置房开工；完成网签9086套、92万平方米，固城等3个项目回迁群众1.12万人。中华园等4个老旧小区完成改造提升，天秀南院等6个小区，16.1万平方米建筑节能改造完工。新建5G信号基站556个，110千伏金洼输变电站主体完工，220千伏大河输变电站等7座输变电站，桥南水厂、古荥水厂、北郊热源厂等工程建设扎实推进。

城市管理更精细。以“序化、洁化、绿化、亮化”为目标优化城市精细化管理，深入推进“路长制”市容市貌大提升活动，高标准完成江山路改造提升，打造市级红旗办事处1个、优秀红旗路段16条、优秀路段29条、卓越路段1条，“路队五色马甲”管理模式在全市推广；整治门头匾额2580处，拔除影响道路通行线杆90余基，亮化楼宇156栋，“迎民族盛会、庆七十华诞”环境综合整治提升取得显著成效，优美整洁、文明和谐、安定有序的城市形象深入人心。生活垃圾分类覆盖率达到84%，绿环路等4座垃圾转运站和33座公厕完成建设。建成智慧惠济综合服务平台，公安、环保、建设等公共设施信息和公共基础服务，实现互通互联、开放共享。

五、聚焦深化改革扩大开放，营商环境更加优化

坚持改革推动、开放带动，助力发展更高质量、更加公平、更有效率。

各项改革持续深化。区级机构改革、镇（街道）机构改革按期完成.

“放管服”改革深入实施，加速推进“互联网＋政务服务”“一网通办”，政务服务事项网上预审率达到 100％，“最多跑一次”实现率超过 87.7％；政务服务“周末不打烊”等便民举措全面推行；区级 29 个审批窗口整合为 7 个，整合各类事项 669 项；工程建设领域项目审批时限控制在 100 天以内，企业执照办理时限由 15 个工作日压缩至 2 个工作日；不折不扣落实减税降费政策，为企业减负 5.63 亿元，新入库“四上”企业 46 家，新增市场主体 10767 户，非公有制经济增加值增长 6.5％，市场活力进一步释放。农村集体资产清产核资工作通过市级验收，47 个行政村成立集体经济组织；农村土地“三权分置”改革有序推进。环卫体制改革圆满完成，保洁范围扩大到黄河滩区。

开放水平不断提升。全年新签约项目 20 个，签约总额 283.3 亿元，其中 10 亿元以上项目 10 个，5 亿元以上项目 18 个；引进外资企业 6 家，市外资金 96.17 亿元；实际吸收外资 1.45 亿美元，增长 31.3％，居六区第一；完成货物贸易进出口 5.85 亿元，增长 95％，居六区第一。蜜乐“天山雪蜜”、思念“金牌虾系列水饺”荣获第二十二届中国农产品加工投洽会“金质产品奖”。

六、不遗余力解民忧纾民困，民生福祉更有保障

教育发展质量稳中有升。26 个中小学新建（改扩建）项目加快推进，郑州四中实验学校小学部、长兴路实验小学实现招生，10 所小区配建幼儿园收回公办。公开引进、招聘优秀教师 335 名；严格落实惠师政策，确保中小学教师平均工资不低于公务员平均工资。落实“两免一补”资金 3579.26 万元，发放各级各类助学金 107.66 万元，惠及学生 1670 人次。

文体事业持续进步。新建基层综合性文化服务中心 52 个，覆盖率达 90％以上；持续打造“书香惠济”，建成图书馆分馆 4 个、“城市书房” 4 个，引进大型书店 1 家；成功举办“晖曜大运河 · 诗书画惠济”写生创作画展，开展基层文艺活动 217 场。

医疗卫生事业持续推进。顺利通过全国基层中医药先进单位验收，与中国医药卫生事业发展基金会、郑州人民医院全面达成战略合作。惠济区公共卫生服务中心基本建成，郑大一附院惠济院区改扩建、郑州市第三人民医院项目加快推进。区级健康管理指导中心正式运营，8 家镇（街道）级健康管理机构全部挂牌成立，健康管理三级网络初步形成。

社会保障水平不断提高。城镇新增就业 2831 人，农村劳动力转移就业 356 人，农民工返乡创业 423 人，职业技能提升培训 1.4 万人。分配公共租赁住房 1188 套。落实退役军人待遇保障 551.5 万元、1592 人次。12349 居家养老服务呼叫网络平台投入试运营。发放高龄老人津贴 156.4 万元、1.43 万人次。发放各类救助资金 446.59 万元，救助困难群众 3945 人次。

社会大局和谐稳定。扎实开展文明创建，区税务局获评省文明单位标兵，花园口镇获评省文明村镇，新城街道办事处等 34 家单位获评省文明单位，区实验小学等 12 所学校获评省文明校园。全面推进安全生产隐患排查整治，深入开展扫黑除恶专项斗争，持续加强食品药品安全监管，有效化解一批重点矛盾纠纷和信访事项，治安态势持续向好，群众的安全感不断提升。

上街区2019年经济社会发展报告

中共上街区委　上街区人民政府

2019年，上街区深入学习习近平新时代中国特色社会主义思想，贯彻习近平总书记关于河南工作的重要讲话和指示批示精神，牢固树立新发展理念，紧紧把握稳中求进工作总基调，围绕国家中心城市建设，深入实施“135”发展推进体系，团结带领全区上下把握方向、开拓进取、真抓实干，统筹推进稳增长、促改革、调结构、惠民生、防风险、保稳定各项工作。

2019年，全区生产总值158.5亿元，同比增长5.6%；其中第一产业增加值338万元，同比增长－88%；第二产业增加值74.2亿元，同比增长4.5%；第三产业增加值84.3亿元，同比增长7.4%。规模以上工业增加值同比增长4.7%。一般公共预算收入完成14.8亿元，财政一般预算支出23.7亿元。全社会固定资产投资同比增长10.1%。社会消费品零售总额70.2亿元。商品出口总额27250万元。实际利用外资10016万美元。城镇居民人均可支配收入48608元，农村居民人均纯收入24091元，城乡居民年末储蓄存款余额120.2亿元。

一、致力经济社会高质量发展，区域综合实力持续攀升

产业转型升级步伐加快。高技术产业增加值增长63.6%，新增战略

性新兴产业名录企业24家、增长300%，万元工业增加值能耗下降33.2%，三次产业占比为0.02∶46.78∶53.2，第三产业占比首次突破50%。制造业发展提质增效。上街区荣获郑州市新型工业化建设工作先进单位。出台支持制造业发展政策，奖励企业4026万元。新增规模以上企业15家，引进先进制造业项目11个。新增外贸登记备案企业62家，增长26.5%，外贸进出口额增长32.1%。产业集聚区编制完成智能电气产业园总体发展规划，奥克斯智造产业园一期厂房封顶，空调生产基地文探、土地平整、赤泥管道迁改等前期工作基本完成。9个项目投产，10家企业入选郑州市优秀企业家领航计划，34家企业完成智能化改造。现代服务业发展态势强劲。上街区荣获郑州市服务业发展先进单位。总部经济形成新的增长点，新增保险企业5家，已入驻24家、全年贡献税收2.61亿元；引进互联网企业7家，填补了B2B电商平台空白；引进建筑业企业9家，荣获郑州市促进建筑业转型发展先进单位。省政府工作报告提出“启动建设郑州国际陆港第二节点”；集装箱多式联运中心年吞吐能力达150万吨，铁路货运量532万吨，普洛斯产业园主体完工，宝供物流、霸菱金国冷链项目签约；上期所铝期货交割库扩容至5万吨、商品汽车中转库年中转能力增至25万辆，规模均为全省最大。熙梦里商业综合体、景文百货许昌路店投入运营。方顶驿文化旅游片区古村示范区主体基本完工。郑州国家通航产业综合示范区建设全面提速。在全国26个示范区考核中排名前列，通航特色商业区晋升省级一星级服务业“两区”、获得奖励500万元。在全省率先出台支持通航产业发展政策，发放奖补资金952万元，引进项目10个。上街机场导航台投用，获得全省首张A1类通用机场使用许可证，成为国内条件最好的通用机场。通航企业各类作业飞行6700小时、占全省通航飞行时长60%。中铝郑州企业转型发展稳步推进。与传化集团签订开发合作框架协议；中铝郑州研究院2项科技成果荣获中国有色金属工业科技进步一等奖。闲置资产盘活成效显著。盘活闲置厂房楼宇26.8万平方米，签约项目138个。

*发展动能活力大幅增强。*开放招商成绩斐然。签约亿元以上项目23个，总金额225.7亿元，完成目标任务的136%，其中10亿元以上项目

2个，5亿元以上项目8个，引进域外境内资金105亿元，招商引资工作位居郑州市前列。科技创新取得可喜进步。全年财政科技支出3796万元，新增国家级、市级科技型中小企业28家、37家，增长75%、117%，认定高新技术企业25家、增长257%，创历年之最。知识产权贯标认证企业15家、实现“零突破”。8家企业被认定为市级以上研发中心。中关村e谷被评为省级众创空间、年度考核郑州市第一，已入驻企业94家。专利授权量559件、增长131%。引进各类技能人才450人。与上海交大安泰经管学院签订产学研合作协议。营商环境更加优化。政务服务“周末不打烊”，157个事项凭身份证“一证简办”，企业开办、不动产登记、工程建设项目审批时限分别压缩至2个、5个、100个工作日内。为企业减税降费1.9亿元，清理拖欠民营企业中小企业账款8300万元，发放稳岗补贴885万元。新增市场主体3472户，新入库“四上”企业36家，新增中原股权交易中心挂牌企业7家，新注册商标449件、增长91%。

城市品质稳步提升。基础设施建设加快推进。地铁10号线4个站点主体封顶，汝南路立交桥竣工通车。铺设各类管网21公里，新增燃气用户1万户、集中供暖面积50万平方米。新汽车站投入运营，新增优化公交线路12条，新增新能源公交车50辆，首次开通直达主城区2元公交，创成省级万村通客车提质工程示范区、获得奖励500万元。区级便民服务中心主体完工。百城建设提质工程深入实施。推进52个项目，完成投资56.28亿元，荣获郑州市百城建设提质工程工作先进区。40个老旧小区改造基本完工。11处既有建筑节能改造在郑州市率先通过验收。13个片区控制性详细规划编制完成。城市管理更加精细。开展“城市管理提升年”活动，262条路段纳入路长制考核。修复道路4.5万平方米、人行道8万平方米，整治树穴1.8万个。主次干道机械化清扫率100%。建成2座智能立体停车场。完成重点路段节点亮化工程。北市场果蔬垃圾处理设施建成，生活垃圾分类覆盖率40%。荣获郑州市爱国卫生银杯、公厕管理先进单位。社区服务能力有效增强。创成省级规范化社区4个，新成立社区2个，改造社区党群服务中心4个，建成投用居民议事场所

28个。

生态环境不断改善。污染防治攻坚强力推进。58家企业完成深度治理，84家企业通过绿色绩效认证，规模以上企业煤炭消费总量削减20.5万吨，中铝矿业压减排放量40%，“散乱污”企业和散煤动态清零，PM_{10}、$PM_{2.5}$分别下降11.67%、11.11%，优良天数增加26天，荣获郑州市大气污染防治攻坚工作优秀单位。水污染和土壤污染防治攻坚工作荣获郑州市良好单位。全省工业企业环保科技网络建设现场会、全省首届环境监察系统无人机执法技能培训在上街区召开，工业企业“一密闭六到位”监管经验全省推广。生态建设成效明显。实施生态项目22个，完成投资14.4亿元。占地1万亩的郊野公园获市级奖补资金4500万元，太溪湖公园开工建设。陇海铁路、郑西高铁沿线拆除建筑165处、绿化46万平方米。完成连霍高速上街站、昆仑路南段等绿化提升。建成6个公园游园。新增绿地70万平方米，完成营造林810亩，荣获郑州市园林绿化工作银杯。

民生福祉持续增进。全年民生支出17.4亿元，占一般公共预算支出73.5%。脱贫攻坚成果有效巩固。脱贫户巩固提升计划深入实施，落实扶贫资金151万元。就业创业扎实推进。新增城镇就业2605人，落实就业补助资金160万元，发放创业担保贷款1710万元，荣获郑州市全民技能振兴工程先进单位。教文卫事业蓬勃发展。引进中原工学院民航校区，开创上街区有本科院校的历史；区幼儿园综合楼、锦江路幼儿园、实验高中教学楼建成，新增学位1350个，高考成绩再创新高、本科上线率86%，清理无证幼儿园12所，在郑州市率先落实义务教育教师平均工资收入水平、不低于公务员平均工资收入水平政策，以同工同酬方式招聘教师90名，与北京实验学校等名校合作，荣获全省社区教育示范区、全省家庭教育示范区。提升57个基层综合文化服务中心，在郑州市率先达标，举办文艺活动620场，建成投用融媒体中心、3座城市“智慧书房”，发掘文物遗存358座，发现郑州规模最大的西周时期贵族墓葬群。拨付基本公共卫生和公立医院改革资金1337万元，104个病种费用平均降低12%，16个社区卫生服务站得到提升，郑州市第十五人民医院门诊医技楼封顶，区中医院升级为二级中医院，荣获郑州市深化医药卫生体制改革工作先进集体。社会保障能力不断增强。拨付低保、救助、残疾人补贴、高龄津贴等资金2518万元。建成7个社区养老服务场所。发放义务兵优待金、抚恤补助金765万元。安置房网签1577套，“四证”办理率85％、郑州市领先。福泽园建成投用。加大肉、蛋、菜政府储备投放，保障了物价平稳。社会治理切实加强。扎实做好平安建设、信访稳定、安全生产等工作，深化扫黑除恶专项斗争，稳妥化解12个问题楼盘、供暖外供等问题，荣获全省平安建设考评优秀区、全省食品安全示范区、全省信访工作成绩突出单位、郑州市唯一的全国信访工作“三无”县（市）区。

政府效能明显提高。深入开展“不忘初心、牢记使命”主题教育、“作风提升年”活动，有序推进机构改革，落实基层减负要求，全区上下学的氛围、严的氛围、干的氛围更加浓厚。全国基层政务公开标准化规范化试点通过省级验收，荣获全省政务公开先进单位。自觉接受人大、政协监督，办理人大代表建议95件、政协委员提案141件。荣获郑州市“七五”普法中期工作先进区。

二、强化思想政治引领，坚决维护党中央权威和集中统一领导

坚持把增强“四个意识”、坚定“四个自信”、做到“两个维护”作为首要政治任务和政治要求，始终同以习近平同志为核心的党中央保持高度一致。

推动学习贯彻习近平新时代中国特色社会主义思想往深里走、往心里走、往实里走。2019年，习近平总书记就河南和郑州的发展作出一系列重要指示，对郑州提出了更高的定位、期望和要求。上街区坚持把学习好、宣传好、贯彻好总书记系列重要指示精神与学习贯彻习近平新时代中国特色社会主义思想贯通起来，在抓好《习近平新时代中国特色社会主义思想学习纲要》《习近平关于“不忘初心、牢记使命”重要论述摘

编》和党章党规党史学习的基础上，推动中心组学习制度化、理论宣讲全面化、“学习强国”使用日常化，广大党员干部践行“四个意识”“四个自信”“两个维护”更加坚定自觉。

扎实开展“不忘初心、牢记使命”主题教育。深刻把握“守初心、担使命，找差距、抓落实”总要求，认真落实“四个注重”“四个到位”，突出学思查改，推动主题教育有力有序开展。区委组织集中学习研讨197次，组织各级干部参观革命传统教育基地，利用好“永恒的信念”主题展馆、红色小道等10处开放式组织生活基地，先后开展理想信念教育活动1306次。坚持问题导向，围绕产业转型、生态建设、城市管理、民生保障等工作，深入基层开展调研，提出好点子好建议436个，打通工作“堵点”318个，形成调研报告89篇，为区委科学决策提供依据。坚持开门抓教育、认真查不足，召开非公企业、教育系统等座谈会12场，通过各种途径征求意见7000余条，对照检视问题2665个，为边查边改提供了精准靶向。坚持真抓实改，精准制定整改方案，先后完成营商环境优化、群团改革等立行立改问题816个，解决水电气暖改造、停车难等群众最急最忧最盼问题254件，认真抓好为基层减负等12大类专项整治，让群众切实感受到主题教育带来的变化和成效。

进一步深化提升发展思路。深入学习贯彻习近平总书记视察河南重要讲话精神、党的十九届四中全会精神和省市委全会精神，按照市委十一届十次全会“西部要美起来”的要求，重新审视上街的自身优势、存在差距与发展思路，对原有的“135”发展推进体系进行全面深化提升，明确了美丽上街建设的目标任务，提出要做好美丽经济、美丽城市、美丽生态、美丽人居“四篇文章”，谋划了总投资220亿元的69个重点项目，着力走好集约节约内涵式发展的路子。

三、加强民主法治建设，巩固发展生动活泼、安定团结的政治局面

坚持把发展社会主义民主法治作为推动各项事业发展的重要保障，

坚持党的领导、人民当家做主、依法治区有机统一，更好地凝聚共识、共推发展、促进和谐。

支持人大履行宪法法律赋予的各项职责。区人大及其常委会依法履职尽责，围绕产业转型升级、城市有机更新、重大风险防控等区委中心工作，积极开展调研、视察、评议等活动，全年听取审议“一府一委两院”专项工作报告 10 次，依法任免地方国家机关工作人员 62 人，开展视察、调研、执法检查 28 次，督促办结人大代表建议 95 件，监督实效进一步提升。积极搭建代表履职平台，建成人大代表联络站 8 个，组织代表活动 20 余次，代表的为民意识、服务意识进一步增强。

支持政协履行政治协商、民主监督、参政议政职能。区政协及其常委会主动服务全区工作大局，引导广大政协委员积极参政议政、建言献策，围绕转型发展、生态建设、民生保障、社会治理等开展专题议政，提交提案 141 件；紧扣全区改革发展中的重大问题，撰写《关于学习考察江苏宿迁保险小镇及我区金融保险小镇的设想及建议》《智能家电产业调研报告》等高质量调研报告 6 篇；针对城市管理、大气污染防治、财税收支等议题，广泛开展调研视察，有效促进了决策的民主化和科学化。

巩固发展最广泛的爱国统一战线。密切与各民主党派、工商联、各人民团体及各界人士的联系和协作，定期就重大问题向民主党派、工商联和无党派人士通报情况、征求意见。加强非公经济领域统战工作，成立新的社会阶层人士联谊会，召开非公企业座谈会，加大对民营企业的支持力度，荣获“全省五好县级工商联”荣誉。大力开展“民族团结宣传月”活动，持续巩固依法规范宗教专项行动成果，进一步提升民族宗教工作水平。强化为侨服务保障，新增省级“侨胞之家”2 个，“党建带侨建”在省市推广，郑州市侨联基层组织建设经验交流现场会在上街区召开。加强党对群团工作的领导，圆满完成群团机构改革，群团组织的桥梁纽带作用得到充分发挥。党管武装得到新的加强，严格落实义务兵优待和退伍军人权益保障等政策，慰问走访率达到 100%，双拥共建基础更加扎实。

深入推进全面依法治区。成立区委全面依法治区委员会，统筹协调、指导推动全面依法治区各项事务。扎实推进法治政府建设，围绕严格执法、公正司法、全民守法，完善了法治建设责任体系和工作机制，各部门基本实现法律顾问全覆盖，依法行政水平有效提升。深入开展“七五”普法，以“法律六进”、普法讲师团“百场万人”计划等为载体，将法治教育纳入干部培训、中小学课程等，打造特色普法品牌，法治观念深入人心。

切实维护社会大局和谐稳定。积极创建全国信访工作“三无”县（市）区，严格落实领导接访下访制度，持续开展网络借贷、非法集资等专项整治，深入开展问题楼盘化解攻坚行动，切实化解矛盾纠纷。深化平安上街建设，健全“一村（格）一警”工作网络，纵深推进“扫黑除恶”专项斗争，打掉恶势力团伙 3 个，抓获涉恶犯罪嫌疑人 35 名；认真做好安全生产工作，强化安全隐患排查化解，公众安全感指数位居省市前列，荣获全省平安建设考评优秀县（市）区、河南省食品安全示范区等称号。

四、推动党的建设高质量，营造风清气正良好政治生态

以“不忘初心、牢记使命”主题教育为抓手，深入贯彻新时代党的建设总体要求，认真履行全面从严治党主体责任，切实加强对党建工作的领导和组织推进，着力提高党的建设质量，为推动美丽上街建设提供了坚强保证。

坚持把政治建设摆在首位。区委常委班子坚持把增强“四个意识”、坚定“四个自信”、做到“两个维护”作为首位政治任务和政治要求，始终与以习近平同志为核心的党中央保持高度一致，时时处处向习近平总书记和党中央对标看齐，确保政令畅通、令行禁止。严格执行《重大事项请示报告条例》，及时向市委报告上街的决策情况、落实情况和存在问题。认真落实《中国共产党地方委员会工作条例》和《党组工作条例》，坚持“一个党委、三个党组”工作制度，发挥领导核心作用，充分调动

各方面积极性，统一意志、团结一心、步调一致推进工作。先后召开区委常委会会议、区委党建工作领导小组会议等 33 次，研究基层党建、党风廉政建设、意识形态等工作 50 多项，督促班子成员认真履行“一岗双责”，带动各级党组织书记履职尽责，确保中央和省市委决策部署落到实处。

扛稳抓牢意识形态工作。始终把握正确的政治方向、舆论导向和价值取向，牢牢掌握意识形态工作领导权。强化理论武装。深入学习习近平新时代中国特色社会主义思想，在理论学习的基础上，广泛采取群众喜闻乐见的形式，组织开展“党的创新理论万场宣讲进基层”“百姓宣讲直通车”“名家系列讲座”等活动 300 多场，受教育党员群众 3 万多人次，社会主义意识形态的凝聚力和引领力持续增强。注重风险防范化解。完善风险防控预警监测、分析研判和处置机制，召开联席会议 4 次，对梳理出的 104 个风险点逐一制定防控预案，防患于未然。加强党对网络意识形态工作的领导，在全省率先建立互联网企业联合党支部，应对网络舆情开展会商 36 次，努力进行正面引导疏导。深入开展“扫黄打非”，全面推进“双随机一公开”执法检查、校园及周边综合治理等活动，文化市场得到净化。筑牢意识形态阵地。积极培育和践行社会主义核心价值观，持续深化文明单位、文明社区、文明校园、文明家庭等创建活动，全面提升市民文明素质和社会文明程度。加大资金投入，建成投用新时代文明实践所（站）40 个，开展志愿服务等活动 780 场次，不断强化对群众的教育引领和联系服务。聚焦中心工作，在国内主流媒体刊登报道 1700 余篇，营造良好舆论氛围。

持续夯实基层基础。以提升政治功能和组织力为重点，持续强基础、补短板，推动基层党组织全面进步、全面过硬。不断加强党员教育管理。严格落实“双推双评三全程”机制，切实提高发展党员质量；强化党员教育阵地，积极推进新党校建设；选树焦淑芬等“先锋共产党员”20 人，引领全区党员立足岗位争先锋。持续推进基层党建标准化。围绕全国首个社区党建标准化试点区建设，突出“基本标准＋特色规范”，新建改扩建党群服务中心 18 个，不断完善党建标准化体系。成功举办第十六届中国标准化论坛党建标准化分论坛，经验做法吸引上海、浙江等地30多家党组织、近千人前来学习考察。纵深开展软弱涣散党组织整顿。通过派驻第一书记、培训软弱涣散党组织书记等方式，选优配强基层党组织带头人，61%的村（社区）实现书记、主任“一肩挑”，4个软弱涣散基层党组织完成整顿，进一步夯实基层党建基础。着力强化党建引领社会治理。充分发挥基层党组织领导核心作用，引导各类社会组织参与基层治理，助推城市精细化管理、扫黑除恶专项斗争、宗教问题综合整治等工作，通过小板凳恳谈会、12345红色物业等，解决水电气暖改造、垃圾分类等民生实事8271件，有效提升了基层党组织战斗力和群众满意度。认真做好基层减负工作。扎实开展“基层减负年”活动，确定周三为“无会日”，制定文件“十三不发”、会议“八不开”等事项负面清单，全年会议、文件分别同比减少36%、43%，督查考核事项减少70%，完成农村（社区）标牌整治工作，进一步减轻了基层负担。

不断加强干部队伍建设。把好干部标准具体化，坚持看立场识干部、看特色评干部、看实绩用干部，强化正确的用人导向、工作导向、考核导向，让政治强、作风实、不张扬的干部挑重担。先后在党政机构改革过程中，调整干部171人，提拔、重用44人，推动广大干部勇于担责担难担险。制定《进一步加强年轻干部培养锻炼的实施方案》，累计培训副科级干部和优秀中青年干部246人，不断强化对年轻干部的培养。聚焦庸懒散等问题，持续开展“作风提升年”活动，深入实施红黑旗评比、擂台比拼、奖优罚末等机制，紧盯重点项目重点工作，下发通报11期，约谈8人，干事创业氛围日益浓厚。

深入推进党风廉政建设。牢固树立纪律规矩意识，严格执行党章党规党纪，始终做到讲规矩、守纪律、存戒惧。从严抓好廉政教育。扎实开展以案促改，先后召开廉政谈话会、警示教育会等61次，组织科级以上干部到省廉政文化教育馆等参观学习，广泛开展“廉洁教育村村行”活动，积极发挥“清风上街”新媒体平台宣传教育功能，党员干部廉洁自律意识不断提升。创新纪律监督模式。大力开展“三级廉政家访”活动，把监督责任向“八小时”以外延伸，织密家庭“护廉网”，经验做法被新华社作为基层落实十九届四中全会精神的重点案例，人民网、《中国纪检监察报》等90多家主流媒体予以报道。不断丰富监督执纪“第一种形态”运用情形，积极推行清风茶社“五味茶”制度，助推各级党组织管党治党主体责任落实落细。严厉惩治腐败行为。把查处群众身边腐败和作风问题作为重中之重，持之以恒纠治“四风”，累计开展监督检查107次；全面推开村居巡察，全年开展常规巡察3轮，实现村居党组织巡察工作全覆盖；始终保持反腐高压态势，政治生态持续好转。

郑州市2019年发展和改革工作报告

郑州市发展和改革委员会

2019年，市发展改革委牢固树立新发展理念和以人民为中心的发展思想，把握"稳中求进"总基调、突出"奋发有为"总要求，以高质量发展为根本方向，以供给侧结构性改革为主线，以国家中心城市建设为统揽，以"五区联动""四路协同"为突破，统筹做好稳增长、促改革、调结构、防风险、惠民生各项工作，全力做好发展改革各项工作，圆满完成了各项工作任务，较好地发挥了规划部、参谋部、协调部的职能作用。

一、经济运行保持在合理区间

经济运行总体平稳。全市生产总值完成11589.7亿元，增长6.5%，总量晋升至全国城市第15位。粮食生产再获丰收，总产量达到149.7万吨。就业规模稳步提升，全年新增城镇就业11.5万人、农村劳动力转移就业5.2万人。

三大动力平稳运行。全市社会消费品零售总额达到5324.4亿元，增长9.5%；居民消费价格指数上涨3.1%，基本符合年度调控目标。固定资产投资增长2.8%，战略性新兴产业投资和工业技改投资分别增长61.7%、31.4%；省市重点项目累计完成投资4657.8亿元，超额完成年度任务。进出口总额完成4129.9亿元，居中部城市首位、省会城市第5位。

质量效益稳步提升。全市地方财政一般公共预算收入完成1222.5亿元，增长6.1%。居民人均可支配收入达到35942元，增长8.6%。全年规模以上工业企业利税总额增长2.9%。

二、三大攻坚战取得积极进展

圆满完成精准脱贫攻坚目标任务。全年投入财政专项扶贫资金5.7亿元，全市181个贫困村全部“摘帽”、存量贫困人口1715人全部脱贫，实现了存量贫困人口全部脱贫的目标。对口帮扶贫困县工作取得新成效，累计投入3.23亿元助力卢氏县“如期摘帽”。圆满完成了黄河滩区居民迁建工程省定目标。

污染防治攻坚强力推进。圆满完成环境污染防治攻坚战国家和省定目标，大气、水、土壤污染防治攻坚考核全省优秀，$PM_{2.5}$浓度、PM_{10}浓度均完成省定目标。全市规模以上企业煤炭消费总量削减168万吨，20蒸吨以下燃煤锅炉全部拆改，压减煤电装机容量111万千瓦，完成清洁型煤“双替代”近7万户，全市散煤实现清零，“散乱污”企业实现动态清零。河（湖）长“治、管、护”责任全面落实，“三污一净”专项治理扎实开展，5个国控断面稳定达标，省控断面达标率100%。建设用地安全利用风险管控进一步强化，重点行业重点重金属排放量实现零增长。

风险防控攻坚战扎实推进。互联网金融风险专项整治和上市企业债务化解力度持续加大。非法集资案件有序化解。全市商品住房去化周期处在合理区间，省交办的问题楼盘化解率81.5%。

三、城乡发展更加协调

城市能级全面提升。黄河流域生态保护和高质量发展核心示范区启动规划建设，黄河国家湿地公园一期圆满完成；省委省政府出台《郑州大都市区空间规划（2018—2035 年）》，郑州都市圈城市联动合作机制逐步建立。郑万、郑阜高铁河南段通车，郑州高铁始发车辆达 123 对，较 2018 年度增加 76 对、增长 161.7%。累计开通轨道交通线路 5 条、里程 151.6 公里，居全国第 10 位，轨道交通三期规划获批，规划里程 159.6 公里。农业路高架、北三环东延快速通道工程建成通车，四环线及大河路快速化工程高架桥主线基本贯通，“两纵两横＋三环”快速路网系统全面形成，金水路西延、长椿路等一批城市路网工程建成通车。新建停车泊位 6.2 万个，新增供水能力 10 万立方米/日，建成区集中供热普及率 90%，天然气用户达到 239 万户，新增污水处理能力 15 万吨/日，清洁取暖、海绵城市、综合管廊等试点工作顺利实施。以“序化、洁化、绿化、亮化”为重点的环境综合整治成效初现，完成道路大中小修工程 450 万平方米，改造提升支路背街 126 条。城市精细化管理三年行动计划全面落实，打造特色街道 900 多条。中心城区生活垃圾分类处置覆盖率 74.3%，无害化处理率 100%。

城乡融合发展统筹推进。全市年末常住人口 1035.2 万人，常住人口城镇化率达到 74.6%。实施百城建设提质工程项目 1174 个，完成投资 2096.2 亿元，23 个中心镇完工项目 203 项、完成投资 30 亿元。制定出台《郑州市乡村振兴战略规划（2018—2022 年）》《郑州市都市生态农业产业发展规划》，国家级、省级农业龙头企业达 67 家，实施第三批都市生态农业示范园 2.5 万亩，建设高标准“菜篮子”生产示范基地 1.2 万亩，新发展环城都市生态农业 10 万亩、湿地农业 1 万亩，培育提升全国休闲农业与乡村旅游星级企业 13 家；加快推进城乡接合部 36 个乡镇环境综合整治，新建农村公路 158.9 公里，完成农村户厕改造 25.2 万户，创建省级“千万工程”示范村 83 个，90%以上的行政村生活垃圾得到有效治理，建设美丽乡村 32 个。

生态建设扎实开展。国土绿化提速行动加速推进，完成各类绿化面积 20.76 万亩，森林抚育 8.26 万亩；全面推进铁路沿线、生态廊道等五项整治，连通绿道 530 公里，市区新增绿地面积 3455 万平方米，建成各类公园、微公园、游园 460 个，建成区绿化覆盖率达 41.05%，碧沙岗公园、紫荆山公园等拆墙透绿受到群众广泛好评；贾鲁河综合治理生态修复主体工程基本完工，牛口峪引黄干线工程建成通水，环城生态水系循环工程主体完工，全年生态调水3.36亿立方米。国家生态园林城市创建取得成功，郑州市成为长江以北地区唯一获此殊荣的省会以上城市。

四、产业转型升级迈出新步伐

主导产业地位更加坚实。制造业加快高质量发展，成功创建国家综合型信息消费示范城市、国家工业资源综合利用基地，规模以上工业增加值增长6.1%，电子信息、汽车及装备制造、新材料、生物医药、铝及铝精深加工、现代食品等六大主导产业增加值增长6.5%，成功举办第三届中国服务型制造大会和第二届世界传感器大会，郑煤机新增成为超百亿企业。服务业提质增效，金融业增加值实现1231.4亿元，增长9.2%，新增4家上市公司，首家世界500强外资保险公司利宝保险落户郑州，社会融资规模增量达5224亿元，创历史新高。物流业增加值增长9.5%，新增A级物流企业27家（5A级3家），社会物流总额达到2.7万亿元，增长9.5%；旅游业快速发展，乡村游、生态游、购物游、休闲游渐成热点，接待国内外游客1.3亿人次，增长14.5%；旅游总收入1598.9亿元，增长15.2%。

转型升级步伐加快。战略性新兴产业增长12.4%，增加值占规模以上工业增加值比重达23.2%。高技术产业增加值增长10.9%，高于规模以上工业4.8个百分点，晋身全球经济竞争力城市100强。制造业智能化、数字化、网络化水平不断提升，郑州金惠计算机等14家企业入选国家级试点示范项目，中铁装备等23家企业获评国家级智能制造、绿色制造试点示范单位，新增省级制造业创新中心4家，全市“上云”企业达到1.3万家。“三大改造”成效显著，新增省级智能工厂（车间）21家、机器人“十百千”示范应用倍增工程示范项目13个、省智能制造标杆企业4个，河南瑞泰等8家企业获评国家级绿色工厂，郑煤机被评为国家制造业单项冠军示范企业。压减钢铁产能95万吨、水泥产能61万吨、电解铝产能35万吨、煤炭产能310万吨，规模以上工业增加值能耗降低16％，高耗能产业在工业中的比重下降至33.8％。

*新产品新产业新业态加快成长。*新能源汽车、工业机器人、轨道交通车辆等工业产品产量分别增长38.3％、56.9％、70％，网络零售额增长18.5％，快递业收入增长16.6％，电子商务交易额增长18.2％。国家大数据综试区核心区实现产值300亿元，阿里巴巴、海康威视、中国电子、紫光集团在郑落地。国家超级计算郑州中心、中原鲲鹏生态创新中心开工。下一代信息网络、信息技术服务入选国家第一批战略性新兴产业集群名单。数字郑州"城市大脑"项目启动建设。2019数字经济峰会暨智能产业生态建设国际交流会、"强网杯"全国网络安全挑战赛成功举办。《2019城市数字发展指数报告》指出郑州跻身全国数字城市"十强"城市、居第6位。

五、改革开放创新向纵深推进

*重点领域改革释放发展活力。*营商环境深度优化，在全省营商环境评价中综合排名第一，晋身全球营商环境友好城市100强。"一件事、一张网、跑一次、不见面"政务服务模式深入推进，172个事项凭身份证"一证简办"，261个事项实现"掌上办"。企业开办注册3天完成，工程项目建设审批时限压缩至100个工作日内，项目审批"联合辅导"模式在全国推广。新增市场主体数达26万户，登记市场主体达121万户。成功创建第二批国家社会信用体系建设示范城市，荣获国家"守信激励创新奖"。国企改革深入推进，15家"僵尸企业"破产终结，50家驻郑央企和18家市属企业完成"四供一业"移交，三大结构改革有序推进。农村集体产权制度改革持续深化，农村集体经营性资产股份制改革完成率达到88％。全面落实减税降费各项政策，为企业减负271.1亿元。清理拖欠民营企业中小企业账款12.1亿元。市属35所公立初中移交属地区政府管理，中小学午餐供餐和课后服务、"就医一卡通"等改革受到群众

普遍欢迎。

“一门户、两高地”对外开放体系建设有序推进。“四条丝路”持续拓展，通道功能、贸易功能、集疏功能进一步完善；郑州获批国家唯一空港型国家物流枢纽；郑州机场累计开通客货运航线242条，全年完成旅客吞吐量2913万人次、货邮吞吐量52.2万吨，稳居中部城市“双第一”；国际陆港“一干三支”多式联运示范工程通过国家验收，中欧班列（郑州）全年开行1000班、货重54.1万吨，分别增长33%、56.1%；跨境电商交易额107.7亿美元、增长24.6%；海铁联运完成1.1万标箱，实现与青岛、连云港、天津等港口无缝衔接。“五区联动”优势提升，航空港实验区成立首家本土基地货运航空公司，河南首条直达欧洲定期客运航线郑州—伦敦开航；自贸区郑州片区形成制度创新成果140项，新注册企业1.5万家、注册资本1811亿元；药品进口口岸获国家批复并公告，粮食口岸建设取得突破，汽车口岸二期建设稳步推进；国际贸易“单一窗口”全覆盖，航空口岸全面实施“7×24小时”通关服务。招商引资成果丰硕，引进境内域外资金2235亿元，增长6%，实际吸收外资44亿美元、增长5%，制造业占全市引资总额的42%，上汽全球数据中心、APUS全球第二总部等战略性新兴产业项目成功落地，引进恒大新能源等世界500强企业6家。中欧区域政策合作案例地区建设深入推进，与欧铁盟在比利时布鲁塞尔共同举办第二届亚欧互联互通产业合作论坛（欧洲），圆满承办国家“一带一路”国际合作典型项目研讨会和第六届“中拉政策与知识高端研讨会”。

自主创新能力显著提升。实施第四批“智汇郑州·1125聚才计划”，引育创新创业高层次人才271人，“智汇郑州”人才工程获评“全国人才工作最佳案例”。全社会研发投入增长16.8%。新增高新技术企业726家，总数达到2048家，增长55%。新认定院士工作站11家，培育国家企业技术中心3家。引进和建设新型研发机构14家，总量达到34家，新建市级以上研究中心265个，累计建设各级各类研发中心达到3086个，中科院苏州医工所、浙江大学中原研究院等一批研发机构落地建设。创新创业孵化载体达到255家，在孵企业（团队）超过10000家。先后举办“郑创汇”国际创新创业大赛、第八届中国创新创业大赛河南赛区比赛、中国·河南开放创新暨跨国技术转移大会等创新创业活动。全年技术合同成交额127亿元，增长54.8%，全市万人发明专利拥有量达到16件，增长23%。

六、民生和社会事业持续改善

民生支出持续扩大。全年民生支出达到1494.2亿元，占一般公共预算支出的78.2%。32项重点民生实事全面完成，其中15项超额完成。

社会保障水平逐步提高。城乡居民养老保险最低基础养老金每人每月增长至195元，居全省首位；养老保险实现全覆盖，贫困人口养老保险扶贫应保尽保、应缴尽缴。全国首张H5页面电子社保卡在郑首发，全省率先将高血压、糖尿病门诊用药纳入医保报销范围。列入政府购买养老公共服务站点160个，建成社区老年人日间照料中心98家，发放高龄老人津贴2.5亿元。全年农村危房改造任务和城镇保障性安居工程建设任务超额完成，建成保障性住房9.3万余套，分配公租房1.1万套，安置房竣工2832万平方米，17万群众回迁新居。

教育卫生事业持续改善。新增113所公办幼儿园、学位3.8万个，市区中小学新开工34所、新投用23所、新增学位3.6万个，义务教育阶段大班额占比下降到27.8%，在全市义务教育阶段学校全面启动课后延时服务。新开工普通高中4所。成功申报国家城市医疗联合体建设试点城市，国家区域医疗中心和紧密型县域医共体建设加快推进，全面推开日间手术，住院费用平均下降20%以上，所有公立医院全面取消医用耗材加成，全部实行“零差率”销售。成功申报国家发改委非基本公共服务领域六大试点，国家产教融合、优质普惠学前教育资源扩容试点稳步推进。

文化体育事业蓬勃发展。公共文化服务体系不断完善。“四大历史文化片区”有序推进，启动建设各类博物馆39家、建成开放9家，新建遗址生态文化公园22处、完成9处，100个基层综合性文化服务中心、55

个城市书房、15 个图书馆分馆和 15 个文化馆分馆全部建成。第十一届全国少数民族传统体育运动会隆重举行，实现了大型活动、精神风貌、成就展览、舆论宣传、志愿服务“五个出彩”。郑州国际女子网球公开赛、国际乒联巡回赛总决赛等 12 项国际赛事在郑举办，举办各级各类群众体育赛事（活动）1065 项，其中市级以上重要赛事（活动）106 项、国家（省）级赛事 8 项。央视春晚郑州分会场精彩纷呈，入选全国春节（元宵节）期间传承弘扬优秀传统文化重点城市。创新方式举办庚子年黄帝故里拜祖大典，全球 20 多亿人次线上线下参与拜祖。

郑州市2019年教育工作报告

郑州市教育局

2019年，郑州教育工作围绕办人民满意的教育总目标，按照“深化改革、完善机制、扩充资源、优化配置、提升质量、优质均衡、保障民生、促进公平”的工作思路，积极推进机制体制改革，努力破解影响教育发展的突出障碍，解决人民群众反映强烈的突出问题，全市教育综合实力明显提升，“学在郑州”教育品牌更加凸显，人民群众满意程度明显提高。

一、教育改革创新持续深化

教育分级管理稳步推进。在市委统一领导下，经过充分调研和反复论证，市政府印发《郑州市调整理顺教育管理体制实施方案》，明确以县级政府管理为主的义务教育阶段管理体制，市属初中交由区政府管理。市属35所公办初中学校移交工作全部完成，40所历史遗留中等非学历教育学校审批管理关系调整到位。

招生入学政策继续完善。改进市区民办初中学校招生办法，首次实行电脑随机派位和学校面谈4∶6相结合方式，受到了群众的积极回应和好评。圆满完成义务教育阶段免试就近入学，全市小学招生17.9万人，初中招生12.8万人。顺利完成普通高中招生工作，全市普通高中招生

6.7 万人。积极安排随迁子女入学，全市义务教育阶段共接收随迁子女新生入学 9.2 万人，占比 29.9%，免试就近入学的学生达到了 90%以上。2019 年被河南省教育厅授予解决进城务工人员子女入学特别奖。

二、立德树人任务全面落实

德育工作全面加强。聚焦“迎民族盛会　庆七十华诞”主题，红色传统、传统美德、爱国主义、黄河文化等教育实践活动成效明显。指导学校积极参与全国文明城市创建工作，继续开展书香校园、书香班级、文明学生等评选活动，全市有 7 所学校被评选为河南省书香校园，6 个班级被评为河南省书香班级。

思想政治教育扎实推进。全市教育系统深入学习贯彻习近平总书记在学校思想政治理论课教师座谈会上重要讲话精神，持续推动社会主核心价值观进学校、进课堂、进头脑。3 月，上街区中心路小学思政课教师王小翠作为河南省唯一一位基础教育界代表，参加了习近平总书记主持召开的全国学校思想政治理论课教师座谈会。11 月，郑州科技学院在全国高校思想政治工作骨干示范培训班上作交流发言，受到与会领导和兄弟院校一致好评。

体育美育成绩突出。阳光体育运动持续深入开展，校园足球发展成果全国领先。郑州市共创建全国校园足球特色学校 228 所，全国足球特色幼儿园 59 所，被教育部命名为全国青少年校园足球“满天星”训练营，作为全国优秀校园足球改革试验区特邀代表，参加全国校足办新闻发布会并介绍工作经验。全市共有 91 所学校获批“全国校园篮球特色学校”称号。塔沟武校参加全国少数民族运动会和央视春晚郑州分会场的表演。学校美育教育加快推进，二七区艺术小学成为全省唯一入选全国中小学美育改革创新优秀案例集的学校。

劳动教育逐步拓展。教育实践基地建设不断加强，中小学生分批走进基地接受锻炼。校内校外资源融合更加紧密，广大学生通过日常家务、手工制作、志愿服务等多种方式，体会到劳动的快乐。市属高校先后组织3000余名学生参加第十一届全国少数民族传统体育运动会、郑州国际马拉松和央视春晚郑州分会场志愿服务活动，受到组委会的高度赞扬。

三、教育资源配置持续扩充

幼儿园建设成绩显著。完成省民生实事新建30所城乡幼儿园，超额完成市民生实事新增113所公办幼儿园。配套园整治效果明显，全市共移交配套幼儿园134所，未移交但已普惠配套幼儿园101所。

中小学建设任务超额完成。全年共投资35.67亿元，新建改扩建学校34所，共增加约5.8万个学位。投入使用中小学23所，可提供约3.6万个学位。

市区普通高中建设稳步推进。郑州外国语学校港区校区、郑州回中管城校区、郑州回中港区校区、郑州二中经开校区4所新建高中全部开工，其余高中建设项目平稳有序运行。

乡村学校建设持续加强。“全面改薄”项目全部完成，农村学校办学条件持续改善。32个农村寄宿制学校建设项目开工28个，完工14个，开工率87.5%。

四、各级各类教育协调发展

学前教育公益普惠发展。市政府出台专项文件，规范城镇小区配套园建设，部署配套园专项整治和无证园专项治理。学前教育公益普惠供给数量和比例不断提高，公办园幼儿占比提高到33.59%，普惠率提高到79.37%。

基础教育优质均衡发展。新优质初中创建学校38所，培育学校75所。义务教育阶段大班额比例下降至27.28%，比2018年降低11.6%，超大班额比例降至4.94%，比2018年降低3.9%。普通高中多样化发展示范校创建活动深入开展，完成全市首批15所示范校、第二批13所试点校创建情况专项督查验收工作。

职业教育产教融合发展。积极推进中职学校标准化建设，局属4所外迁学校实训条件进一步提升。全面启动1+X证书制度试点工作，“企中校”“校中厂”项目和第三批现代学徒制试点工作进展顺利。积极推进京东电子商务实训基地建设，“产学商一体化”人才培养模式继续完善，校企合作产教融合深度发展。

成人教育继续位居全国前列。11月8日，全民终身学习活动周全国总开幕式在郑州举行，共700余人参加，充分展示了“学在郑州”的品牌特色。严密组织各级社区学院学校、实验区、示范区创建评估和实验项目结项评审验收，不断加强市级社区大学、县级社区学院、乡级社区学校和村级社区居民学习点四级教育培训网络建设，社区办学体系更加完善，学习型城市建设步伐进一步加快。

高等教育内涵提升发展。积极推进服务经济社会发展能力提升工程，评选出15个本专科专业作为急特需专业，立项支持建设。大力支持示范性实训基地（中心）建设，积极推动地方高校“双创”工作深入开展，评定了29个创新训练项目、21个创业训练项目和10个创业实践项目。优质高等教育资源引进工作进展顺利。

民办教育规范协调发展。进一步理顺民办学校审批权限，加大惩戒力度，规范民办学校管理。首次把校外培训班治理工作列入国家文明城市创建工作评价元素，深入开展民办培训机构专项治理，金水区、二七区、惠济区、新密市的治理模式和经验在全市推广，专项治理取得阶段性成果。

残疾儿童入学得到保障。指导各县（市）区成立残疾人教育专家委员会，坚持全纳平等原则，采取普通学校随班就读、特殊教育学校或普通学校特教班就读、送教上门等方式，积极做好全市义务教育阶段适龄残疾儿童入学工作，入学率达到94.2%。

五、教育教学质量再上台阶

课程建设和专业设置持续优化。深入开展教育教学研究和课程改革，积极探索符合学科及区域特色的课堂形式。优化专业结构布局，深入开展中职学校新增设专业评估与备案工作，严密组织中职学校第三批拟重点建设专业评估验收，圆满完成第三批专业技能工作室届满考核；积极实施人才培养能力提升工程，支持地方高校技能名师工作室建设，开展大学生创新创业训练计划，地方高校教学质量稳步提高。

教学质量评价和监控持续加强。推进“义务教育区域教育质量健康体检项目”和“普通高中增值评价项目”，基础教育质量综合评价改革进一步深化。积极开展中职学校教学诊断和优质课评选活动，逐步完善中职教育人才培养机制。严密组织地方高校优秀教学团队评定和教改工程项目评审工作。深入开展幼儿园小学化专项治理工作，幼儿园办园秩序更正规。

教学质量继续保持高水平发展。在河南省普通高中数、理、化、生四科竞赛中，郑州市继续保持入围决赛和荣获一等奖人数绝对领先势头；在全国奥林匹克竞赛中，我市学生获得16金19银7铜优异成绩，4人入选国家集训队；郑州外国语学校学生孟昱在第30届国际生物学奥林匹克竞赛中荣获金牌。中原区为我省捧得第一座世界头脑奥林匹克奖杯，获得国家一等奖6个、二等奖13个。中职学生在全国技能大赛中再次荣登河南省金牌榜、奖牌榜第一。举办第五届郑州地方高校技能竞赛，共有32所高校（含8所省属高校）700余人参赛，达到以赛促教、以赛促学的效果。

六、教师队伍建设持续加强

教师工资待遇得到保障。市本级中小学教职人员绩效工资总量提高了27.8%，年平均工资收入略高于公务员。进一步明确乡村教师生活补助、班主任津贴、地方教龄津贴标准，规范发放方式和时间。继续落实乡村教师支持计划，市县两级财政共发放专项经费2.16亿元，同时继续在乡村教师补充、住房保障、职称岗位结构等方面，给予支持照顾。农村教师周转宿舍建设14个项目已全部开工。

师德师风建设持续加强。坚持典型引领带动，评选出16名郑州最美教师，郑州外国语学校教师郑美玲被评为省最美教师，金水区优胜路小学教师白珊被评为省师德标兵，郑州第44中学孙希等6名教师被评为省师德先进个人。坚持严管和厚爱相结合，完善投诉调查惩处机制，严肃处理了个别违反师德师风行为的教师。

教师专业素质持续提升。启动郑州市中小学“千人教育名家”培育工程，遴选了1000名培育对象到高校培训；全市共有30名教师参加“国培示范”项目，2330名教师参加“国培计划”项目，48名教师被确定为河南省名师，343名教师被确定为河南省骨干教师。

七、教育民生工程全力保障

午餐配餐工作进展顺利。全力推进午餐配餐和课后服务工作，开启“官方带娃”模式。截至2019年底，市内五区及四个开发区公办学校义务教育阶段供餐占比为52.95%，供餐学生比例为35.98%。全市共有347所小学和146所初中开展了课后服务，同类占比40%和56.2%。

教育扶贫工作深入扎实。郑州市教育局向卢氏县集中派出支教教师161名，创新集中跟岗与名家论坛相结合方式，圆满完成脱贫攻坚任务，被评为市脱贫攻坚工作先进单位。

教育资助工作及时准确。全面贯彻落实国家省市资助政策，不断完善工作机制和管理举措，全年共资助各阶段幼儿、学生22万人次，发放资金1.78亿元，推动了全市学生资助工作健康开展。

八、教育发展环境持续优化

意识形态工作持续加强。严格落实责任、强化分析研判和阵地管理，研究制定专项工作方案，把意识形态工作纳入单位年度考核及各级党组织书记述职内容，教育系统意识形态工作持续加强；坚持“宗教与教育相分离”原则，深入开展中央和省委宗教工作督查反馈意见整改。

校园安全工作持续向好。全面落实上级关于安全工作的部署要求，持续强化底线思维和红线意识，健全巩固“党政同责、一岗双责、齐抓共管”责任体系，全面推进学校安全工作制度化、规范化、常态化。严密组织“大暗访、大排查、大整治、大执法”攻坚行动和春秋季校园安全检查活动，共排除各类安全隐患 3624 项。积极开展预防未成年人溺亡、校园欺凌专项行动，确保了全市教育系统安全。

信访稳定工作平稳有序。坚决贯彻落实市委、市政府决策部署，不断健全工作机制，严格落实属地责任，坚持排查化解为主，突出重大时期和重点时段的信访稳定工作，妥善处置化解招生季信访事件，保证教育系统的和谐稳定。

教育督政督学扎实有效。紧紧围绕夯实县级政府主体责任，积极开展县级政府履行教育职责评价，全力做好国家、省对郑州市政府履行教育职责评价工作，中原区作为我市样本县（市）区，顺利完成国家义务教育质量监测。构建教育督导机构、督学责任区、学校三级督导网络，实现挂牌督导与校内视导“双轮驱动”。我市共有 137 所幼儿园达标升级，58 所局属学校顺利完成第二期三年发展规划的终结性评估，各县（市）区中小学校三年发展规划抽验评估工作顺利完成。

郑州市 2019 年科技工作报告

郑州市科学技术局

2019 年，全市科技工作认真贯彻落实全国、全省科技工作会议精神，聚焦补齐科技创新短板，深入实施创新驱动发展战略，坚持以支撑国家中心城市建设为统揽，以建设郑州国家自主创新示范区为引领，加快培育引进创新引领型企业、平台、人才和机构（“四个一批”），不断壮大创新主体，加快汇聚创新资源，着力强化科技服务，持续优化创新创业环境，大幅提升自主创新能力，引领支撑全市经济高质量发展。

科技创新迸发活力。按照“一条主线、二力联动、三大创新、四个一批”总体思路，充分激发创新活力，主要创新指标取得显著增长。全市专利申请量达到 5.96 万件，专利授权量突破 3.37 万件；万人发明专利拥有量达到 16 件，同比增长 23%。技术合同成交额 127.47 亿元，比上年增长 54.9%，占全省 54.5%。

创新主体稳步壮大。实施高新技术企业倍增计划，加大高新技术企业培育力度，全年新增高新技术企业 726 家，总量达到 2048 家，同比增长 54.9%，占全省高新技术企业总数的 42.85%；新增科技型企业 1819 家，总量达到 6102 家，同比增长 42.4%。三磨所、河南思维等一批创新龙头企业继续带动行业发展，汉威、新天科技等高新技术企业规模不断壮大。

创新人才加快集聚。实施第四批“智汇郑州·1125 聚才计划”，引育创新创业高层次人才271人，“聚才计划”累计引育各类高层次人才达到1042名，提前一年超额完成五年目标。前三批聚才计划共培养博士、硕士、科研骨干2279人；新引进境外高层次人才84人次；新申请院士工作站11家，总量达到113家。泛锐熠辉陈豫增专家团队研发的“万米水深浮力材料技术”“某装备用碳化硅涂层技术”填补了国内空白，解决了制约我国关键装备发展的“卡脖子”问题。

创新平台快速发展。国家超算郑州中心获科技部批准筹建；浙江大学中原研究院、郑州计量先进技术研究院、郑州人工智能研究院、中国地质大学（北京）郑州研究院、中科院苏州医工所郑州工程技术研究院、郑州中科集成电路与信息系统产业创新研究院等高端新型研发机构签约落地，全市已引进和建设新型研发机构34家，获省科技厅备案26家，河南省重大新型研发机构4家。研发平台加快建设，新建市级研发中心220个，全市累计建设各级各类研发中心3237个。

创新成果不断涌现。郑煤机研发的大采高高端采煤机和薄煤层高端采煤机，整体技术指标达到国际先进水平；宇通新能源客车动力系统成为行业主流系统，销量在全国居行业第一；安图生物的“新型系列全自动化学发光免疫分析系统的研制”项目取得重大突破；中铁装备发布的“龙岩号”，实现对TBM传统破岩理念革命性的创新。全市6项科技成果荣获国家科技奖励，占全省获奖项目的40%；获得河南省科学技术进步奖176项，占全省的60.3%，其中一等奖15项，占全省的71.4%。

一、建立科技领导小组制度，推动科技重大事项落实

成立以市长为组长，科技、发改、财政、工信、税务、市场监督管理为组成部门的市科技工作领导小组，并建立月工作例会制度。定期听取研究解决自创区建设、重大科技项目实施等科技工作重要问题。全年筹备召开4次例会，会议显著提升科技工作决策效率，促进了新型研发机构引进建设等重要问题落实，推动了全市科技创新工作发展。

二、发挥政策引领导向作用，完善科技创新政策体系

为深入实施创新驱动发展战略，全面加快科技创新，推动经济高质量发展，对现有科技政策进行了梳理、修订和完善，相继出台了《关于全面加快科技创新推动经济高质量发展的若干意见》和《关于加大全社会研发投入的若干政策措施》《关于支持科技型企业融资发展的若干政策》等6个配套政策，逐步形成了覆盖支持加大研发投入、科技金融、成果转化、高企培育、新型研发机构和创新创业载体建设等全方位的“1+N”科技创新政策体系，并及时召开县（市）区科技工作座谈会，推动政策落实。

三、持续深化科技体制改革，不断激发科技创新活力

深化自创区体制机制改革。高新区在完成大部制改革的基础上，进一步深化管理体制机制改革，起草完成《郑州高新区岗位聘任管理办法》《郑州高新区行政事业人员“三分离双轨运行”管理办法》《郑州高新区管委会工作人员考勤和相关工资待遇管理规定》等制度。启用了市政府土地规划高新区专用章、市自然资源和规划局高新区专用章（二号公章）等，进一步简化审批程序，提高审批效率。

推进科技监督评价体系改革。推进科技监督评价体系建设，起草了《深化项目评审、人才评价、机构评估改革　提升科研绩效的若干意见》《郑州市科技监督工作暂行办法》《郑州市科研诚信管理办法（试行）》等文件。

深化科技领域“放管服”改革。推动政府职能从研发管理向创新服务转变，全力推进“一网通办”，率先在全市实现全流程“一网通办”零的突破。27项政务服务事项中，四星级25项，三星级2项，最新评估成绩居全市第2位。

四、提升科技创新服务能力，优化科技创新创业环境

实施大众创业万众创新。提升创新创业载体承载能力，新认定市级孵化载体20家，各类孵化载体总量达到255家，孵化面积超过854万平方米；着力营造创新创业氛围，举办“郑创汇”国际创新创业大赛、第八届中国创新创业大赛河南赛区比赛、世界传感器大会、第四届“强网杯”全国网络安全挑战赛、中国·河南开放创新暨跨国技术转移大会等创新创业活动。

推进科技服务能力提升。召开银企对接会，启动“郑科贷”业务，230多家科技型企业与银行签订融资意向；开发郑州市科技金融公共服务平台；开展科技服务业务统计，新增科技服务业企业36家，累计达到136家。实施“开放共享服务绩效评价制度”，提升大型科研仪器使用效能，共享使用数量达到5810台（套）。

加快科技成果转移转化。推进国家技术转移郑州中心建设，谋划建设郑州科技大市场，强化郑州全省科技创新服务体系核心地位。修订《郑州市科技成果转移转化补助实施细则》，新认定技术转移服务机构4家，全市技术转移服务机构达到41家。

五、加大财政资金投入力度，深入开展科技惠民活动

加大财政支持力度。组织实施重大科技专项，支持市级重大科技创新专项52个，协同创新重大专项（郑州大学）11项，全年共评审研究各类科技项目资金7.52亿元，比2018年增长23%；累计下达各类科技项目2500多项，支持资金6.14亿元，同比增长57.4%，争取省级以上项目1168项，资金2.1亿元。

推进民生科技发展。组织实施郑州市科技惠民计划23项，加大对全市人口健康、公共安全等先进适宜技术的推广应用支持力度，让更多的科技创新成果走进基层，惠及百姓。深入推进科技扶贫工作，组织成立5

个市级科技特派员服务团、6 个县级科技特派员服务队，共选派市、县科技特派员 127 名。

开展科技宣传活动。坚持扶贫先扶智，成功举办郑州市科技活动周、科技下乡、“科技基层服务月”等活动，购买科普图书 6000 多册，编印《科普知识前沿》1000 多册，组织科技型中小企业“双提升”暨高新技术企业“中原行”、研发投入统计、科技金融、技术合同登记等科技政策宣讲及业务培训活动 20 多场次。坚持抓好驻村帮扶工作，党组成员 12 次调研指导，结对帮扶，助力脱贫攻坚工作。

郑州市 2019 年工业发展报告

郑州市工业和信息化局

2019 年，全市工信系统深入学习贯彻习近平新时代中国特色社会主义思想，积极践行习近平总书记调研河南、考察郑州时重要讲话精神，全面落实国家、省、市关于制造业高质量发展各项决策部署，紧紧围绕“巩固、增强、提升、畅通”八字方针，坚持新发展理念，坚持供给侧结构性改革，坚持制造业高质量发展主攻方向，着力稳增长、调结构、强项目、抓创新、育动能、优环境，全市工业经济实现平稳健康发展，取得了较好成效。

工业经济平稳运行。2019 年，全市规模以上工业增加值增长 6.1%，增速高于全国 0.4 个百分点，低于全省 1.7 个百分点，9 个国家中心城市排名第 4 位，35 个大中城市排名第 15 位。全市制造业增加值增长 6.6%，高于全市规模以上工业增加值增速 0.5 个百分点，拉动工业增长 5.8 个百分点，对工业增长贡献率达到 94.9%，制造业占全市规模以上工业增加值的比重达到 77.2%。

转型升级步伐加快。2019 年，全市工业七大主导产业增加值占工业增加值比重达到 69.6%，增加值增长 6.6%，高于全市平均水平 0.5 个百分点。全市战略性新兴产业占工业增加值比重达到 23.2%，增加值增长 12.4%，高于全市平均水平 6.3 个百分点。新产品快速增长，新能源汽车、工业机器人、城市轨道车辆产量分别增长 38.3%、56.9%、70%。

压减钢铁产能95万吨、水泥61万吨、电解铝35万吨、煤炭310万吨，高载能产业的比重降至33.8%，增加值增长3.7%，较上年回落2.4个百分点。

项目建设成效显著。2019年，全市签约海康威视、中国电子、新华三、创新科等亿元以上工业项目173个，总签约额1694亿元，超额完成全年目标。上汽数据中心等243个项目开工建设，明泰铝业高精铝板带箔生产线等246个项目竣工，实施安图生物诊断仪器产业等546个工业技改项目，投资额增长31.4%。

创新活力持续增强。2019年，全市高新技术制造业占工业增加值比重达到20.3%，增加值增长10.9%，高于全市平均水平4.8个百分点。成功创建国家综合型信息消费示范城市，新增省级制造业创新中心4家，各类企业技术中心、重点实验室等创新平台达到994个，其中国家级54个。开通全球首条在开放道路上试运行的5G无人驾驶公交线路。郑州大信家居有限公司获评国家工业设计中心，填补我市国家级工业设计中心的空白。

绿色发展水平提升。成功创建工业资源综合利用基地，建成国家级绿色工厂8家、省级6家。2019年，完成1270家工业企业深度治理、1152家“低小散”企业整治、全部工业企业进行绿色绩效评价管理，全市单位工业增加值能耗下降16.3%，超额完成年度目标任务。

中小企业发展活跃。2019年，全市中小企业增加值增长8.1%，占全市GDP比重达到60%以上。规模以上工业中小企业完成增加值增长6.4%，占全市规模以上工业增加值的61%。全市中小企业超过17万家，从业人员约245万人。

一、强化运行服务，努力稳增长

坚持稳中求进工作总基调，坚决把稳增长作为工业经济发展的首要任务。

加强工业运行监测。坚持工业“周问询、旬报告、月分析、季总结”

监测制度，突出重点区域、重点行业稳增长，抓好66户龙头企业、200户重点企业运行数据监测分析。每月召开全市工业经济运行分析会议，研判形势，加强调度，有序保障了全市工业生产用电、用热、用气等生产要素供应，全力做好了迎峰度夏、度冬保暖和少数民族传统体育运动会保电等各项工作。

强化企业服务。发挥郑州市企业服务平台作用，积极协调解决企业各类问题1072个，解决率达到98%。组织开展郑州市高质量发展专题研修班产业链精准产销对接会、郑州职业技术学院2020届毕业生校园招聘会暨郑州市2019精准用工系列对接会等“四项对接”活动81场，签订产销协议560个120亿元。深入开展“企业家接待日”活动130余场次，接待企业家1200余人次，持续实施“千人帮千企”，帮助协调解决重点企业各类难题140余个。

坚持督导工作机制。健全市工信局班子成员分包县（市）区和县（市）区分包联系重点工业企业的“双联系”制度，每月对县（市）区经济运行、项目建设、环保治理、安全生产等重点工作进行指导，压实工作责任，形成了全市加快工业经济发展的有效合力。

二、实施三大改造，大力调结构

坚持以“三大改造”为抓手，强化产业转型攻坚，出台实施了推进工业结构调整打赢大气污染防治攻坚战工作方案、全市智能化绿色化和企业技术改造实施方案、工业企业深度治理年度专案等，主导产业支撑作用进一步增强，电子信息产业增加值增长9.3%，高于全市平均水平3.2个百分点，手机产量达到2.1亿部，其中智能手机产量1.1亿部；汽车和装备制造业增加值增长8.2%，高于全市平均水平2.1个百分点，汽车产量突破60万辆；铝制品、现代食品、新材料、生物医药均保持稳健增长态势；原铝（电解铝）产量下降47.9%，氧化铝下降17%，原煤下降13.3%，钢材下降5.4%，供给侧结构性改革成效持续显现。

开展智能化改造。建成省级智能工厂（车间）21家、机器人“十百千”示范应用倍增工程示范项目13个、智能制造标杆企业4家，推广应用882台机器人和86台数控机床；集合全国数十家优秀智能制造解决方案资源，对200家重点规模以上工业企业开展智能化改造诊断服务，推动县（市）区组织实施亿元以下工业企业诊断服务。建立智能制造企业培育资源池，入池企业219家。

推进绿色化改造。研究出台《郑州市水泥行业转型发展行动方案》《郑州市钢铁行业转型发展行动方案》。大力开展工业企业深度治理，举办9场动员培训会，组织3500多家企业参加学习。帮助企业制定有组织排放治理方案570个、无组织排放治理方案571个，成立3个由县级领导带队的工作指导组，引导企业按照“一企一策”专案开展治理改造。研究制定《郑州市城乡接合部优化产业结构工作专案》，推动11家重污染企业和6家危化品企业搬迁改造。培育省级自愿性清洁生产企业6家，完成60家重点工业企业节能监测监察，全市企业单位产品能耗全部达到国家限额标准要求。

加快企业技术改造。建立市级工业企业技改项目库，推荐340个技改投资3000万元以上的项目进入省级项目库、10个项目参与国家制造业高质量发展专项招投标。工业技改投资占全市工业投资的比重达到53.5%，成为全市工业结构调整和转型升级的重要推动力量。

三、深化开放合作，着力强投资

坚持把招商引资作为“一号工程”，强化县（市）区主体责任，大力推进“五职招商”。制定2019年工业招商实施方案，明确招商重点，深入研判国内外500强、行业龙头企业在国内战略规划、投资布局及动态走向，梳理确定投资意向目标企业和重点意向项目，建立动态跟踪督导台账，开展精准招商。充分利用中国（河南）投资贸易洽谈会、两岸智能装备制造郑州论坛、第二届世界传感器大会等交流平台，瞄准长三角、珠三角、环渤海等重点区域，着力延链、补链、强链。上汽全球数据中心、APUS全球第二总部等战略性新兴产业项目落地，制造业招商占全市引进资金的42%。推进郑州市优势企业参与国际产能和装备制造合作，涌现出鸿富锦、宇通、中铁装备、郑煤机、明泰铝业、思念等一批国际产能合作企业，制造业年出口额连续多年位居中部省会城市第一位。

强化工业项目建设，以郑州市工业项目监测管理服务系统为抓手，积极构建市、县（市）区、企业三级一体化服务平台，坚持重大项目周例会制度，开展常态化走访跟踪服务，大力推进546个重大工业项目建设，累计完成投资731.6亿元，其中：奥克斯智能家电生产基地、比克电池二工厂等开工项目完成投资278.9亿元，宇通国家电动客车工程技术中心、中铁智能化高端装备产业园等续建项目完成投资383.9亿元，宇通年产5万台商用车、海马汽车DCT自动变速器与试验中心等竣工项目完成投资68.8亿元，为制造业高质量发展提供了新动能。

四、强化质量品牌，突出抓创新

深入推动“三个转变”，把创新作为引领产业发展第一动力，强化消费品工业“三品”战略国家示范城市功能作用，着力构建制造业创新体系。

积极推进质量品牌建设。大力实施制造业“三品”专项行动，积极开展对标达标活动，嘉晨电器、中瓷科技等12家企业获评省级质量标杆。积极推进商标品牌战略，全市中国驰名商标达到56件、省著名商标达到586件，好想你枣业获得商标金奖“商标运用奖”。

创新平台建设取得明显成效。加快制造业创新中心建设，功能金刚石材料创新中心、工业新型成像技术创新中心、高效能铝基新材料创新中心、河南省智能工厂系统集成创新中心等4家单位被认定为省级制造业创新中心，占年度认定省级制造业创新中心的近50%；确定了13家市级制造业创新中心培育单位，其中建成4家市级制造业创新中心。

创新能力显著增强。创新型企业蓬勃发展，中钢网、天迈科技2家企业获评国家级制造业“双创”平台试点示范项目，四方达、黎明重工等7家企业成为省级技术创新示范企业，格力电器、鸿富锦精密5家企业获评省制造业“双创”平台，全市科技型企业达到6102家，高新技术企业达到2048家，增加值增长8%。

五、培育新兴动能，积极促融合

加快制造业与互联网、制造业与服务业、军民融合发展，积极培育新业态新模式。

深入推进制造业和互联网融合发展。郑州精华教育科技、威科姆、郑州时空隧道信息技术、河南灵境科技4家企业获评国家级新型信息消费示范项目，郑州赛欧思“基于云的网络安全监测预警及态势分析平台”，信大捷安“协同融合的车联网一体化安全服务系统”、“协同融合的网络安全防护和监测管理平台”，河南金盾“IPv6安全检测评估平台”4个项目获评国家网络安全技术应用试点示范项目，郑州金惠计算机、郑州大学中德智能制造合作学院获评国家级制造业与互联网融合发展试点示范项目。凯雪冷链、凯邦电机等10家企业获评省级制造业与互联网融合发展试点示范项目。大力实施“百千企业上云”计划，积极推动龙头骨干企业建设“工业大脑”，12家企业入围省级企业上云服务商，累计达到20家，占全省的90%。全市“上云企业”达到1.3万家，占全省的40%。郑州天迈科技“车辆能源管理工业互联网平台”等5个平台成为省级工业互联网平台培育单位。成立郑州市智能网联车辆道路测试管理联席工作小组，出台《郑州市智能网联车辆道路测试管理实施细则》，研究批准自动驾驶微公交车在郑东新区智慧岛开展智能网联车辆道路测试及示范运行，取得较好示范带动效应。

推动制造业和服务业融合发展。积极发挥示范城市引领效应，思念食品（供应链管理）等8个项目入选省级服务型制造示范企业（项目、平台），成功举办第三届全国服务型制造大会，扩大了郑州市在全国制造业发展格局中的影响力。

推动军民融合发展。积极推进“军转民”“民参军”，深入开展“卡脖子”问题攻关，6个攻关项目获省先进制造业发展专项资金支持，占全省资金总额的60%以上。成功创建巩义市省级军民融合产业基地、河南郑州军民融合产业创新基地（荥阳）等省级军民融合基地，军民融合发展水平不断提升。

六、中小企业和煤炭产业发展

推动落实事业单位机构改革工作，理顺机关与事业单位关系。组织市中小企业服务中心研究制定非公有制经济和中小企业发展年度目标，做好全市中小微企业经济运行预测预警。积极培育“专精特新”中小企业，截至2019年年底，全市“专精特新”中小企业达到542家，其中市级410家、省级129家、国家级3家。大力推进“小升规”，全年新增规模以上工业企业268家，增加值增长99.2%，拉动全市工业增长2.9个百分点，对全市工业增长贡献率达到105.4%，为全市工业持续健康发展注入了新鲜血液。积极落实国家、省清理拖欠民营企业中小企业账款工作部署，全年完成清偿账款12.13亿元，清偿比例高达79.1%，圆满完成国家下达的50%清偿任务。组织市煤炭管理事务中心等单位，推动煤炭企业落实安全生产主体责任，建立健全覆盖全岗位安全生产责任清单。扎实开展“防风险除隐患保平安迎大庆”集中行动、煤矿安全集中整治和“双随机一公开”执法检查，努力消除事故隐患。推行瓦斯抽采“三化一工程”建设，建立突出矿井帮扶机制，着力提升瓦斯防治能力。着力推进煤矿机械化、智能化升级改造，推广新工艺新技术新装备，全市煤矿实现综采28家、综掘63家，超前支护工艺45家，重要岗位无人值守13家，矿井安全保障能力大幅提升。全年组织关闭退出煤矿1家，顺利完成省政府下达年度去产能目标任务。建成一级标准化煤矿5家，二级标准化46家，先进产能煤矿占比进一步提高。2019年，全市复工复产煤矿61家，生产原煤1725万吨，实现产值79.1亿元。

七、强化政策引导，持续优环境

坚持以服务企业、让企业满意作为工作标准，构建制造业发展生态。

制定政策专案。推动出台支持汽车产业发展和加快新能源汽车推广应用若干政策、关于加快推进国防科技工业军民融合深度发展实施意见，印发 2019 年先进制造业行动计划和 5G 及北斗、智能传感器、信息安全、人工智能等战略性新兴产业推进专案、新能源及网联汽车发展实施方案等，组织编制氢燃料电池汽车、人工智能、软件和信息技术服务、5G 及北斗、智能传感器等发展规划，聚焦重点领域，加快产业转型升级。推动出台《关于新型工业用地管理的实施意见（试行）》，深化土地供给侧改革，大力推广 M1A 和 M0 用地模式，为成功引进海康威视、紫荆科技等项目发挥了关键作用，有力促进了新兴产业发展。

强化政策宣传落实。举办制造强市政策集中宣讲系列活动，参加企业 2500 家。在局官网开辟制造强市政策专题咨询窗口，及时有效解答企业问题 230 个。采用郑州企业服务网（ZZIS）、官方微信公众号等互联网渠道，全方位多层次宣传涉企政策，提高政策知晓度。开展政策进县（市）区、进园区、进企业“三进”活动，实现政策宣传规上企业全覆盖。积极落实国家、省、市新能源汽车推广应用、工业强基、先进制造业等相关政策，全年争取上级财政奖补资金 40.8 亿元，落实郑州市制造强市奖补资金 1.7 亿元。

优化营商环境。大力弘扬企业家精神，宣传先进典型，提振发展信心，形成了企业家干事创业的良好氛围。强化企业家队伍建设，评选 415 名领航计划企业家，其中，领军型企业家 139 名、成长型企业家 276 名。在清华大学、吉林大学、浙江大学等知名高校组织开展企业家研修班 5 期，参训企业家 600 人次。举办“郑州市企业家大讲堂之企业转型升级公益论坛”11 场，参会企业家 1000 多人次，积极营造“服务优、政策优、企业家与人才待遇优、亲与清型政商关系”的“三优一亲”营商环境。

郑州市2019年民政工作报告

郑州市民政局

2019年，全市民政系统以习近平新时代中国特色社会主义思想和习近平视察河南时重要讲话精神为指导，紧紧围绕郑州建设国家中心城市大局，认真践行“民政爱民、民政为民”工作理念，全面贯彻落实国家、省、市关于民政工作的部署要求，充分发挥民政在落实民生保障中的职能作用，全市民政事业发展取得了新成效。2019年，郑州市民政局获得第十一届全国少数民族运动会筹办工作省级集体三等功、全省民政系统先进集体、河南省文明单位等多项荣誉。

一、社会救助工作

推进城乡低保标准一体化。2019年6月，市民政局、市财政局联合印发《关于调整提高城乡最低生活保障标准和特困人员救助供养基本生活标准的通知》，从2019年7月1日开始，全市实行城乡低保标准一体化，农村低保标准由每人每月430元提高到700元，城市低保标准由每人每月630元提高到每人每月700元。

开展城乡低保专项治理工作。全市共清退不符合条件的农村低保对象2511户4421人；排查“脱保、漏保”重点对象23443户、44882人，新纳入低保2085户、3563人，新纳入特困供养863户、897人，给予临时救助 3944 人次；接到反映问题线索 37 件，查证属实予以处理的 3 件。

开展低保审批权限下放乡镇试点工作。下发了《郑州市民政局关于开展最低生活保障审批权限下放试点工作的通知》，荥阳市、登封市、金水区、二七区、高新区等 5 家试点单位均以政府名义印发文件，有序推进试点工作。

及时发放临时价格补贴。2019 年 12 月，城乡低保总人数共 54260 人，全年累计支出 2.8 亿元；特困人员救助供养第四季度人数为 11842 人，全年累计支出 1.38 亿元；临时救助 2019 年累计救助 8495 人次，支出 883.83 万元；下达价格临时补贴资金 1694 万元，确保困难群众基本生活水平不因物价上涨而降低。

圆满完成春节慰问任务。春节前夕，精心部署、提前规划，圆满完成省市领导春节慰问服务保障工作，共慰问驻郑部队 13 家、困难企业 7 家、民政福利机构（敬老院）15 家、困难群众 81 人，发放慰问金、各类生活物资等折合人民币 300 多万元。

组织社会救助工作宣传月活动。5 月，在全市组织开展了以“阳光救助暖万家”为主题的社会救助政策宣传活动，共发放宣传册（页）3 万多份，举办广场宣传活动 20 多场，营造了良好的社会舆论氛围。

二、养老服务工作

认真做好养老机构备案工作。深入贯彻落实民政部、省民政厅关于养老机构备案工作有关部署，制定出台《郑州市民政局关于做好养老机构备案有关工作的通知》等文件，指导各县（市）区做好养老机构备案有关工作。2019 年全市新备案养老机构 16 家，新增养老床位 2800 多张。

大力开展政府购买养老服务。按照“政策引导、社会参与、市场运作、老人受益”的原则，在主城区及 4 个开发区开展居家养老服务试点。2019 年争取省级政府购买养老服务资金 7000 多万元，承接购买公共服务社区托老站（点）300 多个、助餐点 46 个，购买特殊困难老年人社区居家养老服务近 6000 人，购买公共助餐服务老年人近 8000 人。

认真做好老年人高龄津贴发放工作。全市共为17.53万名高龄老人发放高龄津贴2.5亿元。其中，80～89岁老人15.38万人，90～99岁老人2.11万人，100岁及以上老人427人。

积极推进养老设施和养老机构质量建设。初步完成《郑州市养老设施布局专项规划（2018—2035年）》编制工作；推进社区老年人日间照料中心建设，全市建成84家，新增养老托老床位1600多张；组织开展全市护理员技能大赛，26个参赛机构的138名选手参赛。

三、儿童社会福利和慈善事业促进工作

持续做好孤弃儿童保障工作。将事实无人抚养儿童纳入孤儿保障范围，全年共发放孤儿救助专项资金799.93万元。组织登记员培训班，规范收养登记工作。

开展丰富多彩的留守儿童关爱服务活动。利用节假日、暑期组织开展法治安全宣传教育、健康知识讲座、家庭教育和防溺水知识等宣传活动，增强留守儿童、困境儿童父母及监护人的安全意识和责任意识。

慈善事业蓬勃发展。举行“助力脱贫攻坚 创建慈善城市”——庆祝第十二个“郑州慈善日”暨捐赠活动，获捐赠善款3.8亿元，再创慈善日捐款新高。扎实做好慈善信托备案工作，已完成3个项目的备案工作，共计资金9948.45万元。全年全市累计销售福利彩票16.488亿元（含巩义市7952万元、航空港区6270万元），市管站点销售比省定任务高出2910万元。

四、社会治理工作

农村自治体系逐步建立。出台《关于进一步做好村规民约和居民公约工作的实施意见》，按要求完成村规民约修订任务，村委会成员缺额补选工作扎实推进，“四议两公开”工作机制运行良好，农村基层民主协商制度普遍推行。

社工工作稳步推进。积极推动社会工作、志愿服务政策创制，先后出台《郑州市政府购买社会工作服务资金管理暂行办法》《郑州市关于加快推进志愿服务发展促进社会治理创新的意见》，为我市志愿服务发展提供政策支撑。组织开展社工师考试考前培训，共 1000 余名学员报名参加。社工孵化基地组织开展各类专题培训 54 场，专题培训服务 3350 人次，累计服务 4350 人次。

社会组织管理服务工作进一步规范。严格遵守行政审批“两集中、两公开和五单一网”制度，年初以来已经办理社会组织行政审批 178 项，合法率 100%，回访满意率 100%。印发《郑州市推动社会组织党建覆盖实施方案》，全面实现党建工作“两个覆盖”。全市社会组织 4622 家（含巩义市），社会组织党建应建尽建率 100%，党的工作全覆盖 100%。全面开展社会组织年检及评估工作，1114 家市本级社会组织完成年检 985 家，执法督导社会组织问题户 124 家。社会组织评估提交评估材料 67 家，评出社会组织 3A 级以上 46 家。

五、专项社会事务工作

区划和地名管理工作。下发《郑州市不规范地名清理整治工作实施方案》，成立了郑州市清理整治不规范地名联席会议和专家组，以“大洋怪重”为代表的 50 个居民区、82 个擅自使用非标准名称的道路标牌、156 个不规范交通指示牌完成清理整治。推进普查档案立卷归档工作和成果转化工作，11 个县（市）区已完成普查档案的立卷归档工作；完成地名普查成果表的汇总、整理、装订、上报工作，共计整理、编印地名普查成果表 12 卷 97 册；完成了国家地名词典、国家地名志 243 幅标志性地名照片征集上报工作；完成省地名词典、省地名志共计 58.8 万字的词条编纂工作；完成 4 条轨道交通线 65 个车站、76 条新建、延长道路的命名工作；开展地名标志设置工作，督促有关单位制作安装标准路牌 6522 块。配合公安部门在全市城区开展标准地址三维码门（楼）牌换装工作。积极推进撤乡设镇、撤乡（镇）设办工作。开展边界联检工作，全年完成7条界线336.953公里、42棵界桩的联检工作。

婚姻登记、殡葬管理、流浪乞讨人员救助工作。2019年，全市共办理婚姻登记143834对，其中结婚71945对，离婚46499对，补领证25333对，港澳台57对；全市共救助流浪乞讨生活无着人员6672人次，其中救治流浪乞讨急（危）重症病人、有明显特征的精神障碍和传染病人639人；全市火化遗体31045具（包括巩义市），全市惠民资金共投入2324.4248万元，惠及28027人。

残疾人关爱保护工作。全市共有困难残疾人17035名、重度残疾人48174名；共发放残疾人两项补贴资金7793.624万元，其中困难残疾人生活补贴资金2307.81万元，重度残疾人护理补贴资金5485.814万元。联合市财政局、卫健委、残联出台《关于加快发展精神障碍社区康复服务发展的实施意见》，为各县（市）区开展精神障碍社区康复工作提供理论指导。

六、民政自身建设方面

深入推进机构改革、局属企业改革改制，按期完成相关职能划转移交等工作。全面推进民政领域行政审批制度改革和“放管服”改革，政务服务效能不断提升。扎实做好安全生产、平安建设各项工作，切实抓好民政系统重大风险防范化解工作，扎实开展“安全生产宣传月”“民政服务机构安全管理月”活动、“防风险　除隐患　保平安　迎大庆”专项行动、扫黑除恶“排头兵”创建工作等，深入民政服务机构督导检查，发现整改一批安全隐患，探索建立各项长效机制，全市民政系统坚决杜绝了各类事故，安全稳定形势持续保持了良好态势。认真落实市政府下达的第十一届全国少数民族运动会湖南团对口接待任务，迎送湖南省代表团成员49批次，751人次，保障比赛148场次，调度车辆284台次，接送运动员、观摩人员3690人次，及时高效完成了各项接待服务保障工作。

郑州市2019年司法行政工作报告

郑州市司法局

2019年是市县两级司法局重新组建后开展工作的第一年。在市委、市政府和省司法厅、市委政法委的坚强领导下，全市司法行政系统紧扣“一个统筹、四大职能”工作布局，不忘初心、牢记使命，履职尽责、奋发有为，为国家中心城市建设和法治郑州建设提供有力保障，取得了明显的工作成效。

一、全面依法治市工作扎实推进

中共郑州市委全面依法治市委员会办公室正式挂牌，标志着我市全面依法治市工作开启新篇章、迈入新征程。一年来，全市司法行政系统认真学习贯彻习近平总书记全面依法治国新理念新思想新战略和习近平总书记在全面依法治国委员会第一次、第二次会议上的重要讲话精神，立足新职能，找准新定位，谋划新思路，开启全面依法治市新征程。

加强组织领导。依照中央全面依法治国委员会、省委全面依法治省委员会组成人员情况，向市委提出全面依法治市委员会组建方案，制定《中共郑州市委全面依法治市委员会工作规则》及相关工作规则、细则，确保委员会规范有序运转。

加强工作统筹。统筹考虑我市经济社会发展状况、法治建设进程、人民群众需求变化等综合因素，筹备召开市委全面依法治市委员会第一次会议，安排部署年度重点工作。牵头开展食品药品监管执法司法问题整改、营造法治化营商环境保护民营企业发展专项督察和食品药品监管执法司法督察验收，持续营造良好法治环境，在全市政法工作会议上受到市委领导表扬。

*加强机构建设。*推动各县（市）区全面依法治县（市）区委员会建设，绝大部分县（市）区已按要求完成了工作任务。

二、法治政府建设水平持续提升

全市各级各部门深入贯彻《法治政府建设实施纲要（2015—2020年）》和省、市实施方案，推动法治政府建设各项任务有序展开。

*以全面推进依法行政促法治政府建设。*印发《郑州市2019年推进依法行政建设法治政府工作要点》，组织市政府常务会议学法活动6次，举办全市领导干部法治政府建设专题培训班，有序推进2018年度全市依法行政考核，组织对部分县（市）区法治政府建设情况进行专项督察，积极推进争创国家级、省级法治政府建设示范市，依法行政工作有力推进。各县（市）区强化对法治政府建设的组织领导，坚持精准施策，持续推动各项工作落细落实。

*以重点领域立法促法治政府建设。*完成《郑州市贾鲁河保护条例》《郑州市停车场建设管理条例》《郑州市规范城市客运行为若干规定》等3部地方性法规立法任务，制定《郑州市城市生活垃圾分类管理办法》等4部政府规章，确保年度立法计划落实到位。坚持开门立法，组织召开市政府法律专家咨询团专家论证会7次，认真听取立法基层联系点意见建议，多途径公布立法征求意见稿。有序推进全市机构改革涉及的政府规章清理，有力保障了机构改革顺利推进。我市关于“创新政府立法机制，提升政府立法质量研究”的论文在《河南法治发展报告（2019）》蓝皮书刊登推广；郑州市司法局被司法部评选为全国法治政府建设工作行政立法先进单位，政府立法走在全国前列。

以严格规范公正文明执法促法治政府建设。印发《郑州市全面推行行政执法公示制度执法全过程记录制度重大执法决定法制审核制度实施方案》，制定《郑州市行政执法公示办法》《郑州市行政执法全过程记录办法》《郑州市重大行政执法决定法制审核办法》，在全市全面推行“三项制度”。落实重大行政处罚备案审查制度，全年备案具体行政行为900余万件，审查重大行政处罚备案案件630起，审查相关问题2000余项。组织新进执法人员执法资格认证培训，严格执法证件管理，提高全市行政执法人员整体素质。

以规范性文件严格管理促法治政府建设。严格执行规范性文件审核备案制度，全年审查备案规范性文件326件，分别向省司法厅、市人大备案规范性文件38件。完成证明事项、中介服务垄断、与现行开放政策不符规范性文件清理，统筹推进涉及机构改革规范性文件清理，严格组织规范性文件考评，确认违法规范性文件3件，有力维护了法制统一和政令畅通。

以具体涉法事务严格依法办理促法治政府建设。全市各级行政机关共办理一审行政应诉案件3132件，一审审结2904件，胜诉2057件，胜诉率70.83%，其中市政府发生一审案件163件，一审审结110件，胜诉106件，胜诉率96.36%。持续推进政府法律顾问制度，完善市政府法律顾问聘任、考核、奖惩等制度，强化经费保障，为政府和政府部门依法决策提供更加全面、准确、可靠的法律服务。

以行政复议化解争议促法治政府建设。充分发挥行政复议化解行政争议主渠道作用，保障和监督行政机关依法行使职权。全市各级各部门接收行政复议申请2087件，审查受理1734件，受理率83.08%，办结1528件，其中直接纠错336件，直接纠错率21.99%，间接纠错327件，间接纠错率21.4%。市本级办理的2起行政复议案件入选省政府《2019年河南省十大行政复议典型案例》，行政复议办案能力不断提升。我市连续第六年举办行政复议精品案件评选活动，行政复议公信力和权威性不断提升。

三、维护社会安全稳定职责全面落实

强化狱所管理工作。完善安全责任体系，丰富教育戒治内容，加强狱所内部管理，不断强化教育戒治和戒毒医疗社会化工作，全面推进“四区五中心”统一戒毒模式建设。加强安全督导检查力度，突出安保工作重点，扎实开展专项治理整顿工作，及时消除安全隐患。全年对狱所检查30余次，排查、整改安全隐患110余条。各狱所全面实现了“四无”“六无”目标。

全面推进刑罚执行一体化。依托石佛强戒所成立8个派驻警察大队，推行“警察＋”工作机制，形成刑罚执行一体化“郑州模式”。依法做好特赦实施，市中级人民法院对市本级上报的31名社区矫正对象作出特赦裁定。加强社区矫正执法监督检查力度，协调公安机关做好社区矫正对象不准出境通报备案和边控工作，确保无脱管、漏管现象发生。

强化安置帮教工作。严格落实管控措施，重点做好建国70周年前后被特赦人员的衔接、安置、帮教。督促县（市）区全部建成刑满释放人员安置基地，帮助刑满释放人员尽快回归社会。

深入开展扫黑除恶专项斗争。组织开展争创扫黑除恶“排头兵”系列活动，加强监狱戒毒场所涉黑涉恶线索摸排，共排查涉恶线索18条，已全部移交。加强社区矫正涉恶人员管控，严格落实各项监管制度，加强律师代理涉黑涉恶案件管理，全市律师共代理涉黑涉恶案件1914起，全部按要求审批备案。开展扫黑除恶宣传进景区、进乡镇、进社区主题活动，策划开展扫黑除恶知识竞赛、演讲比赛等。市委政法委对郑州市司法局的扫黑除恶工作给予了肯定。

加强指挥中心建设。推进全市司法行政系统指挥中心实体化、实战化、信息化建设，市本级在建成指挥中心的基础上，指导、推动各县（市）区指挥中心建设，确保司法行政统一调度、反应灵敏、上下联动。

四、公共法律服务体系不断完善

推动律师行业持续健康发展。以高质量党建促进律师行业新发展，全市174个律师事务所成立了党支部或联合党支部，129家律师事务所选派了党建指导员，基本实现了党的组织和工作对律师行业的全面覆盖。2019年，市律师行业党委被评为郑州市优秀基层党组织，2个党支部被表彰为全国律师行业先进基层党组织，2名律师被表彰为全国律师行业优秀共产党员，1名党员被表彰为全国律师行业优秀党务工作者，律师行业党建工作在全省树立了标杆。加强行业诚信建设，建立律师不良执业信息披露和查询制度。开展律师调解试点，组织培训、考核律师调解员299名。充分发挥律师在全面依法治市工作中的重要作用，组织开展民营企业“法治体检”等公益活动，参与信访值班，化解矛盾纠纷。深入推进村（居）法律顾问工作，基本实现了全覆盖。全年律师办理各类案件近7万件，服务经济社会发展的能力稳步提升。

全面提升公证质量水平。创新公证服务模式，推出网上申请办证、上门办证等多项便民措施，在多家金融机构实行驻点服务，提高公证办理效率。加大对知识产权保护、企业融资贷款公证服务力度，推动全市公证信息与不动产登记相关信息互通共享，实现公证员在线查询公民婚姻信息，持续提升服务品质。组织开展市级以上劳动模范和先进工作者免费办理公证等公益服务活动。全市办理各类公证近20万件，公证业务量稳步提升。

加强司法鉴定监督管理。加强对全市司法鉴定机构及司法鉴定人依法执业监督力度，组织开展案卷评查、实地核查、专项检查，依法办理投诉举报，切实提高司法鉴定质量和公信力，全市共办理鉴定案件4485件。

着力提升法律援助工作水平。积极推进刑事案件审判阶段律师辩护全覆盖试点，组建郑州市刑事法律援助律师库。组建市本级同行评估专家团和案件质检员队伍，开展全市案件质量评估培训，组织对刑事案件卷宗进行抽查评估，切实提升办案质量。全市办理各类援助案件 2.5 万件，为农民工、军人军属分别挽回损失或取得利益 4423 万元、54.31 万元，有力维护了社会和谐稳定。

开展以宪法为核心的普法宣传教育。推动法治宣传教育纳入全市“十三五”规划。推动学习以《宪法》为核心的法律法规，组织法治讲座 690 余场次。贯彻落实“谁执法谁普法、谁主管谁普法”普法责任制，深入推进“法律六进”，组织开展“建设法治郑州、优化营商环境”“宪法宣传周”等重大宣传活动。深化法治文化建设，打造以宪法主题公园、法治文化广场为代表的法治文化阵地。

圆满完成 2019 年国家统一法律职业资格考试郑州考区考务工作，实现了“零失误、零差错”的工作目标。法律职业资格处被司法部评为全国公共法律服务工作先进集体。

五、司法行政基层基础进一步巩固提升

持续提升人民调解工作水平。深入学习推广“枫桥经验”，组织开展“人民调解促和谐化解矛盾保平安”专项活动和“大排查、早调解、护稳定、迎国庆”专项活动，着力防范化解重大政治风险、社会风险。加强行业性、专业性调解组织建设，健全完善人民调解与行政调解、司法调解衔接联动工作机制，在全市推动设立驻人民法院、驻信访部门人民调解工作室，积极参与道路交通事故损害赔偿纠纷“网上数据一体化处理”改革试点。加大人民调解经费保障力度，联合市财政局出台《郑州市关于加强人民调解工作经费保障的实施意见》，督促各县（市）区完成人民调解员补贴经费保障标准制定。全市共调解案件 5.8 万起，调成率 97.7%。

推进司法所规范化建设。组织召开全市司法所建设推进会，印发《郑州市司法所建设三年行动计划》，对全市司法所规范化建设提出明确要求。组织开展星级规范化司法所建设活动，评定 27 家四星规范化司法所，向省司法厅推荐评定 17 家五星规范化司法所。联合市委组织部、市

编办、市财政局印发《进一步加强全市司法所建设的工作方案》，完善组织机构，加强人员配备，推动全市司法所公务员招录工作。

加强基础设施建设。加快推进局业务用房建设，确定专人跟进，积极协调其他单位支持配合，该项目已进入招标程序。积极协调推进市监狱和石佛强戒所搬迁工作，市监狱搬迁所需资金正式列入 2020 年度本级政府财政投资计划，石佛强戒所正在进行资产评估。推动齐礼阎强戒所高标准建成了郑州市禁毒教育基地，取得了良好的社会效果。

郑州市2019年人力资源和社会保障工作报告

郑州市人力资源和社会保障局

2019年，全市各级人社部门自觉扛牢政治责任，坚持稳中求进，强化使命担当，勇于改革创新，圆满完成各项目标任务，郑州人社品牌越擦越亮，在全省全国的影响力进一步提升。

一、稳存量扩增量提质量，就业创业稳中有进

实施“稳就业、防失业、促创业”专项行动，全年新增城镇就业11.52万人，完成年度目标任务的104.7%，新增农村劳动力转移就业5.23万人，完成年度目标任务的130.7%，城镇登记失业率1.81%，分别比全省、全国低1.36、1.81个百分点。就业工作受到省人社厅通报表扬。

政策体系更加健全。提请市政府出台《关于做好当前和今后一个时期促进就业工作的实施意见》，完善青年就业见习补贴、返乡下乡创业等一系列政策措施，就业创业政策体系更加精准有效。

创业活力持续激发。创业培训4.94万人，完成年度目标任务的164.7%；农民工返乡创业辅导9044人，完成年度目标任务的167.5%，

农民工等返乡下乡创业 1.12 万人，完成年度目标任务的 124.7%，带动就业 2.6 万人。发放创业担保贷款 11.62 亿元，完成年度目标任务的 143.5%，扶持 2072 人自主创业，带动就业 1.09 万人。

援企稳岗加力增效。开展失业保险援企稳岗“护航行动”，返还失业保险金 15.67 亿元（完成省下达任务的 128.7%），惠及企业 5072 户、职工 44.6 万人，在人社部召开的就业工作电视电话会议上作了经验介绍并被人社部通报表彰。全面实施职业技能提升行动，完成补贴性培训 45 万人次（完成省下达任务的 112.5%），占到全省总数的 21.6%。其中，完成企业新型学徒制培训 1.05 万人，占到全省总数的 52.5%。

重点帮扶精准高效。通过开展专项帮扶，积极帮助就业困难人员实现就业。实现失业人员再就业 2.42 万人，完成年度目标任务的 140.1%，就业困难人员就业 7661 人，完成年度目标任务的 112.7%；组织高校毕业生见习 6000 余人，发放见习补贴近 4000 万元；为 2.5 万名高校困难毕业生发放求职创业补贴近 5000 万元。不断巩固就业扶贫工作成效，全市建档立卡贫困劳动力基本实现“应培训尽培训”“应就业尽就业”两个百分之百；吸纳卢氏县建档立卡贫困户劳动力 1475 人次，组织培训 1167 人次，荣获河南省就业创业扶贫先进单位。

二、着眼六个重点，社会保障工作水平持续提升

着眼“全”“改”“降”“增”“安”“优”6 个重点，使制度更完善、企业降成本、基金更安全、个人得实惠。养老保险工作受到省人社厅通报表扬。荣获全省失业保险工作优秀单位。

“全”就是持续推进全民参保计划和贫困人口应保尽保工作。养老保险、失业保险、工伤保险参保总量达 1147 万人次，比 2018 年增加 74 万人次。建档立卡贫困人口参加城乡居民基本养老保险实现全覆盖，为 68335 名贫困人员代缴养老保险费 991 万元。

“改”就是深化社会保险制度改革。深入推进机关事业单位养老保险制度改革，机关事业单位“中人”退休待遇核算工作基本完成。起草完

成《郑州市新经济新业态从业人员职业伤害保险实施办法（试行）》。

“降”就是降低社会保险费率。从2019年5月1日起，养老保险费率单位负担部分降至16%，工伤保险费率下调50%；缴费基数由原来按照郑州市在岗职工平均工资核定，调整为以全省公布的全口径城镇单位就业人员平均工资核定。全年减轻企业负担约54.58亿元，市场活力得到有效激发。

“增”就是提高社会保险待遇水平。企业和机关事业单位退休人员养老金月人均增加150.51元；城乡居民养老保险最低标准年人均增加60元；全市114万退休人员和老年人受益，群众的获得感、幸福感、安全感持续提升。

“安”就是确保基金安全。组织开展基金管理风险防控专项行动，实现现场监督“全覆盖”，基金管理运行有序平稳。

“优”就是优化社会保险服务。优化退休办理流程，退休证办理实现即审即办。推广工伤认定鉴定管理系统，做好工伤认定、劳动能力鉴定“一网通办”和网上申报工作，工伤认定决定时间从15日压缩到10日。优化社保卡服务能力。全市累计制发社会保障卡977万余张；签发全国首张H5方案电子社保卡，累计签发电子社保卡420万张。推行社保卡“就医一卡通”，实现患者“移动就医”，被《人民日报》评为全国“十大智慧便民服务案例”，省委改革办向全省推广。

三、强基础建机制优环境，人才人事工作成效显著

强基础，人才队伍发展壮大。持续深入推进全民技能振兴工程，建设56个世赛训练基地，建设国家级、省级技能大师工作室9个、市级28个。开展各级各类职业技能培训60万余人次，新增技能人才5万余人，新增高技能人才2.2万人，完成年度目标任务的122%，提前超额完成“智汇郑州”新增高技能人才4万人的目标任务。推进“互联网+”继续教育，15万专业技术人员参加学习，参训人数居全省第一。组织高级研修项目，培训110名各类高层次人才。实施社会事业后备人才培养工程，

面向国内知名高校及科研院所定向培养239名中青年专业技术骨干。国家、省级专家选拔推荐取得突破，入选2019年度国家百千万人才工程、省政府特殊津贴等重点人才项目78人，人数创历年新高。博士后工作站和创新实践基地累计达到117家，超额完成“十三五”末达到100家的目标。

建机制，人才改革持续深化。职业教育改革深入实施，“名校战略”持续推进，引进德国2项职业资格证书，国际职业资格认证体系实现重大突破。职称评审“放管服”全面深化，向用人主体放权，加强事中事后监管，落实一系列面向农村和基层的职称倾斜政策，积极推进职称分类评价工作。全年申报19491人，比上年增长12.8%。落实事业单位公开招聘用人自主权，全市共招聘7211人，其中高层次人才190人。优化乡镇基层事业单位岗位管理，改革工勤技能岗位聘用制度。开展事业单位专业技术人员三级岗位评审工作。出台专业技术人员双向流动实施办法，着力破除人才流动的体制机制障碍。

搭平台，人才活动品牌升级。成功承办第二届中国·河南招才引智创新发展大会郑州专场活动，共签约人才8990人，比上届增加2966人，增长49.2%；216名国内外博士参会，110多人达成签约意向；190多人通过事业单位人才引进“绿色通道”办理手续，郑州招才引智品牌更加靓丽。成功承办2019年中国技能大赛——第三届智能制造应用技术技能大赛，我市获得4个大赛一等奖，占全省的80%，展示了郑州良好形象。

优环境，人才服务不断优化。优化“智汇郑州”青年人才补贴发放流程，实现即收即核即发。全市全年申报补贴人数2.68万人，发放补贴2.25亿元，分别比上年增长48.9%、251.6%；其中，近70%的申请人通过支付宝、微信客户端申请办理。优化高层次人才分类认定政策，发布《郑州市高层次人才分类认定标准（2019）》。着力压缩办理时限，实现全年常态化申报、每季度集中审核，认定第二批高层次人才119名，发放奖励资金2196万元。

四、强化治理提升效能，劳动关系总体和谐稳定

和谐创建深入推进。加强对企业劳动用工的指导和服务，劳动合同制度全面实施，集体协商、集体合同制度稳步推进，规模以上企业劳动合同签订率达到97.6%。仲裁信息化建设和“互联网＋调解”试点工作有序推进，立案受理7311件，当期结案率99.1%。其中调解结案3703件，综合调解率65.5%，重大集体案件全部按时结案。

权益保障成效显著。开展根治欠薪夏季、冬季攻坚行动，狠抓农民工治欠保支工作，为2.88万名劳动者追发工资约3.34亿元，获评为2019年全国清理整顿人力资源市场秩序专项执法行动先进单位。

工资分配日益规范。国有企业工资决定机制改革和国有企业负责人薪酬制度改革积极推进，规范机关事业单位带薪年休假、值班补助和企业工资指导线，持续开展企业薪酬调查，有效规范了收入分配秩序。

五、深化“放管服改革”，行风建设深入开展

围绕营商环境优化，全面深化“放管服”改革，在全省营商环境评价工作报告中，郑州市人社局牵头的两项指标，一项排名全省第一，另一项排名第二。

“放管服”改革深入推进。持续开展“清、减、压”“减证便民”行动，不断提高人社公共服务质量和效率，所有行政审批许可事项全部压缩至6个工作日以内，提前办结率100%，群众满意率100%。在全省率先建立市直事业单位人员流动档案联审制度，实现人事档案一次性审核。

信息化支撑全面增强。积极做好“四级四同”政务服务事项要素录入工作，大力推进政务服务事项与四级联动系统对接，基本完成办事指南整改工作。全面开展提高办理事项深度、统一接入“好差评”系统、统一身份认证接入和服务事项数据同源等工作，积极开展“互联网＋监

管”系统监管事项目录清单梳理编制，“互联网＋监管”主项覆盖率达到100％。

专业化能力持续提升。开展全市人社系统岗位技能练兵比武活动，全系统在线答题注册人数和答题次数均为全省第一；全年12333电话咨询服务量突破160万个，答复处理各渠道交办件4000多件，群众满意度明显提高。市政务服务办事大厅人力资源社会保障综合受理专区被表彰为全国人力资源社会保障系统2017—2019年度优质服务窗口。

郑州市2019年自然资源和规划工作报告

郑州市自然资源和规划局

2019年，是全市自然资源和规划系统建机制、打基础、促融合、履职能的起步之年。面对一系列大事、难事、急事的严峻挑战和考验，全系统主动作为、攻坚克难，紧紧围绕“抓班子带队伍、抓谋划促落实、抓痛点破难点、抓服务树形象”，持续推进“一张蓝图保发展、一体共治建生态、一抓到底打基础”，在全系统干部职工的共同努力下，高质量完成了年初确定的目标任务，耕地保护成效显著、国土三调有序推进、国土空间规划全面启动、用地保障有力有效、“放管服”改革持续深化，实现了保障有力、服务高效的新作为，开创了风清气正、心齐劲足的新局面。

一、机构改革工作顺利完成

部门组建到位。按照市委和厅党组统一部署和整体安排，自觉服从、积极服务机构改革大局，有组织、有纪律、有步骤地推进机构改革工作，按照时间节点要求高质量完成机构设置、人员转隶、挂牌组建和定岗定员等工作，2019年1月29日，郑州市自然资源和规划局挂牌成立。各县

（市）区自然资源和规划部门按时完成组建、整合等工作。

职能优化整合。紧紧扭住转变和优化职责这个关键，打破原有界限，合理制定“三定”方案，整合归并相关职能，科学设置内设机构。并以权责清单为抓手，对处室间交叉职能进行全面梳理、分解重构，明晰职责边界，制定完成“小三定”，有效减少了工作环节和以往“函来函往”现象，形成了条块更加清晰、权责更加统一、衔接更加有序的工作新格局。

队伍加快融合。积极做好集中办公、人员转隶和干部统筹调配工作，全面推行 AB 角制度。结合内设机构调整，坚持适岗而用、因岗定人，积极开展科级职位竞争上岗和中层领导选岗交流，原国土和规划人员交叉任职，市局共调整干部 48 人次，其中 25 名干部得到提拔使用，有力促进了人员的快速融合，归属感和认同感大幅提升，1＋1 大于 2 的强大合力初步形成。

二、服务保障作用愈加突出

空间规划体系加快构建。全面启动《郑州市国土空间总体规划（2020—2035 年）》，加快推进综合交通体系规划、轨道交通线网规划等，编制完成都市区绿道系统规划、通风廊道专项规划及郁金变输电线路选址选线规划等专项规划，组织编制控规 108 个，完成二类居住用地控制指标等研究成果，编制完成二砂、百年德化、商城、古荥等重点地区城市设计，完成主城区“一环十横十纵”21 条示范街道整治提质工程总体设计原则和一期工程 7 条街道规划方案及施工图设计。成功举办第二届郑州国际城市设计大会和第十四届城市发展与规划大会。

耕地保护红线牢牢守住。压实县（市）区政府保护耕地主体责任，印发了加强耕地保护的实施意见和考核办法，突出耕地保护、强化政府责任的基本要求，进一步落实了政府在耕地保护中的主体责任。落实耕地、永久基本农田保护面积 2866.7 平方公里（430 万亩）、2033.3 平方公里（305 万亩），超额完成省政府下达的 2833.3 平方公里（425 万亩）、

2026.7 平方公里（304 万亩）目标。保障建设用地耕地占补平衡 12.7 平方公里（1.9 万亩），完成省、市重点建设项目近 5000 亩永久基本农田补划，完成 79.5 平方公里（11.93 万亩）储备补充耕地核查任务，连续 20 年落实耕地占补平衡。

土地资源保障有力有效。在年度用地指标紧张情况下，上报用地 135 个批次、39.3 平方公里（5.9 万亩），征收土地 38.1 平方公里（5.72 万亩）。批回土地 44.0 平方公里（6.6 万亩），供应用地 47.3 平方公里（7.1 万亩），涉及土地出让金 1446 亿元，其中，市本级供应 15.1 平方公里（2.27 万亩），涉及土地出让金 843 亿元，为全市经济社会发展提供了有力支撑。金水区供应土地 2544 亩，涉及土地出让金 143 亿元，再创历史新高；经开区供应项目用地 8117 亩，有力保障了上海汽车、宇通汽车、京东、中铁装备等一大批省市重点项目和民生工程落地。

资源保护监管加大力度。实施土地违法“零容忍、零增长”机制，全市私搭乱建图斑 2.3 平方公里（0.35 万亩），同比下降 34%；矿产违法问题线索下降 30%，矿业秩序有了根本好转。港区国土、公安、法院、检察院“四路协同”执法工作先进经验在全市得到推广。积极推进违建别墅问题专项整治工作，排查认定违建别墅 453 栋已全部处置到位，完成市级验收。新郑相关经验做法被省专项办以专报形式在全省推广，并作为先进典型上报济南督察局和自然资源部。加强批而未供及闲置土地处置，批而未供完成供应 21.6 平方公里（3.24 万亩），闲置土地处置 8.0 平方公里（1.2）万亩。严格矿产资源勘查开采监督管理，矿业权公示率 99.5%。积极推进绿色矿山建设，5 家矿山企业创建成功，并纳入自然资源部绿色矿山名录库。大力推进露天矿山综合整治，整治关闭“三区两线”内露天矿山，全市露天矿山 136 家压减到 71 家，矿山生态环境得到持续改善。新密市在露天矿山止乱治乱和生态修复百日会战中，实施百名机关干部下基层工程，有力推进了“美丽新密”建设；登封市恢复耕地 2215 亩、林地 1623 亩、栽植林木 65 万株，完成任务的 70%。

管理服务效能提质增效。完成《郑州市城市规划管理技术规定（试行）》修订、全市土地级别与基准地价更新和 2018 年度自然资源（资产）报告编制。完成第三次国土调查初步成果上报和2018年度城市建成区1055.27平方公里（158.3万亩）面积统计。排查地质灾害隐患点347处，发布地质灾害气象预报预警37次，组织避险演练5场。围绕改善营商环境，优化审批流程、压缩审批时限，划拨类项目审批由98个工作日压缩至42个，出让类项目审批由65个工作日压缩至34个，有力支持了全市的工改工作。港区恒大新能源项目用地审批2个月完成，刷新“港区速度”。不动产登记实现16家部门信息汇集共享，全市政银合作银行达33家，单办业务已实现“当天办”；全年办理业务量117.3万件，占全省的三分之一，涉及金额共7165.6亿元，不动产登记获全省营商环境评比第一名。新郑、荥阳不动产登记中心荣获全省自然资源系统十佳服务示范窗口单位称号。

郑州市2019年城乡建设工作报告

郑州市城乡建设局

2019年，市城建局坚持以习近平新时代中国特色社会主义思想为指导，认真贯彻落实党的十九大和十九届二中、三中、四中全会精神，始终坚持新发展理念和以人民为中心的发展思想，紧紧围绕郑州国家中心城市建设大局，扎实开展“不忘初心、牢记使命”主题教育活动，圆满完成了各项年度目标任务，全市城乡建设高质量发展取得新的成效。

一、城市基础设施建设步伐加快

市政道路建设实现新突破。农业路快速化工程涉铁段高架主线、东三环快速化工程南三环—南四环段高架主线、北三环东延快速通道工程东四环跨线桥先后建成通车，标志着“两纵两横＋三环”快速路网系统全面建成；四环线及大河路快速化工程加快建设，高架主线基本贯通，其中西四环高架主线基本建成通车。城市路网工程开工建设道路70条，其中金水路西延、长椿路等55条道路已建成通车。全市包括各县（市）区、开发区新增道路273条、总里程268公里。

城市道路综合改造工程统筹推进。认真贯彻落实全市“三项工程、一项管理”工作要求，按照《郑州市城市道路综合改造工程实施方案》，编制完成《质量管理导则》《安全文明施工监督管理导则》，督促做好规划设计、管线迁改、违建整治及施工招标等工作。

市政公用基础设施建设不断完善。8月以来，新承接的市政公用设施建设项目稳步实施，其中郑州南部、西部环保能源等工程已开工建设。着眼缓解“停车难”问题，新增公共停车泊位6.2万个，超额完成民生实事任务，二七区、中原区、金水区任务完成较好。制定《郑州市城乡接合部公用基础设施工程实施专案》，配合开展城乡接合部综合改造工作。

房屋征收依法实施。合理编制2019年度国有土地上房屋征收计划，上线运行房屋征收信息系统，持续开展阳光征收专项活动。保障23项市政重点工程建设，已解决征拆遗留问题1332处，完成率90.7%。

二、新型城镇化和村镇建设稳步实施

百城建设提质顺利开展。按照“补短板、强功能、增效能、提品质”的要求，全市实施百城建设提质工程1174个，完成投资2096.2亿元，其中六县（市）实施项目709个，完成投资1131.2亿元，超额完成省定目标。二七区绿云小区、金水区化纤厂家属院改造项目成为全省样板。

安置房建设加快推进。全市安置房建设完成投资1129.9亿元，新开工面积1029.5万平方米，封顶面积2863.3万平方米，竣工面积2832.2万平方米。累计完成安置房网签10.1万套，回迁安置群众17万人，建成投用便民服务中心57个，均超额完成民生实事任务。

中心镇建设科学实施。《郑州市中心镇建设考核及专项资金奖补办法》出台，23个中心镇累计完成重点项目建设投资29亿元。

传统村落保护发展得到加强。国家级传统村落新增4个，累计达到8个，省级传统村落累计达到16个，10个传统村落共获得中央和省级补助资金2160万元。登封市、新密市、荥阳市、巩义市15个传统村落已完成保护与发展专项规划。

三、建筑业转型发展扎实推进

对企业扶持力度不断加大。健全完善支持建筑企业做大做强的扶持和奖励政策，政策叠加红利更为显现，对58家业绩突出的建筑企业奖励资金4523万元，先后组织开展领航企业家、优秀企业家、优秀项目经理专题培训。巩义市、荥阳市、惠济区相继出台关于促进建筑业持续健康发展的实施意见。

总部经济引领作用显著发挥。坚持“内培外引”，出台《关于加强建筑业总部经济建设的实施意见》，参与修订《郑州市支持总部企业发展实施办法》，确定建筑业总部企业培育对象66家，成功培育郑州市总部企业12家，占全市总部企业的三分之一；加快建筑业总部基地建设，成功引入1家特级资质企业——原许昌腾飞建工集团。全市资质等级建筑业企业5000余家，其中特级资质企业新增3家，累计达到17家，一级资质企业600余家，从业人员超过50万人。全年建筑业产值约4729.5亿元，增速11.9%，占全省比重的37.2%，完成建筑业增加值1600.8亿元，占全市GDP比重的13.8%，比2017年度翻了近一番，建筑业支柱产业地位更加凸显。

勘察设计水平和标准定额服务持续提升。全市勘察设计综合甲级资质企业3家、甲级资质135家；施工图审查机构7家，均为一类审查机构；造价咨询甲级资质企业89家。2019年全省5家勘察设计企业进入全国百强行列，其中郑州市占4家。全年完成勘察设计合同金额97.02亿元，同比增长11%。开展“优秀青年设计师作品评选”活动，指导全市无障碍环境市县村镇创建工作。完善工程建设标准体系，配合编制河南省《城市地下综合管廊工程预算定额》《城市轨道交通工程预算定额》。结合市场需求，删减淘汰材料价格信息50种，新增135种。

装配式建筑大力发展。全市已投用装配式建筑产业基地10个，拥有各类生产线45条，混凝土预制构件年生产能力达到100万立方米，可满足现阶段装配式建设需求。全市新开工装配式建筑项目91个，面积达

482.9万平方米。

四、建筑市场营商环境更加优化

行政审批制度改革扎实推进。按照“减、放、并、转、调”的理念和“四问四标”的要求，坚持减环节、减时限、减材料，实现施工许可并联审批、施工图联合审查、联合验收，推行容缺审批、豁免审批、告知承诺、联合辅导等服务措施，审批时限由114个工作日压缩至30个工作日以内，申请材料由123项压缩至50项，做到“一窗受理、一表申报、一网协同、一站服务”，为实现工程建设审批时限100天目标奠定了基础，联合辅导经验被住房和城乡建设部全国推广。

建筑市场监管规范有序。出台《关于分级实施建筑装修装饰工程管理的通知》，进一步明确市县两级工作职责。修订《郑州市建筑企业信用信息管理办法》，对各类建筑企业实现信用管理全覆盖，全年共认定AAA级企业321家。治欠保支源头治理、综合治理成效明显，累计处理农民工工资纠纷537起，协调解决拖欠工资4.22亿元。工程建筑领域执业资格“挂证”专项整治、违法发承包专项治理成效显著，共排查企业3233家，整改58839人，整改率99.1%，查处违法发承包案件8起。

招投标监管更加严格。严禁设置限制或“排斥性条款”，加大对违法违规行为的查处曝光力度，进一步规范招投标市场秩序。扩大直接发包范围，备案直接发包项目168项，同比增长13.1%。

依法行政水平持续提升。深入开展“七五”普法、学法用法和“法律六进”等活动，持续提升建设领域法治化水平。深入推进服务型行政执法建设，充分发挥法律顾问、公职律师作用，确保行为规范、执法公正。全年开展“双随机、一公开”检查2次，发现并整改各类问题576项。

五、建筑节能推广提质增速

绿色建筑标准全面执行。首次采用政府购买服务方式开展绿色建筑标识评价，认真落实绿建补贴政策，发放补贴资金 1612 万元。全市新增绿色建筑评价标识项目 60 个，面积 750.8 万平方米，占全省近一半。

既有建筑节能改造积极推进。坚持将既改工作与老旧小区改造、新农村建设有机结合，全市申报各类既改项目 1128 万平方米，竣工 903 万平方米，正在施工 157 万平方米。中原区、二七区、上街区、荥阳市、航空港区已超额完成 90%的年度既改任务。

超低能耗建筑稳步实施。在全省率先开展试点示范，共确定示范项目 12 个，新开工荥泽园等 6 个项目，面积 26.4 万平方米，其中五方科技馆项目已建成完工。推动成立被动式超低能耗建筑产业技术创新战略联盟。

新型墙材和散装水泥大力推广。新增新型墙材示范企业 3 家，全市新型墙材应用达到 33.8 亿块标砖。新密市、新郑市、荥阳市、中牟县共新增“禁实”乡镇 4 个。完成散装水泥推广 1290 万吨。

六、建筑工程质量安全管理更加规范

工程质量管理标准化和质量提升行动深入推进。积极培育标准化示范工地，推广可视化、二维码、BIM 等信息技术应用。扎实开展“质量月”活动、房屋建筑和市政基础设施工程质量提升行动、安置房建设质量专项检查，持续提升工程质量管理水平。大力实施培优创优计划，获“鲁班奖”等国家级奖项 9 项、“中州杯”等省级奖项 69 项。

建设安全和文明施工监管持续加强。深入开展“防风险除隐患保平安迎大庆”攻坚行动，全面查找安全管理漏洞，及时消除安全隐患，创市级安全文明标准化示范工地 253 项。

消防设计审查和验收工作严格规范。印发《郑州市建设工程消防设计审查验收职责分工》及《工作流程》等文件，进一步健全工作机制。完成消防设计审查项目 121 项、消防验收 159 项、备案抽查 88 项，特别是完成了奥体中心、地铁 14 号线等大型项目的消防验收，保障了第十一届全国少数民族传统体育运动会的顺利举办。

郑州市2019年住房保障和房地产管理工作报告

郑州市住房保障和房地产管理局

2019年，市住房保障和房地产管理系统紧紧围绕市委、市政府中心工作，深入贯彻落实习近平总书记的重要讲话精神和市委十一届十次全会精神，牢固树立新发展理念和以人民为中心的发展思想，认真履行住房保障和房地产管理职能，坚持“房子是用来住的、不是用来炒的”定位，加快探索建立多主体供给、多渠道保障、租购并举的住房制度，积极构建房地产长效机制，精准实施房地产市场调控，持续加大保障性住房建设力度，大力培育和发展住房租赁市场，有序实施老旧小区改造，持续推进深化“放管服”“最多跑一次”改革，促进房地产市场平稳健康发展，发挥了房地产业促进经济和服务民生的重要作用，助推了郑州国家中心城市建设，不断满足全市人民群众更高的居住需求。

一、2019年主要指标完成情况

保障性安居工程建设分配情况。全市棚户区改造新开工安置房省定目标任务34498套，实际开工34498套，目标任务完成率100%；棚户区改造基本建成安置房省定目标任务50000套，实际建成93423套，目标任务完成率 186.85%；公租房分配市定目标任务 7500 套，实际分配 11096 套，目标任务完成率 148%。

*房地产市场运行情况。*全市完成房地产开发投资 3349.9 亿元，同比增长 2.8%；商品房新开工面积 4669.3 万平方米，同比增长 7.0%；商品房竣工面积 2107.4 万平方米，同比增长 8.3%。

全市商品房投放 3742.75 万平方米，同比增长 6.53%，其中商品住房投放 2878.89 万平方米，同比增长 6.43%。

全市商品房销售 2909.77 万平方米，同比增长 10.88%，其中商品住房销售 2455.10 万平方米，同比增长 9.90%。全市商品房销售均价 11481 元/平方米，同比增长 3.99%，其中商品住房销售均价 11555 元/平方米，同比增长 5.69%。全市商品住房累计可售面积为 2646.78 万平方米（248611 套），消化周期 12.9 个月，处于合理区间。

全市二手房交易面积 728.92 万平方米，同比增长 21.09%；二手房均价 10412 元/平方米，同比下降 1.83%。

全市安置房累计签约 101342 套 1041.24 万平方米，市定目标任务完成率 113%；全市公租房累计签约 7645 套 45.28 万平方米。

*房屋产权交易管理情况。*全年受理各类房屋交易确认业务 142338 件，完成商品房买卖合同备案 133632 件，完成商品房预售款监管 596.32 亿元；办理楼盘表确认 2671 起 3934.74 万平方米；完成各类测绘及测绘核实项目 5066 个 6937 万平方米，完成各类测绘成果备案 5781 件 6379 万平方米；受理担保贷款 10749 户，担保资金 70.70 亿元；受理存量房资金监管 59888 件，监管资金 74 亿元。

*住房租赁房源供应情况。*全市新开工各类租赁住房 3.1 万套，其中，青年人才公寓 2.5 万余套，国有出让土地新建租赁住房 2520 套，利用集体建设用地建设租赁住房 2000 套，利用自有土地建设租赁住房 1219 套；全市完成房屋租赁合同网签备案 7.2 万套。

*物业管理情况。*全市新增物业管理面积 2085.94 万平方米，新增市级物业管理示范项目 51 个。

*维修资金归集使用情况。*全市共归集维修资金 28.42 亿元，划拨使

用 8542.60 万元；市本级归集维修资金 17.32 亿元，划拨使用 8087.75 万元。

人才购房补贴情况。全市共计 3356 名青年人才申请首次购房补贴，补贴金额 18884 万元，办理非郑州户籍人才购房 22854 件，为 3 名国家级领军人才申请了免租住房。

二、2019 年重点工作开展情况

创新方式，强化管理，住房保障体系持续完善。推进保障性安居工程建设。将住房保障工作纳入对县（市）区住房保障部门年度工作量化考核内容，科学安排保障性安居工程建设计划，建立工作台账，明确项目推进时间节点，通过实施周督查、月通报等制度，推进保障性安居工程建设。积极完善保障政策。围绕《关于进一步优化公共租赁住房保障制度的通知》《郑州市公共租赁住房运营管理实行政府购买服务的实施意见（试行）》深入开展调研，召开专题会议，进行修改完善，取得了积极进展。提升公租房管理水平。印发《关于开展公共租赁住房保障资格动态审核工作的通知》，强化保障性住房资格管理，协调公安、市场监管、税务、社保、民政、街道等部门配合，对住房保障对象进行动态审核，累计退出 14132 户，下发《关于进一步规范公共租赁住房供应、方案审批和后期使用管理工作的通知》，在建立和完善供应分配台账的基础上，进一步规范轮候供应程序，主动公开信息，接受社会监督，切实满足群众知情权，有力确保了分配过程公开透明，分配结果公平公正。迎接人大保障性住房工作评议。市住房保障局以邀请专家学者进行授课的方式，组织召开市人大评议保障性住房工作培训会，邀请评议组听取保障性住房工作汇报，查阅相关资料，实地考察部分项目，顺利通过市人大对市住房保障局保障性住房工作评议。做好审计发现问题整改工作。成立工作小组，建立整改工作机制，制定整改工作方案，明确审计整改工作负责人和联系人，建立问题台账，有针对性地督促落实整改工作。2018 年郑州市保障性安居工程经审计共发现问题 21 个，已整改 17 个，正在整改4个，整改率80.95%。推进解决经适房有关问题。对经适房项目中的相关问题提出可操作性的意见，加快相关手续办理，会同发展改革、自然资源和规划等部门联合发文取消31个经适房项目建设计划，并同步在媒体上进行公告，争取早日全面解决经适房遗留问题。

因城施策，精准调控，房地产长效机制初步建立。编制长效机制方案。2018年11月，郑州市被列入全国第二批房地产长效机制建设试点城市之一，市住房保障局认真组织开展房地产市场平稳健康发展长效机制方案编制工作，该方案对国家“18+25”政策工具箱全部选用，经市政府常务会议和市委常委会研究上报，获国务院批复并备案。加强房地产市场监测。配合金融部门关注房地产领域金融风险，对市场运行情况进行监测，发布了12期市场形势分析，把握市场形势引导权，稳定市场预期，对市场波动较大的数据及时调查，进行跟踪分析。规范房地产市场秩序。开展房地产市场集中整治，打击房地产市场违法违规行为，治理市场乱象，震慑黑恶势力。全年共排查房地产开发项目634个、房地产经纪机构1024家，对违规的开发企业和经纪机构进行通报曝光，进一步净化了房地产市场环境。推进房地产行业信用体系建设。完善企业信用信息加、减分流程，制定企业信用信息变更的相关制度和具体要求，严格落实《郑州市房地产开发企业信用分级评定管理办法》，促进企业依法经营、诚信经营。记录企业信用信息良好信息96条，不良信息20条，一票否决信息2条，升级5家企业信用，降级1家企业信用。配合化解问题楼盘。成立由市长任组长的“房地产领域问题楼盘”信访突出问题化解攻坚专项小组，按照问题楼盘属地由各区牵头处理和“县区吹哨、市直报到”的要求，市住房保障局在职责范围内积极配合开展工作。郑州市共负责化解问题楼盘208个，其中，省交办81个，经省认定化解66个，化解率81.48%；市排查问题楼盘127个，化解26个，化解率20.47%。

完善政策，申请扶持，住房租赁市场加速发展。成功申报中央财政支持试点城市。成立市申报中央财政支持住房租赁市场发展示范城市工作组，编制了《中央财政支持住房租赁市场发展试点实施方案（2019—

2021）》，组建了由市长任组长的答辩小组赴京参加竞争性评审会议，被国家列为首批中央财政支持住房租赁市场发展试点，未来 3 年将获得 24 亿元中央财政资金支持。持续完善政策体系。印发《郑州市房屋租赁行业信用管理办法》，还起草了《郑州市规范利用自有土地建设租赁住房管理的通知》，联合市财政局起草了《郑州市支持住房租赁市场发展奖补资金管理办法（试行）》。增加租赁住房供应。按照“以盘活存量为主，优化增量为辅”的原则，着力推进利用安置住房用作租赁住房工作，督促各县（市）区加快落实 9600 套国有土地建设租赁住房任务，配合推进青年人才公寓项目建设进度，规范自有土地建设租赁住房工作。培育住房租赁企业。支持专业化、规模化住房租赁企业发展，引导康桥、龙湖、豫发等开发企业进入住房租赁市场，全市已备案专业化住房租赁企业 138 家。创新管理机制。在鼓励支持县（市）区设立房屋租赁站点的基础上，鼓励站点转变职能，变监管为服务，进一步方便群众；推动住房租赁管理下沉，探索建立房屋租赁服务专员制度。开展租赁市场乱象整治。在全市范围内启动住房租赁乱象整治专项活动，联合印发《郑州市住房租赁中介机构乱象专项整治工作方案》，603 家住房租赁企业、中介机构及所属工作人员签订上报诚信经营承诺书；组织各县（市）区检查企业 502 家，处理投诉举报 296 件，通报曝光违规企业 25 家。

突出重点，统筹协调，物业管理效能持续深化。部署老旧小区整治提升工作。为了提升老旧小区居民居住质量，市政府出台《郑州市老旧小区整治提升工作实施方案》，计划对市内五区 2002 年以前建成使用的 1833 个老旧小区实施整治提升，整治提升包括基础设施、居住环境、功能实施、物业管理 4 大块、10 项目标、30 项内容。完善老旧小区改造工作机制。建立“市级统筹协调、部门齐抓共管、各区推动落实、街道组织实施、专业单位负责”的工作模式，成立由市相关主责部门牵头的加装电梯、节能改造、日间照料中心、城市书房、供电设施改造、水电气改造、有线电视改造、健身设施、社区诊所 9 个专项工作组，落实月通报、季观摩、年考评等工作制度，统筹推进各项改造提升工作。深度调整综合改造方案。按照国家、省最新部署和市委推进城市有机更新的要求，全市召开“改进城市管理　改善人居环境”工作会议后，对老旧小区改造方案进行修订，在改造内容和标准上重点突出“一拆五改三增”，注重老旧小区形态更新、业态更新、功能更新，对改造计划进行了调整。已经完工 89 个，正在施工 570 个。加强行业党建引领。联合市委组织部、市委社治委印发《关于党建引领提升社区物业服务的指导意见》，召开全市“红色物业”建设部署会，出台《物业服务企业党建工作十条措施》《业主委员会党建工作六条措施》，加大物业服务企业党组织组建力度，理顺隶属关系，规范流程制度，提升建设质量。实施居民楼院环境整治。制定《“迎民族盛会　庆七十华诞”居民楼院整治提升方案》，成立专项指挥部，严格实施督导检查，运用无人机、望远镜等设备对各个小区进行问题核查，共核查居民楼院小区共 982 个，发现各类突出问题 2843 处，均得到有效整改。开展示范街道整治提升。制定《示范街道整治提质工作实施方案》，成立示范街道整治提质工程指挥部，认真学习《郑州街道设计导则》，督导农业路、建设路、桐柏路整治提升工作。加强物业行业监管。严格落实《郑州市物业管理招标投标办法》，着力推进建管分离，利用“双随机一公开”，加强物业行业监管，全市 107 个新建项目通过招标方式选聘了前期物业服务企业。创新维修资金管理措施。对维修资金交存、使用和过户等业务进行整合，使群众在办理房屋产权过户过程中，通过信息共享联办维修资金过户业务，减少了办事环节。推进既有住宅加装电梯工作。9 月 6 日，市住房保障局与市城建局就既有住宅加装电梯工作进行交接，负责牵头协调推进全市既有建筑加装电梯工作，市内五区共加装电梯 64 部，在建电梯 38 部，通过联合审查的 5 部。加强房屋安全管理。进行《郑州市房屋安全管理条例》立法调研，讨论起草了条例初稿；开展《郑州市建筑装修装饰管理办法》宣贯培训，规范住宅装修装饰市场秩序；严格落实夏季房屋防汛制度，成立防汛工作领导小组，组建了 9 支抢险队，有序开展防汛工作；严密组织房屋安全隐患排查整治，排查出危旧房屋 177 处，并进行及时处理；继续开展房屋安全普查，全市共普查房屋 64497 幢，建筑面积 28001.79 万平方米，其中新增普查房屋 5541 幢，建筑面积 3412.64 万平方米。

加强衔接，提高水平，产权交易管理不断创新。继续优化房屋交易、税收、不动产登记“一窗受理、并行办理”流程。按照“一件事”要求，会同相关部门起草《郑州市不动产登记、交易和缴税“当场办、当天办”工作方案》，收集汇总房屋交易、税收、不动产登记办理过程中遇到的疑难问题，提交联席会议讨论研究；按照“联合面签、加章确认、结果互认”的原则，制定《“一窗受理”模式下退返件制度》《房屋交易、不动产登记联合面签操作规程》，实现“一张表问询、一套资料通过”和“即来即办”，全年完成联合面签 78000 件。做好直管公房管理工作。下发《关于直管公房出售过程中几个问题的通知》，对直管公房出售存在的问题进行分类处理，全年各区共申请直管公房房改售房 3672 户，审核完成各区申请直管公房 2754 件，其中开具缴款通知单 2684 份；起草《郑州市直管公房管理办法》，对问题突出的住宅房屋退出、非住宅租赁价格不规范、租赁期限过长、转租现象多等问题进行规范。做好房改遗留问题解决工作。按照《郑州市人民政府关于解决我市房改工作遗留问题的通知》文件精神，本着尊重事实、妥善处理遗留问题的原则，完成公有住房出售 156 件、产权接轨 16 件、换证 2 件、房改信息纠误 442 件。做好青年人才购房补贴工作。对青年人才首次购房补贴发放程序进行了大幅度修订，变“每季度集中审核发放一次”为“及时受理、及时核准、及时拨付”；“房管蓝”便民服务车深入到大专院校、高新企业、科研院所等人才密集单位开展上门服务 11 次，进行政策宣讲，为青年人才申请购房补贴提供优质服务，省市主流媒体对此项工作宣传报道 30 篇次。推进安置房网签工作。主动与市城镇办、各区新城办协调，与开发企业对接，做好征收（拆迁）安置房项目测绘、楼盘表确认和网签等工作。推进房产档案管理规范化建设。完善库房大数据管理系统，利用 RFID 系统加工档案，提高档案现代化管理水平。全年整理过户档案共计 42000 卷，接待房产查询群众 795073 人次，其中：办理档案查询 103504 卷，开具房屋权属信息证明 691569 份。

依法行政，简化流程，房地产营商环境更加向好。坚持依法行政。制定推进依法行政建设工作要点，编制《房地产政策法律汇编（2017—

2018）》，建立健全学法制度，提高干部职工的综合素质和依法行政水平；研究上报《郑州市房屋租赁管理条例》《郑州市物业管理条例》《郑州市房屋安全管理条例》；针对现行房地产法律法规内容滞后、脱离实际、适用效率不高、难以取得管理成效等方面的问题，梳理汇总涉及《城市房地产管理法》《房地产开发经营管理条例》《城市商品房销售管理办法》需要修改或者废止的条文意见共 43 条。做好营商环境评估。及时召开营商环境评估专题会议，组建领导小组，建立沟通机制，组织问卷调查，精心准备评估资料，市住房保障局“便民服务”标准体系在省发改委组织的评估中排名第一。简化办事流程。结合政务服务平台和四级联动平台的使用，梳理工作流程，确定“全流程标准审批事项”“一审一核事项”“独审事项”。修订权责事项清单。梳理修订“四级四同”事项清单，并录入河南政务服务网公示。市住房保障局业务办理项共 78 项，在河南政务服务网公示的业务办理项已录入 65 项。优化办事大厅环境。根据单位相关事项关联、流程办理的原则，把进驻大厅的业务进行整合，实现大厅布局、管理、服务和设施“四统一”；对窗口工作人员开展文明礼仪培训，每天坚持“文明用语、微笑服务、实操训练”，展现窗口良好形象；落实《郑州市政务服务办事大厅入驻运行方案》，做好入驻政务工作，认真推行“周末无休”服务。整合内部数据信息系统。经市大数据局、市政务办专家联合会诊，启动内部系统信息整合工作，初步实现房产交易、不动产登记、档案、房改、限购等信息“一键查询”，工作人员一个系统办公，查询次数从最多 11 次压缩至最多 4 次。完善网络服务功能。研发住房限购查询系统，该系统安装在各开发企业和中介机构，可随时查询打印，购置 8 台自助查询机，实现 24 小时自助查档打印。加快“智慧房产”平台建设。编制郑州市“智慧房产”项目总体规划和建设方案，经专家论证并报政府相关部门批准，启动平台实质性建设，力争一年内基本建成；已完成“数据库审计软件”的招标购买、“档案查询信息子系统”招标工作，已验收“网络舆情监控系统开发建设”工作。

郑州市2019年交通运输工作报告

郑州市交通运输局

2019年，全市交通运输系统统筹推进“稳增长、促改革、调结构、惠民生、防风险、保稳定”各项工作，主动担当作为，聚力攻坚克难，圆满完成年度目标任务，为全市经济社会发展做出了积极贡献。

一、从严抓作风、固根基，党的建设质量不断提高

深入开展“不忘初心、牢记使命”主题教育，坚持以上率下，统筹推进学习教育、调查研究、检视问题、整改落实，广大党员干部思想政治受到深刻洗礼，“四个意识”更加牢固，“四个自信”更加坚定，“两个维护”更加坚决，守初心、担使命的思想自觉进一步增强。认真落实全面从严治党主体责任，狠抓基层党建“六个规范”，从严落实中央八项规定及其实施细则精神，力戒形式主义、官僚主义，对一些违规违纪人员进行党政纪处理，党风廉政建设得到新加强。加强干部教育培训和实践锻炼，深入开展技术比武竞赛，干部职工队伍能力素质得到提升。落实意识形态责任制，加强精神文明建设，组织开展了“四个一”宣传活动，培树了暖心的哥李波、主动归还乘客遗失近14万元的“文明市民”何铁成等先进典型，行业发展正能量不断增强。

二、全力攻项目、稳增长，交通重点建设有序推进

聚焦“双百工程”，加快交通基础设施建设，充分发挥项目在稳增长中的关键作用。全年共有鸿苑路与连霍高速立交等 3 个项目开工建设，G107 线郑州境东移（一期）改建工程、G310 线中牟境改建工程等 7 个项目主体完工具备通车条件，新改建国省干线公路 103.7 公里。焦平高速前期工作稳步推进。坚持规划引领，围绕贯彻落实《交通强国建设纲要》，抢抓郑州国家中心城市高质量建设和河南省交通强国试点建设机遇，推进将《助力河南省建设交通强国试点　郑州市交通运输发展战略研究》《郑州“十四五”都市区公共交通一体化专项规划》纳入郑州市“十四五”规划编制。

三、着力调结构、惠民生，运输服务品质持续优化

高标准完成重点时段、重大活动运输保障任务。全年公路分别完成客、货运量 6238 万人次、2.5 亿吨。城市公交、地铁、出租车分别完成客运量 9.28 亿人次、4.11 亿人次和 1.68 亿人次。儿童免费乘坐公交身高标准由 1.2 米提高到 1.3 米，新开和调整公交线路 62 条。地铁 5 号线、14 号线一期、2 号线二期开通运营，线路运营里程达 151.6 公里，地铁出行分担率约 32.2%，出租汽车服务行为合格率从初期的 11%上升至 85%。运输结构调整扎实推进，多式联运加快发展，郑州国际陆港公司被评为国家级多式联运示范工程，郑州市入选国家第二批“绿色货运配送示范工程创建城市”。

四、秉持高标准、严要求，重大运输保障任务圆满完成

第十一届全国少数民族传统体育运动会期间，局系统站在讲政治、

重大局的高度，秉持精之又精、细之又细、准之又准的作风，建立高效运行的组织机构，精心编制交通运输保障工作方案及各类专项方案118个，建立完善的运输保障体系和安全管理制度，做到措施到位、工作到位、责任到位、落实到位，圆满完成运动会交通运输保障任务。其间，全系统组建了由2460台客运车辆、2952名驾驶员组成的保障车队，承担运动会开幕式、演练排练、2679场赛事的集中通勤运输任务，累计出车3.5万台次、运送人员99.9万人次，实现了运输服务保障的零事故、零差错，被省委、省政府记集体二等功，获中央和省、市多家媒体报道，展示了行业良好形象。

五、扎实补短板、强弱项，“三大攻坚战”成效显著

交通扶贫攻坚成效突出。扎实推进“百县通村入组工程”和“万村通客车提质工程”，全市新改建农村公路158.9公里，超额完成省、市民生实事；全市所有行政村客车通达率为100%，其中班线客运占99%，预约客运占1%，超标完成省定目标。上街区入选首批“河南省万村通客车提质工程示范县”，推荐申报新郑市、中牟县为第二批省级示范县。坚持抓党建促脱贫，组织开展“以购代捐”活动，帮扶村脱贫成果持续巩固。

大气污染防治持续加强。国省干线和农村公路全面推行“路长制”，施工工地落实“八个100%”标准和“三员”管理制度；着力加强机动车污染控制，制定了柴油货车污染治理攻坚方案、过境重型车辆绕行方案。新增纯电动出租车6444台、新能源公交车1000台，建成充电站43座，实现全市所有公交车辆新能源化。

防范化解金融风险取得积极进展。及时调整项目投资模式，着力化解政府隐性债务风险；企业脱钩和国有企业改革工作稳步推进。

六、坚持强监管、严整治，综合治理工作卓有成效

《郑州市规范城市客运行为若干规定》正式发布，《郑州市城市公共

交通条例》《郑州市客运出租汽车管理条例》修订列入市人大立法项目。开展道路客运领域突出问题专项整治行动、联合治超“天网行动”等，共查处各类违法违规客货运车辆3.8万台次，罚款8821万元，分别同比增长117%、105%。建成全市非现场执法点72处，实现了科技治超对国省干线公路重要交叉口的全覆盖。拆除市域高速公路沿线广告设施143处、桥下违法建（构）筑物26处，路域环境得到改善。大力开展ETC推广发行工作，完成车辆安装ETC设备319万辆，在籍车辆安装率87.7%；率先在全省完成高速入口不停车称重测试系统建设。积极开展扫黑除恶“排头兵”创建工作，联合公安部门摧毁了“港湾汽租”为代表的黑出租车违法犯罪团伙，刑拘犯罪嫌疑人13名，查扣涉案车辆10台，建立完善了出租车市场服务管理制度机制。按照“序化、洁化、绿化、亮化”要求，高标准完成高速公路及出入市口周边区域整治、无轨电车触线网及设备设施拆除、窗口单位卫生整治及文明素养提升等任务。

七、突出防风险、查隐患，安全生产形势保持稳定

严格落实安全生产“党政同责”“一岗双责”，深化风险隐患双重预防体系建设，深入开展“安全生产大暗访大排查大整治大执法”“防风险除隐患保平安迎大庆百日行动”等专项整治行动，共排查企业2035家，排查一般事故隐患2411个，整改率100%，打击违法违规行为2866起，停产停业企业1家，关闭取缔企业2家，罚款817万余元。以防汛、客货运输、公共交通、防暴恐、消防等为重点，开展应急演练60余次。深刻汲取“9·28”事故教训，对全行业开展拉网式安全隐患排查，完善抄告函办理制度，运输、执法等部门加强工作联动和事前事中事后监管，全力堵塞安全漏洞。组织开展无营运许可异地经营大客车召回工作，荥阳市、高新区等地主动作为，采取政府集中封存等方法，基本完成辖区车辆排查封存工作。全市共召回、封存、注销大客车772辆。以市政府名义出台《关于加强道路客运企业和车辆管理的实施意见》，完成取消800公里以上道路客运班线任务。

八、积极抓改革、促创新，发展动力活力得到增强

完成了局机关“三定”方案编制和局属承担行政职能事业单位改革工作。坚持上下“一盘棋”，交通运输综合行政执法改革完成阶段性任务。积极推进“放管服”改革，按期入驻市政务服务中心，政务服务事项全部实行业务分类“一口办理”，出租汽车电子政务系统和省政务服务网实现互联互通。稳步推进公路建设项目审批制度改革，将审批流程控制在67个工作日内。积极融入省市统一的网上政务服务体系，加快推进实现“一网通办”，营商环境不断优化。加快智慧交通发展，开发了巡游出租汽车乘客查询评价、投诉和支付功能的二维码系统，实现了对“人、车、企业”的科技化监管。公交移动支付交易同比增加65%，占常规公交总收入的45%。郑州城市大脑交通运输项目扎实推进。

郑州市2019年城市管理工作报告

郑州市城市管理局

2019年，全市城市管理系统按照习近平总书记关于“城市管理应该像绣花一样精细”的指示要求，牢固树立以人民为中心的发展思想，全面落实城市精细化管理三年行动计划，持续推进以“路长制”为载体的城市精细化管理服务，扎实做好第十一届少数民族传统体育运动会城市环境保障，城市管理水平和城市品位逐步提升。

一、市政设施改造高质高效

*加快道路中小修和窨井改造提升。*引进北京、杭州等先进城市道路施工企业参与我市道路中修，完成道路中修133条378.1万平方米、道路小修112.6万平方米，修复高架快速路病害3633处，改造窨井11953座，完成48座桥梁安全检测和三环沿线13座桥梁及四桥一路、解放路立交粉刷，改造提升支路背街126条。推进中心城区架空通信线缆入地改造，完成167条路（段）214.5公里清废净空入地，拆除无轨电车触线网31.3公里、无轨电车线杆959根、电力线杆731基。

*加强保通路建设及施工围挡设置管理。*整治大型施工现场和保通路段1126处，整修保通路25万平方米，整治（清洗）污损施工围挡198.33万平方米，新增防溢底座11万米，拆除（瘦身）设置不规范施工

围挡 3.26 万平方米。

加快城市亮化和照明整治提升。围绕重点区域内夜景亮化要出彩，城市功能性照明要保亮，完成了“七桥一路”、二七纪念塔、中原福塔等重点区域及金水路、中原路、中州大道等重点路段沿线 2100 余栋楼体亮化，打造了郑东新区千禧广场灯光秀、郑州市博物馆 3D 灯光投影等城市夜景新名片；积极回应市民关切，对 339 条夜间灭灯道路集中整治恢复亮灯，解决了一大批未移交道路的亮灯问题。

加强城区河道治理。实施东风渠生态护坡改造，三全路桥、花园路桥、经三路桥试验段铺设生态护坡砖 8000 平方米，拼装生态浮岛 7950 平方米；加强日常监管，巩固城市黑臭水体整治成果，强化排查治理，确保城区水体水质达标，新郑市双洎河、中牟县堤里小清河已完成截污纳管、河道清淤、综合治理，城区黑臭水体已全部消除。

实施道路绿化提升改造。对金水路、紫荆山路等 14 条道路（段）及西三环郑上路立交等 7 座立交绿化进行提升改造，栽植乔灌木 7600 余株，绿篱地被 37.7 万平方米，安装侧石 6.8 万米，护栏 2.1 万米，水管 7.1 万米，立体绿化桥柱 1493 个，形成了道路绿成线、景不断、美观实用、特色显明、景观突出的街景绿化效果。

二、公用事业保障更加有力

供水保障不断加强。侯寨水厂、东周水厂东线调水工程建成通水、国家供水应急救援中心西北基地落户郑州，新建改造供水管网 161.38 公里，新增供水能力 10 万吨/日。

燃气供应能力持续提升。西气东输薛店分输站至航空港区天然气输气管道全线贯通投产，中心城区次高压燃气工程、四环快速化高压燃气管线改迁工程加快推进，完成中压管网建设 80 公里，实现销售气量 12 亿立方米，新增民用户 12 万户，安置房用户 4 万户。

集中供热能力逐步提高。裕中百万机组“引热入郑”配套集中供热管网项目正全力推进，北郊热源厂二期建成投运，新建改造供热管网 118

公里，新建改建热力站35座，新增集中供热面积677.7万平方米，建成区集中供热普及率超过90%。

污水污泥处理能力明显增强。陈三桥污水处理厂二期、郑州新区污水处理厂一期配套污泥处理设施、马头岗污水处理厂一级A改造工程、王新庄污水处理厂再生水管线切改工程建成投运，新增污水处理能力15万吨/日、污泥处理能力300吨/日。

三、环卫保洁水平不断提升

加大清扫保洁力度。重点区域实行“三班制”24小时保洁，快速路、主次干道保洁时间不低于18小时，确保重点区域、主次干道垃圾滞留时间不超过5分钟，其他路段垃圾滞留时间不超过10分钟；加强城市家具清洗刷新，对道路侧石（路牙）、防护栏、防眩板、果皮箱每日一擦拭，硬隔离每日两擦拭，绿化带半月一洗澡，对防护栏（含高架防护栏）、防撞墙涂漆脱落的全面刷新。

环卫机械化作业率不断提高。市区两级投入4.5亿元购置各类清扫设备411台，全域机械化清扫率达到93%。改进洒水作业模式，取消大面积高压洒水作业方式，环卫作业坚持以吸尘、湿扫为主，洒水降尘采用低压喷雾（喷淋）方式，使环卫机械化作业达到合理用水、节约用水、科学洒水的目标。

强化卫生死角治理。对四环外出入市口道路、高速路桥区及上下匝道、互通立交桥区等周边区域垃圾积存、乱堆乱放等问题进行全面排查、清理，坚持每周五组织开展大扫除，持续开展“捡烟头、捡垃圾全民行动”、沿街门店台阶、建筑立面及空调室外机治理等专项整治，集中解决环境卫生方面的突出问题，做到全覆盖、无空档、无死角。

深入推进公厕革命。新建公厕535座，上线公厕微信小程序，规范公厕指示牌设置，有效缓解了市民、游客“如厕难”和“寻厕难”的问题。

扬尘管控成效明显。成立14个督查组，装备5架无人机，对全市

1.4 万个扬尘源进行全时空、全覆盖巡查；深入开展“严执法、严惩处、促规范”“大培训、大排查、大执法、大整改”等专项行动，全面推广黄土裸露覆盖由防尘网更换为环保土工布，累计更新覆盖面积 1.17 亿平方米；创新实施精准差别化管理，对全市 69 个施工工地挂“绿牌”，发挥示范引领作用；引入第三方机构，每月评选出“十好十差”工地道路；依托信用评价管理平台，对违规项目主体进行信用扣分，纳入环保失信项目 12 项、失信企业 42 家，环保警示项目 77 项、警示企业 181 家。全年 PM_{10} 浓度均值为 98 微克/立方米，改善幅度全省第一。

四、垃圾治理水平全面提高

加快垃圾处理设施建设。郑州（东部）环保能源工程建成达产运行，新增生活垃圾处理能力 4000 吨/日，东、西部两个餐厨垃圾处理厂建成投入试运行，新增餐厨垃圾处置能力 600 吨/日；郑州（南部）环保能源二期、郑州（西部）环保能源工程奠基开工；规划建设大型转运站 7 座，3 座已建成投入使用；侯寨垃圾综合处理场生态修复全力推进，填埋 B 区加盖、沼气发电设施完工投运，投资 3 亿元的渗滤液应急处理项目第一套设备投入试运行，同时加大生物制剂除臭力度，尽最大可能减少对周边居民和环境的影响。

稳步推进生活垃圾分类管理。打造前端分类投放、中端分类收集和运输、末端分类处理的生活垃圾分类管理体系，9 个垃圾分拣中心全部启动建设，中原区、经开区已建成投用，2496 个小区的 149.39 万户开展垃圾分类，覆盖率 74.29%，3597 家全市各级党政机关、学校、医院等公共机构已全部强制实施生活垃圾分类。

加强建筑垃圾管理。推进全国建筑垃圾治理试点城市建设，加快存量建筑垃圾治理，运用生态修复、工程回填、堆山造景等形式治理存量建筑垃圾 1896 万立方米；推进建筑垃圾资源化利用，筹建资源化处置设施 9 个，建成消纳场 28 个，累计消纳量 3290 万立方米，中心城区建筑垃圾资源化利用率达到 68.4%；加大建筑垃圾清运源头管控力度，全面推行处置核准制度，积极推广硬顶密闭的清洁能源车辆，清洁能源车辆占比达到72.9%，所有车辆全部安装卫星定位系统，接入大数据监管平台，实现实时动态监控，四环以内使用“黑车”现象大幅度减少，渣土车闯红灯、上高架、超速行驶、密闭不严、沿途遗撒、污染环境等违规行为得到有效遏制。

五、环境综合整治成效显著

借力“迎民族盛会 庆七十华诞”城市环境综合整治，围绕32项重点工作任务，聚焦群众烦与忧，组织开展了非机动车道隔离桩、公共区域障碍物、城乡接合部等专项整治，一大批城市顽症痼疾得到集中治理。

严查各类户外广告、招牌和小广告。市区灯箱广告式路名牌全部升级改造为具有郑州文化特色的国家标准式路名牌；强化餐饮油烟、占道突店经营、噪声污染、违法建设整治，全年拆除违法建设5542处192万平方米，纠正擅自改变房屋原有规划856处，拆除铁路沿线建筑3243处305.75万平方米，完成绿化3945万平方米，微地造景消纳建筑垃圾3000多万立方米。

开展停车场管理行业大整顿。加强共享单车规范管理，施划道路停车泊位19453个，清理规范道路停车泊位12590个，建成智慧停车泊位1035个，缓解了停车难、停车乱问题。城市养犬管理进一步规范，查处违规养犬、遛犬案件1350件，抓捕流浪犬2556只，办证年审率90%以上。

六、县（市）区城乡环境焕然一新

2019年，各县（市）和上街区以百城建设提质为抓手，以“路畅、街净、河清、城绿、居美”为目标，扎实推进环境卫生、市容市貌、市政设施、农村生活垃圾、污水治理等11项重点工作，城乡基础设施不断完善，城市功能日益健全，城乡品质显著提升。新郑市坚持以“钻石品质打造工程，绣花功夫管理城市”，城市“面子”焕然一新、“里子”提质升级；巩义市开展“烟头不落地　树文明新风”活动，提高了市民卫生意识，保护环境观念深入人心；登封市大力开展“全城大清洗和全城大清洁”活动，卫生死角全面消除；新密市实行餐厨油烟三级管控模式，对全市2200余家餐饮服务单位开展拉网式排查，加强了餐饮油烟管理；荥阳市强化建筑工地扬尘治理，共立案235起，罚没收入1014.7万元；中牟县加快环卫设施建设步伐，新建临时生活垃圾密闭转运中心及配套垃圾渗滤液处理系统投入使用；上街区邀请国内一流设计团队对金华路、广电巷口袋公园等道路街景进行设计，打造了良好的道路景观。

不断加强水气暖供应保障能力。中牟县加强供热设施及服务体系建设管理，新增燃气供热68万平方米、地暖供热214万平方米；巩义市新建2座生活污水处理厂，铺设燃气管道85公里，供热普及率达到64.9%。登封市旅游新城处理厂已建成通水试运行，卢店水厂扩建工程已完成95%，新铺设燃气管网80公里；新密市老旧水厂改造工程基本具备通水条件；荥阳市拓展集中供热覆盖范围，新增入网面积330万平方米，新增用户2.7万户；上街区加强供气设施建设，燃气气化率达95%以上；新郑市委托国家水质监测网郑州检测站对城市供水106项水质进行全面检测，不断提高供水质量和供水服务，保证了群众安全饮水需要。

着力改善农村人居环境。中牟县、登封市农村生活垃圾治理通过省级达标验收，各县（市）均开展了农村地区生活垃圾分类试点，新密市作为全国生活垃圾分类和资源化利用示范县（市），已覆盖全市所有乡（镇）和80%的行政村。

逐步推进农村生活污水治理。各县（市）均已编制县域农村生活污水治理规划，并通过了省住建厅组织的专家评审；478个规划保留村生活污水处理设施建设完工84个村，在建326个村。强力推进农村户厕改造，共完成25万余户水冲式厕所改造，超额完成省、市民生实事任务。

七、“路长制”在实践中落地生根

完善运行体系。以路段为基本管理单元，组建市、区、办事处、社区及沿街单位、门店共同参与的“路长制”工作队伍。实行“五级联动”，充分调动区、办事处、交警、城管、临街商户等各方工作主动性，全面落实包卫生、包秩序、包绿化、包立面“四包”责任；建立党员议事会、商户联合会和部门协调会“三会”制度，广泛发动基层党员和商户群众，构建衔接有序、协调顺畅的基层管理机制，打造党员引领、商户自治、全民参与的共建共治共享模式。“路长制”实施范围已从城区范围扩大到县（市），涉及乡（镇、办）103个，责任道路3000余条（段），设置一至三级路长2556名。

健全工作机制。出台《郑州市路长制工作导则》，明确标准，细化任务、流程，形成“路长制”工作闭环；强化各方协调联动，建立“路队”和应急处置机制，实行“路长吹哨，全员报到”，由路长统筹各方开展工作；不断完善日巡查、周观摩、月点评机制，强化第三方公司考核评价，确保科学公正。

开展“红黑旗”和“千百十”道路创建活动，每周评出“红旗”路段、“黑旗”路段若干条，每月评出“千百十”（千条优秀路段、百条卓越路段、十条极致路段）道路升级达标路段和“红旗街道办事处”，严格落实财政奖励和扣款。共评出红旗办事处11个，“红旗”路段70条，“黑旗”路段280条，“优秀路段”1003条，“卓越路段”104条。各区、开发区分别聘请国内一流的设计团队，规划设计街景风貌，打造各具特色的精品街区。

金水区通过景观、人文和科技有效结合，整建制打造了经六路、经八路、政二街等19条卓越道路，切实改善了城市生活的“硬环境”和“软环境”，实现街区景观的华丽蜕变。中原区推出“路院共治、路绿共治、路校共治、路点共治”，扩大了工作成果。二七区以道路有机更新带动城市有机更新，打造有底色、有颜值、有风尚、有温度的美丽街区，深受百姓好评。管城区持续开展“一净化　二提升　三畅通　四亮化　五增绿”工程，辖区市容市貌实现了大提升。其他区也都探索总结了不少好经验、好做法。

八、管理体制机制日趋完善

推动管理职能下放。按照“能沉则沉、能放则放”原则，将分散在不同部门的 1007 项管理执法事项，63 条市级管养的道路及附属 11 座桥梁、144 条道路绿化管养交由各区管理，并下沉办事处实施，市级管理部门承担起制定标准、检查督导、考核奖惩、曝光问责的职能，有效解决“看得见的管不了、管得了的看不见”最后一公里问题。

政策法规体系不断健全。《郑州市停车场建设管理条例》《郑州市生活垃圾分类管理办法》相继出台实施，《郑州市城市精细化管理服务规范》《郑州市建筑垃圾管理办法》《郑州市违法建设查处管理办法》已起草完成，下一步将提交市政府研究出台。加快执法体制改革历史遗留问题处置，4000 多件遗留案件已处置 3000 余件，剩余的 1000 多件正在按程序加快推进。

营商环境不断优化。深化“一网通办”前提下“最多跑一次改革”，不断优化办理流程、精简申请材料、压缩审批时限，在郑州市组织的以政务环境引领营商环境三次考核评比中，分别取得了第 9 名、第 3 名和第 6 名的好成绩。用水报装由 7 个环节压减为 2 个环节，时限由 7 个工作日压缩至 3 个工作日，用气报装由 5 个环节压减为 3 个环节，时限由 9 个工作日压缩至 4 个工作日，水气报装环节达到了全省第一，全国领先。用水报装环节与全国最好的北京市持平，获得用水时限与全国最短的城市深圳差 1 天；获得用气时限与全国最短的城市北京持平。

智慧城管加快建设。与阿里巴巴技术团队合作，编制完成《郑州城市大脑·城管项目建设方案》，涵盖城管数据中心、智能感知中心、决策指挥平台、智慧市政、智慧隧道、智慧管网、综合执法、智慧停车、智慧照明、物联网共享基站等项目，建成后将极大地丰富城市管理手段，提升城市管理效率。

科技创新能力不断增强。持续充实城市管理科技创新“智库”，新入库研发平台 3 个、科研项目 45 项、专利 24 项、著作权 5 项、行业论文 6

篇、科技奖项 26 项，郑州华润燃气成功申报中国（河南）自由贸易试验区博士后科研工作站郑州华润燃气股份有限公司分站，市污水净化有限公司参与的“淮河流域闸坝型河流废水治理与生态安全利用关键技术”课题荣获国家科学技术进步奖二等奖。

应急处置能力不断提升。制定了防汛、除雪、落叶清扫应急预案，立足早准备、坚持快反应，积极应对雨、雪、大风落叶天气对城市交通秩序的影响，确保了市区道路畅通、市民出行安全；应急中心共受理群众反映各类问题 3169 件，办结率 100％，满意率 100％；数字城管平台共受理案件 243.2 万件，立案率 99.32％，派遣率 95.94％，结案率 89.99％。

郑州市2019年农业农村工作报告

郑州市农业农村工作委员会

2019年，郑州市农委以习近平新时代中国特色社会主义思想为指导，认真贯彻落实中央、省、市委决策部署，突出全面从严治党主体责任，持续强化党的思想建设、政治建设、组织建设、作风建设和制度建设，以实施乡村振兴战略为总抓手，对标全面建成小康社会“三农”工作必须完成的硬任务，大力发展都市生态农业，加快城乡融合发展，深化农村改革，着力稳住“三农”基本盘，推动农业农村工作取得新进展。农村居民人均可支配收入23536元，增长8.7%。

一、扛稳粮食安全重任，强化农产品供给

坚决扛稳粮食安全政治责任。出台《郑州市人民政府关于深入学习贯彻习近平总书记重要讲话精神确保粮食安全的实施意见》，完成120万亩粮食功能区划定和粮食安全县（市）区长责任制考核。全年粮食总产量149.7万吨，其中夏粮产量76万吨，秋粮产量73.6万吨。蔬菜产量211.9万吨，油料产量10.8万吨，水果产量25.4万吨，水产品产量10.15万吨。肉类总产量9.7万吨，禽蛋产量10.8万吨，奶类总产量8.58万吨，牛奶产量7.6万吨，生猪饲养量151.53万头，肉牛饲养量4.13万头，肉羊饲养量46.6万只，家禽饲养量1812.21万羽。非洲

猪瘟、草地贪夜蛾等重大动植物疫病得到有效防控，农产品抽检合格率保持在99%以上。开展生猪价格保险，恢复生猪复养，生猪产能稳步回升。

持续改善农田基础设施条件。启动建设高标准农田2.8万亩，全市高标准农田达到14.5万亩。推动藏粮于技，实施现代种业提升工程，主要粮食作物良种覆盖率保持在95%以上，主要农作物耕种收综合机械化水平达到82.9%。

加快推进主食产业化。全市共有13家企业被命名为河南省好粮油（主食）、河南放心粮油（主食）加工企业；22个产品被命名为河南省好粮油（主食）、河南省放心粮油（主食）产品，位居全省之首。

二、加快发展都市生态农业，持续改善农村人居环境

实施都市生态农业示范园建设项目2.5万亩，新发展环城都市生态农业10万亩、湿地农业1万亩、高标准“菜篮子”生产示范基地1.2万亩。着力发展生态畜牧业和水产业，科学划定禁养区、限养区和养殖区，开展增殖放流，“以渔净水”生态功能逐步发挥。

持续改善农村人居环境。开展以“三清一改”为重点内容的村庄清洁行动，动员发动群众投工投劳近50万人次，清理农村生活垃圾40多万吨。六县（市）已建立农村生活垃圾收运处置体系并基本达到“五有”标准，农村地区共建设运行压缩式垃圾中转站170座，配备保洁人员约1.72万人，占行政村总人数约5以上，开始实施垃圾分类试点的村164个，生活垃圾得到有效治理的行政村达到1661个，初步达到了“扫干净、转运走、处理好、保持住”的农村生活垃圾治理成效；加快推进规划保留村污水治理项目建设，2019年农村污水治理项目已完工100个村，在建316个村。实施农村“厕所革命”，完成农村户厕改造25万户，超额完成2019年省、市民生实事任务。32个美丽乡村试点建设项目已全部开工，创建省级“千万工程”示范村83个。

率先在全省推进农业废弃物资源化利用。在中牟县和惠济区开展农

膜回收利用和农药包装废弃物回收处理示范试点，畜禽粪污综合利用率达到 87%，主要农作物秸秆综合利用率达到 93%。

三、扎实推进乡村振兴战略

按照乡村振兴“三步走”的战略安排，依照中央和省关于乡村振兴作出的一系列顶层政策设计部署，结合我市实际，编制了乡村振兴战略规划和都市生态农业产业空间布局规划，制定了乡村人居环境整治、科技振兴、乡风文明、组织振兴、扶贫攻坚等专项行动计划，确定了郑州市推进乡村振兴的“路线图”“任务书”和“时间表”。按照“五级书记抓振兴”的要求，逐级建立了由党政一把手任组长的乡村振兴工作领导小组，2019 年 6 月和 10 月相继召开全市性高规格的乡村振兴推进会，10 月召开的推进会上，省委常委、市委书记徐立毅对郑州推进乡村振兴的目标、重点和保障提出了明确要求，全市乡村振兴推进力度持续加大。

按照“四个优先”的要求，完善配套政策，引导推动“人财物”等要素向农村农业流动，为乡村振兴提供持续动力。2019 年以来，提拔重用“三农”干部 170 多人；已安排农业农村相关财政投入 40 亿元，较上年增长 11.2%；支持农民工返乡创业，将农民工返乡创业补贴标准由 8000 元提高到 10000 元，将农民工创业担保贷款额度提高至 30 万元，已发放农民工创业贷款 6.4 亿元。

在实施乡村振兴战略中不搞强迫命令、不刮风搞运动，选择新密市作为示范县，六县（市）各选择一个乡镇作为示范乡（镇），引领全市乡村振兴发展。同时，积极引导各县（市）区结合当地实际完善工作推进机制，统筹谋划推进乡村振兴战略。中牟县将乡村振兴工作分为 7 大类专项工作，每项工作均由一名县委常委负责，以“关键少数”带动“绝大多数”；新密市谋划制定了“15511”工程，采取项目化管理方式推进乡村振兴工作；登封市以“党建领航　六村联创”活动、巩义市以“摘星夺旗创三宜”活动为抓手促进乡村振兴全面落实，都取得了较好的效果。

四、持续优化农业产业结构，推进农村基础设施建设

壮大农产品加工龙头企业。国家级、省级农业龙头企业达到67家，市级以上农业产业化集群达到31个，认定首批省级农业产业化联合体9个，三全、思念在全国速冻食品行业市场占有率近60%。农业品牌带动能力持续提升，全市“三品一标”总数376个。

休闲农业发展水平不断提升。全国休闲农业与乡村旅游星级企业达到76家，全年休闲农业与乡村旅游营业收入14.38亿元，接待游客2285万人次。成功举办第二十届中国绿色食品博览会暨第十三届中国国际有机食品博览会等展会。

推进乡村道路、农田水利、农村饮水、电网、信息、物流等基础设施建设，实现城乡互联互通。全年新建改建农村公路158公里，超额完成130公里的目标任务；自来水普及率超过95%。建成村级电商公共服务点1192个，建成运营益农信息社1604个，覆盖率达到86.2%，荣获全省信息进村入户建设运营先进市荣誉称号。实施农村饮水安全巩固提升工程，建设完成78处工程，巩固提升76个行政村饮水条件。在六县（市）选取114个行政村开展农村公共服务建设维护试点，不断提升农村基础设施建设和管护水平。

五、深化农村综合改革，夯实乡村治理根基

深化农村土地制度改革。完成了农村土地承包经营权确权登记颁证并开展“回头看”工作。农村集体产权制度改革清产核资工作全部完成，并通过省级检查验收，共清查核实资产总额736.9亿元，核实集体土地总面积850.4万亩，农村集体经营性资产股份制改革完成率达到88%。稳步推动集体经济发展试点工作，投入1亿元专项扶持资金，在六县（市）选取68个行政村开展集体经济发展试点项目建设，促进村级集体经济发展。

强化农村基层党组织建设。先后开展 3 轮“逐村观摩、整乡推进、整县提升”活动，推动农村基层党组织全面进步全面过硬。逐步提高村级运转经费，把农村办公经费、服务群众经费、党建工作经费每村分别提高到 5 万元，让村党组织有底气、有能力引领和推动乡村振兴。做好乡土人才联络与回归工作，共纳入乡土人才库 1.7 万余人。实施“村级后备力量储备计划”，每村储备 3～5 人，全市村级后备力量达到近 9000 人。

大力开展文明村镇建设。建成县级以上文明乡（镇）72 个、文明村 780 个。持续推进农村移风易俗，全市共评选“星级文明户”17357 户，98%以上的行政村都制定了《村规民约》。持续推进扫黑除恶专项斗争，全市平安社区、平安村创建率达到 90%。巩义市竹林镇被评为全国乡村治理示范乡镇，新密市黄固寺村和新郑市泰山村被评为全国乡村治理示范村。

六、脱贫攻坚任务全面完成

2019 年，紧紧围绕打赢高质量脱贫攻坚战的目标要求，以提高脱贫质量、巩固脱贫成效为主线，聚焦重点难点，强化措施，狠抓落实，全年标注脱贫 745 户 1715 人，实现了存量贫困人口全部脱贫的目标，建档立卡贫困人口农民人均纯收入达到 13307 元，同比增长 18.4%。

强化责任落实，凝聚攻坚合力。市委、市政府始终把脱贫攻坚作为重大政治任务和第一民生工程来抓，将脱贫攻坚纳入国家中心城市建设的大局中统筹谋划、高位推进，确保近 10 万贫困人口共享郑州国家中心城市建设的成果。压实市级主体责任。成立了以市委书记任第一组长、市长任组长的脱贫攻坚领导小组，建立了市委常委联系县（市）区、市级领导负责分管领域脱贫攻坚工作和分包贫困村制度，构建了市、县、乡、村各级书记抓扶贫的工作机制。市级领导牵头，成立了落实脱贫攻坚三年行动计划 14 个专项指挥部，分工推进专项脱贫。脱贫攻坚领域 2019 年共组织召开市委常委会、市政府常务会、市政府议事会、脱贫攻坚领导小组会等各类会议24次、开展调研暗访18次。压实行业部门责任。建立了市级综合部门综合协调、业务主管部门抓政策落实和项目实施的管理机制，推动行业扶贫政策精准落地，全年投入行业扶贫资金5.63亿元。压实驻村帮扶责任。派出490支工作队和1498名工作队员投身脱贫攻坚一线，实现了贫困村驻村工作队全覆盖、贫困户帮扶责任人全覆盖。全年帮助新修村级道路380多公里、安装路灯1万多盏、新打机井310多眼，引进各类致富项目190多个，创办合作社200多个。《中国组织人事报》以《河南郑州严考驻村干部——挖出实绩、考出干劲儿》为题，报道了我市驻村干部管理的典型做法。

强化政策落实，巩固提升“两不愁三保障”水平。农村贫困人口稳定实现“两不愁三保障”，是贫困人口脱贫的基本要求和核心指标，也是底线任务。市委、市政府高度重视，定期召开协调会，听取汇报，分析研判，整改提升，确保达标。精准落实健康扶贫政策。实现了政策宣传、家庭医生签约服务、爱心保健箱配发、二三级医院对口帮扶贫困村“四个全覆盖”，贫困人口优先就诊、优先入住爱心病房、优先慢性病鉴定、优先一站式服务“四个优先”。全年享受“七免一减”惠民政策5.98万人次，累计减免金额1972.6万元；住院费用自付比例降至5.5%，低于全省水平；大病集中救治83人，救治率100%；慢病患者签约7033人，签约率100%。精准落实教育扶贫政策。除认真落实从学前到高中（含职业教育）的各类教育资助政策外，对贫困家庭中考取全日制本科大学生，每生每年给予4000元补助。全年发放学前教育保教费生活费145.45万元，资助建档立卡幼儿2909人次；减免建档立卡贫困家庭学生中职教育学费334.94万元，惠及3675人；发放国家助学金292万元，惠及建档立卡大学生3272人。精准落实扶贫助残政策。全年发放“两项补贴”资金571万元、特殊生活补贴资金2527万元、“三无”残疾人救助资金132万元，惠及建档立卡农村贫困残疾人4991人次。新办理残疾人证246人。完成持证残疾人辅助器具适配529人，实施家庭无障碍改造1276户。精准落实低保政策。将低保标准提高到每人每月700元，低保人口年收入连续四年高于扶贫标准线。全年累计发放低保金433万元，受益低保贫困人口8837人。精准落实农村危房改造政策。开展危房改造清零行动，全年新识别发现危房770户，全部改造到位。精准落实易地扶贫搬迁政策。提前一年完成“十三五”期间1421户5649人的搬迁入住任务。扎实做好后续扶持工作，每个搬迁户都能享受到一项以上产业帮扶措施，具有劳动能力的3139名搬迁劳动力实现就业3125人，5个集中安置点实现基层组织、服务机构全覆盖，社区服务、稳定就业、工程建设、拆旧复垦等问题有效解决，“搬得出、稳得住、能致富、生活好”的目标基本实现。

强化工作落实，提高脱贫质量。坚持把提高脱贫质量放在首位，多措并举，整体推进。深入推进产业扶贫。全年实施产业扶贫项目166个，总投资2.97亿元，实现产业对村、对户全覆盖。深入推进就业创业扶贫。组织就业扶贫专场招聘会41场次，帮助就业3.5万人，就业率100%。培训建档立卡贫困劳动力3.14万人次，开展致富带头人培训309人次，有3人获得1万元返乡创业补贴。深入推进生态扶贫。安排生态公益林管护人员、生态护林员岗位160个，林业企业安排贫困劳动力就业84人，人均年增收1万余元。为1179户贫困户发放退耕还林补贴14.8万元。深入推进金融扶贫。全年累计贷款6500万元，历年累计贷款7.56亿元，当年新增户贷率7.3%，未发生“户贷企用”现象。深入推进志智双扶。讲好扶贫脱贫故事，巩义市鲁庄镇脱贫户杨淑丽荣获河南省脱贫攻坚奋进奖。加强阵地建设，为每个贫困村配备一套广播器材，一名文化管理员，实现了贫困村应急广播“村村响”。积极探索扶贫扶志新途径，建设扶贫超市202个，以劳动换积分，以积分换商品，激发贫困群众内生动力。《中国扶贫》杂志以“巩义市：让贫困户与‘慵懒散乱’说再见”为题刊发了巩义市扶贫扶志典型做法。深入推进脱贫攻坚与乡村振兴的对接。持续深化交通扶贫、水利扶贫、电网升级和网络扶贫、人居环境整治扶贫，贫困村生产生活条件持续改善，人居环境进一步提升。深入推进社会扶贫。引导208家民营企业参与“千企帮千村”扶贫活动，累计投入社会扶贫资金1.31亿元。发展线下店和社区扶贫网点57家，合作网点和联盟商家700家，销售贫困乡村农产品6000多吨，实现收入1000多万元。开展公益扶贫，慈善捐赠3.8亿元，再创历史新高。

强化制度保障，巩固脱贫成效。坚持一手抓脱贫攻坚，一手抓巩固提升，努力打赢高质量脱贫攻坚战。加大政策扶持力度。印发了《关于提高脱贫质量巩固脱贫成效的意见》，聚焦政策性兜底人口兜的稳、已脱贫人口收入稳定增长不返贫，明确了一整套保障政策。坚持投入力度不减，全年入库项目805个，对接到位519个；投入财政专项扶贫资金5.64亿元，其中市本级投入3亿元。严格落实“两个一律”，切实加强项目资金管理，没有发生项目资金使用违规行为。提升建档立卡数据质量。组织村“两委”、驻村工作队、帮扶责任人等，对建档立卡户逐户核实基本信息，2019年共审核数据47批次，确保账实相符。加强监测预警。利用省平台返贫风险监测预警模块，对脱贫户中人均纯收入较低、收入结构中转移性收入占比高、家中缺少劳动力、有大病病人等情况，实施重点监测，逐户核实，建立台账，2019年底共审核确定边缘户76户234人、脱贫监测户29户104人。中牟县与阿里巴巴合作专门建立了防返贫预警监测系统，并由县财政拿出500万元的专项资金设立防返贫专项基金。强化兜底保障。针对低保贫困户，出台了“提标”“扩面”“扣减”“设立渐退期”的低保新政，将补差标准提高20%，将部分重度残疾人直接纳入低保，扣减刚性支出，给予脱贫人口一年的渐退期。针对老年户，将基础养老金提高至每人每月190元。针对重病户，实行困难群众基本医疗保险个人缴费财政资助政策，共落实资助资金2.64亿元。

强化问题整改，筑牢精准脱贫基础。坚持把问题整改作为一项政治任务来抓，精心组织，周密部署，全面系统整改，确保问题“清零”，以问题整改高质量推动脱贫攻坚高质量。扎实做好2018年度中央脱贫攻坚专项巡视、国家考核、省考核反馈问题的整改，下发《郑州市落实中央脱贫攻坚专项巡视指出的突出问题和共性问题整改方案的通知》等6个整改方案，派出暗访组跟踪督查，8大类292个问题已全部整改到位。扎实做好脱贫攻坚“回头看”问题整改，制定了《郑州市脱贫攻坚“回头看”工作方案》，各县（市）区、38个行业部门对标对表、全面梳理排查，共排查“三落实”“三精准”“三保障”以及定点、社会帮扶4个方面问题177条，并进行整改。开展了“三个清零”行动，实现了任务清零、问题清零、信访清零。

强化作风建设，以作风攻坚促脱贫攻坚。开展作风问题专项治理。制定了《扶贫领域作风问题专项治理实施方案》，梳理出5个方面30条具体问题逐一查摆整改。严格落实“基层减负年”各项要求，未组织对县级考核，数据从平台提取，不要求基层填表报数，变督查为暗访，切实减轻基层负担。开展阳光扶贫、廉洁扶贫和漠视侵害群众利益专项整治活动。完善了《乡镇“三重一大”事项决策流程图》和《涉农及扶贫专项资金管理制度》，组织召开以案促改会、警示教育会、民主生活会、主题党日等各种活动120余场，2万余名党员干部和公职人员受到法纪洗礼。积极做好扶贫信访工作，全年共接收群众来信来电来访284件，办结284件。开展关心关爱基层干部活动。制定《郑州市扶贫领域“容错纠错一批”工作方案》，由组织、纪检监察部门牵头，对照9类可容错的基本标准，采取个人申报、单位审核、群众评议、听取扶贫部门意见等形式，对可容错的人和事进行全面摸排，没有发现可容错纠错的人和事。加强扶贫干部培训，着力打造懂扶贫、会扶贫、作风硬的扶贫干部队伍，全年开展扶贫干部培训10095人次。开展抓党建促脱贫活动。强化软弱涣散村整治，根据脱贫攻坚需要，配齐配强贫困村“两委”班子19个，调整撤换不合格不胜任贫困村党组织书记6人。加大党员发展力度，明确每个贫困村每2年至少发展1名青年农民入党。加强基层基础保障，市财政为每个贫困村拨付运转经费15万元，其中党建经费、办公经费、服务群众经费各5万元；投入4300多万元，规范化改造提升181个贫困村党群服务中心。

郑州市 2019 年水利工作报告

郑州市水利局

2019 年，全市水利系统认真贯彻落实中央、省、市各项决策部署，坚持站位国家中心城市建设，按照《中共郑州市委　郑州市人民政府关于坚持四水同治加快推进新时代水利现代化的实施意见》的总体部署，全面实施“水资源、水生态、水环境、水灾害”四水同治，加快构建现代水利基础设施网络体系，全市水利事业发展取得了新的进展和成效，市水利局被人社部、水利部表彰为全国水利系统先进集体。

一、郑州水利高质量发展规划体系总体架构基本建立

以系统解决水资源、水生态、水环境、水灾害等新老问题，高质量推进水利发展为目标，突出规划体系的全面性、系统性、战略性、实效性，初步构建了由 4 项总体规划、8 项专业规划、多项专题研究组成的水利发展规划体系总体架构。

总体规划层面包括水资源综合规划、水系规划、城市防洪规划、水土保持规划；专业规划层面包括节水行动实施方案、黄河水资源利用规划、南水北调水资源利用规划、非常规水综合利用规划、地下水超采综合治理规划、水旱灾害防治规划、水文化建设规划、贾鲁河综合规划；专题研究层面包括水资源承载能力研究、水文水动力模型研究等。2019

年，编制了《郑州市南水北调水资源利用规划》《郑州市地下水综合治理规划》《郑州市水旱灾害防治规划》，完成了《九大国家中心城市涉水指标研究分析》，启动编制《郑州建设国家中心城市水资源承载能力研究及对策》。

二、国家中心城市建设水资源优化配置布局蓝图初步形成

着眼满足未来郑州1500万～2000万人口规模需要，对照郑州国家中心城市建设相关规划指标，算清水账，找准短板，理清思路，超前谋划，研究对策，全面布局，按照“满足生活、保障生产、改善生态”的原则，遵循“开源节流、优化结构、系统开发、综合利用、战略储备”的思路，以“雨水洪水中水资源化、南水北调配水科学化、黄河引水调蓄系统化、水库供水最优化、水资源配置均衡化”的水资源五化布局为重点，编制形成了《郑州建设国家中心城市水资源配置及重大建设项目谋划初步方案》。系统谋划了节水工程、再生水提标利用工程、沿黄引水口门提升改造工程、现有水库清淤扩容工程、水系连通工程、小浪底水库引水入郑工程、郑州东部引黄口门向航空港区供水工程、郑州西水东引工程、新建水库及调蓄工程等水资源高效利用和优化配置9大类建设项目，匡算总投资398亿元，初步构建了郑州国家中心城市建设水资源优化配置的布局蓝图。

三、水生态系统建设稳步推进

重点工程目标任务全面完成。实施“四水同治”，全市纳入省年度方案、总投资326亿元的44个四水同治重点项目全面完成目标任务。坚持“安全、生态、景观、文化、幸福”的五河共建理念，大力开展以贾鲁河为示范引领的河湖水系生态建设。贾鲁河河道整治主体工程基本完工，96公里宽阔河湖水景已经形成；生态绿化工程快速推进，绿化任务大头

落地，园林、建筑、文化等专项工程有序实施，水岸交融、绿色和谐的水生态景观初步呈现，已成为郑州市生态文明建设的“新名片”。牛口峪引黄工程干线9月29日建成通水，为贾鲁河、西流湖等城区河湖提供源源不断的生态活水；石佛沉砂池至郑州西区生态供水工程完工试通水；环城生态水系循环工程管线基本贯通，泵站建设完成。潮河上游南曹村桥至小魏庄水库段生态治理一期工程开工建设。

*水生态建设重点项目前期工作快速推进。*贾峪河生态治理工程、贾鲁河尖岗水库大坝至南四环桥段生态治理一期工程、索须河汇合口上游至弓寨大桥段生态提升一期工程可研报告已通过评审，正在办理土地、规划等前期手续；郑州西水东引工程可研编制等前期工作加快推进，黄河滩区调蓄工程、沿黄引水口门提升改造工程、郑州东部引黄口门向航空港区供水工程、小浪底水库引水入郑工程等项目前期咨询全面展开。

*水土保持生态建设持续开展。*涉及登封、新密、巩义3县（市）总投资2365万元的2019年国家水土保持重点工程已建成，省级水土保持补偿费资金项目、水土保持补助资金项目和市级水土保持补助资金项目建设完成，全年共治理水土流失面积69.48平方公里。积极开展《水土保持法》进党校等宣传教育活动，不断强化生产建设项目水土保持监管，严格抓好未批先建项目查处整改，征收市批生产建设项目水土保持补偿费420万元。

四、河长制湖长制工作深化落实

*河长“治、管、护”责任全面落实。*根据市领导调整和机构改革情况，及时调整了市级河长名单、市级河长负责河流和河长办成员单位。适时向市级河长发出巡河提示函，提醒开展河湖巡查，全年市级河长巡河28次，签发河长令10份，着力解决实际问题。紧盯水质改善，设置了73个市级河长责任河流水质监测断面，每月检测水质状况并集中通报，引导各级河长切实履职尽责，督促整治各类涉水问题，河长湖长管河护水责任持续加强。

河长制工作机制不断完善。印发了《关于加快建立郑州市全水域河湖长体系的通知》，将市域内塘、沟、渠、堰、坝等小微水体全部纳入河湖长制监管范围，打造全水域河湖长体系。修订了《河湖库巡查制度》，完善了河湖巡查管理机制。继续深化探索“河长＋警长、河长＋检察长、河长＋媒体”等河湖管理新机制，充分利用相关部门和社会力量，有效打击各类侵犯河湖行为。

专项治理行动扎实开展。持续深入推进“打击非法采砂、河湖清四乱、三污一净”等专项治理行动。以高压态势严厉打击河湖非法采砂，全年开展督导暗访和夜间巡查 62 次，有效震慑了非法采砂行为。通过河长带头清、部门联动清、司法介入清、媒体监督查、社会参与查、纪委参与督的“三清两查一督”综合措施，实现水利部台账 68 个黄河“四乱”问题、省级交办和市级排查台账 421 个河湖“四乱”问题全部销号。“三污一净”专项治理共排查清理污泥点 73 处，封堵或整治污水口 107 处，清理河道垃圾 84 处，拆除违章建筑 17 处，河湖面貌得到明显改善。

五、防汛抗旱工作保障有力

全面落实各项责任。严格落实以行政首长负责制为核心的各项防汛抗旱责任制，明确市领导和防汛指挥部成员单位防汛责任分工，落实重要河段、病险水库和重点防洪工程的防汛责任人，并在媒体公示，接受监督。编制了市领导分包县（市）区防汛工作检查督导提示函，就分包区域、基本情况、防汛要求、关键问题、薄弱环节等重点提醒，为市领导部署防汛工作提供决策参考。

完善防洪抗旱工程体系。坚持以防为主，突出抓好水库除险、河道治理、水毁修复和应急度汛工程建设。积极加快丁店、坞罗等病险水库除险加固前期推进，实施完成双洎河、汜水河等中小河流治理，着力推进南水北调中线防洪影响处理工程，及时完成尖岗水库应急度汛等水毁修复和应急工程建设，全面落实山洪灾害防治非工程措施，扎实开展国家抗旱规划项目实施。

深入整治度汛隐患。市防指组建了 9 个督导检查组和 3 个暗访组，同时依托河长制湖长制，对全市水利工程防汛和隐患排查整治情况，特别是小型水库、淤地坝、山洪灾害等防汛重点部位持续明察暗访，全面排查整治。针对存在的问题隐患，下发督办通知单，督促责任单位全面扎实整改到位，及早根除各类隐患。

增强应急保障能力。修订完善了各类防汛工作方案和应急预案，针对黄河、南水北调、水库、山洪灾害、城市排涝等重点领域开展防汛演练。组建防汛抗旱专家指导组，整合驻郑部队、机动抢险救援队等抗洪救援力量，储备 2500 万元防汛抗旱物资，严格落实预报预警、汛期值守、信息报告、会商调度、快速反应等工作机制，不断提升全市防汛减灾应急保障能力，成功防御了 4 次黄河过境洪峰、7 次暴雨过程和贾鲁河 50 年一遇洪水险情。

坚持防汛抗旱两手抓。严防旱涝急转，强化抗旱会商，密切关注天气和墒情，适时启动抗旱应急响应，加强水源调度，组织拉水送水和旱区灌溉，有效保障了群众饮水和农业用水安全。

六、“节水优先”战略深入实施

突出“节水优先”。认真做好国家节水型城市复查资料整理、现场准备和汇报宣传等工作，通过国家节水型城市复查验收。《郑州市节水行动实施方案》于 10 月 13 日印发实施，通过“全域、全业、全程、全面、全民”五维在全社会系统推进节水行动。加快县域节水型社会达标建设，中原区等 8 个县（市）区、开发区创建成功，全市已有 12 个县（市）区、开发区通过县域节水型社会达标建设验收。对照节水型单位创建标准，制定评分办法，分类辅导推进，全面推动水利系统节水型单位建设。继续指导推动全市节水型企业、学校、社区等节水载体创建工作。

全面落实最严格水资源管理制度。开展最严格水资源管理制度考核，对水资源管理“三条红线”落实情况全面检查，督促推动全市水资源管理各项制度落到实处。加强监督检查，建立一户一档，抓好取水许可和计划用水管理。全面完成郑州市第三次全国水资源调查评价，顺利通过省水利厅验收。开展地下水动态监测，持续强力压采地下水，共处置取水井 186 眼，压采地下水 772 万立方米，提前完成河南省下达年度压采任务。

深入抓好水情宣教。积极开展“世界水日”“中国水周”“城市节水宣传周”活动，通过举办节水经验交流座谈会、开设中小学校水育课堂、投放节水广告，推送节水新闻，发放节水宣传品等方式，在全社会营造节约水资源、保护水生态的良好氛围。

七、南水北调和移民工作扎实推进

南水北调工程效益持续发挥。配套工程全面建成，运行管理不断加强，郑州 7 座口门泵站及输水线路全部投入运行，4 座调蓄水库全部实现充库，10 座受水水厂全部实现通水，规划供水范围实现全覆盖，受益人口达到 680 万人，2019 年累计供水 5.71 亿立方米，其中，生活用水 5.15 亿立方米。新密市、登封市等新增供水目标分别实现供水，南水北调供水范围进一步扩大。

移民工作有序开展。以实现移民稳定发展为目标，围绕基础设施完善、项目监管验收和移民安置遗留问题处理，大力推进“美好移民村”创建，抓好移民后扶项目建设管理，推进移民避险解困和产业发展项目实施，保障移民收入稳步增加，维护移民和谐稳定发展。

八、水利工程建设和管理严格规范

水利工程建设监管严格高效。严格落实水利工程招标投标监管责任，确保招标工作全过程合规有序。严把质量监督注册关、体系核查关、现场核查关、质量巡检关，对贾鲁河综合治理等 12 个在建工程开展了 4 次集中巡检，以一项目一清单的方式督促隐患整改，保障建设质量，相关做法在全省水利工程建设质量监督座谈会上作典型交流。开展病险水库除险加固和中小河流治理项目遗留问题专项整治，遗留验收任务加快推进。强化专业技术人员职业资格“挂证”等专项治理，维护水利建设市场秩序。全年召开专题会议 15 次，开展督导检查 38 次，施工扬尘污染防治成效持续提升，贾鲁河综合治理项目施工扬尘污染防治工作在省、市现场观摩会上得到充分肯定。

水利工程运行管理日趋规范。深入推进水管体制改革，登封市、新郑市、经开区成立了小型水库管理中心，登封市争创全国深化小型水库管理体制改革示范县。督促推进小型水库问题整改、维修养护和病险水库核查、降等报废等工作。基本完成全市流域面积 1000 平方公里以上河流管理范围划边定界任务。强化生态水系运行管理，完善调度机制，科学调度水源，全年共向城区生态水系调引黄河水 2.8 亿立方米，南水北调向全市河湖生态补水 5600 万立方米；严格落实河道管理责任制，不断加强河湖生态管护和河岸绿化养护，水生态环境质量明显提升。

九、法治水利建设和水行政审批工作成效明显

依法治水工作不断强化。制定依法行政建设工作要点和领导干部学法计划，加强行政执法责任制建设。通过多方征求意见并认真修改完善，《郑州市贾鲁河保护条例》于 2019 年 10 月 31 日经市人大常委会审议通过，并于 11 月 29 日经省人大常委会审查批准，将自 2020 年 10 月 1 日起施行，为充分发挥贾鲁河综合效益提供法治保障。严格执法巡查，规范执法行为，积极推行服务型执法，推进行政指导方式应用，2019 年共开展执法巡查 256 次，完成执法卷宗 138 卷，罚款 270 万元，在办案数量和罚款额度均创历史新高的情况下，全年未发生行政复议或行政诉讼，水政监察支队被评为河南省水政监察队伍文明执法示范窗口单位。

水行政审批工作效能持续提升。通过全面系统梳理，确定了 27 项水行政审批服务事项。不断完善和规范办理程序，积极开展文明优质服务活动，严格审批时限，提高审批效率，依法依规认真做好各项审批工作，全年办理行政许可事项 80 件，提前办结率 100%，满意率 98%以上。水

利工程类项目审批时限压减至 68 个工作日以内，比全省工程类项目审批时限节省 32 个工作日。

十、水文化建设创新开展

完善水文化建设体系、标准和机制。在对郑州水文化初选遗产现状深入调查、开展特征内涵研究、提炼价值分析指标的基础上，结合对相关政策和文献的研究分析，积极创新探索，拟定了《郑州市水文化遗产认定及价值评价导则》，以地方标准颁布施行。向各县（市）区下发水文化遗产保护提示函，提醒着力强化保护。探索建立水文化建设协同推进机制，初步制定了加强水文化遗产保护工作的意见。

丰富水文化传承和发展载体。围绕郑州水文化建设，组织开展了一系列宣传展示活动。以“留住水利记忆、传承华夏文明”为主题，举办了郑州市水文化遗产主题展；以“水韵郑州·诗化绿城”为主题，举办了河长制湖长制工作成效专题摄影展。出版《水利郑州》内部刊物 6 期，弘扬郑州水利文化，展示水利行业风采，受到行业内外广泛肯定和好评。

十一、农村水利建设不断加强

持续推进农村饮水安全工作。聚焦全面解决农村饮水安全问题，2019 年投资 1.43 亿元，继续实施农村饮水安全巩固提升工程，中央预算内投资已建设完成，县级投资部分正在加快推进，同时抓好已建工程运行管理和维修养护。

着力打好水利脱贫攻坚战。全面开展农村饮水安全状况专项核查，持续抓好贫困村饮水安全排查整改和节水灌溉等水利基础设施建设。

不断完善农田水利基础设施。完成中牟县万滩镇农田水利现代化示范乡镇项目建设，加快推进三刘寨重点中型灌区节水配套改造项目。

深入开展农业水价综合改革。全面完成省定 6 万亩农业水价综合改革任务。

郑州市2019年林业工作报告

郑州市林业局

2019年，在市委、市政府的正确领导和各级各部门的共同努力下，全市林业系统以习近平总书记生态文明思想为指导，坚持“绿水青山就是金山银山”的发展理念，围绕“山区森林化、平原林网化、城市园林化、乡村林果化、廊道林荫化、庭院花园化”的“六化”目标，按照“大生态、大环保、大格局、大统筹”的生态建设总体思路，统筹推进“森林、湿地、城市、流域、农田”五大生态系统，实施“一核、两区、三圈、一带、十八园、多廊道、多节点”的国土绿化工程建设，以交通网络沿线生态环境提质提升为重点，积极推进国土绿化提速、湿地生态系统恢复、森林公园体系建设等工作，完善森林资源保护体系，取得了优异成绩。郑州市被以国家八部委为主要成员单位的全国关注森林活动组委会评为关注森林活动20周年突出贡献单位；郑州市林业局被国家林业和草原局评为全国生态建设突出贡献先进集体、保护森林和野生动植物资源先进集体、全国森林防火工作先进单位，四大国家级林业荣誉齐聚郑州。

全市共完成各类绿化面积20.76万亩，是目标任务11.16万亩的186%；完成森林抚育8.26万亩，是目标任务6.1万亩的135.4%；连通提升生态廊道400公里，完成绿化面积6.32万亩；绿化美化村庄120个。市本级（登封市陈家门村）义务植树基地接纳参加义务植树活动4.16万人次，栽植苗木面积160亩；全市各级参加义务植树人数427.5

万人次，栽植树木1833.3万余株。登封成功创建成为河南省级森林城市，成功创建森林特色小镇1个、森林乡村54个。发展优质林果4.74万亩，苗木花卉种植0.52万亩，林下经济总面积达到70.68万亩，林业产业完成总产值52.03亿元。黄河湿地“绿盾”专项清理整治行动完成整改点位509处，整改完成率86.13%，整改工作年底前全部完成。林业有害生物防治目标管理四率指标林业有害生物成灾率、无公害防治率、测报准确率、种苗产地检疫率分别为0.001‰、90.8%、98.3%、100%，实现“一降三提高”；森林火灾受害率远远低于省定0.9‰的工作目标。绿博园通过开展“五个节庆”“四个花展”活动，年游客量达到154万人次。

一、加强领导，高位推进，实现国土绿化凝心聚力

加强组织领导。建立国土绿化“双组长”领导机制，形成了党政主要领导共抓绿化工作的新局面。迅速安排部署。2019年春节上班第一天就召开了全市生态建设动员大会，制定了《2019年度国土绿化提速行动实施方案》，明确了任务，落实了措施。靠前加压推进。市委书记徐立毅要求造林绿化投入只能增加不减少，并多次实地调研；市长王新伟坚持每周现场督导、定期组织观摩讲评。市人大、市政协领导先后进行了专项视察。建立“五种督导机制”。即坚持“日督查、周通报、月排名、季评比”和领导分包县（市）区的督导机制，定期组织各县（市）区党政正职参加的全市观摩讲评会，督促进度，提高质量。

二、提高标准，精准发力，确保国土绿化质量和成效

为提高国土绿化水平，郑州市自我加压，提高标准，实施精准提升。制定《森林郑州“六化”建设标准》，对树种选择、苗木规格、栽植模式、配套设施等明确了要求。对市域内京港澳高速、连霍高速、机场高速、京广高铁等6条高速公路、6条铁路两侧绿化带实施了高标准改造提升，增加了绿化宽度，改造了地形，配建浇灌设施，更新了枯死退化林木，拆迁

清理了违章建筑，提高了常绿树栽植比例，优化了花、灌、草配置，建成景观大道、生态大道。对全市 110 个高速上下站口、出入市口、互通立交实施高标准绿化美化，带动了城郊绿化水平整体提升。与城市建设结合，通过改造地形实施绿化、建园造景，既扩大了绿化面积，提升了绿化效果，又有效解决了违建拆迁、垃圾清运、弃土外运扬尘污染问题。累计消纳土方 3000 多万立方米，节省外运资金约 15 亿元，增加绿化面积约 1.1 万亩。

三、完善政策，多措并举，加大国土绿化投入力度

坚持“政府主导、市场运作、社会参与”的原则，积极探索“五种投资模式”，加大国土绿化投入力度。

完善政策，加大财政投资力度。制定了“四种奖补政策”，市财政制定奖补政策，新造林，每亩一次性奖补 3500 元；生态廊道提升，每亩一次性奖补 1.5 万元；森林公园建设，每亩一次性奖补 3 万元；每年安排 7000 万元对林业产业进行引导扶持。2019 年市县两级财政国土绿化投资超过 200 亿元。

用好国家政策，争取银行投资。积极争取国储林项目，与农业发展银行进行了沟通，今年巩义市国储林项目一期融资 4.6 亿元，完成造林 2.98 万亩，二期预计融资 8.9 亿元。

鼓励土地流转，吸引社会投资。由政府牵头，统一协调土地流转，开展国土绿化，参与林业种植和旅游开发，取得了较好生态和社会效益。

推动大户承包，撬动企业投资。通过企业（大户）承包废弃矿山，实施矿山修复。倡议以劳代资，调动各界力量参加义务植树。建设“三新干部林”“企业家林”“民兵林”“共青林”“时代楷模林”等公益纪念林 36 处，植树 1833.3 万株。

四、开拓思路，破解瓶颈，实现国土面积应绿尽绿

坚持规划引领，实施“六项添绿增绿举措”，拓展绿化空间，做到应

绿尽绿。

实施退耕造林。巩义市、登封市、新密市和荥阳市在西部浅山、北部邙岭等25度以上坡耕地，水土流失严重区域的耕地，以及中牟县南部、北部严重沙化耕地，优先安排造林绿化。

实施攻坚造林。巩义市在南部岩石裸露的荒山上，使用鱼鳞板造林近8000亩。

实施生态修复造林。新密市在煤矿沉陷区、登封市在铝石矿区等废旧矿区，回填土方造林，2019年两地实施矿区修复造林近3000亩。

实施搬迁造林。对城市周边冶金、市场等重污染企业和铁路沿线厂房，实施异地搬迁，腾挪土地用于造林绿化，变垃圾围城为森林围城。

实施见缝插绿、拆迁建绿。我市规定主城区拆迁10亩以下的土地，要用于建设公园、游园，并启动了第二轮“拆墙透绿”工作，连通了道路绿化和城市公园绿地，扩展城市绿量。

郑州市 2019 年商务工作报告

郑州市商务局

2019 年，全市商务系统坚持以开放促改革、促发展、促创新，持续推进更高水平的对外开放，全力做好稳外贸、稳外资、促消费，各项工作呈现了稳中有进的良好态势。全年实际吸收外资 44 亿美元，增长 4.5%；引进域外境内资金 2235.4 亿元，增长 6%；外贸进出口总额超过 4129 亿元，同比增长 0.6%，连续 8 年位居中部省会城市第一。

一、抓对外开放，开创高质量发展新局面

以自贸试验区为引领，改革创新为动力，综合枢纽为支撑，开放体系为保障，加快形成全方位、宽领域、多层次对外开放新格局。

中国（河南）自由贸易实验区郑州片区制度创新红利效应日益显现。256 项改革创新试点任务完成计划的 94%。2019 年，片区新增注册企业超过 5.4 万家，新注册资本总额 6450 亿元。

中国（郑州）跨境电子商务综合试验区服务效能快速提升。日均处理能力 1000 万包、通关速度 500 单/秒，货物集疏范围覆盖全球 70% 的国家和地区，郑州已经成为跨境电商的产业高地和制度创新高地。

口岸体系持续完善，进口药品和医疗器械试点获批建设。依托 2 个航空、铁路一类口岸，2 个公路、陆运二类口岸，汽车、粮食、邮政等 9

个功能性口岸，“2+2+9”口岸体系服务能力不断提升，继续保持内陆地区口岸数量最多、种类最全，开放载体功能更加完善。

“四条丝路”先发优势更加巩固。“空中丝绸之路”方面，开通客货运航线242条，客运通航城市110个，开通全货机航线34条，通航城市37个，在全球前20位货运枢纽机场中已开通16个通航点，基本形成横跨欧美亚三大经济区，覆盖全球主要经济体的枢纽航线网络，成为“空中丝绸之路”重要节点机场。2019年，郑州机场累计完成旅客吞吐量2912.9万人次，完成货邮吞吐量52.2万吨。“陆上丝绸之路”方面，中欧班列（郑州）坚持以“一主两翼”体系为核心，拓展加密至欧洲的主体货运通道，开辟至中亚、东盟的分支货运通道，持续扩大“东联西进”覆盖辐射范围，网络遍布欧盟、俄罗斯及中亚地区24个国家126个城市，境内合作伙伴2300多家，境外合作伙伴780多家。2019年，中欧班列（郑州）累计开行1000班，总累计货值33.5亿美元，货重54.1万吨。“网上丝绸之路”方面，依托跨境电商综试区，形成“买全球、卖全球”网络枢纽。推进贸易便利、商业模式、税收管理、电商监管、营商环境“五大创新”，保税网购“1210”监管服务模式全国复制推广，“一馆多模式”“一馆多业态”O2O零售商业模式实现跨境商品“现场下单、现场提货”，建立了市民家门口的“世界超市”。2019年，全市跨境电子商务交易额完成107.7亿美元，同比增长24.6%。“海上丝绸之路”方面，推进多线路、多港口、多站点铁公海多式联运，实现了与青岛、连云港、天津等港口的无缝衔接，打造了沿海港口向西开放的“桥头堡”、中西部地区向东开放的“无水港”。2019年，海铁联运完成1.1万标箱。

二、抓开放招商，为全市经济发展注入新活力

将招商引资作为扩大全市开放的重要抓手，持续提升我市招商质量和效益。

项目引进卓有成效。2019年，全市新签约项目376个，签约总额5235亿元，完成年度目标的104.7%，增长9.2%，主要有中科院苏州医

工所郑州工程技术研究院、大华中原区域总部、中原高科技花卉博览园等项目。新开工项目 286 个，投资总额 3093 亿元，完成年度目标的 103.1%，增长 7.5%，主要有固高郑州智慧产业研究院、中牧生物疫苗产业基地、标兵年产 300 亿只超级易拉盖等项目。

世界 500 强引进成果丰硕。引进了日本住友商事、美国特斯拉、恒大新能源、利宝保险、中国电子集团、一汽集团等世界 500 强企业 6 家。

加快推进重点项目落地建设。坚持“周例会、月调度、季讲评、半年考核、全年总评”的招商引资项目协调推进机制，市级重点项目分包、“五职招商”等工作责任机制，“服务八同步”“拿地即开工”“店小二服务”等项目服务保障机制，加快推动市级重点招商引资项目，今年上汽全球数据中心、新能源动力电池等 24 个重点项目取得明显进展。

三、抓外经贸发展，着力打造参与国际合作高地

将稳外贸增外资促外经作为重要工作，多次召开会议研究相关工作，及时解决企业存在的痛点难点问题，推动我市外经贸平稳健康发展。

加大对企业支持力度。积极争取国家、省促进外贸发展支持资金，为我市近 400 家外贸企业申报各类资金近 4000 万元。对全市进出口前五名企业和汽车及零部件进出口重点企业分别给予 250 万元和 150 万元资金奖励。根据我市外贸发展的新特点和企业生产经营的新需求，出台了《郑州市人民政府关于稳外贸稳外资的实施意见》，拟出台《郑州市人民政府关于支持外贸外资外经企业稳定发展的若干政策措施》。

支持企业实施市场多元化战略。共组织 400 多家（次）企业分别参加了华交会、广交会和河南投洽会进出口企业展，为外贸企业与国内、外知名企业和客商开展合作创造条件。

鼓励企业积极应对贸易摩擦。鼓励对美涉案企业积极应诉美国“双反调查”，对积极应诉美国贸易调查的明泰铝业公司、方正博研公司等 3 家企业予以补贴。

利用进博会扩大进口。郑州市 2657 家采购企业和单位、5069 名采购

人员报名参加了第二届进博会，均比首届翻了两番，分别占全省的35%和27%。其间，我市企业现场采购暨网上签约采购合同达35个，合计采购金额9.33亿美元，比首届增长22.8%。在河南省交易团举办的采购需求发布暨现场签约会上，我市共签约14个项目，合计签约金额112.1亿元。在河南跨境电商对接采购暨现场签约会上，签约项目62个，签约金额64亿元。

境外经贸合作区建设取得新进展。积极推动本地企业与“一带一路”沿线国家在项目、技术、市场等方面的交流合作，持续做好境外经贸园区支持政策落实工作，把境外经贸合作区作为推进郑州市参与“一带一路”倡议、推动郑州企业全面参与国际产业布局、开展国际化经营、集聚型发展的重要举措。根据《河南省支持省级境外经济贸易合作区建设实施意见》，郑州市目前已有2家企业的4个园区申报并通过了省级境外经贸合作区，获得省级专项资金支持。

四、抓消费升级，打造内陆地区国际消费中心

做好国家级步行街改造提升试点工作。德化步行街“1+5”规划初步方案编制完成已上报商务部。投入资金23.5亿元，拆除原亚细亚酒店、二七宾馆，开展德化街整体环境提升工程。

扎实开展品牌消费集聚区培育工作。我省公布的第三批河南省品牌消费集聚区名单中，二七万达广场等3家品牌消费集聚区成功入围，我市省级品牌消费集聚区总数达到13个。

深入开展“夜间经济”研究。在梳理国内外先进地区夜间经济发展规律、成功经验基础上，认真分析我市夜间经济的发展现状及存在问题，对新形势下推动我市夜间经济的发展思路和路径提出工作建议。

认真开展生活必需品应急储备与投放工作。2019年投入资金3700多万元，用于生活必需品储备和应急投放。全年共储备猪肉、蔬菜和鸡蛋18780吨，其中，猪肉9780吨，蔬菜8000吨，鸡蛋1000吨。向市场共投放肉蛋菜5700吨，其中，猪肉1300吨，蔬菜4000吨，鸡蛋400吨。

五、抓会展业发展，会展业持续平稳健康发展

积极引进国际会展资源。积极联系对接国际知名会展机构，吸引更多的国际知名会展企业落地郑州。2019 年，邀请到克拉里昂执行主席、英国 NEC 集团首席执行官等世界知名会展机构负责人到郑考察交流，积极洽谈在郑州开展业务。

加快会展与产业融合发展。积极申办举办行业展会，努力实现会展与产业联动融合发展。全球跨境电商大会、世界新兴产业大会、世界传感器大会、招才引智创新发展大会、中国服务型制造大会、数字经济峰会、中国粮食交易大会、郑州国际城市设计大会、中国标准化论坛、中国北斗应用大会等活动规格高、影响力强、效果显著，会展集聚产业资源要素、服务产业发展的作用进一步凸显。

不断引进高质量品牌展会。2019 年引进李曼养猪大会暨世界猪业博览会、中国绿色食品博览会、中国国际坚果大会、伯牙钢琴艺术节暨全国总决赛等高品质展会活动。

2019 年全市共举办展览 240 个，展览面积 301 万平方米，同比增长 6.6%。其中，举办国际性展会 20 个；3 万平方米以上的展览 24 个，展览面积 119 万平方米；国家级流动展 10 个，展览面积 21.5 万平方米；新创办展会 6 个，展览面积 4.6 万平方米。郑州国际会展中心和中原国际博览中心的展场出租率在全国处于较高水平，获得“中国最具竞争力会展城市”等奖项。

此外，市商务局聚焦“三大攻坚战”，集中力量做好帮扶脱贫和大气污染防治工作，扶贫方面，全市建成县级电商公共服务中心 5 个，乡（镇）级服务站 38 个，村级电商公共服务点 529 个，实现对所有建档立卡贫困村服务全覆盖，解决了电商扶贫“最后一公里”问题，实现“工业品下乡”和“农产品进城”的双向流通。大气污染防治方面，全年出动 1796 车次、4195 人次、会同公安、市场监管、应急管理等部门对新发现的 25 个黑加油点进行了查处取缔。

郑州市2019年文化广电和旅游工作报告

郑州市文化广电和旅游局

2019年，全市文化广电和旅游系统围绕推进文化旅游业融合发展，按照“宜融则融，能融尽融，以文促旅，以旅彰文”的工作思路，勇于担当，奋力拼搏，各项工作取得明显成效。

一、突出务实惠民，公共服务效能大幅提升

积极推动100个基层综合性文化服务中心建设。2019年完成基层综合性文化服务中心建设100个，全市共建成2577个，基本完成基层综合性文化服务中心的全覆盖。

高标准推动城市书房建设。自4月下旬项目启动以来，各县（市）区政府及管委会高度重视，主要领导安排部署，分管领导一线协调指导，文化旅游部门积极动员实施，书房建设进展较为顺利。建成城市书房65座并实现试运营。

组织开展各类丰富多彩的群众文化活动。2019精品剧目演出季引进、组织优秀剧目25台，演出50场，现场观众8万多人次，在线观众达48万余人次；“舞台艺术进乡村、进社区”演出1200场，覆盖全市近

400 个行政村、社区，受益群众 200 多万人；圆满完成 16 场“情暖新春”专场文艺演出，93 场“舞台艺术送基层”，60 场“中原文化大舞台”，56 场“传统文化进校园”。督导市级公共文化场馆及组织围绕中华人民共和国成立 70 周年、传统佳节等重大节点，组织开展各类丰富多彩的群众文化活动，指导各县（市）区开展庆祝中华人民共和国成立 70 周年文艺演出、戏曲大赛、广场舞大赛等丰富多彩的群众文艺活动。

扎实推进文化馆图书馆总分馆制建设。落实文化和旅游部、发展和改革委员会、财政部等五部门《关于推进县级文化馆图书馆总分馆制建设的指导意见》，在持续巩固和深化市与县（区）“两馆”联盟馆建设成果基础上，扎实推进以县（市）区“两馆”为总馆，乡村两级综合文化服务中心为分馆的公共文化机构总分馆体系建设，图书馆分馆、文化馆分馆各 15 个已全部建成。

旅游厕所建设。2019 年，市、县两级文化广电和旅游部门高度重视、多措并举，建管并重，强力推进厕所革命各项工作，通过开会督导、实地检查、周上报、月评比等措施，加快旅游厕所建设进度，建成旅游厕所 112 座。

二、突出产业转型，全域旅游发展稳步推进

全面提升 A 级旅游景区服务质量。坚持“整治、创建、提升”三者并重，突出“景区业态、内涵品质、综合功能，配套设施、管理服务、生态环境”六大重点，在景区旅游设施和公共服务上求突破，打造精品旅游景区。2019 年 9 月，委托第三方机构，严格按照国家《旅游景区质量等级管理办法》，采取拉网式排查方式，对 40 家 A 级旅游景区进行暗访检查，做到无一遗漏，A 级景区暗访复核常态化。通过暗访检查复核，查找问题，一一整改，对严重不达标的景区，硬起手腕，集中整治一批，该通报批评的批评，该摘牌的摘牌，确保全市 A 级旅游景区服务质量有一个全面的根本性的改变。2019 年 10 月，对达不到《旅游景区质量等级的划分与评定》标准的 6 家景区进行了处理。

积极组织乡村旅游扶贫干部培训。举办郑州市文旅融合脱贫攻坚乡村振兴专题培训班，各县（市）区以及卢氏县扶贫部门、文旅部门负责人，文旅企业家代表，贫困村支部书记、村委会主任、驻村干部，乡村旅游带头人等共计220余人参加了培训，有力推动了文旅融合乡村旅游提升发展。

创建文化和旅游品牌。申报5个省乡村旅游特色村、3个省休闲观光园区、5个省特色生态旅游示范镇。参加中国特色旅游商品大赛，入围12件，获得银奖3个、铜奖2个。

大力发展城市文化都市旅游。积极指导市辖各区和协调相关部门，以休闲特色街区和夜间经济为抓手，按照"一区一特色""一街一特色"的原则，培育打造商都民俗和美食特色街区等一批特色鲜明、服务功能完善、消费集聚效应显著的高品质文化旅游特色街区，推进都市旅游发展。加强美丽公路旅游产品调研，打造郑少洛高速（郑州段）精品旅游线路。

三、突出现实题材，文艺精品创作出新出彩

着力打造精品剧目。加工提升《精忠报国》剧目，2018年11月9日，该剧在河南艺术中心大剧院成功试演，获得了业内专家及各界观众的普遍好评。2018年12月，舞剧《精忠报国》入选国家艺术基金2019年度舞台艺术创作资助项目，2019年2月，该剧入选2019年度国家舞台艺术精品创作扶持工程重点扶持剧目。同时该剧还入选中国舞蹈家协会"舞蹈名家助力工程"创作资助剧目，被河南省委宣传部评为2019年度中原文艺精品创作工程重点项目、河南省第十二届精神文明建设"五个一工程"优秀作品，被郑州市委市政府列为建设国家中心城市文化建设重点项目。6月7日，加工提升后的《精忠报国》作为2019年度国家舞台艺术精品创作扶持工程重点扶持剧目、国家艺术基金2019年度大型舞台艺术创作资助项目进行首演，再次亮相河南艺术中心大剧院，受到观众一致好评。演出结束当晚，连夜召开了专家指导座谈会，6月13日上

午，在郑州歌舞剧院又召开了专家研讨会，对该剧继续进行打磨、加工提升，力争将该剧打造成为我市的文化名片、精品剧目。现代豫剧《朝阳城》加工提升，8 月 27 日晚，现代豫剧《朝阳城（向阳城）》在郑州艺术宫上演，国家一级演员张海龙、国家一级演员、梅花奖获得者张艳萍担任主演。扶持豫剧《锦娘》、曲剧《小小把城官》开展创作。认真落实《郑州市支持戏曲传承发展实施方案》，新创剧目近 20 部，包括《宝莲灯》《中牟令》和《金秋》《老栗树》《春暖乱石坡》等 3 部扶贫题材剧目。

艺术创作屡创佳绩。获得河南文华表演一等奖 1 名、二等奖 3 名、三等奖 3 名和“组织工作奖”。曲剧《信仰》获得第 33 届田汉戏剧奖剧本一等奖；歌曲《我的好兄弟》《妈，我回来啦》同时获得省第十二届“五个一工程”奖。

举办丰富多彩的文化惠民活动。围绕“迎民族盛会·庆七十华诞”主题，组织开展郑州地方戏曲精品剧目展演 38 场，举办“绿色周末”特别节目——《与祖国同在》庆祝新中国成立 70 周年文艺演出 2 场，协调指导郑州美术馆举办“匠心·传承”——河南古代石刻高浮雕拓片艺术展和“‘风从草原来’——内蒙古油画作品展”郑州美术馆巡展，为喜迎少数民族传统体育运动会、庆祝新中国成立 70 周年营造良好社会氛围。创新开展“周末剧场”。8 月 31 日，由市委、市政府主办，市文化广电和旅游局承办的“迎民族盛会·庆七十华诞”周末剧场——中外传世经典交响音乐会在河南艺术中心音乐厅精彩上演。

四、突出融合发展，文化旅游产业加快步伐

努力加大招商引资工作力度。在全市范围内组织开展征集 2019 年新型文化业态招商引资项目，建立招商引资项目库，进一步提升招商引资水平，吸引更多的国内外客商投资我市文化产业。2019 年 5 月，根据省委组织部和省文旅厅的工作安排，组织我市主要文旅企业参加 2019 深圳文博会和东莞招商活动，现场成功签约 10 个项目，签约项目基本情况已

经上报省文旅厅。

扎实开展文化产业示范基地评比命名工作。2019 年，根据年度工作安排，认真组织开展第五批郑州市文化产业示范基地评比命名工作，通过资格初验、专家评审和会议研究，全市共有 10 家文化企业获得郑州市文化产业示范基地称号。我市共有国家级文化产业示范基地 3 个，省级文化产业示范基地 18 个，市级文化产业示范基地 99 个。

积极推进文旅项目建设。按照年度工作计划，积极推进“只有河南”主题演艺公园、“宋城·皇帝千古情”、银基佳宝乐园、列子小镇等一批重点项目建设。电影小镇一期项目正式对外营业；华强中华复兴之路项目建筑主体完工；海昌海洋公园项目完成设备安装。

组织开展文旅交流合作活动。2019 年先后组织我市 20 多家优秀文旅企业先后参加了中原文化旅游博览会、深圳文博会、中国北方旅交会、中国国内旅游交易会等国内知名会展。通过活动，增进了我市文旅企业与外地文旅企业的交流合作，进一步开拓了我市文旅市场，宣传推介了我市特色文旅产品，提升了郑州本土文旅品牌影响力。

五、突出品牌打造，宣传推广渠道持续拓展

积极组织参加各项推介会、博览会等。积极开展文化旅游推介活动，在亚洲文化展上举办“天地之中，功夫郑州”宣传推介会，开展了文化旅游产品现场展示等活动。借助黄帝故里拜祖大典、第十一届全国少数民族传统体育运动会等节事活动平台，做好服务保障和宣传推广工作，树立郑州人民热情好客的良好形象。加强与广播电台、电视台的合作，开办宣传文化旅游的节目、栏目，利用《郑州日报》《郑州晚报》等媒体平台集中对外发布节日出游信息。接待西安、南昌等 20 多个地市来郑推介，加强文化旅游交流与合作。

打造郑州“黄河游”品牌。为充分挖掘郑州“黄河游”的文化内涵和风光亮点，主办郑州“黄河游”短视频创作活动。该活动于 2019 年 7 月启动，历时一个半月，在途经郑州的 160 余公里黄河河道沿线，自媒

体达人、短视频小组、网红旅游大咖等组成的20人团队深入郑州、巩义、荥阳、中牟等地11个沿黄旅游景区，探寻优质旅游品牌线路，创作出精品短视频30余个，精选照片2000余张，抖音话题热度近1000万个。创作团队还制作了精美的网络专题和画册，为各景区保存了珍贵的影像和图文资料。8月15日，郑州“黄河游”短视频创作成果发布会暨微网站上线仪式举办，郑州“黄河游”短视频创作团队展示了本次活动中的精选作品，郑州沿黄景区的巍巍山川、潺潺流水、古色古韵等精彩呈现，给与会者带来了一场全新的视觉盛宴。同时，活动推出了郑州黄河沿线“寻根问世人文游、拥抱自然体验游、都市生态休闲游”3条沿黄文化旅游线路。充分展示了郑州沿黄文化旅游的独特魅力和深厚底蕴，促进黄河沿线文化旅游产品量的丰富、质的提升。

六、突出层级评审，非遗保护传承成效明显

推动非遗保护立法工作。为贯彻落实《非物质文化遗产法》和《河南省非遗保护条例》，郑州市结合实际，在广泛征求社会各界和专家意见的基础上，历时三年多的时间，于2019年4月1日颁布实施了《郑州市非物质文化遗产保护办法》（以下简称《保护办法》）。《保护办法》对完善非物质文化遗产保护机构、联席会议制度、人才培养、经费保障、项目动态管理机制等方面作出了明确规定。市文广旅局正在积极制定全市《关于加强非物质文化保护的实施意见》和《郑州市非物质文化遗产保护三年行动计划》等相关配套政策。同时，积极推动《郑州市非物质文化遗产保护条例》的立法工作。

完成第五批国家级非物质文化遗产代表性项目申报。我市二十四节气、高浮雕传拓技艺、黄河澄泥砚、嵩山内养功法、水晶雕刻技艺等5项省级非遗项目进入国家级项目评审环节。

完成第五批市级非物质文化遗产代表性传承人评审。为提升我市非遗项目传承水平，根据年度工作安排，按照集中评审与分散评审相结合的方式，专家评审小组对13个开发区、县（市）区推荐的申报147名传

承人进行了初评（航空港区、郑东新区、上街区未申报），经专家评审委员会审议，74 人获得市级代表性传承人资格。

完成市级展示传习示范馆评选。为进一步规范我市非物质文化遗产展示馆、传习所管理工作，提升非物质文化遗产保护水平，根据《郑州市非物质文化遗产展示传习示范馆管理办法》的规定，组织开展了我市第一批非物质文化遗产展示传习示范馆评选工作。共申报展示传习馆 44 家，经过专家评议，有 6 家获得郑州市第一批示范展示馆称号，12 家获得郑州市第一批示范传习所称号。

扩大非遗宣传巩固非遗保护成果。为充分展示我市非遗保护成果，打造我市非遗文化名片，郑州非遗保护宣传工作深入推进。6 月 8 日，2019 年郑州“文化和自然遗产日”宣传活动正式启动。本次活动本着“见人见物见生活”的宗旨，精选了我市非遗代表作品 300 余件和 10 余部非遗舞台剧在天下收藏文化街进行为期一个月的展演。各县（市）区同时举办了形式多样的“文化和自然遗产日”宣传活动。

七、突出中原特色，对外文化交流成效显著

圆满完成赴非访演任务。受国家文旅部委派，组团赴非洲尼日利亚、加纳、布基纳法索、乍得等四国开展文化交流活动，以中国少林功夫为主题的“少林雄风”武术演出活动和国家级非物质文化遗产的现场展示展演，受到了我国驻非各国使、领馆大使和总领事的尊重，并受到各国文化旅游部最高官员的高度赞扬，在访演国刮起了强烈的中国（郑州）少林武术风，收到了超出预期的文化和旅游宣传推广效果，增进了中非两国人民的友谊。

成功举办郑州国际马戏嘉年华活动。来自俄罗斯、阿根廷等 8 个“一带一路”沿线国家的艺术家们为广大群众奉献 50 多场异彩纷呈的马戏杂技表演。本届马戏嘉年华历时 22 天，观众人数多达 4.5 万人次，取得了经济效益和社会效益的双丰收。

连续多年承担文旅部“欢乐春节”对外文化交流任务。郑州歌舞剧

院担纲组团于春节期间赴荷兰、法属留尼汪等国家和地区执行“欢乐春节”文化交流演出任务，行程数万公里，演出27场。

*协调做好接待入境游客在郑游览。*2019年，郑州市共完成接待韩国光州议会团一行9人参观少林寺和禅宗音乐大典活动、澳门旅行商及媒体踩线团等8人体验登封少林寺入境游产品活动、在日华侨华人青少年研学考察团一行8人赴登封开展“超乎想象的老家中国”研学交流考察参观活动、泰国国家旅游局一行8人到登封少林景区参观考察活动以及第12届“汉语桥”参赛选手在郑州少林景区、黄河名胜风景区的研学活动等，培育郑州在国（境）外的影响力和知名度。

八、突出综合整治，文旅市场监管有力有序

*强化文化和旅游市场管理。*组织开展景区及其周边综合环境整治提升、不排队行为治理、全国少数民族运动会赛事服务酒店内部环境整治等全市中心工作任务。组织开展“深入开展扫黑除恶 严厉打击非法经营”全市文化广电和旅游市场“百日行动”，组织开展全市扫黑除恶“排头兵”创建工作。完成6900多名参加导游资格考试的考生审核工作。制定下发了《郑州市文化广电和旅游局关于加强旅行社安全管理工作的通知》《关于转发我市取得交通运输许可的企业及车辆信息的通知》，全方位规范全市旅行社安全管理。联合市公安局、市交通运输局、市应急管理局共同开展了郑州市800公里以上长途客车和旅游包车源头治理专项行动，进一步规范了旅游包车客运市场秩序。督促星级饭店、旅游景区落实食品安全管理制度、卫生安全管理制度，强化企业主体责任。加强外省出境社郑州分社的监管，强化出境旅游安全。做好假日旅游工作，积极倡导文明旅游，积极参与文明城市创建。对文旅部确定的重点营业性演出加强监管，对电竞酒店、轰趴馆等文化市场新业态展开调研。全面推动旅行社电子旅游合同，积极推进旅游事项一网通办，着力推行旅游信息化服务和大数据监管，基本实现旅行社、导游主要办理事项“0跑腿”。协调全市30家A级景区出台“信易游”优惠措施，积极完善旅

游行业信用体系建设。完成全市互联网上网服务营业场所统一监管系统建设工作，于7月底前完成换发文化市场经营许可证工作。强化重点营业性演出、互联网上网服务营业场所、娱乐场所、艺术品经营、网络文化等的管理。加强旅行社用车、旅行社责任险、质保金等监管，着力推动实施电子旅游合同，全市旅行社使用率逐步提高。

着力提升文化和旅游服务质量。组织开展全市星级饭店服务质量提升行动。推动文化主题旅游饭店、旅游民宿标准实施，摸清全市有关旅游住宿业底数。开展全市旅游民宿资源普查，积极调研拟制促进旅游民宿规范发展的相关政策，推荐一家民宿参与全国首批旅游民宿星级评定。加强星级饭店管理，着力推动星级饭店垃圾分类。开展省导游大赛选拔活动，组织参加省导游大赛，我市导游人员获一等奖4名，包揽中文、英语导游员组第一名，市文广旅局获优秀组织奖，市导游中心导游员被推荐参加全国导游大赛。组织开展旅行社奖励审核。指导部分县（市）区和星级饭店开展服务技能竞赛活动。

2019年，全市共接待游人13059.47万人次，同比增长14.5%；实现旅游总收入1598.87亿元人民币，同比增长15.2%。

郑州市 2019 年卫生健康工作报告

郑州市卫生健康委员会

2019 年，全市卫生健康工作以高质量发展为根本方向，聚力抓重点、创优势、补短板、提能力、求突破，全面加强党的建设，持续深化医药卫生体制改革，不断完善健康服务管理体系，着力提升医疗服务质量和水平，取得了明显成效。

一、健康郑州行动启动实施

健康行动全省率先。《健康中国行动（2019—2030 年）》启动实施后，市卫健委迅速行动，成立工作专班，周密制定方案，明确职责任务，在全省率先启动健康郑州行动；结合国家和省明确的 15 个专项行动，调整增加到 18 个，其中妇幼健康、心理健康等 7 个专项行动启动展开；实施人均预期寿命提升工程，推动提升全市人均预期寿命。

健康细胞建设扎实推进。积极推进健康单位、健康村、健康乡镇等健康细胞建设，确定健康乡镇试点单位 25 个，市、县两级命名健康细胞 600 多个、健康家庭 359 户；积极开展无烟环境创建，命名无烟单位 499 个；在全国健康城市评价中，登封市全省排名第一。

卫生城市管理力度加大。持续开展红（黑）旗评比活动，评出红旗单位 160 个，黑旗单位 40 个；组织开展“全城清洁”行动 50 次；新创国家和省级卫生镇16个，18个乡镇通过国家和省复审考核，创建省级卫生先进单位（小区、村）256个、市级213个。全面提升病媒生物防制管理水平，重点场所防制覆盖率达到95%以上。

二、综合医改成果巩固深化

公立医院改革稳步推进。在市中心医院、郑州儿童医院和郑州市骨科医院试点薪酬制度改革；启动公立医院能力提升项目；全面推开日间手术，住院费用平均下降20%以上，平均住院日缩短3～5天；全部取消医用耗材加成；公立医院收支结构得到优化。

医联体建设得到加强。成功申报国家城市医联体建设试点城市，明确市一院、市中心医院、郑州人民医院3家综合医院为城市医联体牵头单位，郑州人民医院、市十院顺利融并。巩义市、中牟县、新郑市、新密市县域医共体建设被纳入国家级试点，均出台实施方案、积极推进。

药品供应保障机制不断完善。取消基层医疗机构采购非基本药物品种限制，促进上下级医疗机构用药衔接；实施短缺药品清单动态管理，保证及时供应；巩固药品采购“两票制”成果，执行比例保持98%以上；开展知识技能竞赛和基层医疗卫生机构处方点评，促进基本药物合理应用。

三、医疗服务能力持续提升

区域医疗中心建设有序推进。郑州儿童医院纳入国家区域医疗中心建设试点，推动省政府与北京儿童医院签订合作共建协议；获批国家自然基金项目4项，填补无国家级科研项目空白。各专科诊疗中心引进实用型、高端人才135人，申报省、市级科研立项63项，引进和应用新技术、新业务135项，医疗诊治水平得到提升。

医疗服务质量持续改善。实施厕所整洁提升专项行动，开展暖心开水行动，设立“医务社工部”，建设健康食堂，群众就医环境优化提升；

新建日间手术管理、临床营养、口腔等6个质控中心，医疗服务管理逐步规范化、科学化、精细化；实行药品耗材“双十”制度，开展专项处方点评，促进合理用药，减轻群众就医负担。

紧急医疗服务能力不断提升。新增胸痛中心8家、卒中中心7家、创伤中心5家，三大中心达到31家；35家医疗机构完成急救信息共享平台建设，院前急救服务体系健全完善。

人才学科和对外合作成果丰硕。纳入郑州市社会事业后备人才培养计划200人，全市占比83.7%；培养转岗全科医学生100名，获省全科医生技能竞赛团体一等奖；选派95名管理和技术人才赴国（境）外知名医疗机构交流学习、46名业务骨干到北京大学进行为期1年的导师制培养。获批国家级继续医学教育项目29项，在全省省辖市占比81%；获批省级院士工作站1家、市级重点实验室3个、首批市级博士后创新实践基地2个。全系统与国内外知名医疗机构、院校新签订合作项目12项，引进境外高层次人才资助项目10项；首次整建制组建第21批援赞比亚医疗工作队，援外医疗事业上升到新的高度。

重点项目顺利实施。市一院港区医院等5个项目竣工投用，郑州人民医院文化路院区改造等3个项目立项，市骨科医院宜居健康城医院等3个项目进入收尾阶段，其他项目整体推进顺利；全年完成投资6.59亿元，超额完成年度投资计划，被市政府评为重点项目建设先进集体。

四、健康服务管理创新拓展

全方位服务体系初步建立。持续完善健康管理指导中心、健康管理服务中心、健康管理办公室三级健康管理网络，已建成健康管理机构227家；推行“三个一”健康管理服务，在学校、机关、企事业单位建设“一间健康小屋”、设立“一名健康管理员”、组建“一个健康管理服务团队”，开展健康教育、建档、筛查、管理、干预服务，已在全市182家单位建成健康小屋，受到广泛关注和欢迎，国家卫健委给予高度肯定。

全人群健康素养逐步提升。开展“郑州健康大讲堂”3629场，受众

27万余人次；组织开展网上健康知识有奖竞答活动，吸引17万余人次参与；充分利用新闻媒体，官方自媒体，家医平台及微信、微博、网络等新媒体，组织编写《城乡居民健康素养读本》等，多种形式广泛宣传普及健康知识，教育引导健康文明生活方式，提升全民健康素养；深化健康促进示范县（市）区创建工作，新郑市、惠济区和新密市分别通过国家和省评估验收。

重点人群健康服务不断加强。持续实施妇女“两癌”、产前和新生儿疾病筛查等民生实事项目，新增脑卒中危险因素筛查，均超额完成任务，90万余人次受益。探索推进医养结合、安宁疗护、社区居家老年健康服务等模式，15家二级及以上综合性医院开设老年医学科，90%以上医疗机构为老年人开设绿色通道，全市设置安宁疗护病区（中心）36个、床位721张，医养结合、安宁疗护工作被纳入国家试点城市。加大慢病防控力度，2个县（市）、6个县（市）区分别被评为国家和省级慢病综合防控示范区。

五、公共卫生安全保障有力

重大疾病防控工作扎实有效。建设免疫规划智慧管理平台，规范预防接种门诊管理，国家扩大免疫规划疫苗接种率保持在95%以上。持续做好传染病疫情信息监测工作，共报告法定传染病10万余例；搭建结核病防治网络，全市13家结核病防治机构信息互联互通；登封市、巩义市炭疽病和黄河护理职业技术学院结核病疫情得到及时有效处置。在二七区试点将严重精神障碍患者纳入慢性病门诊，联合开展排查登记，规范管理率74.52%。成功申报国家第四批艾滋病综合防治示范区，检测随访管理一体化模式在全省推广。中牟县、新密市饮水型地方性氟中毒控制工作通过省级评估验收。

职业健康监管深入推进。广泛开展《职业病防治法》宣传，提高全民职业安全健康意识；成立职业病防治技术质量控制中心，建立职业病防治专家库，提升职业健康服务支撑能力；积极推进尘毒危害专项治理，突出重点领域，每个县（市）区确定 3 家企业，探索治理经验典型，推动尘毒危害防治水平提升。

食品安全风险监测有效开展。组织开展食品安全宣传周和《中国居民膳食指南（2019）》进社区、进医院系列活动；持续实施食品污染、食品有害因素和食源性疾病监测，采集食品化学污染物样品 554 份，完成率 100.5%，236 家哨点医院上报食源性病例 1.9 万例、完成省定目标。

卫生应急保障有力。以筹备和保障第十一届全国少数民族传统体育运动会为重点，全力做好卫生应急综合保障。少数民族运动会期间，完成奥体中心及 16 个比赛场馆、47 家接待宾馆，2679 场赛事和火炬传递、开闭幕式、民族大联欢等大项活动医疗卫生保障任务。累计出动救护车 800 余台次、医疗保障人员 1200 人，接诊 7695 人次，实施院内救治 208 人；没有发生重大食物中毒、饮水污染、重大传染病疫情和传染病的续发；奥体中心主要病媒生物密度控制在国家 A 级标准。同时，对口接待山东代表团，全方位精细化服务保障得到高度评价。民族运动会医疗卫生保障工作赢得了广泛赞誉，市卫健委被省委、省政府记集体二等功，市紧急医疗救援中心等 20 个单位受到省、市表彰，中央电视台、河南电视台等 20 余家主流媒体宣传报道 47 篇次。

六、基层能力建设不断夯实

县级医院提质升级。登封、中牟、荥阳和巩义市县域医疗中心挂牌，从专科建设、人才队伍、信息化、设备配备及基础设施等方面推动医院提质升级，牵头医院全部通过二级甲等医院评审。推进县级医院临床重点专科建设，34 个县级临床重点专科共引进专业人员 123 人，选派进修人员 120 人，开展新技术、新业务 78 项，促进县域医疗服务能力进一步提升。

基层基础巩固完善。积极开展“优质服务基层行”活动，28 家乡镇卫生院、19 家社区卫生服务中心达到国家基本标准，9 家乡镇卫生院、7

家社区卫生服务中心达到国家推荐标准；新建政府办社区卫生服务中心4家，启动社区医院建设，确定19家社区医院建设试点机构；落实省基层卫生“369人才工程”，招聘特招医学生87名、特岗全科医生13名；培训培养公共卫生、医养结合、社区卫生等基层卫生人才1870名。

家庭医生签约服务得到深化。在稳定数量、巩固覆盖面的基础上，向提质增效转变，丰富服务内涵，强化分类管理，提高履约效果。全市签约服务团队1858个，签约居民561.30万人，通过智能化平台在线签约居民305万人。

健康扶贫深入开展。推进实施健康扶贫三年攻坚行动，持续抓好“七免一减”等健康扶贫政策落实，6.65万人次受益，累计减免金额2213.3万元；大病集中救治83人，救治率达100％；贫困人口慢病患者签约7033人，签约率100％；全市贫困人口住院费用自付比例降至5.5％，低于全省平均水平；实施“四个优先”（优先就诊、优先入住爱心病房、优先慢性病鉴定、优先一站式服务），贫困人口就医获得感、满意度明显增强。

生育支持政策落实到位。生育登记办理权限下放至村（社区）；全面落实扶助保障政策，为87万计划生育家庭发放各级各类扶助保障金5.38亿元；开展优秀母婴室评选，按每家2万元标准给予49家优秀母婴室经费补贴；持续推进“新家庭计划—家庭发展能力”建设项目，确定36个试点单位探索建立生育支持、幼儿养育、老人赡养等家庭发展服务机制。

七、中医药事业稳步发展

持续抓基层建设。新建中医馆9家、达到191家；75家基层医疗机构建设中医健康信息平台；实施基层中医药工作人才培养三年行动计划，培养基层中医医师940名；郑州市及10个县（市）区顺利通过全国基层中医药工作先进单位复审。

持续抓服务水平提升。获批省中医重点专科6个、全国中药特色技术传承人才3人、省中医药成果奖10项；市中医院获批建设省区域中医老年病、心病专科诊疗中心，4家医院顺利通过甲等医院评审，3家综合（专科）医院国医苑建成投入使用；开展民间单验方、特色诊疗技术挖掘和传承工作，征集单验方237份、特色诊疗技术77项。

持续抓中医药文化宣传。举办《郑州中医名家讲堂》4期，线下线上受众达20余万人次。

八、智慧健康工程加快推动

推进健康信息平台建设。完成卫生健康统计直报、双向转诊、家庭医生签约服务管理、电子健康卡管理与应用、预约诊疗等5个信息系统建设。

启动智慧健康项目建设。按照市委、市政府“城市大脑”建设框架，充分调研论证，确定智慧健康第一期19个单项建设内容，成立工作专班，加快有序推进。

积极打造智慧医疗。推行“就医一卡通”，实现“多卡融合、一码就医”；实行诊间支付、床旁结算和分时段预约挂号、预约检查，努力让患者就医“最多跑一次”“最多付一次”；试点开展就医“信用付”、先住院后付费，群众获得感明显增强。

九、卫生健康治理得到加强

拓展深化综合监管。持续开展“双随机一公开”，推动实施“双百行动”，联合开展医疗废物处理、医美行业、医药购销、欺诈骗保专项整治，医疗市场得到净化；加快推行“智慧卫监”，建设综合监管信息资源共享平台，研发多元化信用监管综合评价系统，探索将监管信息纳入诚信体系，机构自治、行业自律、政府监管、社会监督相结合的多元化综合监管体系初步建立。医疗机构设置依法执业监督科全国首创、全省推广，被评为全国优秀信用案例；卫生监督“郑州模式”在全国行业会议上作经验交流。

推进服务型行政执法建设。持续加强法治宣传教育，学法用法氛围浓厚；扎实做好行政处罚案卷、行政合同审查和行政复议、行政诉讼工作，全面推行行政执法公示制度、执法全过程记录制度和重大执法决定法制审核制度，促进规范公正文明执法，法治建设水平得到提升。

深化行政审批“放管服”改革。持续开展“一网通办”前提下“最多跑一次”改革，所有审批事项网上可办，医师、护士、医疗机构电子化注册申请和管理达到99.9%；所有事项办结时限全部压缩至6个工作日内，高频事项服务材料和环节减少25%以上，探索开展“不见面”审批，政务服务水平全面提升。在全市开展的以营商环境引领的政务服务月第三方评估工作中连续两次全市第一。

郑州市2019年应急管理工作报告

郑州市应急管理局

2019年，郑州市应急管理局围绕应急管理工作创新发展，牢固树立“首位”意识，加快应急管理业务融合发展，增强防灾减灾救灾能力，提升防控治理执法水平，着力防范化解重大安全生产和自然灾害风险，为郑州国家中心城市建设创造了良好的安全环境。

一、推进应急管理体系建设

完成应急机构组建。严格按照国家、省、市关于机构改革指示精神，进一步摸清底子，制定科学合理改革方案，全市应急管理组织体系初步形成。

建立应急指挥体系。提请市政府常务会议研究下发《郑州市人民政府关于改革完善应急管理体系的通知》，成立市应急救援总指挥部，下设12个专项应急指挥部，并督促各县（市）区参照市级规格完善本级组织架构。

组织制定应急预案。督促各级各部门进一步增强现有应急预案的完备性、可操作性和操作流程的合理性，并建立预案定期评估修订机制，组织编制安全生产类、自然灾害类专项应急预案。结合重点时段和重点行业领域，指导开展系列应急救援演练活动等，收到较好效果。

完善应急救援体系。会同郑州警备区、武警郑州支队联合出台《解放军和武警部队参加应急救援行动对接办法》《关于民兵应急力量纳入政府应急管理体系的通知》，构建军地信息共享、协调联动、快速反应机制。对我市规模以上应急救援队伍进行统计汇总，并协调金汇通航河南分公司直升机医疗救援基地纳入应急救援体系。

二、完善安全生产责任制

加大《河南省党政领导干部安全生产责任制实施细则》《郑州市党委政府及有关部门安全生产工作职责》的宣贯力度，进一步完善目标考核工作机制，推动各行业主管部门的安全生产职责全部纳入“三定方案”，形成层层抓好安全生产的良好工作格局。按照四部委《安全生产行政执法与刑事司法衔接工作办法》的要求，拟出台我市相应实施办法，明确应急管理（含消防机构）、公安机关、人民法院、人民检察院四个单位牵头处室和联系人，建立联席会议制度，构建我市四部门常态化协作机制。将谈心谈话活动列为年度考核和日常督查的重要内容，进一步强化各级“红线”意识、“底线”思维，切实解决各级党政主要领导干部安全生产摆位不准和红线不牢的问题，解决对法定职责不清不明问题。

三、坚决遏制重特大安全事故

开展“大暗访、大排查、大整治、大执法”攻坚行动。突出危险化学品、矿山、建筑施工、道路交通等十大领域的专项整治，全市共成立“四大攻坚”行动各类检查组 1426 个，排查各行业领域企业 21185 家，排查整治一般隐患 20395 处、重大隐患 7 处，关闭取缔 97 家，停产整顿 398 家，约谈单位 144 个，罚款 716 万余元。

开展“防风险、除隐患、保平安、迎大庆”攻坚行动。围绕第十一届全国少数民族传统体育运动会、建国 70 周年大庆安全保障，聚焦危险化学品、煤矿和非煤矿山、尾矿库、道路交通运输、建筑施工等九大领域，针对58个重点突出问题开展专项整治。全市共检查各类单位场所41383家，排查整治一般隐患110449处、重大隐患135处，约谈单位和个人225个，停产整顿297家，联合惩戒失信企业21家，移交司法机关42人，媒体曝光121家，罚款623余万元。

开展“大培训、大排查、大整治、大执法”。切实强化企业安全生产主体责任，提高从业人员安全生产意识，提升企业安全生产经营全过程的安全保障能力，努力减少一般事故，控制较大事故，遏制重特大事故的发生。

依法严格事故调查和责任追究。依照《中华人民共和国安全生产法》《生产安全事故报告和调查处理条例》等法律法规要求，对全市发生的生产安全事故认真进行调查处理，严格责任追究。

四、防范化解重大安全风险

推进安全发展示范城市创建。提请市政府常务会议研究下发《郑州市安全发展示范城市创建实施方案》，对全市安全发展示范城市创建工作进行了安排部署。与国家信息研究院等多家单位广泛沟通，拟定城市安全风险评估项目建议书。

推进双重预防体系建设。把风险管控挺在隐患之前，把隐患排查治理挺在事故之前，推动双重预防体系建设向纵深发展，有效提升企业本质安全水平。全市共有2961家企业（单位）正在开展双重预防体系建设，已建成并有效运行的有1836家，正在建设的有1125家。

提升防灾减灾救灾能力。调整完善减灾委员会人员组成和成员单位职责，出台《郑州市自然灾害会商研判监测预警信息报送工作暂行办法》《郑州市自然灾害监测预警会商研判联席会议制度》《郑州市突发事件预警信息发布运行管理办法（试行）》《2019年度防汛应急响应方案》等文件，建立健全自然灾害相关工作制度，深入开展国家综合减灾示范社区创建。委托第三方公司对登封市和新密市进行为期3个月的森林防火无人机巡查试点工作，为防范森林火灾事故的发生作出积极探索。

五、强化应急知识宣传教育

拓展主流媒体合作。持续推进与《郑州日报》、郑州电视台合作，打造好《警钟长鸣》专栏、《安全第一线》栏目，新增与郑州人民广播电台合作《应急之声》栏目、郑州新闻广播988和郑州交通广播912应急常识宣传栏目、中原网《守红线　筑防线　郑州市应急管理视窗》专栏，提升全民安全意识和防灾避险能力。

加强新媒体的建设。开辟“郑州应急”新浪微博，开展“防风险、除隐患、保平安、迎大庆”抖音作品征集活动，积极参加河南电视台《百姓问政》、郑州新闻广播《政府热线直通车》在线访谈栏目，更好地打造安全生产舆论宣传矩阵。

拓展线下宣传载体。深入组织开展好“5·12”防灾减灾日、“七进”、安全生产月等宣传活动，组织开展“安全河南杯”知识竞赛、《河南省安全生产条例》宣讲等活动，加大安全文化建设培育力度，提升应急管理软实力。

抓好安全生产资格考试。全年考核各类人员33412人次，其中特种作业27803人次，危险化学安全管理人员5609人次。

六、推进应急基层基础建设

组织开展应急资源普查。完成1923个防汛重点单位（单元）、128支防汛救援队伍和56405名救援队员、价值约1200万元的救援装备、可能需要迁安的群众25185人、储备的救灾物资分类登记造册；完成22支矿山救援专职队伍、727名救援人员登记造册，全面做好应急救援准备工作。

开展市属以上企业普查登记。梳理出本级监管职责内企业508家，补填监管漏洞和短板，健全安全管理体系，为进一步完善执法计划编制奠定了基础。

深化“放管服”改革。全面落实“最多跑一次”改革，深入推进审批服务标准化建设，推进“四级四同”政务服务事项及实施清单编制，切实提高政务服务规范化、便利化水平。积极推动“互联网+监管”工作，对行政检查事项逐项编制检查实施清单，推动工程建设项目在线并联办理，积极助推优化我市营商环境。在第二期以政务环境引领的营商环境评估中，市应急管理局在同类别 39 个市直部门中排列第 5 名，成功进入第一方阵。

七、加快应急管理信息化建设

推进智慧应急项目建设。以郑州市与阿里巴巴集团战略合作构建“城市大脑”为契机，组织编写《郑州市应急管理信息化建设整体规划（2019—2022 年）》《郑州市应急管理信息化近期重点建设内容指导意见》《郑州市应急指挥中心建设信息化设计方案》等，完成《“数字郑州”城市大脑·应急项目》建设可行性研究报告、初步建设方案。

建设危化品安全风险监测预警系统。积极开展危险化学品企业重大危险源辨识核准，摸清危险化学品重大危险源企业基本情况，预期将实现危化品重大危险源远程实时监管，使重大风险隐患看得见、管得住、可追溯。

推进自然灾害预警数据互联互换。积极与地震、气象、消防、水利、交通等部门开展数据对接，重点推进危化品运输车辆运行图、地震局系统数据建模对接、气象数据筛选、消防图像接入等，并及时通过短信、广播、电视等手段向广大市民作出灾害预警。

八、有效应对各类突发事件

做好第十一届全国少数民族传统体育运动会期间安全管控工作。全市应急系统提前 1 个月进入应急战备状态，先后出台《迎民族盛会　庆七十华诞城市安全环境综合整治提升工作方案》《第十一届全国少数民族传统体育运动会总体应急预案》，对 53 家接待宾馆、10 个比赛场馆等核心点位进行地毯式排查，组织全市开展安全生产集中整治，预置充足应急救援队伍和物资，确保了运动会期间全市没有来自灾害和生产安全事故的干扰。

做好“中国共产党的故事——习近平新时代中国特色社会主义思想在河南的实践”专题宣介会、央视春晚郑州分会场、第十四届城市发展和规划大会、中国哈密“甜蜜之旅”——第十五届哈密瓜节郑州分会、2019 中国技能大赛第三届智能制造应用技术技能大赛、第二十届中国绿色食品博览会暨第十三届中国国际有机食品博览会等大型活动应急协调、安全防控工作，大幅提升全市应急能力。

郑州市2019年统计工作报告

郑州市统计局

2019年，郑州市统计局以习近平新时代中国特色社会主义思想和党的十九大精神为指导，认真学习贯彻习近平总书记在推动中部地区崛起座谈会、河南调研、黄河流域生态保护和高质量发展座谈会上的重要讲话精神，坚决落实习近平总书记对统计工作的重要指示批示和国家、省委、市委部署要求，准确把握郑州发展的时代坐标、使命担当和历史机遇，按照“强化政治引领、做好主业主责、优化统计服务、加强法制保障、提升队伍素质”工作总格局，立足本职，务实重干，服务大局，在认真完成各行业各领域常规统计调查和重大国情国力调查任务的基础上，统计建设统筹实施，统计工作协调推进，第四次蝉联省级文明单位，并荣获郑州市依法行政先进集体、郑州市科技创新管理先进集体、郑州市产业发展工作先进单位、郑州市服务业发展先进单位、政务督查工作先进单位等荣誉称号。

一、以夯实数据质量为主线，有效提升统计工作质量水平

郑州市统计局紧紧围绕夯实统计数据质量，多措并举加强业务工作。

加强领导充分发挥督导作用。为了落实好“加强统计工作，搞好第

四次全国经济普查”等统计工作任务，由市政府抓总、多部门配合深入企业多次开展督导工作，切实通过实地督导找问题、解难题，确保统计数据真实可靠，全力保障全市经济社会平稳健康发展。

开展数据质量全流程管理。进一步规范企业（项目）入库、上报、查询、审核、汇总、评联审等工作，重点企业动态监测，数据审核关口前移，现场核查企业数据，建立数据查询档案，制作查询模板，从逻辑性、关联性、合理性及时发现错误信息。

借力经济普查摸清郑州家底。郑州市第四次全国经济普查工作组织领导有力、宣传保障到位、学习培训全面、配合协作密切、法治监督严密、阶段工作无缝衔接，高质量完成了普查任务，全市共普查登记法人单位38.5万个、产业活动单位2.7万个，与“三经普”相比分别增长438.7％、150.6％，清查登记个体户数49.9万户，普查登记法人单位占全省的30.2％，企业法人占全省的34.9％。

抓好源头推进入库工作。严格执行审批管理制度，建立联动工作机制，2—11月，全市新增入库单位1498家；利用“四经普”初步结果在全市范围内开展2019年“准四上单位”排查，2019年年报初步入库2067家。

开拓创新深化统计改革。执行《郑州市统计局关于公开公平公正审核认定统计数据暂行办法》，积极跟进国民经济核算、劳动工资等重点领域统计改革任务，完善战略性新兴产业统计，有序开展工业企业集团解捆工作，积极推进生态文明年度考核，完善《郑州市部门统计数据报告制度》，下发《郑州市统计局2019年新产业新业态新商业模式统计监测制度》，进一步做好“三新”统计工作。

有效激励提升发展动力。按照《关于进一步加强服务业建筑业统计工作的意见》要求，对2018年全市服务业建筑业统计工作进行考核、开展奖补；积极推动《2019年郑州市促进制造业高质量工作专项资金申报工作的通知》的实行，把工业投资项目是否纳入投资统计作为专项资金申报工作的条件之一；提请市政府拟对2019年新入“四上”单位实施奖励。

规范化管理加强基层基础建设。制定《郑州市落实“两个工作规范”实施方案》《郑州市乡镇级政府统计基础工作规范评分标准》，严格规范统计数据生产过程的全程留痕和数据质量的溯源问责。

二、以统计数据开发利用为突破，不断拉高统计服务站位标准

郑州市统计局在开发传统统计产品的基础上，不断创新服务形式、载体、内容，满足新时代经济社会发展要求。

加大宣传力度客观反映发展成就。编辑出版《壮丽七十载　奋进新时代》一书，全面宣传新中国成立70年郑州经济社会发展取得的巨大成就；在《河南日报》《郑州日报》等主流媒体发布统计数据解读；撰写分析文章入选“学习强国”学习平台，对宣传郑州起到积极作用。

加强问题研究提炼统计观点。开展高质量发展、工业经济运行、工业新旧动能转换、现代农业发展形势等20余次专题调研，全年撰写统计分析信息284篇，其中11篇专题分析报告获市长王新伟等领导批示肯定；《郑州市工业经济高质量发展评价指标体系及路径选择研究》《郑州国家中心城市比较研究》分获河南省统计科研课题二等奖、三等奖。

对接统计需求扩大服务广度。深化“放管服”改革，做好“三大攻坚战”统计数据保障，为市委市政府规划、方案、意见的出台提供意见建议，突出“东强、南动、西美、北静、中优、外联”郑州现代化城市布局，加强重点区域统计监测，主动对接“一带一路”倡议和航空港实验区、自贸区、自主创新示范区、跨境电商综试区、大数据综试区等国家战略平台，加强统计数据搜集，强化城市数据交流和单位部门统计服务，以统计基础知识和统计工作实务交流、基本单位名录库管理、统计开放日畅谈郑州发展成就为主题开展在线访谈，服务群众统计需要。

三、以落实统计督查要求为契机，深入推进全市统计法治建设进程

郑州市统计局借力统计督察，认真检视整改，全面提升全市统计法治工作水平。

学习贯彻中央《意见》《办法》《规定》。作为重大政治任务积极推进，在市政府第37次常务会议、市委常委会第120次会议、市政府第38次常务会议上进行专题学习贯彻，市委书记徐立毅、市长王新伟对贯彻落实工作强调部署；局党组召开专题会议进行研究安排，在党组会、局长办公会、中心组学习会、县区局长会、经济形势分析会、支部党员大会上进行集中学习。

不断完善防惩统计造假责任制。调整依法行政工作领导小组及办公室成员，把依法行政工作纳入年度绩效考核内容，制定2019年度法治政府建设工作要点，细化依法统计考核工作方案，不断完善统计系统法治政府建设责任制和工作机制，印发《郑州市统计局关于印发〈郑州市统计造假专项整治工作方案〉的通知》，制定领导干部学法计划。

做好国家统计执法检查、统计督察整改落实工作。针对问题举一反三，在全市范围开展全面自查，加大统计执法监督力度和企业培训指导，对问题企业立行立改，不符合“四上”单位的企业坚决退库，构建提高统计数据真实性的长效机制。深化中央巡视、人大常委会专项统计执法检查反馈问题整改工作，加强“双基”建设，完善统计数据质量责任追究制度，加大平台数据质量审核，对120余件局发文件和行政合同文书通过合法性审核，落实规范性文件报备审核制度，纠正1个不符合统计法精神的文件，废止2个不适应现实政策的规范性文件，就推进解决市辖区统计机构未独立等问题向市委市政府汇报。

加强法治宣传教育。深入推进“七五”普法规划实施，印发《郑州市统计局2019年度领导干部学法计划》，向市县两级党政主要领导和统计机构负责人发送《十八大以来中央关于统计工作中央文件精神学习材

料》149本，针对领导干部编印《防范统计造假弄虚作假学习材料——政府机构篇》3000册，把防惩统计造假有关法律法规知识作为主要培训内容，举办统计执法及行政指导业务骨干培训班20余场，在市委党校和金水区、管城区等县级党校安排普法专题讲座，在全局开展统计法规知识答题活动。

持续开展服务型统计执法。创新采用全专业市县联合执法新模式开展“双随机”统计执法监督检查，加强统计诚信教育和职业道德培训，深入基层和统计调查单位开展服务型行政执法行政指导和调研交流工作，推进服务型行政执法示范点建设工作，通过统计执法业务专题研讨交流会提升统计执法办案水平。

郑州市 2019 年园林绿化工作报告

郑州市园林局

2019 年，市园林局深入践行新发展理念和以人民为中心的发展思想，以国家中心城市建设为统揽，以创建国家生态园林城市为载体，以“增量、提质、升级”为路径，团结带领全局系统党员干部，把握方向、凝心聚力、真抓实干，坚持以党的建设高质量推动园林绿化发展高质量，全年建成公园、微公园和游园 460 个、郊野公园 3 个，完成绿道连通 530 公里，市区新增绿地面积 3455 万平方米，铁路沿线五项整治工作基本完成。“迎民族盛会·庆七十华诞”园林绿化整治效果突出，获得省委省政府集体三等功；成功创建国家生态园林城市；绿道建设工作被中宣部重点宣传，铁路沿线综合整治和公园拆围透绿工作被省委主要领导调研观摩，民生实事工作任务超额完成，第十二届中国（南宁）国际园林博览会（简称“第十二届园博会”）“郑州园”获得室外展园所有奖项大奖，市园林局先后获得爱国卫生杯先进单位、百城建设提质工程先进市直单位、民生实事办理先进单位、环境污染防治攻坚战先进单位、人大代表建议政协委员提案办理工作先进单位、郑州市生态建设先进单位、第十二届园博会表现突出单位等一系列荣誉称号。

一、国家生态园林城市创建成功

创建工作启动以来，全市上下对照国家标准，补短板、强弱项、创特色，两次邀请国家级专家为郑州市生态建设把脉问诊。经过近两年的努力，在93项考核要求中，原不达标的27项中有25项达到了国家标准。2019年7月1日，郑州市向住建部报送了创建申报资料；10月25—26日，住建部国家生态园林城市专家组来郑州实地考察，在绿道建设、生态修复、申报资料等方面给予郑州市高度评价。12月30日，住建部官网发文，命名郑州市等8个城市为国家生态园林城市，至此，郑州成为我国长江以北地区唯一一个获此殊荣的省会以上城市。

二、铁路沿线五项综合整治工程基本完成

2018年10月15日，郑州市全面启动省会铁路沿线、生态廊道、过境干线公路、高速互通立交及出入口区域绿化“五项”综合整治工作，市政府主要领导先后13次带领相关委局和县（市）区主要负责人，利用周末、节假日进行调研督导，解决疑难问题。截至2018年底，铁路沿线等五项综合整治工作已基本完成，全市域共完成建筑征收拆迁175万平方米，新建绿地3945万平方米，提升绿地3470万平方米，连通绿道530公里，完成市域101个高速互通立交及出入口绿化提升任务。2019年上半年，郑州市作为北方唯一城市，和上海、杭州、南京、福州、广州、成都等6个南方城市一起，在绿道建设工作方面被中宣部重点宣传，中央电视台、《人民日报》、《光明日报》、《中国青年报》等媒体对郑州绿道建设进行了报道。

三、民生实事工作超额完成任务

“新增绿地面积1000万平方米，建成公园、微公园和游园400个”是市政府向市民承诺的2019年“十件重点民生实事”之一。市园林局作为该项任务的承办部门，按照《郑州市300米见绿500米见园三年建设规划》，以规划为先导，统筹协调指导各区（管委会），大力扩增城区绿量，全年市区新增绿地面积3455万平方米，是目标任务的345.5%，建成公园、微公园、小游园460个，其中公园57个、微公园和小游园403

个，初步形成“大小互补、均衡分布”的公园体系，向市委市政府和全市人民交上了一份满意的答卷。

四、“迎民族盛会·庆七十华诞”工作圆满完成

园林绿化综合管理全面提升。按照市委“序化、洁化、绿化、亮化”的要求，迅速制定总体方案，成立工作专班，按照整体提升、突出重点的原则，组织人员分别对10个比赛场馆、65个接待酒店、115条重点道路，以及重要商圈、医院、出入市口及周边区域开展拉网式排查，全面开展园林容貌提升活动。

重要区域绿化景观效果突出。按照“一轴两横三纵四区域”的景观布局，全面指导推进“四个中心”绿化景观建设工作，高质量完成115万平方米的绿化景观提升任务。加紧推进地铁站点绿化施工，高质量完成地铁5号线18个移交站点绿化恢复任务，完成绿化面积6.18万平方米，有效提升了地铁沿线主要节点和路口的景观效果。

节会景观氛围营造亮点纷呈。以少数民族传统体育运动会会场为重点，在全市共建造绿雕120座、设置微景观358处、摆放花箱花柱花架2500组、栽植花卉2800万盆，完成立交桥美化40公里，城市园林容貌焕然一新。

对口接待工作获得高度评价。按照市政府工作安排，在第十一届全国少数民族传统体育运动会期间，郑州市园林局负责对口接待山西省代表团，展示了中原人民热情好客的文明形象，市园林局参与运动会筹办工作被省委省政府授予集体三等功。

五、重大园林工程建设顺利推进

加快市级综合公园建设。贾鲁河综合治理西流湖公园蓝线工程基本完成，绿线工程正在强力推进；南水北调生态文化公园累计完成绿化面积1270万平方米；青少年公园地下管网铺设基本完成，地形塑造完成总

量的70%；郑州植物园二期工程大头落地，雨水公园土建主体基本完成，名师园项目全面进入施工状态。

加快拆围见绿试点工程。以碧沙岗公园、人民公园、紫荆山公园为试点，2019年组织开展了新一轮拆围透绿工作，其中碧沙岗公园拆围透绿工程和紫荆山公园金水路段拆围透绿已建成开放，实现了园景与街景的完美融合，达到了“人在花中走、车在绿中行”的效果。特别是碧沙岗拆围透绿工程，先后迎接住建部、省住建厅以及全国、省内各地市的观摩近百次，被市民称作“网红打卡地”。

加快系列郊野公园建设和第二动物园、第二植物园建设。郊野公园已开工建设12个，基本建成3个，分别是荥阳索河—万山郊野公园一期、荥阳京襄城郊野公园一期、管城潮湖郊野公园一期；第二植物园已完成项目立项、选址和设计招标工作，正在开展地形勘测、设计深化、控规编制和征地拆迁等；第二动物园已完成项目立项和选址，正在开展地形勘测等工作。

六、园林管理服务不断提升

园林品质内涵不断深化。按照“增量、提质、升级”的工作理念，紧紧围绕“五个持续”，结合廊道、公厕、卫生、园容园貌等重点工作，以“道路精细化管理”“全市公共绿地规范化管理”为主题，召开全市观摩推进会，营造相互借鉴、比学赶超的工作氛围；同时，通过卫生专项评比、增设服务设施等形式，不断提升绿地品质、拓宽服务内容，尤其是五一公园建成的雷锋爱心书屋，专门设置视障人士阅读专区，成为我市公园广场首家为视障人士提供读书服务的爱心书屋，并成为郑州市唯一一家被省委宣传部授予“河南省学雷锋示范点”称号的单位。

平安园林建设取得进步。以信访稳定、安全生产、扫黑除恶、防暴恐为载体，坚持普及安全意识和完善落实制度相结合，坚持人防、物防与技防相结合，坚持单位创建与家庭、个人平安创建相结合，扎实开展平安园林建设工作，全局系统安全形势、信访稳定工作总体稳定，并荣获郑州市平安建设先进单位称号。

文化园林活动丰富多彩。坚持以人民为中心的发展思想，开展群众喜闻乐见的公园广场文化活动，持续举办“绿满商都·花绘郑州”系列花展，免费向市民群众赠送10万盆月季，组织民间文艺展演、非遗项目展演、节日文艺演出等，接待游客近500万人次，受到了市民群众的广泛赞誉。

七、对外交流成果丰硕

“郑州园”在园博会斩获室外展园所有大奖。2019年6月28日，第十二届园博会在南宁闭幕，“郑州园”在本届园博会88个展园（展项）竞赛中，荣获室外展园综合竞赛“最佳展园”，专项竞赛“最佳设计展园”“最佳施工展园”“最佳植物配置展园”“最佳建筑小品展园”“最佳园博会创新项目”6项大奖，囊括室外展园所有奖项“最佳”，郑州市获得第十二届园博会表现突出城市称号。

成功举办“人与自然”中国·郑州国际雕塑展。市园林局与中国雕塑学会合作，延续2018年“人与自然”雕塑展主题，举办了2019年雕塑展。两届雕塑展共收到世界各地2600余名艺术家的4470件雕塑作品方案，征集作品数量和国外艺术家参与数量，创中国雕塑学会征稿数量新高。经专家评选和市民投票，选取95件作品入驻雕塑公园永久展出，打造了具有郑州特色的城市人文景观和园林文化名片。

获得多项赛事花展活动大奖。2019年，市园林局各单位积极参加国内外花展赛事奖项，获得金、银、铜等各类奖项103项，特别是在2019北京世界园艺博览会月季花国际竞赛中，获得了5金、2银、8铜的优异成绩，为郑州市争得了荣誉。

八、依法行政持续深化

严格落实行政审批制度改革。按照“放管服”改革要求，制定《郑州市园林局关于深化“放管服”改革，推进行政审批“最多跑一次”工作实施意见》，将办结时限由法定20个工作日压缩到3个工作日，比全省“四级四同”审批清单规定的5个工作日少2天，实现了“一口受理”和“网上办”。

认真开展法治政府建设。全面落实法律顾问制度，定期组织领导干部学法，深入开展法治宣传教育，不断完善园林绿化地方法规，《郑州市古树名木和后备资源保护管理条例》草案被市人大列为2020年度地方立法计划调研项目。

严格落实安全生产责任制。认真贯彻落实国家、省、市关于安全生产工作的各项规章制度和决策部署，以全国“两会”、重大节日期间安全检查为主要内容，加强应急演练和安全监管，强化游乐设施和在建项目的日常安全排查，严格落实“三管三必须”原则，园林系统安全形势总体稳定。

大力推进厉行节约反对浪费工作。认真贯彻中央八项规定，改进机关作风，通过推广电子公文、精简文件简报、控制会议数量、规范学习培训等措施，减少浪费、节约资源。其中办公会次数与上年相比减少10次，下降45%；公用经费与上年相比减少14.79万元，下降7.32%。

郑州市2019年社会保险工作报告

郑州市社会保险中心

2019年，全市社保系统坚持以习近平新时代中国特色社会主义思想为指引，学习领会党的十九届四中全会精神，坚持以人民为中心发展理念，牢记初心使命，统筹推动基层党建和业务经办协调发展，全面提升服务质量和经办效能，圆满完成了各项目标任务。

一、目标任务全面落实

全市社会保险覆盖人群突破2000万人次。截至2019年底，参保人数达到2113.48万人次，其中，养老保险参保753.28万人（城镇职工养老保险491.81万人、城乡居民养老保险232.74万人、机关事业单位养老保险28.73万人）；医疗保险962.72万人（城镇职工基本医疗保险238.22万人、城乡居民基本医疗保险536.48万人、生育保险188.02万人），失业保险212.01万人，工伤保险185.47万人。

基金收入突破550亿元。2019年，郑州市社会保险基金收入551.24亿元，其中，养老保险基金收入369.24亿元（城镇职工养老保险255.46亿元、城乡居民养老保险24.52亿元、机关事业单位养老保险89.26亿元），医疗保险基金收入163.96亿元（城镇职工基本医疗保险103.57亿元、城乡居民基本医疗保险52.14亿元、生育保险8.25亿元），失业保险基金收入 14.52 亿元，工伤保险基金收入 3.52 亿元。

二、民生保障坚实有力

2019 年，全市各项社会保险基金共计支出 467.57 亿元。其中，养老保险基金总支出 305.55 亿元（城镇职工养老保险基金支出 206.71 亿元，城乡居民基本养老保险基金支出 20.46 亿元，机关事业单位基本养老保险基金支出 78.38 亿元），医疗保险基金总支出 141.16 亿元（城镇职工医疗保险基金支出 78.35 亿元，城乡居民基本医疗保险基金支出 54.49 亿元，生育保险基金支出 8.32 亿元），失业保险基金支出 18.24 亿元，工伤保险基金支出 2.62 亿元。养老保险方面，继续提高养老保险待遇，离退休职工养老金实现“十五连调”、城乡居民养老金实现“六连增”。调整后，我市企业退休人员人均养老金达到 2909 元/月，城乡居民养老金人均达到 243 元/月，两项水平继续领跑全省；继续做好退休人员（包括省属企业）的移交、接收、管理、服务工作，全年共移交、接收退休人员 8184 人，全部纳入居住地的社区（村）进行社会化管理服务；组织慰问退休人员 1.2 万余人次，发放慰问金约 355 万元。医疗（生育）保险方面，按期完成 80 岁以上居民医保参保老人住院报销比例提高和追溯补报工作。全年，全市 80 岁以上城乡居民医保高龄老人住院 69892 人次，累计支付城乡居民医疗保险费 3.6 亿元。做好省内和跨省异地就医即时结算工作，全年共完成异地就医备案 23261 人次，异地就医即时结算 8127 人次，医保基金支付异地就医清算资金 1.01 亿元。门诊慢性病申报工作扎实开展，全年共接收门诊慢性病申报 28549 人，鉴定通过 20269 人。医保医师库管理更加健全，对年度新增定点医疗机构医师 375 人进行培训考核，实现统一编码管理，完成信息变更 230 人次。审核离休干部门诊、住院 75855 人次，支付医疗总费用 1.65 亿元。失业保险方面，大力推进援企稳岗“护航行动”和技能提升“展翅行动”，全年共拨付稳岗补贴和应急稳岗返还补贴 15.3 亿元，惠及 5119 家企业和 44.56 万人次参保职工，办理技能提升补贴 3555 人，补贴金额 632.38 万元；

培训失业职工 6880 人，培训率达到 84.18%（目标任务为 80%），领取失业保险金人员再就业 4509 人，再就业率达到 32.4%（目标任务为 25%）。失业保险金、价格临时补贴按时足额发放率实现 100%，累计发放失业保险金 89582 人次、1.85 亿元，发放价格临时补贴 50894 人次、204.12 万元。工伤保险方面，持续推进“同舟计划”，建立“绿色通道”，全面开展建筑项目农民工参保业务，全年项目参保 794 家，新增农民工参保 43633 人，参保率达到 100%。

三、重点工作有序落实

脱贫攻坚持续发力。养老保险方面，截至 12 月底，系统内已参保符合条件的贫困人员 100047 人；组织各级财政完成 59920 名贫困人员代缴养老保险费 991.18 万元；完成 35568 名贫困人员养老金发放工作。医疗保险方面，建档立卡贫困人口实现应保尽保，应参保人员 91800 人（含巩义市 8177 人），参加居民医保 87807 人，参加职工医保 3993 人；累计向 133505 名困难群众支付医疗保险费 3.18 亿元，充分发挥了社会保险对困难群众的兜底保障作用。

降费减负工作全面落实。自 5 月 1 日起，将职工养老保险费率由 27%降至 24%，同时继续保持 1%的失业保险费率和下调 50%的工伤保险费率。截至 12 月底，全市社保降费减负总额达 67.8 亿元，其中，职工养老保险减征 52.78 亿元（含机关事业 3.66 亿元），失业保险减征 5.09 亿元，工伤保险减征 2.39 亿元，医疗生育保险减征 7.54 亿元，广大参保企业的用工成本显著降低，在持续优化营商环境，助推经济发展中发挥了积极作用。

机关事业单位养老保险制度改革稳步推进。做好新增退休人员待遇核定及 2014 年 10 月 1 日以后退休人员待遇核定发放工作。截至 12 月底，共完成 16077 人待遇核定发放工作（全市共 19791 人），完成率 81.23%，总体进度位居全省前列。全民参保任务超额完成。全年新增参保 2.28 万人，完成率 133.05%。

四、风险防控能力不断增强

严格落实基金管理制度。定期开展养老保险待遇重复领取和死亡冒领比对筛查，做好养老保险待遇领取人员信息核实工作，核查疑点数据 2.53 万条。

全面加强“两定”单位监督检查。按照“双随机一公开”原则，不间断开展打击欺诈骗保专项行动，共检查全市定点医疗机构 2540 家、定点零售药店 1488 家，按照服务协议处理违规单位 113 家，暂停服务协议 11 家，查处并追回医保基金 1.1 亿元。

扎实开展清欠追偿工作。向 991 家欠费单位发布限期补缴通知书，清理各类社会保险欠费 8236 万元；做好欠费单位资产抵押工作，保全社会保险费 8647 万元，有效维护了基金完整。

五、服务效能持续提升

智慧社保“五个一”体系不断完善。“一窗通办”方面，配合人社部社保中心制定了《社会保险服务综合柜员制实施指南》；71 项对外服务事项办结时限压缩一半以上；落实“双休日开放”制度，周末平均每日开放窗口数位居各单位开放窗口数前列，全年共延长经办时间 104 天。“一网经办”方面，坚持全市一盘棋，克服时间紧、任务重、数据量大、疑难问题多等困难，加班加点、强力推进新系统按照既定时间节点上线；完善网络服务平台，企业客户端开通 42 项功能、微信小程序开通 17 项功能，网上经办业务达到 59 项，超额完成年初制定的 55 项网办业务目标。全年共发放 UKey3.3 万个，覆盖全市 90%的参保职工。“一键审核”方面，全年共审核单据 147.65 万张，累计拒付不合理费用 2289.2 万元。“一号咨询”方面，不断优化功能菜单，梳理动态智能知识库 1337 条。全年受理群众咨询 53.8 万人次。“一点管控”方面，筛选内控风险点数据 43590 条，核实处理数据 27308 条。

“双提升”工程成效显著。处理业务疑难问题247例、解决疑难数据问题4650条，接待群众来访咨询2500人次。“双提升”活动开展3年来，全局涉及服务质量的投诉问题日渐减少，群众对社保服务的满意度持续提升。

“放管服”改革持续深化。开展失业保险金“畅通领、安全办”行动，取消待遇申领资料、取消发放现场签字、取消再就业档案转移，进一步简化失业保险金申领、发放、管理流程。积极推进“全城通办”“转移接续车间”“互联网+社保”等经办模式创新，社保关系转移工作服务效能显著提升。全年完成跨省市社会保险关系转移接续业务76650人次，月均6388人次。

六、政策宣传多点发力

通过关停、整合、升级，进一步完善了网站、公众号、企业客户端、微信小程序等网络平台，实现政策宣传规范化、制度化。聚焦贫困人口、新业态从业人员等重点群体，持续开展“社保降费减负集中宣传日”“四进四做”暨“扶贫日”等社保主题宣传活动，为实施精准扩面、脱贫攻坚、降费减负、全民参保、制度改革等重点工作和重大任务提供了强劲助力。积极向人社部、省、市各类刊物投稿，宣传我市社保工作的创新做法、惠企举措和先进典型，树立郑州社保的良好形象。失业保险经办工作受到人社部通报表彰、1人入选“最美社保人”。市社会保险中心获评“省级文明单位”称号，获评为河南省人社厅城乡居民养老保险经办管理工作先进单位、企业养老保险经办管理工作先进单位、农村养老保险工作先进单位、社会医疗（生育）保险经办管理工作先进单位、工伤保险经办管理工作先进单位、失业保险经办管理工作先进单位。

郑州市2019年工会工作报告

郑州市总工会

2019年，全市各级工会坚持以习近平新时代中国特色社会主义思想为指导，紧紧围绕加快郑州国家中心城市建设，强化职工思想政治引领，汇聚职工力量建功立业，促进和谐做实维权服务，改革创新夯实基层基础，以党的建设高质量推动工会工作高质量发展，持续提升服务职工能力水平，各项工作取得新进展。

一、着力筑牢思想基础，用习近平新时代中国特色社会主义思想团结引领职工听党话、跟党走

全市各级工会坚持把深入学习宣传贯彻习近平新时代中国特色社会主义思想和党的十九大精神作为首要政治任务，与学习贯彻习近平总书记关于工人阶级和工会工作的重要论述相结合，持续深化职工大宣讲大教育，用好“学习强国”平台，进一步树立“四个意识”，不断增强“四个自信”，坚决做到“两个维护”。认真落实意识形态工作责任制，加强对工会宣传思想和文化阵地的建设，牢牢把握正确政治方向、舆论导向、价值取向。为大力弘扬劳模精神、劳动精神、工匠精神，在郑州广播电台、郑州电视台、《河南工人日报》、《郑州晚报》联合开设50期劳模先进事迹专题专栏；邀请劳模工匠代表做客郑州新闻广播直播间，讲述劳

模工匠故事，传播劳模工匠声音，连续45天循环播放360次；打造4条劳模街景，集中展示劳模工匠和技能人才风采。坚持以社会主义核心价值观引领职工，深化“中国梦·劳动美——与共和国同成长、与新时代齐奋进”主题宣传教育，为庆祝新中国成立70周年营造浓厚氛围。深入实施职工敬业行动，加强以职业道德为重点的“四德”建设，积极做好郑州市职业道德建设评选推荐工作。大力弘扬伟大民族精神和中华优秀传统文化，持续开展职工书屋建设，2019年投入50万元选树建成全国、省、市职工书屋示范点58家。开展“职工书屋聚能量，建功立业新时代”主题征文诵读比赛活动，吸引近千名职工参赛。广泛开展以“中国梦·劳动美·工会情”为主题的职工红色文艺轻骑兵“千场演出进基层”活动，将演出舞台搬到建筑工地、生产车间、厂矿企业等劳动一线，已完成1060场演出。积极响应市委、市政府“绿城使者”志愿行动，成立“绿城惠惠”职工志愿服务支队，发挥工会组织优势，建立起覆盖全市工会系统的35支大队，503支分队小队，覆盖职工22873人，在服务保障第十一届全国少数民族传统体育运动会期间，开展职工志愿服务4267场。

二、聚焦国家中心城市高质量建设目标，凝聚职工建功新时代磅礴力量

紧盯郑州国家中心城市建设总目标，按照“四重点一稳定一保证”工作总格局，聚焦打好三大攻坚战，围绕高质量发展，以“当好主人翁、建功新时代”为主题，深入实施建功新时代主力军行动，引导职工群众把重大任务、重大工程、重大项目、重点产业等作为主攻方向，持续开展“六比一创”重点项目建设劳动竞赛、“三比两降”节能减排竞赛、“安康杯”竞赛、“工人先锋号”创建等建功立业竞赛活动，动员组织职工群众在新型城镇化建设、产业发展、开放创新和生态建设中发挥主力军作用。聚焦支持实体经济加快发展，继续做好郑州市第十六届职工技术运动会筹备举办工作，注重竞赛技术含量和参与率“双提升”，在项目

工种设置、参赛职工群体上向实体经济和产业结构调整企业倾斜。目前，已举办125个竞赛工种的比赛，决赛参赛职工4000余人，带动各级工会组织职工技能比赛、技术培训、岗位练兵30万人次。持续开展大工匠选树和名师带徒行动，加大对劳模和工匠人才创新工作室的扶持力度，叫响做实“郑州大工匠”品牌，弘扬诚实守信、精益求精的工匠精神。动员组织职工积极投身三大攻坚战，践行绿色生产生活方式，开展2019年工会会员“绿色出行”系列普惠活动，市、县两级工会已累计发放补贴1684.98万元，惠及工会会员422102人次。组织引导职工群众积极参与道路交通综合整治、“路长制”市容市貌大提升、垃圾分类处置等活动，不断提升城市精细化管理水平，深化文明城市创建成果。按照市委批示要求，由市总工会牵头，联合市人社局、市农委，共同做好我市的河南省劳动模范和先进工作者评选表彰推荐工作，在评审委员会的领导下，采用自下而上、逐级推荐、民主择优方式，推荐的133名省劳动模范和先进工作候选人全部当选，并接受省委、省政府表彰。五一劳动节前夕，市总工会组织召开表彰大会，对全市55个单位、349名个人、90个工人先锋号进行表彰，并对第二届郑州大工匠进行发布及表彰。加强劳模管理服务，继续为市级以上劳动模范和五一劳动奖章获得者免费赠送人身意外伤害保险。持续深入开展“安康杯”竞赛活动，报名参赛单位8000家，涵盖职工85余万名。牵头起草我市产业工人队伍建设改革实施方案，已提交市委深改会于12月5日审议通过。

三、突出和谐稳定大局，积极构建和谐劳动关系，维护职工合法权益

加大源头参与力度，落实党委加强和改进工会工作制度，强化工会与同级政府联席会议制度，积极反映职工合理诉求，协调解决工会工作中的突出问题，主动参与人大、政府和有关部门涉及职工权益的地方性法规规章、政策的制定。根据全总、省总工作部署，围绕新时代产业工人建设状况、产业工人队伍思想状况、着力防范化解职工队伍稳定重大

风险、“八大群体”入会、深化工会改革、城市困难职工解困脱困等专项课题深入开展调研，认真总结梳理经验，找准存在的问题和短板，有针对性地提出意见建议，为做好职工队伍稳定和工会维权服务工作提供依据。深入推进“七五普法”规划落实，持续开展“尊法守法·携手筑梦”服务农民工法治宣传和公益法律服务行动，全市共成立6支由工会干部和律师组成的志愿服务小分队，开展24次公益法律服务活动。持续深化推进劳动关系和谐企业创建活动，评选出50家郑州市最佳雇主单位进行表彰。扎实开展行业（区域）集体协商，注重提升协商实效，全市建立企业工资集体协商制度，签订工资集体合同企业51030家，覆盖职工110万人。不断完善以职工代表大会为基本形式的企事业单位民主管理制度，促进企事业单位在国有企业改革改制和加快出清过剩产能过程中依法依规履行民主程序，做好职工转岗安置和就业培训工作。围绕我市共建共治共享的社会治理格局，积极做好系统平安建设和综合治理工作，加强系统“平安细胞”工程建设，充分发挥职工信访及“12351”职工维权热线平台作用，认真落实市总领导信访值班制度和律师坐班接访制度，及时做好信访稳定工作。积极做好职业病防治工作，深入开展安全生产隐患排查治理活动，努力保障职工劳动安全、生命健康权益。

四、着力提升工会帮扶普惠服务质量，更好地满足职工群众美好生活需要

推动出台我市《关于进一步做好城市困难职工解困脱困工作的意见》，综合运用工会资源手段，联合有关部门，通过创业就业脱困一批，纳入社会保险覆盖一批，大病保险保障一批，社会救助兜底一批，努力确保我市建档立卡困难职工解困脱困的目标实现。深化劳模助力脱贫攻坚“6+1”行动，组织发动劳模、先进集体参与助力脱贫攻坚行动，在脱贫攻坚主战场充分发挥示范引领作用，截至2019年底，参与脱贫攻坚劳模322人，奖状单位96家，投入资金1607万元，帮助贫困户1452家，受益5300余人。坚持职工需求导向，提升职工服务中心（困难职工

帮扶中心）综合服务职工功能，做实做好工会精准化、常态化、便捷化服务，持续开展工会会员绿色出行实名制普惠服务和“在职职工技能提升助推计划”“会员专属生日礼”“五元特惠观影”“书香工惠”“返郑补贴”等常态化品牌服务，截至 2019 年底，共计投入 2219 万元。会员服务微信公众号推送图文信息 702 期，微信公众号总阅读量达到 1344 万人次，与职工互动发起会话 758 万余次，平台粉丝数量 35 万人。持续拓宽服务职工领域，在做实做优“春送岗位、夏送清凉、金秋助学、冬送温暖”工会帮扶活动品牌的基础上，更多关注职工群众的新要求新期待，丰富服务内容，完善服务机制，提高服务的针对性和实效性。“双节”期间，各级工会共筹集慰问款物总额 1567 万元，走访 570 家企业，慰问一线职工 24304 人、困难职工 5484 户、困难劳模 887 户、困难农民工 3110 户；为困难职工、下岗失业人员提供各项服务 11810 人次；筹集助学资金 584.738 万元，发放助学款 541.974 万元，资助 2334 名困难职工子女顺利入学；举办招聘会 42 场，提供就业技能培训 16991 人次，创业扶持 141 人次，精准援助实现就业 7491 人。按照省总《工会“爱心驿站”建设实施方案》要求，推动工会职工服务点转型升级，投入 150 万元，在全市新建升级改造爱心驿站 551 家，切实解决户外劳动者休息、热饭、饮水等实际困难。2019 年 3 月起，在全市开展“普惠重疾·惠享幸福”职工互助保障活动，市总工会计划投入补贴 2400 万元，用 3 年时间，普遍为 240 万在职职工提供重大疾病互助保障服务。截至年底，全市已为 13 万名在职职工办理参加活动，对 1194 名因遭受意外伤害、患重大疾病的会员办理了赔付，赔付金额 419 万元，使基层工会和广大会员充分感受到了互助保障的温暖。

五、不断夯实基层基础，构建联系广泛、服务职工的工会工作体系

持续加强工会组织建设，建立完善“党建带工建”体制机制，大力加强县级工会，持续强化乡镇（街道）工会枢纽功能，不断完善“小三

级”工会组织架构，加强行业工会联合会和民营企业工会建设，深化百人以上企业建会专项行动，重点抓好新经济组织、新社会组织、新业态领域、新型职工群体建会工作。着力推动货车司机等八大群体所属行业工会组织和工会体系建设，提高工会组织和工会工作对八大群体的有效覆盖，带动农民工及灵活就业人员入会工作取得新进展。5月，全总、省总主要领导分别对郑州“八大群体”入会工作给予充分肯定，并作出重要批示。为落实全总领导批示精神，市总在经开区召开“郑州市工会推进‘八大群体’入会工作现场会”，总结全市工作开展情况，推广县（市）区、基层工会的经验做法。截至11月，全市共高标准建设货车司机（家政服务员）之家6家、快递小哥之家16家。共申报完成省总农民工及灵活就业人员建会入会项目54个，配套补助项目资金182万元。坚持“强基层、补短板、增活力”，树立大抓基层的鲜明导向，把力量和资源向基层倾斜投放，切实推进基层工会规范化建设，打造27家省级基层工会规范化建设示范点。持续深化工会改革创新。按照增强广泛性和代表性要求，继续优化领导机构人员构成，以强化基层、服务职工、提高效能为导向，调整机构设置，优化工作职能。以郑州新型智慧城市建设为契机，加快智慧工会建设，积极构建社会化普惠服务体系，进一步整合现有工会业务应用系统功能，提高工会网络体系建设的整体性和科学性，走好网上群众路线，着力打造“一网聚、一卡通、一心连”网上网下相互促进、有机结合的服务职工新模式，真正建设有黏性、有温度，彰显郑州特色、创新特质的“职工之家”。大力实施工会干部能力素质提升计划，以基层工会干部为重点，大规模开展学习培训。全市工会举办各类培训班131期，培训各级工会干部4784人次。进一步壮大社会化工会工作者队伍，优化干部队伍结构，努力打造一支专职为主、兼职挂职相结合的高素质专业化工会干部队伍。

Ⅲ

调研报告

健全完善代表工作机制
创新丰富代表工作方式

郑州市人大常委会

人大代表是人民代表大会的主体，代表人民的利益和意志参加行使国家权力。尊重代表主体地位，支持和保障代表依法履职，是人大工作保持生机和活力的重要基础。党的十八大以来，以习近平同志为核心的党中央高度重视发挥人大代表作用、做好人大代表工作，作出新部署，提出新要求。习近平总书记鲜明指出，人民代表大会制度之所以具有强大生命力和显著优越性，关键在于它深深植根于人民之中，强调要更好发挥人大代表作用，使各级人大及其常委会成为同人民群众保持密切联系的代表机关。这些重要论述和部署要求，为做好新时代人大工作特别是代表工作提供了指引和遵循。

按照“不忘初心、牢记使命”主题教育的要求，为进一步加强和改进代表工作、不断提升代表工作水平，围绕健全完善代表工作机制、创新丰富代表工作方式，对市和县（市）区人大代表工作进行了全面深入的调查研究。现将调研情况报告如下。

一、我市代表工作的主要情况

近年来，我市各级人大常委会高度重视代表工作，积极探索、勇于创新、大胆实践，形成了一些好的经验和做法，具体表现为以下几个方面。

（一）代表政治站位和履职能力不断提高。习近平总书记指出：“人大代表肩负人民重托，责任重大，使命光荣。每一位人大代表都要站稳政治立场，严格遵守政治纪律，做政治上的明白人。要增强政治观念、法治观念、群众观念，履行宪法法律赋予的职责，发挥来自人民、植根人民的特点，接地气、察民情、聚民智，努力做到民有所呼、我有所应。”为增强代表政治观念，提升代表履职水平，一方面，全市各级人大把解决好理论武装问题作为一项重要的政治任务，加强代表教育管理，使代表提高政治站位，认清所肩负的重大责任。经过多年实践，我市基本形成了初任培训、履职培训、专题培训和履职交流相结合的代表学习培训体系。市十五届人大常委会换届以来，围绕学习贯彻习近平新时代中国特色社会主义思想、习近平总书记关于坚持和完善人民代表大会制度的重要思想以及对人大工作的新要求等内容，组织不同范围的代表培训5次，并且首次对代表小组长、乡镇人大主席和街道人大工委主任进行全员培训。各县（市）区人大也不断创新和丰富学习培训方式，增强学习效果。比如，管城区人大开办“人大讲坛”，每两个月举办一期；新密市人大坚持“统分结合”的代表培训方式，即每年至少组织一次统一培训，针对即将开展的执法检查、视察调研等活动，分别进行专题培训。另一方面，始终做到从讲政治的高度谋划和开展工作，自觉把党的领导贯彻于代表工作全过程，确保党的主张通过法定程序成为国家意志，确保党组织推荐的人选通过法定程序成为国家政权机关领导人员。为推动市委城市环境综合整治提升的工作部署，市人大常委会动员全市各级人大和人大代表迅速行动，组织各种形式的专题视察调研、督促推进活动和志愿服务行动，为服务和保障民族运动会贡献人大力量。

（二）代表工作制度不断健全。全市各级人大普遍建立起了一系列代表工作方面的制度和机制。例如，代表工作办法，代表建议、批评和意见办理办法，常委会组成人员联系人大代表的意见，进一步完善人大代表联系人民群众制度的实施意见，任免地方国家机关工作人员办法，依法任命的国家工作人员进行宪法宣誓具体实施办法，常委会主任、副主任接待代表日工作安排意见，人大代表专业组及开展活动的意见，代表履职档案管理办法等，推动了代表工作的规范化、常态化。此外，有的地方在工作制度中创新方式方法，提升了制度的执行力。例如，金水区在代表履职考勤制度中，明确将电子代表证、指纹、GPS定位、二维码扫描四种电子签到列为代表履职考勤方式，即时锁定代表履职信息；新密市人大在代表履职激励保障制度中，实行“节日慰问全覆盖”，即依托“三八”妇女节、“五一”劳动节、“八一”建军节、教师节、丰收节等，组织代表开展专题活动，为代表送去书籍、慰问信，关心关爱代表，激发代表履职动力。

（三）代表闭会期间活动内容不断丰富。代表参加闭会期间的活动，是依法履行职责的重要组成部分。近年来，代表闭会期间的活动不断丰富，集中体现在三个方面：一是安排代表列席常委会会议，参加立法调研、执法检查、集中视察等活动；二是邀请代表参加“一府一委两院”召开的意见征求会、听证会、行风政风评议、旁听庭审等；三是组织代表参加代表活动小组，开展集中学习、代表视察、走访调研、联系群众为主要内容的代表小组活动。为确保代表能够积极参与各项活动并取得实效，全市各级人大都进行了积极探索和实践。例如，市人大常委会在常委会会议期间，实行列席常委会会议代表座谈交流制度，受到全国人大关注，在《中国人大》杂志中予以肯定；在正在建设的“智慧人大”中，专设人大代表履职服务平台，积极顺应“互联网+”发展趋势。金水区人大建立了集应用管理系统、网络数据平台、移动智能终端为一体的云平台，对代表闭会期间的履职活动，量化为分值，在云平台进行实时排名、动态管理。

（四）代表议案建议办理实效不断增强。全市人大普遍建立了常委会分管领导牵头，专门委员会和相关工作机构、办事机构参加，代表工作部门协调的综合督办机制和办理工作通报制度，着力提高议案建议实际办结率和落实率。其中，登封市人大专门成立议案督办工作组，通过组织代表集中视察、听取办理情况报告等措施，加强跟踪督办，提高办理质效。同时，完善反馈制度，采取办理工作“回头看”、满意度测评等方式，对办理情况满意度进行票决，对办理结果不满意的，及时向承办单位发出督办函，限期整改落实。中原区人大每年对代表议案建议的承办情况进行评比表彰，对办理不力的单位，予以通报批评，并把议案建议办理情况作为该单位工作评议和相关负责人述职评议的重要内容。

（五）代表履职平台不断拓宽。各地把代表之家、代表联络站作为发挥代表作用的平台和载体，按照有阵地、有制度、有计划、有记录、有学习资料等要求，推动规范化建设。目前，全市各县（市）区和开发区已建成代表之家和代表联络站 611 个，实现了全覆盖。代表之家和代表联络站已经成为代表学习培训的重要基地、联系选民的重要场所、履行职责的重要渠道、宣传人大工作的重要窗口。例如，市人大常委会今年在郑东新区、航空港区等开发区，高标准推动建成代表之家和代表联络站，补齐了各开发区没有代表活动平台的短板；管城区人大累计投入资金 300 多万元，创建线上“人大代表联络站”。目前，全市五级人大代表全部纳入代表联络站开展活动，让代表深入群众了解社情民意，自觉接受群众监督。

（六）代表服务保障水平不断提升。为确保代表知情知政权，全市人大坚持向代表定期邮寄《中国人大》《人大建设》《人民代表报》等报刊资料，通过代表短信、微信平台及时通报常委会工作情况。同时，还积极同代表所在单位加强沟通协调，保证代表执行职务期间的时间、误工补助等待遇落实，保障了代表正常开展工作。

二、当前代表工作存在的问题和不足

从调研的情况看，各地代表工作有特色、有创新、有成效，为全市进一步加强和改进代表工作提供了有益经验。但同时，也发现了一些亟待改进的问题，主要表现为：

（一）代表素质和履职能力有待进一步提高。人大代表是各行业各领域的模范和先进，虽然具有丰富的工作经验和深厚的专业背景，但有的代表，尤其是换届后新任代表，缺乏必备履职知识和能力。对老代表来讲，人大工作涉及经济、政治、文化、社会、生态文明建设等方方面面，知识面广、更新速度快，需要不断更新知识和提升履职能力。各县（市）区人大虽然注重学习培训，但有的组织培训的频次较低，引导代表自觉主动学习的方式欠缺，需要进一步加强。

（二）代表工作机制有待进一步完善。各级人大虽然建立了相关代表工作制度，但部分制度缺乏可操作性，尤其是在代表履职的激励和约束方面，利用各种评先评优方式激励代表依法履职的措施较少，对代表履职管理的不到位，缺乏必要评价和退出制度，不利于增强代表履职的责任感和使命感。

（三）代表活动的实效有待进一步增强。有的县（市）区人大反映，不同岗位代表关注的问题不同，有的对不了解的议题参加兴趣不大，难以集中组织开展大型活动；有的代表本职工作繁忙，参加代表活动相对较少；代表参加集中视察的积极性相对较高，自己持证视察的主动性相对较低。这些问题在一定程度上影响了代表活动的效果，也不利于代表作用充分发挥。

（四）代表议案建议提出质量和督办力度需要进一步提升。随着代表履职积极性逐步增强，所提议案建议的数量不断增加，涵盖内容日益广泛，在维护人民群众的根本利益、监督“一府一委两院”工作等方面发挥了重要作用，但也存在着一些议案建议质量不高的情况。例如，提出的议案建议有的没有反映群众关注的热点问题；有的内容笼统、抽象，没有提出准确的问题和应采取的措施，缺乏针对性和可操作性，客观上影响着办理效果。另外，人代会期间代表提出的议案建议的办结率和落实率较高，但闭会期间代表所提议案、建议的办理缺乏规范的流程，得不到有效答复。

（五）代表活动平台有待进一步规范。当前，全市代表联络站的规范化主要体现在建设标准上，但有关的接待要求、学习要求、互动要求、工作保障等还没有统一标准。另外，虽然大都对五级代表进入代表联络站开展活动进行了安排部署，但还有部分代表未真正进入代表联络站开展活动，与选区代表联系的不够紧密。

三、加强和改进代表工作的建议

7月17日，习近平总书记就地方人大设立常委会40周年作出重要指示，对代表工作再次提出要求，强调要更好发挥人大代表作用，接地气、察民情、聚民智，用法治保障人民权益、增进民生福祉。做好新时代代表工作，必须认真学习贯彻习近平总书记的重要指示精神，把充分发挥代表作用作为做好人大工作的重要基础，遵循和把握代表工作规律，支持和保障代表依法履职，推动代表工作迈出新步伐、取得新成效。

（一）始终坚持党对代表工作的领导。坚持重点工作、重大事项及时向市委请示报告。市人大常委会党组要协助市委积极筹备市委人大工作会议，将各级人大工作的底数摸清，全面掌握新时代人大工作存在的问题，为市委代拟好相关文件，支持包含代表工作在内的新时代人大工作与时俱进、完善发展。各县（市）区人大党组要积极争取当地党委对代表工作具体事项的支持。例如，增加代表活动经费和培训经费、加大代表议案建议办理力度等，确保人大工作在党的领导下不断取得新进展。同时，要把党的领导贯彻和体现到代表工作各方面和全过程，组织发动各级代表围绕贯彻落实中央和省委的决策部署，围绕总书记关于河南、郑州工作重要讲话和指示批示精神以及市委部署安排，发挥好参谋决策、监督协助、桥梁纽带、示范带头作用，确保代表工作自觉服从服务大局。

（二）持续加强代表培训力度。把代表培训贯穿代表履职全过程，制定五年培训规划，实现代表集中培训全覆盖，全面提升代表履职能力和水平。丰富代表培训内容，深入学习习近平新时代中国特色社会主义思想和习近平总书记关于坚持和完善人民代表大会制度的重要思想，认真学习以宪法为统帅的中国特色社会主义法律体系，特别是立法法、监督法、选举法、代表法、组织法等与人大工作密切相关的法律，提高运用法治思维和法治方式推动工作的能力；还要注重拓宽眼界和视野，引导代表主动广泛学习各方面知识，加快知识更新、优化知识结构。

（三）加强对代表履职的管理。健全代表履职激励机制和约束、退出机制，严格考核，督促代表依法履职；将代表提出的议案建议、参加活动等情况记录在案，并将履职情况向代表本人、全体代表以及代表所在单位和选区进行通报，同时开展直选代表向原选区选民报告履职情况活动，对选民不满意的代表或发现代表有严重违法违纪行为的，要及时启动罢免程序；善于运用各类媒体宣传好代表依法履职的先进典型事迹；积极开展优秀人大代表和先进代表小组评选活动以及优秀议案、建议评选活动，将获得表彰作为代表连选连任人大代表的重要条例；围绕民生热点难点问题，组织代表专业组定期开展活动。

（四）提高代表议案建议的提出质量和督办力度。加强对代表撰写议案建议的指导力度，制定规范性文件，开展专题培训，确保代表所写议案建议符合规范要求；引导代表在深入调查研究、广泛听取群众的意见建议的基础上提出议案、建议，充分反映群众的呼声和意愿。在加强大会期间代表所提议案、建议办理的同时，要制定相关办法规范闭会期间代表所提议案、建议的办理，确保件件有回声。

（五）规范代表活动平台。制定代表联络站工作标准，对建设要求、接待范围、接待流程、开展活动次数等进行规范，推进代表联络站硬件标准化、制度规范化、活动常态化建设。推动五级人大代表进站开展活动，畅通社情民意反映表达渠道，更好发挥代表联系群众的桥梁纽带作用。

提升城市精细化管理水平 推动文明城市创建

郑州市政协城市建设委员会

为了更好地提升城市精细化管理水平，推动我市文明城市创建，市政协认真贯彻落实习近平总书记关于“城市管理”系列讲话精神，围绕市委、市政府中心工作和委员、群众关心关注的问题，把城市精细化管理作为今年常委会议专题议政主题之一。按照工作方案进行深入调研，通过实地视察、听取汇报、座谈交流、查阅资料、向460名群众发放调查问卷等方式，就公共交通、道路建设、垃圾分类、市民文明素质等31个方面的问题征求了意见。在实地调查了解掌握了我市城市精细化管理情况基础上，又带领有关委局和政协委员赴厦门、成都、济南等地考察学习，借鉴有关城市的好经验、好做法。现将调研情况报告如下。

一、城市精细化管理工作开展情况

近两年来，市委、市政府立足国家中心城市建设，围绕中心城区现代化、国际化、生态化，坚持以人民为中心，创新实施了以“路长制”为抓手的城市精细化管理模式，坚持建管并重，着力营造安全、整洁、有序、文明的城市环境，为建设美丽郑州付出了辛勤劳动和汗水。

审时度势，强化顶层设计。随着国家中心城市建设加快推进和“以建为主、提升品质、扩大成效”工作思路持续深化，郑州市城市框架迅速扩大，市域建成区面积达1055.27平方公里，中心城区建成区面积达601.77平方公里，人口突破1000万，跻身特大城市行列。市委、市政府主要领导审时度势，科学决策，出台了《郑州市城市精细化管理三年行动实施方案》，以理念转变、职能转变、机制转变和标准提升为抓手，在全市开展“一提、二精、三全、四化”行动，打响了以“修好治差、管住治乱、扫净治脏、追责治软”为主要内容的城市精细化管理三年行动攻坚战，强力推进以“路长制”为抓手的城市精细化管理模式，着力打造城市既有“面子”，又有“里子”；既有“颜值”，又有“内涵”的美好形象，初步形成了可复制、可推广的“路长制”郑州模式。

精准施策，高位高效运行。领导高度投入。市主要领导坚持每周暗访、每月点评，压实路长责任，督促工作推进，相关职能部门常抓不懈，确保了“路长制”抓得严、落得实、有成效。下放管理职能。把分散在规划、建设、房管等职能部门的700多项管理事项归口到城市管理部门，交由各区管理，并下沉到办事处具体实施，使管理更直接，执法更近民。完善运行体系。实行“五级联动”，充分调动区、办事处、交警、城管、市场监管、社区等领导和工作人员以及临街商户的工作主动性，全面落实包卫生、包秩序、包绿化、包立面“四包”责任。健全工作机制。制定《郑州市城市精细化管理白皮书》，为“路长制”开展提供标准化的管理依据；出台了《郑州市路长制工作导则》，细化任务、标准、流程，形成路长制工作闭环；强化经费保障，大幅提高全市环卫经费；强化各方协调联动，实行“路长吹哨，全员报到”，由路长统筹各方共同开展工作；强化督导考核，不断完善日巡查、周观摩、月点评机制，通过开展“千百十”路段创建、“红旗办事处”和“黑旗”评选活动，严格落实奖惩制度。五是动员全民广泛参与。市文明办把城市管理纳入精神文明创建体系，广泛学习宣传落实《郑州市文明行为促进条例》，着力提高市民文明素质；市交警支队开展“停放有秩序、行止守规矩”，教育局开展“小手拉大手，文明一起走”，团市委、总工会、市妇联等单位积极参与，推进“路长制”工作进企业、进社区、进机关、进家庭、进学校。在郑州电视台开设《聚焦路长》栏目，发挥媒体助阵和舆论监督作用。

重点突破，工作成效明显。强弱项补短板。组织开展了市政设施大排查大整治大提升、卫生死角大排查大清理、城市家具清洗刷新、交通秩序大整治、捡烟头、捡垃圾全民行动等12个专项整治，城市管理历史欠账得到集中治理。市容市貌大改观。“千条优秀路、百条卓越路、十条极致路”创建目标全面实施；出入市口、绕城高速、铁路沿线得到整治，生态廊道生机勃勃；公园游园还绿于民，满城红灯高高挂，把郑州装扮得美丽如画。提质老旧城区建设。以整街坊为单元，以老旧小区整治提升和背街小巷综合治理为重点，统筹布局基础设施和公共服务配套，实施老旧城区建设提质。美誉度影响力全面提升。人民日报、新华社、中央人民广播电台等十多家中央级媒体组团对郑州进行报道，盛赞郑州的巨大变化。郑州入选央视《中国经济生活大调查》栏目发布2018—2019年度全国美好生活城市前十，全国50多个城市组团前来学习“路长制”经验，市民满意度、获得感、幸福感大幅提升。

二、城市精细化管理存在的问题

近几年来，特别是近半年来，我市城市精细化管理取得了显著的成效，但由于城市化进展加快，历史欠账过多等多方面原因，我市城市管理工作还存在一些不尽人意的地方，主要表现在：

规划、建设、管理衔接不够。城市规划建设还有较大欠账，“规建管并举”尚未真正落到实处，新区开发建设、旧城改造项目在规划编制或建设环节未能充分考虑后续管理环节可能出现的困难或问题，导致牵扯民生问题的集贸市场、公厕、停车场、公共绿地及生活垃圾中转站（点）、建筑垃圾消纳场所等公共设施总量不足、标准不够、布局也不尽合理。部分已建项目交接不及时、不到位，造成道路路灯长期不亮、雨污水无处排放、路面频繁破拆，严重影响了城市管理基础设施的日常管护。

体制机制不够健全。目前，城市管理工作重许可、审批，轻监督、执法的现象比较普遍。在职权分割上，由于城管执法的职能是从原先的多部门的处罚权中全部或部分划过来的，城管部门与其他行政部门仍然存在许多“交叉地带”，管理城市的成本相应增大。

城市管理立法进程缓慢。随着郑州城市规模不断扩大，城市人口不断增多，经济发展不断增强，城市管理方面还存在主体责任不明、部门职责不清、体制机制不顺、缺乏执法依据等问题，急需一部城市管理方面的地方性法规进行规范。

智慧城市建设存在瓶颈。一是在顶层设计方面，至今没有正式出台符合郑州实际的顶层规划设计、组织实施机制和具有约束力的评价指标体系。二是基础平台建设方面，虽然建成了数据共享交换平台，但由于各部门应用系统技术标准不统一，有的数字全省集中，协调难度大，导致数据梳理和归集进展缓慢，数据社会化分析应用程度低，难以满足各部门对数据共享的要求。三是业务系统建设方面，统筹不够，各自为政搞信息化项目建设，“以我为主”上系统，信息孤岛现象明显，重复建设现象严重。四是项目建设模式方面，仍以政府投入为主，没有激发社会资本的积极性。如智慧社区、智慧停车建设等要大刀阔斧地引入市场机制、社会化运作方式，项目后期运营才能有持续的生命力。

城市管理存在短板弱项。一是城市道路设施方面，“道路病害”严重，部分车行道路面坑洼不平、道路窨井盖塌陷沉落、道路龟裂、超期服役、基础破损、地砖松动缺失，沿街路面病害严重。占用占压盲道，各类配电箱占道，各种栏桩、石礅占道，各种线杆拉线占道，沿街商家任意垒砌门台等随处可见，给人们的出行造成很大困难。道路经常开膛破肚，不仅影响车辆行人通行，也有损省会文明形象。二是交通秩序方面，车辆停放秩序混乱，停车位配建严重不足，导致机动车占道停放现象严重；主干道机非混行、机动车乱停乱靠、出租车违规掉头、黑车营运、共享单车无序停放、非机动车和行人不遵守交规等问题还比较突出，成为影响郑州对外形象的一个重要因素。三是施工围挡方面，超面积设置的“拦路围挡”、长期围而不建的“僵尸围挡”和破损严重的“纸片围挡”仍然存在。四是路灯及亮化提升方面，目前全市道路两侧各类线杆呈现杂、乱、多的特点，在遗留道路路灯移交工作中，路灯项目施工单位对质量问题存在整改不积极问题；在夜景亮化提升工作中，缺乏地方特色和文化品位。五是架空线缆入地改造方面，虽然市政府已纳入工作安排，但由于牵扯部门多，协调难度大，特别是主要道路交叉口实施起来更加困难。

部分市民文明素质亟待提高。机动车不礼让斑马线、乱停乱放，行人、非机动车闯信号灯、闯禁行、走机动车道及行人翻越护栏；不文明养犬、乱扔垃圾、随地吐痰、便溺行为；在医院、车站、办事大厅等禁烟场所抽烟以及乘坐公交、地铁、长途客车等交通工具，不遵守秩序、不服从管理、不排队乘车等不文明行为屡见不鲜、禁而不止，部分市民自身文明素养亟待提高。

三、对城市精细化管理的几点建议

城市之美，在于精致；城市管理，在于精细。城市精细化管理就是坚持以人为本的原则，依据城市复杂系统的特性，引入精细化管理理念，并借助现代化的信息手段，创新城市管理方式方法。这就要求我们要彻底转变以往的管理理念，彻底摒弃粗放、笼统，“过得去”的思想理念。要用习近平总书记关于城市管理工作的重要讲话精神武装我们的头脑，把着眼点和落脚点落实到“为人民管理城市的理念上”，并具体落实到细致、精准、高效、可控上，以人民群众共享城市管理成果为出发点，聚焦城市管理的热点难点问题，从大处着眼，小处入手，精雕细刻城市管理中的每一个环节、每一个细节，真正做到城市的一草一木有人管，市民的一举一动有章可循，让我们的城市更有序、更安全、更干净，不断改善城市人居环境，提高城市文明程度，为我市建设国家中心城市营造良好的城市环境。

大手笔构画城市梦想，努力形成“规建管”并举、相互衔接的管理体系。借鉴雄安新区先进的规划理念，将我市的空间规划、土地规划、城市规划、产业规划、生态规划按照五大发展理念，有机地融为一体，成为指导我市建设国家中心城市的指南。

为加快构建“高位协调、顶层统筹、条块契合、权责一致”的城市管理格局，进一步强化城市发展统筹协调，高起点定位、高水平规划、高质量建设、高效能管理，系统推进产业发展与空间规划、城市建设、城市管理的协调发展，形成“规建管”并举、相互衔接的城市管理体系。一要高水准、高品位规划。组织专家学者审视我们现有城市规划存在的短板并进行调整完善，特别要合理布局地上空间和地下空间，充分利用道路、广场等开放空间，挖掘地下空间资源，做到地上地下空间功能复合、互联互通。完善城市轨道交通规划，加快轨道交通建设，缓解交通压力，真正把我们美丽的大郑州设计好。二要高质量建设。切实做到按照规划设计进行建设，不得随意改变规划建设，严格按照工程质量评价验收标准对工程进行评价验收和交付使用。特别是对重点工程，一定要尊重科学、理性施工，确保工程质量。三要高水平管理。构建城市精细化管理标准体系，建立全领域覆盖的标准体系，提升精细化管理的智慧化水平，制定好大数据管理标准及工作标准规范，做到城市管理的相关部门之间无缝对接，使城市的每一个角落都彰显出精细化管理的质量和水平。

大动作治理城市顽疾，建立健全体制机制，保证城市管理顺畅。要时刻盯紧与人民群众生活息息相关的久治不愈的“老大难”问题，根据政府履行社会管理和公共服务的职责要求，按照“提升决策层、规范执行层、扩大实施层、强化监督层”的原则，建立健全城市精细化管理体系，明确各个层面的职能、职责和关系。把影响城市形象的一个个毒瘤切除掉。建议成立郑州市城市管理委员会，市委、市政府主要领导担任城市管理委员会的主要负责人，统一协调指导城市管理工作。政府各相关职能部门各司其职。市级层面：要在城市精细化管理中发挥决策、指挥和协调作用，重点解决全市的难事、大事、急事、人事。区级层面：要发挥上下协调作用，贯彻市级要求，支持街道实施。执行层面：要按照市级城市管理的规格模式，统一规范执行层的职能权限和职责范围，让决策层的战略思路、发展规划、总体目标和工作任务，在全市能够得到统一的、全面的、有效的推进和落实。街道办事处层面：要充分发挥基础性作用，按照“管理前置、重心下移、做强做大、夯实基层、兜底管理”的要求，扩大机构设置，扩大人员编制，扩大考核权力，扩大经费投入，让实施层有权力、有责任、有能力地去组织和完成执行层下达的工作计划和目标任务，确保其能够担当起兜底责任，为真正实现城市精细化管理属地负责的要求奠定基础。

大步伐加快城市管理立法进程，依法管理城市。借鉴北京、上海、广州、武汉、杭州、南京等在城市综合管理方面制定了地方性法规的经验，尽快出台我市城市管理的地方性法规或规定，使职能部门管理城市有法可依。要大力推行以“路长制”为载体的城市管理新模式，并将其通过立法进行固化。

强力推进智慧城市建设，提高精细化管理水平。加强城市管理基础信息采集和基础信息库建设。通过整合相关数据资源和既有数据采集渠道，开发适应精细化管理需求和应用导向的涵盖人口、法人、房屋、事件等基础信息资源库，丰富和完善数据信息采集手段等方式，摸清底数，建立完善城市管理基础信息库，切实做到基础数据全面翔实、动态实时、互联共享。推进城市管理专业平台的互联互通，逐步构建城市管理的一体化综合智能平台。加强信息与智能化技术在城市管理中的深度运用。改变传统上依靠人海战术的方法，更多运用北斗导航、移动互联大数据、云计算等基础技术，深化互联感知、数据挖掘与分析、风险预警、智能决策技术等在城市管理中的应用，提升管理精度、效率与实时响应程度。

强基固本，提升城市品质。在城市道路设施方面细化。各级道路设施管养部门应结合深入推进“路长制”市容市貌大提升活动，持续开展市政设施大排查大整治大提升工作。要按照边排查、边整改、大提升的原则和整治标准开展集中整治，全面修复城市道路、窨井、侧石和人行天桥上破损的道板、道牙、护栏、花池等设施。同时，要积极做好各渠道反映的道路设施问题的处置工作，做到及时发现，及时处理。

在交通秩序方面细化。强化静态交通整治工作，交警执法和城管执法要加强配合，扎实做好违规地锁、车桩、护栏、僵尸车的治理。加快停车场建设，有关单位应切实做好规划和分解任务工作，积极采取措施加以推进。探索街道非高峰时段车位施划办法，加大道路停车泊位的施划力度，破解群众停车难的问题。以“路长制”为抓手，持续开展交通秩序大整治行动，对车辆乱停乱放、随意调头、不礼让斑马线、车窗抛物、三轮车违法上路及行人、非机动车闯红灯、走机动车道，行人翻越交通护栏等不文明行为进行集中整治，一定要严管重罚，并与个人诚信和单位文明创建挂钩，促进市民文明素质提升，确保城区交通秩序不断改善。

*在施工围挡方面细化。*集中开展围挡整治行动，对未按照保通方案设置的围挡进行“瘦身”，确保占一还一，所有工地实行封闭围挡施工，推广新型围挡使用，围挡设置（材质、色彩、公益广告图案）与周边环境相协调。最大限度压缩围挡范围，确保市民通行。及时拆除围挡，施工任务完成后，应第一时间组织施工单位对施工围挡进行拆除，做到早日还路于民。

*在路灯及亮化提升方面细化。*学习上海经验，采用 EPC 模式，按照市政府要求，将建成区路灯设施统一交由城管局负责管理维护，管养经费由市财政保障。路灯要缩短交接时限，确保质量，真正做到路通灯亮、节能；路灯及景光亮化提升应充分考量质量和效果，景光亮化要深度挖掘郑州的历史和文化，尽可能地多融入些“郑州元素”，增加美感度。

*在架空线缆入地改造方面细化。*加大政府组织协调力度，统筹各有关单位加快架空线缆入地进度，尽快解决空间“蜘蛛网”问题，净化城市空间。

*强劲实施《郑州市文明行为促进条例》，提升市民文明素质。*以宣传贯彻实施《条例》为抓手，坚持全民受教育、全民同参与、全民共监督，坚持统筹协调、分步推进、重点突破、长效常态的工作思路，综合运用各种手段、各种载体，通过开展《条例》进机关、进企业、进工地、进学校、进社区、进农村、进景区等“七进”活动，以及电视知识竞赛、有奖竞答、演讲比赛等系列活动，旗帜鲜明地向不文明行为宣战，引导

广大市民说文明话、办文明事、做文明人，不断提升市民文明素养和城乡文明程度，让安全、整洁、有序、文明成为郑州的新常态。针对我市文明城市创建、城市精细化管理中存在的与市民文明素质相关的突出问题，和群众反映强烈的不文明行为，持续开展城区交通不文明行为治理、公共场所不文明行为治理、禁烟场所抽烟行为治理、等候服务不排队行为和城区交通不文明行为等四项集中治理活动，重点突破，以点带面，形成声势，掀起高潮。与文明单位评比、复检挂钩，切实发挥机关干部的带头作用，严格要求自己，以身作则、率先垂范，用自己的言行和人格力量为群众做出榜样。动员高等院校力量，充分发挥大中专院校师生的示范作用，带动广大学生整体素质提高。要持续开展“小手拉大手文明一起走”校园周边交通秩序治理行动，与家庭、社会教育相配合，坚持实施小学生上下学排队制度，形成规范，长期坚持。广泛开展文明劝导志愿服务活动，组建组织各级各类公共文明引导志愿服务队伍，对各种不文明行为进行正确引导、及时劝阻、有效监督，传播文明，引领风尚。

关于打造“品质郑州”的思考和建议

中共郑州市委政策研究室

城市是人的城市，一个好的城市品质必然凝结着广大城市居民的认同感、归属感和自豪感，能够帮助城市在日趋激烈的区域竞争中吸引更多经济增长要素，获得更丰富的资源。当前，郑州正处在实施系列国家战略、建设国家中心城市的历史机遇期，面对周边省会城市强劲的发展势头和“虹吸”优势，作为不靠边、不沿海、欠发达的内陆城市，郑州如何脱颖而出，是当前我市面临的重大课题。我们在认真学习借鉴国内先进城市做法的基础上，根据城市发展规律，结合省委、省政府《关于支持郑州建设国家中心城市的若干意见》，建议把打造“品质郑州”作为努力方向，以城市品质提升促进城市竞争力提升、高质量发展。

一、城市品质的基本内涵

城市品质是一座城市的名片，反映城市居民的共同理想目标、精神信念、文化底蕴、行为准则和生活方式，是在城市发展过程中培育出来的，是城市品位和发展质量的统一体。主要通过城市形象、城市特色、城市品牌、城市精神、城市文化等表现出来，包含城市功能、产业经济、历史文化、城市建设、生态环境、社会治理、公民素养等诸多要素，是城市精神气质和城市内部各要素经过长期发展和积淀而形成的综合形态反映。它有以下特点：一是城市更深层次的内在展现。它通过城市物质的自然流露，向人们展示其内在形象；二是将城市精神、文化等融入城市的物质建设与发展中去，从而形成反映城市个性特色的精神实质；三是体现以人为本，是人对城市可感受的一种状态。

二、郑州向品质城市转型的必要性和紧迫性

*从发展规律趋势看，这是城市发展的必然阶段。*在城市发展规律层面，世界城市发展分为初期缓慢增长（城市化率低于30%）、中期加速发展（城市化率低于70%）和远期平稳增长3个阶段，也可以分为“以安全为本”“以经济为本”和“以人为本”3个阶段。郑州2018年城市化率已达73.38%，处于城市发展的“远期平稳增长阶段”，理应遵循城市发展规律，从注重追求“经济为本”向“以人为本”转变。在经济社会发展规律层面，当一个城市或地区人均GDP超过1000美元之后，人们的消费结构将由重视衣、食消费的温饱型消费向谋求住、行条件改善的享受型消费转变；人均GDP达到3000美元以后，一个城市或地区则进入新一轮产业结构、需求结构的调整升级期和城市快速扩张期；人均GDP达到1万美元以上，人们追求生活品质就会成为必然趋势，逆城市化现象显现。2018年郑州人均GDP已突破10万元以上，这不仅意味着郑州经济开始从工业化中期向工业化后期转型，也标志着人民群众进入追求生活质量，更加关注城市功能完善、人居环境舒适和文化事业发展的新阶段。

*从时代发展要求看，这是贯彻中央精神的具体举措。*党的十九大提出，中国特色社会主义进入了新时代，我国社会的主要矛盾已经转化为人民日益增长的美好生活需要和不平衡不充分的发展之间的矛盾。提升城市品质，是郑州推动高质量发展、创造高品质生活的战略举措，有利于满足人民日益增长的美好生活需要。从对标先进城市发展方面看，近年来，深圳、北京、上海、宁波、杭州、南京等城市先后推进城市品质提升工作，如：深圳围绕“深圳品质”“深圳质量”，全面加快构建高质

量发展的体制机制，加快推动深圳制造向深圳创造转变、深圳速度向深圳质量转变、深圳产品向深圳品牌转变，打造高质量发展的先行示范区，不断增强经济创新力和竞争力，成为全国营商环境最好的城市之一。杭州坚持“城市即人”，围绕打造“生活品质之城”，提出“住在杭州”“游在杭州”“学在杭州”“创业在杭州”，使杭州的经济、社会、环境和人与城市高度融合，成为品质城市的标杆。

从当前郑州发展实际来看，这是破解我市瓶颈制约的迫切需要。由于历史条件的制约，郑州一度存在着“三重三轻”的发展状况。一是重速度、轻质量。在城市规模快速扩张的同时，产业支撑、公共服务、功能配套等未及时跟上，生活圈、居住圈、工作圈脱节。二是重眼前、轻长远。规划的“引领性”“前瞻性”不够，对城市品质、城市配套、城市未来空间考虑不多、城市“留白”较少；建设规划与规范管理衔接不够。城市设计不优，地域性、标志性风貌建筑不多，天际线、建筑轮廓线控制不好。三是重“面子”、轻“里子”。基础设施、公共服务配套建设存在欠账，对地下管网建设、背街小巷整治等“里子”工程重视不够，“逢雨必涝”“马路拉链”等现象时有发生，从而导致郑州存在着交通不畅、城市不美、生态不优、人文不厚、产业不强、特色不显等问题。目前，土地对郑州经济增长的制约越来越明显，资源环境约束也日益趋紧，人民群众对土壤污染、大气污染、水污染、噪声污染等方面的诉求愈加强烈，继续靠高负债来推动经济增长、走投资驱动的老路将越发艰难。

从关注民生来看，这是满足广大人民群众热切期盼的现实选择。习近平总书记指出：“我们的人民热爱生活，期盼有更好的教育、更稳定的工作、更满意的收入、更可靠的社会保障、更高水平的医疗卫生服务、更舒适的居住条件、更优美的环境，期盼着孩子们能成长得更好、工作得更好、生活得更好。人民对美好生活的向往，就是我们的奋斗目标。”在民生需求的变化上，郑州已经不是“有没有”的问题，而是“好不好”的问题。在需求的对象、层次上，城市居民对非物质需求、高层次需求、综合性需求、社会性需求，个性化、多元化需求将日益突出，对城市公共产品、公共服务的需求正在呈现快速增长的势头。

三、政策建议

目标定位。建议用“品质郑州”引领城市规划建设和经济社会发展，理念上升华起来，战略上明晰起来，举措上具体起来，项目上支撑起来，增强郑州在全省乃至全国的核心竞争力。具体来说，就是要坚持国际视野、世界眼光、郑州特色，从“铺摊子”转变为“上台阶”“求品质”，全面提升经济、文化、教育、卫生、城市规划、城市建设、城市管理、社会治理等方面的品质，以项目带品质，以景观促品质，以环境兴品质，以质量升品质，以法治护品质，打造“品质示范区”，让郑州成为优质企业、优秀人才的向往之地、集聚之地、创业之地，成为令人向往的创新之城、智慧之城、美丽之城、人文之城。

提升重点。提升功能品质。以“品质郑州”为目标，多规合一，做好2035年郑州新一轮国土空间规划编制报批，发挥科学规划在提升功能品质中的战略引领和刚性控制作用，着力增强主城区核心功能，构建“城市—组团—社区”三级公共服务设施体系，有序推进城区功能重组，加快县（市）撤县（市）设区步伐。抓好城市设计、城市地下空间综合开发利用、清洁取暖、利用集体建设用地建设租赁住房等国家试点，全面提升城市综合承载能力。

提升经济品质。这是提升城市品质的基础。郑州应聚焦“高质量”“供给侧”“智能化”，突出高质量发展的制度设计，深化高质量发展的重点改革，强化高质量发展的要素保障，深入推进供给侧结构性改革，打造国际一流营商环境，大力发展智能制造、智慧金融、数字经济，培育一批在国内外具有地位的产业集群和行业领军企业、知名品牌、驰名商标，打造全国重要的先进制造业和现代服务业基地。

提升文化品质。文化品质是城市品质的灵魂，也正是影响郑州品质的主要短板。建议将郑州文化、历史、旅游优势融入市容市貌建设中，将郑州5000年的历史底蕴展现出来，让人看得到、摸得着、记得住。打造一批能够表现中原历史文化的特色小镇、街区，搭建城市“文化客厅”，扩大“绿城书屋”“微型图书馆”影响，营造城市文化氛围，塑造城市文化品位。

提升生态品质。这是提升城市品质的必要条件。建议实施“花园城市”打造工程，大力推进城市绿化，推进“多彩街道”“缤纷社区”“美丽庭院”建设，推动城市绿化彩化全面升级，叫响“绿城郑州”品牌。

提升生活品质。这是城市品质提升的最终目的。其核心是满足人民群众对美好生活向往的实际需求。建议：一是加大城市存量空间的精细化营造，营造一批公园绿地、慢行交通、城市绿道等有较好宜居导向的人与城市互动空间。二是优先发展公共交通，打造绿色交通体系，努力构建快捷高效交通网。三是加强城市社区级公共服务设施建设，按标准配建文化体育、教育、医疗卫生、社区服务、社区养老及超市、菜市场等各类民生设施，构建15分钟生活圈（步行15分钟能解决日常生活基本需求），提升城市公共设施服务水平。四是加强智慧城市建设。以政府服务数字化带动社会治理数字化，经济数字化，加快城市全方位数字化转型，让数字化成为推进城市发展的新动能，让人民群众充分分享数字化带来的便利。

提升建设品质。对标先进城市，确立一流标准，坚持设计引领，统筹“面子”与“里子”、兼顾实用与美观，加快推进海绵城市建设，增强城市防涝能力，在街区道路、公共设施、地下管网、生态景观等建设上做到精雕细刻，突出城市形象、色彩、高度和建筑等的设计，注重城市美学在城市设计中的应用，使每座建筑、每件设施和每个片区都成为展示郑州形象的靓丽名片。

提升管理品质。这是提升城市品质的保障。建议树立“能以技术手段解决问题的，决不用管理手段解决”的管理思维模式，如解决高峰期城市交通拥堵问题，就可以研究机关事业单位“朝九晚五”错时上下班制度，以及用建立中小学校午餐配送制度解决高峰期堵点不畅问题。当前社会管理和公共服务的重点，就是要着力解决城市环境突出问题，着力解决人民群众最关心、最直接、最现实的利益问题，更加注重精细化、常态化、法治化，运用法治思维和法治方式解决城市治理难题。

实现路径。把“绿城郑州”打造成为郑州鲜明的标识。习近平总书记曾指出：“绿色生态是最大财富、最大优势、最大品牌。”郑州在多年前就因城市绿化覆盖率在全国省会城市中名列前茅而享有“绿城”美誉，绿色曾是郑州城市的本色，最显著的“标志色”，也应当是最闪亮的城市标识。绿，不仅体现在城市风貌景观上，还涵盖经济发展模式和社会生活方式。建议以“绿城郑州”打造引领全市上下树牢绿色发展理念，让绿色生态、绿色消费、绿色出行、绿色经济成为全市的共同追求。要把郑州全部城区作为一个景区来规划设计，把“城区建成景区、重点片区建成景点、景点建成精品”，努力实现“街景即风景”。

做优增量，限定容量，更好满足人的需求。用最先进的理念和国际一流水准，最大限度减少城市发展对土地和资源环境的消耗，优化城市发展模式和人的生产生活方式。探索走“底线约束、内涵发展和弹性适应”的创新发展路子。如针对中心城区非机动车多、乱、堵等问题，建议设置管理上限，控制增量，减少存量。对特定的区域和路段实现限行，最大限度减少其对城市交通秩序的影响。

提高质量，放大城市的规模效应和集聚效应。发挥科技创新的增值效能和投融资的拉动作用，推进政策、体制、机制的全方位创新，探索实行有利于聚集人才、激发郑州创新活力的土地、住房、户籍、人才、薪酬、税收、金融、社会服务等政策。

全面加快城市有机更新步伐。研究制定城市更新专项行动计划。加大中心城区老旧工业企业改造更新力度，全面加快 M0 新型工业用地探索实施，提高经济密度，提高地均产出和人均产出效率。加快老城区改造提升。支持利用省直机关单位外迁、省属高校老校区土地置换等补充中心城区公共服务设施用地和公园绿地。狠抓城市重点敏感区域和城郊接合部环境整治，加强城市生活污水处理、改厕改水、垃圾分类处理集中整治。

塑造产业核心品牌。当年一句“中原之行，哪里去，郑州亚细亚”，让郑州的商城之名享誉全国。要塑造一批如杭州的阿里巴巴、青岛的海尔等具有地域影响的城市企业品牌，打造城市扩大对外交往的金字招牌，将其转化为城市的无形财富，成为城市发展的一种宝贵资源。

关于加快郑州数字经济发展的调研与建议

中共郑州市委政策研究室

数字经济是城市发展的活力源泉和动力引擎，是打造经济发展新高地，应对国际激烈竞争、抢抓战略制高点的重要手段。当今世界，数字经济已成为全球最重要的产业基础、商业模式、新型经济形态。如何在全球数字经济发展大潮中抢抓机遇，将郑州打造成全国数字经济领先城市，为郑州高质量发展、建设国家中心城市提供强劲动力和支撑，对郑州当前和未来长远发展至关重要。

一、郑州市数字经济发展现状

近年来，郑州市全面推进数字经济发展，目前已初步形成了以新型软件、大数据服务产业，信息网络安全产品和服务产业、电子信息产业与电子商务产业为主导的数字经济产业体系。根据腾讯研究院发布的《数字中国指数报告（2019）》，郑州市在2019数字中国总指数城市100强中排名第9位、数字产业分指数城市100强中排名第8位，高于武汉、南京、西安、济南等周边省会城市。

坚持政策引领。近年来，郑州结合自身国家中心城市、国家大数据综合试验区、郑洛新国家自主创新示范区、中国（河南）自由贸易试验区等国家战略叠加优势，进行数字产业培育和布局，先后出台了《郑州市促进大数据发展行动计划》《郑州市人民政府关于促进大数据产业发展的若干意见》等政府文件，从发展目标、发展规划、扶持措施、优惠政策等方面规范完善，为全市的数字经济产业定位和发展指明了方向。

附表：2018 年郑州市数字经济产业收入及其增长率

分类＼名称	新兴软件、大数据服务产业	信息网络安全产品和服务产业	电子信息产业增加值	电子商务交易额		网络零售交易额
				电子商务产业	跨境电商交易额	
收入/亿元	301.5	260	476.06	7100	1095	86.4
增长率	5.9%	15%	12.5%	18.3%	18.9%	25.1%

注重基础设施建设。2019 年，郑州国家级互联网骨干直联点再次扩容，直联点总带宽达到 790G，位居全国 10 个新增直联点之首。紧抓先发优势，加快 5G 试点城市建设，编制完成《郑州市都市区 5G 通信基础设施专项规划 2019—2021》，根据规划，2019—2021 年全市共计划建设 5G 站址 13973 座，其中 2019 年投资 19283.2 万元，建设 6026 座，城区将实现三环内及高价值区域连续覆盖。

提升产业创新能力。注重打造数字经济发展良好创新生态，2018 年全市高新技术企业、科技型企业分别达到 1329 家和 4283 家，同比增长 55%、32.7%；累计建成各级研发中心 2318 家，其中国家级 40 家、省级 737 家。郑州中科新兴产业技术研究院（中国科学院过程工程所郑州分所）、郑州人工智能研究院、中科院计算所大数据研究院等高端研究机构相继落户，为郑州数字经济产业创新发展提供了有力支持。国家超级计算郑州中心获得科技部批复筹建，为我市乃至全省产业转型发展提供强有力的算力支撑。

打造数字产业园区。以国家大数据综合实验区为统领，以郑开双创走廊为依托，构建以智慧岛为引领，云湖智慧城、白沙大数据产业园、科学谷为支撑的数字经济发展核心区。目前，智慧岛、基金岛、众创岛、人才岛“四岛合一”建设加快推进，初步形成了“人才＋金融＋平台＋研发”的大数据产业生态体系，华为、海康威视等158家大数据企业和一批知名研究机构集聚智慧岛，依托环岛高校与企业共建12家大数据双创基地，国家级“智慧岛大数据”品牌效应初步显现。云湖智慧城、白沙大数据产业园、科学谷也在加快建设中。

加快数字化转型。把制造业数字化转型作为推进制造业高质量发展的主攻方向，大力开展“机器换人、生产换线”等工作，智能制造取得显著成效。全市累计推广智能机器人2524台、数控机床1447台；培育国家级智能制造解决方案供应商1家，省级智能制造解决方案供应商10家，省级企业上云服务商20家；列入国家智能制造专项资金支持项目占全省65％以上，省级智能制造示范企业44个，位居全省首位。

推进智慧城市建设。坚持以国家中心城市建设为统揽，编制完成《郑州市新型智慧城市建设总体规划方案（2018—2020年）》，搭建了全市统一的信息资源共享交换平台，目前已建成了人口、法人、空间地理等基础资源数据库，截至2018年底累计归集数据量1.97亿条，已支撑全市信用体系、综合治税等多个平台和体系建设。此外还开发了集政务服务、公共服务、便民服务等功能于一体的“i郑州”App，实实在在做到“数据多跑路，群众少跑腿”，提升了群众的幸福感、获得感和归属感。

二、郑州市发展数字经济面临的问题

统筹协同力度不够。政府管理模式强调部门职能、层级管理，区域和条块分割，造成部分职能交叉和管理真空，没有形成良好的共享和协作机制。郑州原有数字经济产业发展政策政出多门，无法形成合力加速推动数字经济发展，造成诸多领域数据不能共享，尤其在需要信息公开的政务服务领域，应率先实现数据共享，电子政务由于种种原因造成数据孤岛问题依然突出。

评价考核体系不够完善。数字经济发展先进地区，如浙江省建立了数字经济发展综合评价指标，对全省各地数字经济发展水平和工作成效进行评价，按照浙江省数字经济核心产业统计分类目录，2018年杭州数字经济核心产业实现增加值3356亿元，增长15%。郑州市在数字经济方面还缺乏相应的评价考核体系，既不利于全面掌握数字经济发展动态、实施科学决策，也对各级各有关部门难以形成有力的引导和督促。

科研和人才力量相对薄弱。发展数字经济离不开云计算、大数据、人工智能、物联网、移动互联网等数字技术的支撑，而郑州的高等院校和科研资源匮乏，尤其是数理统计、数据挖掘、大数据管理与分析等知识和技能的复合型人才、高端人才及核心技术团队较为有限，产学研联动的环境尚未有效形成。

龙头创新型企业相对缺乏。相对于杭州的阿里巴巴集团、济南的浪潮集团、深圳的华为、腾讯，我市缺乏在国内具有突出影响力的龙头企业，本土领军企业虽然在一些领域具有全国领先优势，但产值较小、带动力有限。如汉威科技、金惠计算机、信大捷安等，产值均未超过5亿元。

三、加快郑州市数字经济发展的思考与建议

借鉴国内杭州、贵州等数字经济发展先进城市和地区的经验做法，郑州市发展数字经济应树立战略眼光和国际视野，科学谋划，全面推动“数字产业化、产业数字化、数字治理化”，加快构建数字经济发展新生态，全力打造中部地区数字产业化发展引领地，产业数字化发展示范地，数字治理化先行地，建成全国数字经济领先城市。

健全体制机制，创新数字经济工作体系。为保障数字经济发展工作推进的权威性、全局性，加强组织领导、顶层设计和统筹规划，建议成立高规格市级数字经济发展工作领导小组，及时研究解决数字经济发展中的重大问题，统筹协调全市各相关部门建立数字经济发展工作机制、

评价考核制度和统计评价体系，形成市级统筹、部门协同、上下联动、政策统一、衔接高效的数字经济工作体制机制。

编制行动计划，梳理数字经济发展脉络。建议尽快编制出台郑州市数字经济发展三年行动计划（2020—2022 年）。三年行动计划包括：一是理清郑州数字经济发展的战略重点、核心产业及发展方向；二是建立数字经济的统计体系，借鉴参考贵州、重庆、浙江已出台的三大统计体系，探索建立适合我市实际的数字经济配套统计指标体系，为数字经济的下一步发展提供决策依据；三是细化重点任务和重大项目，落实工作责任和保障机制，找准切入点、抢占制高点，以项目为带动促进数字经济发展新突破。

创新产业政策，加快推动核心产业发展。建议尽快制定支持郑州市数字经济发展的若干政策：一是制定支持数字经济发展的针对性政策；二是整合现有支持高端服务业、大数据、科技创新发展等方面的政策，在金融、土地、税收、产业生态、市场培育、人才等方面进一步加大支持引导力度，形成导向明确、便于操作的数字经济发展扶持政策；三是支持大数据创新应用，加快全国性、区域性数据中心建设，打造郑州国家级数据中心；四是支持智慧岛等重点区域在数据互通共享方面先行先试。

引进科研机构，建设数字经济研发平台。重点在智能终端、信息安全、智能传感器、特色软件和信息技术服务、智能网联汽车等数字经济领域，引进国内外先进科研机构和技术团队，建设一批技术创新平台和新型研发机构，提高重点领域的创新能力。支持我市数字经济领域企业建立企业技术中心、工程研究中心、重点实验室等各类研发中心。鼓励有条件的企业组织承担国家级重大创新平台载体及其分支机构建设任务。加快建设数字经济产业创新及应用推广联盟、数字经济创新公共服务平台。

引进培育龙头企业，做大做强本土数字产业。大力引进并加快培育大数据龙头企业，重点支持与阿里巴巴集团、海康威视、华为、新华三等企业开展更加全面深入合作。同时，加快培育郑州本土大数据龙头企业，着力培养与我市交通物流、电子商务、智能终端等重点领域深度融合的大数据服务商。依托郑东新区智慧岛大数据实验区、高新区大数据产业园、金水科教园区等积极开展国内外知名大数据企业战略合作与重点招商，推动经开区、航空港区智能制造和工业互联网等产业发展，加快推进数字经济产业园区建设。

实施创新驱动发展战略
打造河南供给侧体系质量先行区

郑州航空港经济综合实验区
（郑州新郑综合保税区）管理委员会

一、深圳、东莞、珠海等地供给侧改革经验

（一）深圳经验。

1. 始终坚持深化改革。近年来，深圳率先制定了促进科技创新的地方性法规，实施了前海蛇口自贸区体制机制改革、金融改革创新综合试验区等改革试验任务；对标世行评价体系进一步优化了营商环境。在广东21个地级以上市开办企业便利度排名中，深圳位居第一。

2. 始终坚持对外开放。作为全国最先设立的经济特区，深圳通过"三来一补"特区政策、规模化、集群化的OEM代工模式，为深圳在数字革命时代抢占全球产业链高端、价值链核心，奠定了坚实产业基础。近年来，深圳主动融入国家"一带一路"发展战略，一方面加速在全球范围内集聚技术、项目、资金；另一方面加快了国际产能合作步伐，推进现代服务业对外开放，不断融入全球产业分工体系。

3. 始终坚持创新发展。近年来，深圳率先发布了促进科技创新的地

方性法规，出台了自主创新“33条”、创新驱动发展“1＋10”文件、战略性新兴产业及未来产业发展规划等系列文件；制定出台了《关于促进科技创新的若干措施》等政策体系。深圳正精心打造研究型大学南方科技大学，并计划用10年时间建成20所高校。从结果来看，深圳走出了一条以满足市场产品需求为核心的特色创新之路，华为、中兴、腾讯等一批千亿级企业脱颖而出，带动一批百亿级、十亿级高科技配套企业迅速发展，高新技术企业突破1万家，深圳市有效发明专利居全国大中城市第一，深圳PCT国际专利申请量居全国大中城市第一。“一天46件发明专利”的“新深圳速度”正成为中国经济从要素驱动向创新驱动转型的新注解。

4. 始终坚持准确定位。深圳是现代化国际化创新型城市，国家“十三五”发展规划对深圳的定位是：国际科技、产业创新中心等。深圳通过精准的产业规划，准确的产业定位，为深圳高质量发展提供了重要保证。深圳四大支柱产业中，第一大支柱产业是高新技术产业，第二是金融业，第三是物流业，第四是文化产业。战略性新兴产业方面，先后出台了生物、互联网、新能源、新材料、文化创意、新一代信息技术、节能环保等七大战略性新兴产业规划及配套政策，深圳已成为国内战略性新兴产业规模最大、集聚性最强的城市。

5. 始终强化企业主体。深圳创新的力量在企业，显著特征是4个90％，即90％的研发人员、90％的研发机构、90％的研发投入和90％的专利均来自企业。为激发企业创新活力，深圳市出台了《关于支持企业提升竞争力的若干措施》，主要包括鼓励企业创新、技术改造等；积极为企业提供“定制式”的贴身服务，如对大型科技企业，则政府放手，让市场规则去配置资源；对新锐民营企业，则重点帮他们解决与传统体制机制的衔接难题，尽量用全新的配套政策体系去包容新主体；对于体制内的科研院所，则放手让他们嫁接市场基因。目前，深圳已形成了梯次创新企业链，全市科技型企业超过3万家，国家级高新技术企业8000余家。近十年，华为研发投入近2000亿元人民币，每年研发投入资金超过了美国苹果公司，占销售额的15％左右。

6. 始终坚持人才战略。近年来，深圳把人才优先发展作为核心战略，先后出台了高层次专业人才“1＋6”政策、引进海外高层次人才“孔雀计划”、《深圳经济特区人才工作条例》等，并设立人才专项资金，以全球视野广聚天下英才。深圳市级财政每年用于人才工作的预算达44亿元，近5年来，深圳已累计引进海外高层人才近3000名、海归人才7万多人。2010年起，深圳市实施引进海外高层次人才“孔雀计划”，每年投入不少于10亿元引进“海归”，形成了“孔雀东南飞”的引才局面。

7. 始终坚持创业创新。深圳正在打造成为全球创客的乐园，累计培育66家创客服务平台，237家创业孵化载体，69家创客空间获国家级众创空间称号。深圳湾创业广场已经发展成为全国创新综合体的样本，聚集了所有与创业创新有关的主体，包括创业者、企业家、投资人和创业服务机构等。深圳不仅有创业者、企业家，更有投资家。在深圳，有一个好的创新项目，很容易找到天使投资、创业投资，让创新更容易生根发芽。其中政府引导基金达510亿元，风投、创投机构5万家，注册资本超过5万亿元。深圳采取肯定资质、认证授牌、政府购买等方式，发展众创空间，为创客提供便利化、全要素、开放化的大众办公区域，很多“微创新”在此萌发、裂变。

8. 始终坚持民营引领。近年来，深圳出台扶持政策措施，积极推进民营经济调结构、增效益、促转型，民营经济不断发展壮大，成为经济社会发展的重要支撑，无论是数量规模、创新能力，还是国际化水平等方面，深圳民营经济了形成显著的引领态势和名片效应，培育出一批世界级的本土民营企业。华为、腾讯、比亚迪等一个个产业巨头，大疆、华大基因、光启、优比选等一个个细分行业的领跑者，这些深圳本土企业都属于民营经济。深圳入围世界500强的6家企业，都是民企；中国民营企业500强榜单中，深圳25家企业入围。据统计，2016年，全市民营商事主体达到260.88万户，同比增长24.4%。

9. 始终注重营造环境。深圳坚持以法治化、国际化、便利化为导向，深化“放管服”改革。宏观政策方面，不断拓展民间资本投资领域，推进服务业扩大开放，营造更加开放的投资环境。加快通关一体化改革，提升贸易便利化水平，营造更加便利的贸易环境。加强产业政策精准引导，营造更加良好的生产经营环境。完善高端人才引进政策，营造服务更加精细的人才发展环境。加强社会信用体系建设，强化知识产权保护和服务，营造更加公平的法治环境。微观政策层面，则表现在政府不干预，即不过问企业的生产经营和投资活动。政府一直以来只坚持做了两件事，一方面是搞好政策设计，明确支持什么、不支持什么；另一方面是切实帮助企业协调和解决实际问题，如设备、人才、资金、土地、厂房等问题。一些在深圳多年的企业表示，这么多年，工商、税务部门从未到企业来过。在深圳，很多企业家想得最多的是怎么对接市场、进行研发，而不是怎么和政府打交道。同时，深圳的包容精神也显得尤为重要。一方面，深圳是一座移民城市，天然具有包容的特质。另一方面，深圳注重培育“宽容失败、鼓励冒险、兼容并包、宽松创业”的创新创业文化，鼓励创业者、企业家试错，包容失败，提高了试错中“对”的概率。

（二）东莞经验。

1. 供给侧改革核心是制度创新与制度供给。东莞改革政策供给方式、以政策引导供给侧要素实现最优配置的努力已然迈开步伐。在劳动力、土地、资本、创新等四大要素的优化配置方面。近年来，东莞在全国率先推进商事登记制度改革，一纸证照连锁撬动 30 多个政府部门、330 多项改革。在改革过程中，东莞不断先行先试，在全国首创企业集群注册，在地级市中率先推行住所登记管理，以及探索出市场网格化管理等方面的经验做法，为全省、全国改革探索出东莞经验，同时也不断释放红利，激发市场活力。东莞印发了《东莞市实施创新驱动发展战略走在前列的意见》，随后又密集出台了十多个涵盖企业研发投入、科技服务业、科技金融、新型研发机构、科技企业孵化器、高新技术企业等方面的相关配套政策，“1＋N”政策体系初步形成。

2. 推进先进制造业发展。作为世界制造业名城，面对高端制造回流和低端市场分流的双重压力，东莞坚定不移把制造业作为供给侧结构性改革的主战场，动能转换取得了巨大突破。截至2017年6月底，东莞市超10亿元企业增至235家，数量居广东省地级市首位。2017年前三季度，东莞市规上工业增加值增长11%，在珠三角九市排并列第1位，为近四年来同期最快。其中，2017年前三季度先进制造业和高技术制造业比重分别达50.3%和38.8%，比重分别高于去年同期1.4个和1.5个百分点，远超出全市平均水平。由此可见，先进制造业和高技术制造业已成为驱动东莞市经济发展的主要引擎，为“培育若干先进制造业集群，提升国际竞争力”夯实了基础。

3. 以产业优化促进供给侧改革。通过产业的转型升级和优化来达到去产能的目的，是东莞切实可行的一条路径。东莞将开辟新思路，通过政策供给的改革，将传统产业向新兴产业引导。东莞将产业中的龙头企业为中枢，围绕其整合产业链资源，逐步带动完整的产业链在东莞形成，促使整个产业在莞兴起，达到化解落后产能的目的。东莞将以化解产能过剩为契机，推动经济增长方式从低级向高级转变。

（三）珠海经验。

1. 改革创新举措不断涌现。珠海一系列改革创新加快推进，富山工业园管理体制改革、新一轮国企改革、高栏港区和高新区机构改革、横琴自贸试验片区创新跨境税收服务等等，在全面深化改革的大潮中，珠海改革创新举措不断涌现，77项改革措施落地覆盖方方面面，15项重点改革工程精准发力，其中，横琴自贸片区新落地84项制度创新措施，9项创新措施在全省复制推广，发挥了横琴自贸试验片区示范引领作用。

2. 推进改革促发展。珠海横琴作为国家级新区，通过供给侧改革，破除体制机制束缚，经济快速发展。横琴如今有上千亿投资的项目在建设，这些项目建设的载体——土地的出让审批权是当前横琴发展迫切需要的权限。针对横琴的这一需求，珠海因地制宜下放市国土局“辖区内经营性用地出让业务审批权”事项到横琴新区，审批效率大大提高。为推动降成本、补短板，珠海出台了发展壮大实体经济实施方案，从产业格局、园区建设、项目推进等方面着力，促进政策和资源向实体经济发力聚力，推动实体经济发展和城市软实力提升得到更大成效。针对经济发展中体制机制障碍，珠海率先在横琴自贸片区深化商事登记及关联行政审批、项目审批改革，实现企业“准入”“准营”一体化。目前，横琴已全面实施“证照分离”改革，出台了一系列措施，涵盖事中事后监管、科技创新、廉政建设等多个领域，部分措施在全市进行复制推广，为全市改革的推进起到引领作用。

3. 创新机制促改革。区域的发展需要通过体制创新深化改革破除体制机制障碍。近几年，珠海加快形成有效支持实体经济的金融供给。依托横琴金融创新平台，加快聚集发展金融新业态，在跨境金融、科技金融、企业上市、中小微企业创投、政府投融资等方面加大创新力度，提高融资效率降低融资成本，让科技第一生产力与资本第一推动力深度融合。珠海把创新摆在全市发展的核心位置，主要资源向创新活动配置，强化企业主体地位和主导作用，解放科技生产力。面向全球聚集整合创新资源，健全科技创新服务平台和体系，更大力度支撑企业创新。加快形成更高标准、更具活力的制度供给。突出政府改革这个关键，进一步简政放权，推动政府向市场放权、向社会放权、向基层放权。消除隐性障碍，加强市场监管和公共服务，营造公平、统一、透明的市场环境。发挥横琴制度创新的引领作用，强化特区改革创新优势，激发市场主体活力。

二、存在问题

（一）枢纽经济集聚区建设问题。作为郑州—卢森堡“空中丝绸之路”的核心节点，我们谋划了一个投资超千亿元、占地约100平方公里的立体综合交通枢纽，融合了航空与高铁、城铁、地铁、公路等多种交通方式于一体。加大支持，大幅提升这一枢纽的集疏能力，并将枢纽平台优势尽快拓展为枢纽经济发展优势，打造具有国际影响力的枢纽经济集聚区，将大幅提升我省开放水平，加快全省产业升级转型步伐，更好支撑“空中丝绸之路”建设。但目前，仍存在一些难以解决的问题。一是本土航空公司缺失。基地公司也仅两家（南方航空河南公司、西部航空河南公司)，很难支撑一个国际航空枢纽的持续快速发展，很难支撑飞机制造、飞机维修等相关产业发展。二是“机公铁”各种交通方式之间互联互通问题。虽经多方努力，初步实现各种交通方式之间的数据联通，但因各种交通方式分属不同部门，仍难实现不同运输方式之间的无缝衔接。三是航权缺失，洲际航线不足。经多方努力，近期郑州机场获批第五航权，但第六、第七航权仍然缺失，尤其是直飞国际航班、洲际航班缺失。

（二）电子信息先进制造业集群培育问题。历经五年努力，航空实验区智能终端（手机）制造基地地位初步确立，已初步形成“1＋1＋N”的推进架构，但全产业链集聚仍然不足，完善的产业生态仍未形成。一是公共研发、检测、信息、人才、资金等支撑体系仍不完备。二是缺少设计、芯片等产业链高端项目。在当前国内拼改革、拼创新、拼发展的大形势下，招商引资竞争日益激烈。尤其是高科技、高附加项目，往往需要地方通过参控股形式给予资金支持，需要良好的产业生态环境给予配套。如果没有强有力的政策支持，将很难成体系、成规模。

（三）内生动力欠缺，已形成的主导产业集群难以升级。从整体上看，航空港实验区依旧处于临空产业发展的起步阶段，产业大部分处于原子化状态，产业的关联度、产业链条横纵延伸问题还不是迫在眉睫的问题。但是对于已形成的以富士康电子科技园为代表的电子信息产业，已初具规模，但是由于其主要是在政府的大力推动下完成，而不是市场的牵引力自然形成，其内生动力极为欠缺。由于缺乏核心技术，产业升级也很困难。那就面临着外方核心技术一旦撤出，电子产业集群将会破败。这就要求我们必须有培育内生动力的思路，通过建立金融、培训、交流、科研等各种平台和服务，推动市场的稳定性，使得企业能够充分通过外部经济效应、知识溢出效应等推动企业创新，推动产业转型升级。总体来说，由于机场为核心的基础动力不足，以政府直接支持和服务及区域经济发展等为重点的外源性动力不够优化，以产业集群本身形成的内生动力还没有培育起来，致使航空港临空产业发展集聚程度低、结构不够优化、产业关联度查等一些问题。

（四）融入国际产品链环节少。区内大部分企业尚未有效参与国际分工，融入国际产业链的少数企业，如富士康只有进行装配、加工等劳动密集型、低附加值的工作，处于产业价值链的低端环节，国际竞争力较弱。同时，郑州航空港内原有企业多是以传统产业为主，处于产业链的低端环节，产品附加值不高，外向型程度偏低，对航空运输和航空物流产业的支撑作用有限，对港区“大产业”发展的支撑作用有限。

（五）开放层次不高。以高水平对外开放推动全省高质量发展，是建设航空港实验区的初衷。经过近年来的积极努力，航空港实验区已初步建立起覆盖全球主要经济体的航线网络，建成“一港（空港）一区（综保区）＋N个特种商品口岸”的开放口岸体系，建成“一个窗口对外”的电子口岸体系，建成“口岸作业区”，实现了“一次申报、一次查验、一次放行”，跨境电子商务产业持续快速发展，郑州新郑综合保税区进出口总额连续两年排名全国第一。但总的来看，建设水平仍然不高，需进一步拓展开放领域、提升开放层次。

（六）人才保障问题。一是港区的建设需要不同方面的人才，当前仍出现人才稀缺现象，人才引进渠道需要拓宽，人才引进岗位设置需要更精确化。二是人才培育力度有待加大，港区虽然会对本地人才进行重点培育，但是仅限于个别产业人才，且形式多样性不足。三现有薪酬体制很难发挥激励作用。航空港实验区作为一个新建区、全省“三区一群”主战略的重要组成部分、郑州国家中心城市建设“双城引领”的一城，承担着全省对外开放、转型发展引领者的责任，城市建设、产业发展任务更加繁重，而航空港实验区党工委、管委会工作人员仅有常规行政区机关工作人员的三分之一左右。但是，航空港实验区工作人员的薪酬与常规行政区机关工作人员完全相同，已严重影响到大家干事创业的积极性。

（七）建设资金严重欠缺问题。近年来，全国产业发展政策基本趋于一致，各地招商引资主要依靠的地方政策支持与区位、城市环境优势。地方政策主要是给予招商引资项目地方财政收入支持。如税收地方留成的“两免三减半”，甚至“五免”“十免”政策。尤其是进入本世纪以来，一些地方在进入门槛上给予空前支持，很多地方通过项目公司参控股等形式对一些超大规模的高科技项目给予资本金支持。如京东方落户合肥，安徽省、合肥市通过政府投资性公司，给予新建项目40%～50%的资本金支持，并给予贴息支持。为加快推进航空港实验区以智能终端为代表的世界级电子信息先进制造业集群发展，今年以来，航空港实验区在合晶、华锐等高新技术项目引进中也都探索实施了相应支持。并探索实施了收购上市公司股权，加快产业引进的模式。目前，已与上市公司大富科技达成股权收购协议，拟将大富科技5G与机器人等相关产业引进航空港实验区。但这些项目引进所需资金巨大，而航空港实验区2017年的一般预算财政收入仅仅36.3亿元，很难支撑这一招商模式的持续推进。同时，航空港实验区远离主城区，难以共享主城区教育、医疗、文化、体育、休闲、娱乐等各类公共资源，必须独成体系自主建设。而航空港实验区规划区域原属郑州新郑、中牟与开封尉氏三县交界，城市基础设施建设严重缺失，城市建设支出更是巨大。现有财政实力很难满足航空港实验区大开发、大建设、大招商、大发展的需要。

三、对策建议

（一）突出创新驱动，有力激活经济发展引擎。

1. 实施创新驱动发展战略，最紧迫的是要破除体制机制障碍。一是强化专业化管理，完善航空港实验区纵向管理体系。为进一步强化专业化管理，实施“项目集中布局、功能集合构建、土地集约利用、产业集群发展”，“以点带面”加快全区的全面开发建设，建议借鉴广州开发区、武汉东湖高新区等地做法，纵向设置“两条腿走路”的管理服务架构，形成“办事处服务群众，园区服务企业”的开发建设模式。办事处主要负责区域内社会治理、民生保障、征地拆迁等面向群众的工作。整合现有四大片区指挥部、手机产业园、生物医药产业园等协调服务机构，可按产业或按区域设立园区服务协调机构，主要负责招商引资、产业项目协调保障等工作。

二是大力推进放管服改革，不断优化营商环境。深化行政审批制度改革，提升政务服务水平，打造一流营商环境是各开发区的改革共识。借鉴广州开发区做法，在政务服务平台“物理整合”各部门行政审批和公共服务事项的基础上，航空港实验区打破现有行政审批机构设置，将相关部门涉及项目建设的行政审批职能及人员一并划转实现“化学反应”，实现“一枚公章管审批”，提高行政效率，更好地为区内企业服务，促进经济发展。

三是加快激励机制改革，充分调动干事创业的积极性。不断淡化编制概念，统一实行员额管理制，员额内的各类人员从岗位、工资到晋升等待遇上没有差别。由“身份管理”变为“岗位管理”，营造平等的工作环境，充分调动各类人才的积极性。航空港实验区推行以岗定薪，进行绩效考核，改革薪资结构。考核结果与个人收入待遇、评优评先等挂钩，并作为职务升降、岗位调整及聘用合同续订、终止的重要依据。

四是建立容错机制。干事业总是有风险的，不能期望每一项工作只成功不失败。若是不分情况、不分性质，对犯错的干部搞“一刀切”，不仅会打消那些原本想干事干部的积极性，甚至还会让其走向“怕困难、怕出事、怕犯错、怕担责的“无为之谷”。因此，为了保护干部改革创新的积极性，必须旗帜鲜明地对干部在改革创新中出现的失误合理容错，给改革创新者吃下“定心丸”，以增强干部干事创业、改革创新的信心和勇气。

2. 实施创新驱动发展战略，最核心的是要促进产业转型升级。一是加快推进智能终端产业研发、设计、核心零部件生产企业引进，打造完整产业链条。推动智能终端产业集群全链条发展，力争2018年手机产量3.5亿部、产值超过3100亿元。加快培育电子信息、精密制造、生物医药等高端产业，建成投用友嘉精密机械产业园一期、合晶单晶硅片生产项目，带动全市乃至全省产业向中高端迈进。加快冷链物流、快递物流发展，积极吸引全球排名靠前的国际知名物流集成商入驻，提高物流运营效率，构建完整现代物流产业体系。规划建设飞机租赁专业园区，引进飞机租赁及关联行业高端人才，加快飞机租赁及关联服务企业集聚发展，力争2018年底完成10架左右飞机租赁业务。加快推进园博园周边商业开发，整合区内游、购、食等旅游资源，提升服务业、旅游业产业规模，努力发展新业态，打造新的经济增长点。

二是围绕新兴产业组织实施重大科技专项，以科技创新引领新兴产业发展。以友嘉为代表的精密机械、以生物医药产业园为代表的生物医药等都已具备一定的发展基础。培育发展新技术、新业态、新模式、新产业。在关键领域核心技术，力争实现自主创新和产业化；在高新科技领域的研发和创新型应用系统及智能终端，强化开发、制造环节，发展物联网网关、中间件、服务平台等技术和设备；在新一代信息技术、高端装备制造、节能环保、生物医药等领域，着力突破以面板前段工艺、整机模组一体化设计、先进存储、高性能全固态激光新型电子元器件、高能量动力锂电池等为代表的关键核心技术，加快获取具有自主知识产权的重大科技创新成果，抢占战略新兴产业技术新一轮制高点。

三是加大对传统产业的技术改造投资。技术改造是推动产业转型升级的关键手段。近年来，虽然投资增长较快，但增长主要依靠外延扩大再生产，而运用先进技术改进传统产业的投资还远远不足。发挥比较优势，加快战略性新兴产业发展，培育新动能，促进产业转型升级。重点选择云计算、物联网、新能源和精密仪器等战略性新兴产业，以市场需求换产业发展，带动物联网产业的全面发展，形成新的区域竞争优势。

四是以资源配置优化倒逼转型升级。高效利用资源、集约利用土地，实现土地从传统的外延式粗放用地朝内涵式集约用地方向的转型，充分运用空间谋求发展，以此提高单位土地面积上的项目投资密度和产出效率，将产业园区的增值效应充分展现出来。积极探寻出清理闲置土地和低效土地退出的对应机制，将土地存量盘活。善于把握国家制定的各项土地政策，通过征地补偿平衡、用地增减挂钩等途径，想方设法来筹集建设用地指标。另外，积极向有关部门争取报批用地指标，以争取在重大项目用地指标方面获得总体规划。

（二）突出开放驱动，加快培育国际竞争优势。

1. 加快国际航空物流枢纽中心平台建设。建设国际性综合交通枢纽是航空港实验区建设的起点，也是郑州国家中心城市建设的核心关键。

作为龙头，航空港实验区要以“空中丝绸之路”建设为引领，全力推进航线网络拓展，加快构架连接世界主要经济体、多点支撑的航线网络；全力推进高铁南站、机场三期与机许、机登洛城际铁路和开港大道、许港大道、四港联动物流通道等外联道路建设，尽快形成一个投资超千亿、占地约100平方公里的立体综合交通枢纽核心区；全力推进“机公铁”不同交通方式之间的互联互通，加快物流功能与交通体系之间的互联互通，切实将航空港实验区建设成为一个“联通境内外、辐射东中西”各种交通方式无缝衔接的国际航空枢纽物流中心。

2. 加快推进通关口岸体系平台建设。历经近年来的积极努力，我们的口岸体系建设在内陆乃至全国已处于领先地位，初步建成1＋1＋N的开放口岸体系，初步建成内陆地区最为重要的进口货物分拨基地。要在这一好的基础上，加快推进综保区扩区、食品药品医疗器械与植物种苗等口岸的申报建设，进一步丰富口岸功能，丰富口岸通关货物种类。要加快推进口岸功能向口岸经济延展。各功能口岸不能仅仅是一个通道，没有任何升值，没有任何带动。要着力推进上下游产业联动发展，尽快形成口岸经济产业链条。

3. 加快国际化要素保障平台建设。十九大报告提出：“赋予自由贸易试验区更大改革自主权，探索建设自由贸易港”。我们要进一步强化力量，争取尽快纳入河南自贸区试验范围。要明确专人、引进外智、组建团队，尽早启动自贸港研究。自贸港不是自贸区的简单升级，将是全面开放的新高地、全球开放水平最高的区域。既然是自贸港，首先要是一个港，要有广阔的经济腹地，这是我们最大的优势。要在深入研究的基础上尽快形成河南方案、郑州方案、港区方案，为全国、全省的开放创新贡献港区智慧。同时，要在深入研究的基础上，逐一梳理出建设自贸港所必需的一些基础条件，能够先期启动的就先期启动；需要创造条件启动，积极争取国家与省市支持，率先启动，逐步坚实自贸港申报基础。近期，要重点围绕自贸港、国际航空物流中心建设，加快推进国际化服务支撑体系建设。这就包括领事馆区、国际高校区的规划建设，包括金融、法律等中介机构的引进，包括各类国际合作平台建设。要进一步优化国际人才、技术、信息交流合作，进一步加快国际化社区、国际化医院、国际化学校等国际平台建设，为国际人才工作生活提供更加优越的环境。

4. 实施联动机制，有序促进区域协调发展。党的十九大报告指出，要强化举措推进西部大开发形成新格局，深化改革加快东北等老工业基地振兴，发挥优势推动中部地区崛起，创新引领率先实现东部地区优化发展，建立更加有效的区域协调发展新机制。国务院办公厅《关于促进开发区改革和创新发展的若干意见》也提出，鼓励东部地区开发区输出品牌、人才、技术、资金和管理经验，按照优势互补、产业联动、市场导向、利益共享的原则，与中西部地区、东北地区合作共建开发区；推动沿海沿江沿线开发区良性互动发展，建设一批具有辐射带动效应的转型升级示范开发区，引导产业优化布局和分工协作。对此，在区域内部或相邻区域间，可建立相关产业发展的政策体系和有效机制，推进开发区间的合理分工与密切合作，加强产业链的集成整合，使政府和社会的资源实现最优化集成。在东中西部地区间，发展较好的开发区可以市场化主体形式参与中西部地区开发区建设，输出营商环境培育成果和经验，充分利用市场化投资形式灵活多元的优势，因地制宜地创新市场化运作和利益分成方式，在加快带动中西部地区开发区经济社会发展的同时，实现投资主体与被投资主体的共赢。

（三）强化人才保障，加快培育国际竞争优势。

1. 构建高层次人才引进政策体系。省委书记王国生在省委十届六次全会暨省委全会上要求“把创新摆在发展全局的核心位置，激活高质量发展的第一动力”。并且指出：“创新是第一动力，人才是第一资源。”由此可见，创新对高质量发展的重要性，人才在创新中的关键作用。依托国际引智展示中心“全球眼”和“一站式”服务通道，建立国内外高端人才数据库，构建线上“全天候”受理和线下“一站式”办理“双线”并行的服务模式，提升服务效能，加快汇聚各类高层次人才。研究出台科技、人才、创投等方面的支持政策，打造全方位、立体化、网络化的双创政策体系。

2. 推进众创空间建设。加人政策宣传力度，进一步整合散落各部门的创新创业政策。开展创新创业宣传活动，加强政策宣传和成果展示，提高众创空间的社会知名度、影响力和吸引力，强化示范带动作用，激发社会创新创业热情。组织孵化器和众创空间培训。定期举办众创空间和孵化器培训，内容涉及政策解读、众创空间运营、申报材料等方面，以便更好地帮助众创空间、创业团队解决困难、享受政策，明确市场规划及走向。制定更加开放的人才引进政策。完善房租补贴、设备购置、团队建设等方面支持措施，鼓励国内外人才来实验区创新创业，培育壮大创业群体。推进创业孵化器建设，可出台关于孵化器创新发展若干政策，打造提供创业资金、创业项目、创业空间、后勤保障等紧随市场需求服务的创业孵化示范基地。

3. 推动产业创新联盟建设，促进产学研合作。根据我区产业发展特点，不断完善现有行业技术创新中心，继续建设符合开发区产业发展导向的行业技术创新中心，促进科研机构成果落地。建立并完善科研成果的研发、引进、培育和就地转化机制，引进国内外知名科研院所，重点培养建立研发中心和咨询机构，提升产业发展支撑能力。同时，加强与国内著名高校、科研院所的合作，建设研究机构和产业化基地，支持科技人员创办科技型企业，推动产学研成果转化落地，创造新供给。鼓励高校、科研院所建立的科技创新平台向企业开放，为企业服务。推动创新要素整合和技术集成，围绕产业链部署创新链，推进产学研协同创新，构建按市场机制运行的协同创新体系。落实企业引进研发机构和创新平台的支持政策，鼓励企业与高校、科研院所建立研发机构，发挥龙头企业技术创新核心作用。围绕重点支柱产业和特色产业，建立产学研技术创新战略联盟，突破一批产业关键、核心和共性技术，实施产学研集群式研发。

4. 构建以市场应用为导向的创新评价体系。要把创新成果变成实实在在的产业活动，改变政府主导为市场主导，以企业为创新主体，政府以产业政策助推，通过市场的办法完善政府科研投入机制；必须改变论文、技术专利数量导向的科研评价机制，改变科技成果评审强调“技术研究”、轻视“市场应用”的现象，通过成果转化的利益机制激励科研人员面向市场、面向经济建设主战场开展创新活动的积极性。建立技术创新的激励机制，研究增加技术成果列入考核内容的比重，建立技术成果评价、考核、激励机制，重点在战略性新兴产业和高新技术产业领域建设一批具有显著带动作用的重大科技成果产业化基地。

关于经开区打造先进制造业引领区的调查与思考

郑州经济技术开发区管理委员会

一、经开区制造业发展的现状及特点

建区以来，经开区坚持“产业兴区、工业强区”战略，把产业发展放在开发建设的重中之重，通过二十多年的发展，经开区已经形成了以汽车及零部件和高端装备制造为主体的制造业产业集群，制造业占地区生产总值的比重达到66%，经开区已成为郑州制造业的中坚力量和河南省制造业发展的高地。

（一）基本现状。

汽车及零部件产业。拥有上汽、宇通等4家整车厂和森源鸿马等6家专用车厂，配套零部件企业近130家，产品涵盖轿车、SUV、客车、专用车等。2018年全区汽车制造业完成产值789.8亿元，同比增长6.4%；完成增加值189.4亿元，同比增长5.5%，占全区规上工业增加值总量的45.1%，对全区规上工业增加值较快增长起主要拉动作用。其中整车产量完成55.3万辆，同比增长22%；整车产值完成631.4亿元，同比增长8.5%。见表1。

表 1　　　　2018 年全区整车企业产量、产值情况

	产量/万辆	增速	产值/亿元	增速
东风日产	23.4（+5.9）	3.9%	339.3	3.8%
宇通客车	3.8	−6.6%	179.1	−8.7%
海马汽车	3.8	−59.8%	40.9	−54.3%
上汽	17.4	766.7%	111	645%
专用车	1	—	17.7	—
合计	55.3	8.5%	—	—

装备制造业。拥有中铁盾构、郑煤机、海尔等一批龙头项目，是全球最大的矩形盾构机生产基地和液压支架生产基地。2018 年全区装备制造产业（含电子信息产业）完成产值 418.3 亿元，同比增长 10%，完成增加值 80.5 亿元，同比增长 10%，占全区规上工业增加值总量的 19.2%。见表 2。

表 2　　　　2018 年全区重点装备制造企业产值表

序号	企业名称	产值/亿元	增速
1	富泰华精密电子（郑州）有限公司	110.3	−0.2%
2	郑州煤矿机械集团股份有限公司	84.9	113.1%
3	中铁工程装备集团有限公司	70.2	11.4%
4	郑州海尔空调器有限公司	68	7.5%
5	郑州宇通重工有限公司	12.7	−24.7%

其他制造业。烟草制品业：我区烟草制品业企业为河南中烟黄金叶生产制造中心，2018 年省、市分配我区河南中烟黄金叶生产制造中心产值为 138.1 亿元，同比增长 5.5%；完成增加值 108.8 亿元，同比增长 5.5%，占全区工业增加值总量的 25.9%。食品医药加工产业：我区食品医药加工企业主要包括郑州双汇、益海嘉里、中粮、安图生物等，2018 年产值 126.1 亿元，同比增长 9.6%。见表 3。

表 3　　2018 年其他重点企业产值表

序号	企业名称	产值/亿元	增速
1	河南中烟黄金叶生产制造中心	138.1	5.5%
2	郑州双汇食品有限公司	44.9	3.6%
3	郑州安图生物工程股份有限公司	16.4	63.3%
4	益海嘉里（郑州）食品工业有限公司	22.0	9.3%
5	中粮（郑州）粮油工业有限公司	18.3	35.9%

（二）主要特点。

大型企业多。区内有世界 500 强企业 39 家、国内 500 强企业 53 家，超百亿制造业企业 5 家（广州风神 339 亿元、宇通客车 179 亿元、上汽 111 亿元、富泰华 110 亿元、九州通 105 亿元），10 亿元以上企业 48 家，亿元以上企业 220 家，是郑州市乃至河南省百亿级企业最密集的区域。全区共有 148 家规模以上工业企业，占全区工业总产值的比重为 96%，其中前 30 家企业占比 92%，汽车产业占比 51% ，剩余工业企业占全区的比重较小，产品缺乏竞争力。

企业“走出去”步伐加快。区内企业“走出去”步伐明显加快，宇通客车取得欧盟（WVTA）整车认证，在欧美市场实现了批量销售。双汇集团并购史密斯菲尔德，郑煤机通过并购的方式从美国贝恩资本手中收购亚新科 6 家汽车零部件企业，2017 年，收购德国博世集团旗下的发动机与启动机业务，实现了转型升级。上汽 2019 年前三季度出口整车近 2 万辆，非独立法人经营者备案创新案例获得商务部赞同，并修改了原有法律法规。越来越多的区内企业通过走出去，在吸纳国内外先进生产要素发展壮大的同时，代表中国品牌走向世界。

二、先进制造业发展存在的问题

经过二十多年的发展，经开区主动顺应宏观经济形势和国家政策导向，以清晰的思路、扎实的举措，积极推进制造业转型升级，形成了具有一定比较优势的产业发展格局。但与国内外先进地区相比，在整体发展水平、自主创新能力、载体平台建设等方面存在一些不足。

（一）产业结构不尽合理。辖区制造业主要以资源密集型产业和劳动密集型产业发展为主，缺乏技术密集型产业。以富泰华为例，尚处于组装、制造阶段，增值能力有限，附加值较低，产品虽然都是中国生产的，但是没有掌握核心技术和品牌，利润大都被处于产业链高端的发达国家拿走了，企业只能获得很少的加工费用，难以长足发展。战略新兴产业项目不多，全区战略性新兴产业总体规模偏小，对经济发展贡献份额偏低，对优化结构、产业升级的带动作用不够。

（二）区域配套能力不强。与发达地区相比，我区装备制造业起步较晚，整个产业尚未形成规模，产业基础薄弱。龙头企业尚未通过自身资源打通上下游产业链，带动能力和辐射能力较弱。围绕龙头企业的中小企业群体尚未真正形成，对行业龙头企业的产业配套协作能力较弱。这既制约了企业发展壮大，也未能对区域经济发展产生显著的带动作用，阻碍专业化分工、社会化配套的制造体系的形成。

（三）自主创新能力比较薄弱。区内很多产业处于产业链的上游，产品处于价值链的低端，企业处于供应链的外围。很多关键设备与核心零部件不具备自主生产的能力，主要依赖进口，核心技术受制于人。同时，经开区科技创新主体呈现出龙头、雏鹰企业多，瞪羚、小巨人企业偏少的现状，研发机构在科技型企业的覆盖率不高，创新创业生态体系尚未形成。近年来，我们虽然相继引进大连理工大学重大装备设计与制造郑州研究院等科研机构，但还存在战略性新兴产业引进不够，中小企业培育效果不佳等问题。我区高新技术企业数、技术合同交易额、万人发明专利拥有量、创业投资基金等指标在全国 219 家国家级开发区只是处于中游，科技创新在推进经济发展中作用发挥不足。

（四）载体平台建设滞后。智能装备制造业发展需要各类载体平台提供高效服务。从总体上看，我区创新平台建设仍存在高端平台少、效率低的现象，制造业技术积累相对薄弱，信息化水平相对较低，对智能技术攻关和产业应用仍处在发展初期，整体科技水平和先进技术的产业化能力与国内外先进地区相比仍有较大差距，同时，产业平台建设方面存在不系统、条块分割、不专业、特点不突出等问题，企业技术研发各自为政，缺乏资源共享与合作平台，尤其是对各类要素缺乏在统计分析基础上的有效整合。

三、对策建议

（一）打造先进制造业重点区域。要充分发挥国家级产业集聚区的政策优势，以高起点规划为引领，科学谋划“一带、两群、多园”产业发展格局，优化城市空间与布局，为制造业发展打下坚实的基础。优化先进制造业发展布局，着力培育优势企业，引导企业集聚发展。以南三环为主线，依托南三环交通、潮河生态环境和供热中心等水电气暖优势，在总长近20公里、宽度近3公里区域内布局制造业集聚带，推动制造业集约、集群发展。要以区域功能定位和招商引资侧重为出发点，按照产业划分和专业化分工，谋划汽车及零部件、装备制造为主的两个千亿级制造业集群，进一步强化产业集群培育。要规划建设“精品物流园”“汽车零部件产业园”“先进制造业产业园”等，降低企业在产品运输、部件配套等方面的成本，提高生产效率。

（二）加快制造业转型升级。要从传统汽车向下一代汽车的转型升级。围绕“智能化、网联化、电动化、轻量化”发展趋势，全面布局下一代汽车产业链，抢占下一代汽车产业制高点。要合理规划引导产业发展，加快制造业结构优化升级，促进先进制造业更有效率的全面发展。从传统制造向智能制造的转型升级，大力支持企业技术升级改造，发展智能装备产业，打造智能制造生态圈。要优化制造业发展布局，着力培育优势企业，引导企业集聚发展。对列入规划的重大制造业项目、科技重大专项及产业化专项，在资金投入、环保、土地等方面给予优先扶持，重点培育一批自主创新能力强、主业突出、产品市场前景好、对产业带动作用大的大型骨干企业，发展一批核心功能部件配套企业，打造智能装备生产基地。打造一批以大型骨干企业为龙头、产业链基本齐全、产业配套本地化较完善的体系。

（三）加大战略新兴产业招商引资力度。要明确目标。优化引资结构，围绕先进制造业和实体经济，围绕产业链、创新链、服务链开展招商，打造产业生态。瞄准世界500强、国内500强和行业20强企业，在更宽领域、更大范围选定一批在全球产业链、价值链处于较高层次的高、新、尖项目，强化跟踪对接，引进落地一批大项目、好项目、优项目。力争引进投资70亿元的长城汽车、投资30亿元的小鹏新能源汽车等项目。要发挥开放平台阵地作用。以开放平台作为招商引资主要载体，不断完善配套设施和服务功能，大胆创新产业支持政策，充分发挥开放平台优势，增强对龙头企业的吸引力，促进优质资源和要素集聚，实现借势发展。要创新招商方式。积极探索市场化招商、资本合作招商等模式，充分调动各方力量参与招商引资的积极性。要强化以商引商，加强与河南籍知名企业家、重点企业负责人的联系，持续开展走访对接和招商活动，借助其丰富的资本源、技术源、信息源、人才源，强化以商引商，拓宽招商引资渠道，提高招商引资的实效。

（四）实施创新驱动战略。加快从要素驱动向创新驱动转变，聚集创新要素，聚焦科技成果转化。要设立创新创业发展基金，制定支持科研机构、创新团队、高端人才及大学生等来区创新创业优惠政策，优化创新创业环境。要完善以企业为主体、市场为导向、产学研用相结合的创新体系，大力引进市场化运营主体，建立新型孵化器、创新创业街区、小微科创园等创新创业孵化平台，增强创新创业活力。要实施“高位嫁接”，引进高端技术人才和科研机构，拓展与国内外知名科研院所的产学研用合作，提升科技成果本地转化率，为企业科技创新提供强有力支撑。

（五）营造一流营商环境。要积极打造一流的营商环境、法治环境、社会环境。深入推进“放管服”改革，推进“一网通办”平台建设。要全面落实郑州市工程建设领域审批制度改革的各项措施，继续推行首席服务官制度，为项目建设提供优质服务。要加快推动人才公寓、教育文化、生态工程等10类基础设施和公共配套设施建设，为企业营造更加便利、更加公平、更加舒适的营商环境。

高新区文化产业发展调研报告

郑州高新技术产业开发区管理委员会

发展文化产业是满足人民群众多样化精神文化需求、提高人民群众生活品质和幸福感的重要途径。近年来，随着消费升级以及全民消费文化意识的提升，高新区文化产业总体营收规模不断扩大，已成为构建新型产业体系新的增长点、提升城市竞争力的重要增长极。

一、发展情况

（一）文化产业发展迅速。2018 年高新技术开发区文化产业增加值总量为 209892 万元，占 GDP 的比重 4.613%。区内文化企业法人数量 2698 家，其中，规模以上文化及相关产业单位 44 家、规模以下文化及相关产业单位 2654 家。

（二）文化企业数量较多。文化企业的行业分布中，文化制造业 162 家，其中规上单位 5 家，规下单位 157 家；文化批发和零售业 345 家，其中规上单位 3 家，规下单位 342 家；文化服务业 2191 家，其中规上单位 36 家，规下单位 2155 家。龙头企业（大中型）数量 15 家，营业收入总计 656853.6 万元，占全区营业收入的 67.6%；从业人员期末数总计 5304 人，占全区从业人员期末数的 31.25%。包含规上大型企业 2 家，中型企业 12 家；规下大型企业 1 家。

（三）创意设计服务和新闻信息服务占文化产业主导地位。按文化产业类别分组，高新区文化产业单位最多的类别为创意设计服务，企业数量 994 家，占全区文化企业数量的 36.84%；按营业收入比较，高新区优势文化产业门类为新闻信息服务，135 家企业营收 362880.3 万元，占全区文化类企业营收的 37.35%。

（四）文化企业初步集聚，集群效应初步显现。目前高新区拥有中原广告产业园区、国家动漫基地、863 中部软件园等一系列文化产业企业集聚园区。其中，中原广告产业园在原国家工商总局、财政部的关心和大力支持下，于 2013 年 4 月被认定为全国第 11 家国家级广告产业园区。国家新闻出版总署批准的国家动漫基地（河南基地），也是河南省动漫产业科技企业孵化器，于 2017 年 12 月被国家科技部认定为国家级科技企业孵化器，是一个以广告、动漫、游戏、互联网、影视、电子商务为主导产业的文化科技产业集聚区。园区占地面积 57000 平方米，累计入驻企业 270 余家。园区管理方郑州中原广告产业园发展有限公司累计投资 8000 万元建设“一个中心、六个平台”，实现了全产业链集成化系统服务功能，包括：录音间、二维动画制作、大型摄影棚、渲染农场、审片校色工作室、广告发布大厅、培训教室等。公共技术平台的各项功能基本具备，平台不同功能的设施可以为创意设计者提供前期策划，中期设计制作，后期剪辑、包装，并实现最终成果的展示。通过公共技术服务平台的建设，通过设备共享、内容制作、研究开发、信息资讯等多方面服务，为文化科技类企业（团队）提供全方位的技术支持。

二、产业发展支持情况

（一）财政资金支持。对于符合条件的文化企业，鼓励、支持、指导其申报“原动力”出版扶持计划、河南省高成长服务业专项引导资金扶持文化产业、郑州市文化产业专项资金、高新区文化产业发展专项资金等政策，确保应享尽享，为企业发展提供政府支持与保障。截至 2019 年年底，区内文化企业累计获得省、市、区各项政府扶持资金超 1 亿元，助力约克动漫、羲和网络等一批重点企业快速成长。为更好更快地发展文化产业，高新区于2016年出台《郑州高新技术产业开发区管委会关于印发郑州高新区加快文化产业发展实施意见的通知》，于2019年出台《郑州高新区2018年度文化产业发展专项（奖励）资金实施细则》，按照“鼓励创新、公平公正、重点配置”原则，对符合条件的申报企业给予专项资金奖励。2019年落实高新区文化产业发展专项奖励资金共涉及企业13家，申报成果19项，奖励总金额358.9415万元。

（二）产业项目支持。高新区现有郑州市重大文化产业项目8个，分别是河南石佛艺术公社文化艺术创作及产业发展基地项目、约克大型室外乐园—埃迪乐园项目、文创赋能平台IPCT项目、基于5G网络的智慧教育与云游戏融合项目、《黄河故事》动漫研发传播及展示工程、少儿电影《花儿与歌声》《焦裕禄》系列动漫作品创作与传播、动画电影《大圣降魔》。

（三）产业生态支持。2018年，高新区进行人事薪酬体制改革后，成立专业化园区运营中心，通过充分发挥产业园区、载体、协会以及园区运营中心自身的服务效能，积极推动文化产业发展。2019年9月10日，郑州市动漫行业协会组织优秀会员单位参加以“产业新生态、漫创新生活”为主题的“中国·长沙2019第五届湖湘动漫月暨长沙（国际）动漫游戏嘉年华活动”。参与本次活动的郑州代表团有：河南约克动漫影视股份有限公司、河南羲和网络科技股份有限公司、河南西吉文化传播有限公司、动漫报社、河南华冠文化科技有限公司、河南赏豫文化创意有限公司。此外，还主办了“豫见韩漫、点亮中原——2019年中韩动漫系列交流会第一期”活动，受邀参加了“2019首届上海·中国影视科技创新高峰论坛暨中国影视后期产业百人论坛”等大型活动，这些跨区域的互动学习加强了行业交流，助推了中原地区动漫等相关数字文化产业的市场资源开拓。

（四）服务环境支持。专业园区运营中心于2018年5月成立以来，坚持服务立园，实现服务体系和服务能力建设全面提升。为保障文化等文化产业持续发展，并在全省及全国发挥出示范引领辐射作用，在软硬环境建设方面下足了功夫。

一是积极利用各类服务平台。目前区内已经初步建立了较为完备的公共平台服务体系。为了营造良好的营商环境，各园区运营中心创新服务方式方法，通过划片分包、企业分包、小组研究等方式实现了企业服务全覆盖，通过银企对接、带资入企解决企业融资难题，通过政策解读、专场培训实现政策全推送，通过签订人才协议、高校专场招聘解决企业用人难题，通过企业家沙龙、链合绽放等多种方式搭建文化产业对接平台。

二是积极举办各类培训交流活动。逐渐形成企业服务品牌，每周一次搭建产业链上中下游对接平台的"链合绽放"、提升职业技能的"创业大讲堂"、畅通园企沟通渠道的"企业家接待日"；每月一次企业家讲坛之"新竹之声"等品牌活动。

三是创新创业载体协同发展。建立园区与各类文化产业载体沟通联络常态机制，明确载体服务专员制度；形成园区创新创业载体全生命周期服务及监管方案，梳理《孵化器、众创空间、星创天地申报对照表》《载体奖补政策库》《共享资源汇集》等，提升服务载体规范化，促进载体发展高质量和专业化。

三、存在问题

（一）文化产业整体规模偏小，创新能力不强。区内90%以上的文化企业都为营收较低、从业人数较少的小微型企业，仅有3家新三板挂牌企业（约克动漫、羲和网络、枫华实业），缺乏真正意义上的龙头企业，企业质量不高、规模较小，占经济总量比重不到5%。头部品牌IP尚未形成，原创力、市场化运作不足，多数企业以外包为主，没有自己的原创IP作为支撑，即便是高新区个别企业有优势产品，但国内第一梯队的动漫IP尚难觅河南动漫公司的作品。约克动漫、西吉文化、金秒动漫、炫坤文化等企业等不少本地企业为了生存，不得不凭借劳动力成本优势转而承接外地大型企业的业务外包，相对来说缺乏较为优秀的原创作品，团队整体创新能力较弱。

（二）创作环境及氛围不够，高端人才短缺。最近几年，本地文化产业并没有展现出良好的发展态势，反而与北京市、杭州市、广州市等地区的发展不断拉开差距，其中一个重要的原因就是创作环境及氛围不够，高端动漫人才很难留在郑州。因文化人才就业相对较为灵活、不稳定性较大，行业熟手也较为缺乏，且因中原地区文化产业发展氛围及人才补助政策相对于浙江省、北京市、深圳市等地较为薄弱，薪资待遇也相对较低，因此留住文化人才的难度也更大。一方面是因为产业基础不够深厚，整体辐射作用小，对人才虹吸效应不明显；另一方面是因为龙头企业少，人才可选择性小。人才问题不解决，企业及产业都很难得到长足发展。目前，高新区乃至郑州市都面临着文化产业招人难、留人难的问题，特别是动漫、游戏等数字创意产业需求更为迫切。

（三）文化产业链尚不完整，产业新动能尚待激活。园区内的文化产业中无论是动画片，还是动漫图书以及动漫形象的衍生品领域，都存在着产业链条不完整，商业模式不清晰、企业之间孤立发展等问题，完整的上下游产业链条尚未打通。工业企业与文化企业信息不畅，文化产业与金融融合发展的生态环境尚未建立，传统媒体与新兴媒体融合发展亟待推进，文化与工业、旅游、金融、科技、体育、培训、民俗、商贸、农业等方面融合发展深度和力度不足。

（四）文化产业辐射影响带动作用未能凸显。虽然高新区目前拥有广告园这一国家级孵化载体，也是目前中原地区文化产业较为集聚的区域，但是尚未形成较大影响力。目前文化创意产业园作为一种较新的文化产业，在管理上缺乏专业的管理人才，在运营模式上缺乏扎实的经验，所以导致了广告园的管理模式和盈利手段较为单一简单，不利于长远发展。同时，由于文化企业间较为孤立，尚没能形成具有较大影响力的持续性的文化类活动，区域影响力、辐射带动作用也较小。

四、对策建议

（一）加强文化产业的规划引导。建议市级有关部门通过对“十三五”时期全市文化产业发展情况的调研评估，出台“十四五”时期文化产业发展规划，完善文化产业统筹协调机制，明确各县（市）区在推动文化产业发展中的定位和职能。

（二）加大文化产业培育力度。建议出台产业发展三年计划，依托现有文化产业集群，以中原广告园等专业园区为依托，引进、培育一批核心竞争力强的骨干文化企业，提高文化产业的规模化和专业化水平。同时出台专项支持政策，加大对文化企业在财税、用地、融资、人才等方面的支持力度。

（三）培育新型文化业态。文化产业关联度高、融合度强。需要通过市场导向和政策支撑突破产业边界、重组产业要素，把文化与工业、旅游、金融、科技、体育、培训、民俗、商贸、农业等相关产业紧密结合起来，拓展文化产业发展空间，探索打造“文化＋”的产业形态，促进跨界融合常态化。建议出台产业融合培育专案，按照产业成长路线，促进产业链上下游延伸。

（四）加大人才引进培养力度。产业要发展，核心在人才。文化企业人才普遍较为年轻、学历层次有限，难以享受现有人才政策支持。因此建议在市级人才政策基础上出台针对文化产业专业人才的专项政策措施，从税收、购房、生活等各个方面给予补贴，助力企业吸收人才、留住人才，减轻用人成本与负担。同时，加强文化产业相关学科建设，发挥本地高校院所、文化企业、园区基地、创业孵化器等各自优势，推进产学研用合作培养人才，促成企业与学校合作，定向培养人才，建立实训基地，立足长远，建立人才培养和输送机制，为文化产业发展提供智力支撑。

关于建立健全大数据服务体系的调研报告

新郑市政协经济委员会

随着IT技术的不断发展，我们已经进入大数据时代，大数据是传统产业向“互联网+”改造的必经之路。新郑市政协组织部分政协委员就加快推进数据资源归集共享，抓好政务服务数字化，全力推动“互联网+政务服务”提档升级，加快政府治理数字化等进行调研，情况如下。

一、基本情况

（一）网上政务服务能力全面提升，实现“一网通办”。目前新郑市依托河南政务服务网一体化在线政务服务平台，围绕企业和群众关注的民生领域，将全市35个政务服务职能部门1158项事项均在郑州政务服务网上发布，群众可通过政务服务网进行办事指南查询打印、业务在线申请、办理，实现“一网通办”。

（二）政务服务智能化得到加强，自助办理全覆盖。一是实现了“不见面审批”。新郑在郑州六县（市）中率先建设了24小时政务服务自助大厅，实现政务服务全天候不间断，并在全省首家引进智能政务工作台，群众不用到人工窗口，即可自行申报业务，自行领取办理结果。二是提供了“就近办服务”。积极拓展政务服务向基层延伸，推进县、乡、村（社区）三级“一站通办”服务模式，实现政务服务自助终端全覆盖、无盲区。

（三）数据资源归集共享，利用水平得以提高。依托“一平台一库”（即新郑市数据交换平台和不动产及房管交易共享库）数据共享系统，为新郑市“一网通办”提供强有力的数据支撑。已归集 36 个部门 242 类数据资源，累计归集 1193 万条，实现了数据共享，提升了政务服务水平，真正实现让数据多跑路、群众少跑腿。通过电子证照库的建设应用，新郑居民可实现电子证照网上办理，通过“郑好办”App，公积金提取业务也由以往的“现场办”变为现在的“网上办”。

（四）政府治理数字化转型加快，数字化项目作用凸显。智慧城市大脑项目是推进整个经济、社会、政府治理全面数字化的一项重要工作。推进经济社会数字化，就要推进政府治理数字化。数字化建设作为“新基建”的重要内容，在新郑疫情防控工作中的作用得以凸显。

二、存在的问题

虽然新郑的大数据建设取得了一定的成效，但与飞速发展的信息技术大趋势相比，还有许多问题需要解决。

（一）数据开放共享机制不够健全。由于部门之间、企业之间、政府和企业之间信息不对称，制度规定不具体，导致海量数据散落在各部门的信息系统中，数据烟囱林立，数据资源不能共享使用。一是不愿共享，各部门将数据作为战略性资源，数据所有权和事权密切相关，宁愿将数据束之高阁，也不愿轻易拿出来共享。二是不敢共享，部分数据具有一定敏感性，涉及用户个人隐私、商业秘密甚至国家安全，数据共享可能存在法律风险，客观上给共享数据带来障碍。三是不能共享，各部门数据接口不统一，数据难以互联互通，阻碍数据开放共享，导致数据资产相互割裂、自成体系，数据孤岛问题依然存在，但可以说数据孤岛问题不是技术问题，而是认识问题和利益问题。

（二）数据质量不高，影响开发和利用。高质量的数据是提升精准施政能力的关键。当前新郑市整体数据质量不高，主要表现在数据目录质量参差不齐、数据更新率较低、系统对接缓慢等方面，影响了数据的深入挖掘与高效应用。从数据的完整准确性方面看，缺乏统一的数据治理体系，各部门在数据采集、存储、处理等环节存在不科学、不规范等问题，导致错误数据、异常数据、缺失数据等脏数据产生，无法确保数据的完整性和准确性。从数据的一致性方面看，由于业务条线繁杂、业务种类多样，多个部门往往数据采集标准不一、统计口径各异，同一数据源在不同部门的表述可能完全不同，看似相同的数据实际含义也可能大相径庭，数据一致性难以保障。

（三）技术人才支撑不足，数据上下传输不及时。当前，大数据产业发展进入爆发期，由于成熟的大数据人才培训体系尚未建立，政府和企业对相关人才的需求也成爆炸式增长。一是从海量繁杂、结构各异的数据中挖掘高价值、关联性强的高质量数据，需要高效的信息技术支撑和可靠的基础设施保障。当前，新郑市在大数据方面的研发投入相对不足、技术力量薄弱，对口专业人才短缺，数据应用尚不深入、应用领域相对较窄，海量数据资源无法盘活，数据潜力得不到充分释放。二是由于技术原因，数据回传不及时也导致部分业务无法实现全程网办，只能通过线下流转方式进行解决。

三、意见和建议

党的十九大报告提出建设数字中国。习近平总书记要求："要审时度势、精心谋划、超前布局、力争主动，实施国家大数据战略，加快建设数字中国。"数字政府建设是数字中国建设的重要组成部分，也是数字中国建设的基础和保障。无论是从国家和河南省战略部署来看，还是当前新郑社会实际需求来看，推进数字政府建设势在必行。但数字政府建设是一项长期、复杂的系统工程，建议从以下几个方面入手。

（一）加强顶层设计、做好顶层规划。一是优化组织架构，充分认识数据的重要战略意义，将数据治理纳入政府工作中长期发展规划，及时调整组织架构，明确内部数据管理职责，理清数据权属关系，自上而下推动数据治理工作。二是完善应用机制，在保障各部门数据所有权不变前提下，统筹规划全局数据架构，完善跨机构、跨领域数据融合应用机制，实现数据规范共享和高效应用。数据汇聚使数据可能产生价值，数据关联使数据实现价值，推动大数据转化为发展动能，就要保障数据供给和合理合法开放共享。三是打造政务数据的“通用语言”，提升数据质量，为数据互通、信息共享和业务协同奠定坚实基础。

（二）健全数据体系、规范数据管理。一是规范政务数据管理。建立涵盖政务各部门数据采集、处理、使用等全流程的数据标准体系，编制数据资源目录，实现数据全面梳理和有效管控。二是做好数据分级管理。综合国家安全、公众权益、个人隐私和部门合法利益等因素，制定数据分级标准，基于数据资源目录将数据进行分级，针对不同等级数据采取差异化的控制措施，实现数据精细化管理。三是做好数据共享管理。克服数据回传慢的困难，将数据在上报的同时纳入全市统一的大数据平台，规范数据共享流程，确保数据使用方在依法依规、保障安全前提下，根据部门业务需要申请使用数据，数据所有方按规则审核确定数据使用范围、共享方式等，通过数据交换机制实现数据有序流转和安全应用。同时为大数据建设项目所遇到的具体困难，提供市场、资金、数据开放、行政协调上的支持和引导。

（三）加大先进技术应用和人才队伍建设。一是围绕数据产业发展实际，研究编制数据产业人才需求方案，合理配置人才资源，用好用活人才政策，聚集或培育一批在数据行业具有较大影响力的领军人才和具有较强创新创业能力的高端人才及团队，做好数据从业人员的定期培训工作，不断提升数据人才专业素质，为建设数字政府、数字新郑提供科技支撑、人才保障。二是深度运用生物识别、人工智能、云计算等先进技术，加强采集、存储、网络等维度技术支撑，满足海量数据分析处理对计算资源的巨大需求，学习神经网络等技术设计数据模型和分析算法，提升数据洞察能力和基于场景的数据挖掘能力。三是发展工业大数据，培育新兴业态。推进以“互联网＋工业”为代表的“两化”融合，建设工业大数据平台。加强新设备、新技术、新工艺的引进、吸收，推动传统产业向现代产业转型升级，加快发展服务业，工业和关联度高的新兴产业，加强产业延伸与衔接，实现产业协调发展，助力经济持续健康发展。

荥阳市“四好农村路”建设的研究与思考

荥阳市人大常委会城乡建设环境保护工作委员会

建好“四好农村路”，是提升我市农村公路畅通、安全、舒适水平，改善城乡客运和农村物流条件，实现农村公路规范有序、便捷高效、安全畅通、持续健康发展，对实施乡村振兴战略、打赢脱贫攻坚战、推进农业农村现代化具有十分重要的支撑和保障作用。

一、基本情况

近年来，荥阳市上下深入贯彻习近平总书记重要指示精神，紧紧围绕农村公路“建好、管好、护好、运营好”总目标，加快推进农村公路建设，通过实施“百县通村入组”工程、农村公路改造工程、农村公路骨干路网建设计划和“四好农村路”示范县创建等，农村公路建设里程、路网规模结构、管理养护水平、运营服务能力全面提升，2020 年 9 月，被郑州市政府命名为郑州市“四好农村路”示范县。

（一）着力高标准投入，农村公路建设加快推进。按照“因地制宜、安全可靠、突出特色、科学合理、生态环保”的要求，全力加快农村公路建设。今年以来，投资 4.5 亿元先后对桃贯路、桃刘线等 11 条县道进行综合提升，总里程达165公里；新建乡道30公里；新建村级道路14条9.1公里，全面完成“百县通村入组”建设任务，以县乡道路为支撑、村组公路为延伸的公路网络基本形成。

（二）着力管理网络建设，农村公路管理得以改善。根据“属地管理原则”，全面推行路长制，通过全市域全路线推行“路长制”，实现市域范围内农村公路路长全覆盖、无遗漏；制定出台了农村公路养护管理办法、考核办法、养护资金管理办法等，农村公路养护管理日趋制度化、规范化；通过加强督查整治力度、多部门联合整治等形式，深入开展路域环境整治，加大“六乱”治理、拆除非公路标志、整治马路市场力度，路域环境得到有效提升。

（三）着力创新体制机制，农村公路养护逐步加强。理顺养护管理的机制体制，明确落实了乡镇政府乡村道公路养护管理的主体责任和交通部门的行业监管责任；应用新技术、新工艺、新设备，推进养护工作向规范化、专业化、机械化方向发展，实现了县道机械化作业全覆盖，养护质量和养护效率不断提升；充分发挥公路养护站的阵地和中枢作用，加大了市级中心养护站、乡镇管护站的建设力度，按照建设标准完善了人员、设施、场地等必备要素，实现“有路必养”。

（四）着力城乡一体运输体系，农村公路运营服务得以提升。按照城乡一体化总体布局，统筹推进公交体制深化改革和“万村通客车提质工程”，优化城乡公交资源配置，创新城乡公交运营模式，推行乡镇、城区公交联动换乘。今年新购置新能源公交车72辆，新增开城乡公交线路10条，乡镇和行政村通公交率达到100%，“班车到村、安全便捷、乘坐舒适、换乘方便”的出行要求基本得到满足，让老百姓“出门见路 抬脚上车”的目标基本实现。

二、存在问题

（一）建设的制约因素有待进一步解决。一是资金投入不足。资金投入是农村公路建设的重点和难点。建设资金中省市级补助比例小，乡村自筹能力又十分有限，市政府作为农村公路“建管养”责任主体，需要配套资金数额较大，负担较重，资金不足问题较为突出。二是手续办理征迁有难度。公路项目的前期工作涉及发改、自然资源、生态环境、林业等部门，审批程序繁杂；当涉及征迁的问题时，部分群众对征迁工作不理解、不支持、不配合，征迁工作举步维艰，造成前期工作推进缓慢。

（二）管理的力度有待进一步增强。农村公路尤其是村道公路里程数近几年增长较快，部分路段路面窄、坡度大、弯道急，安全警示标志标牌和防护栏杆等安全设施不到位，点多、面广的现状导致交通安全管理存在较多盲点。部分群众缺乏自觉性，公路边乱堆乱放、打场晒粮等侵占公路现象时有发生。现有的路政巡查人员和经费投入与农村公路执法巡查的需求不匹配，巡查力度和频率不够。治超“国省道治理硬，县乡村道治理软”现象仍然存在，造成许多农村公路损坏严重，存在很大交通安全隐患。

（三）养护的投入有待进一步加强。随着我市农村公路建设里程的不断增加，后期管养任务日益加重，养护资金短缺问题日益凸显，造成养护标准不高；另外近几年物价的上涨、人工工资的提高，当前执行的公路养护补助标准不高，严重影响公路的养护成效。少数基层乡镇责任心不强，对养护人员的考核退出机制落实不到位，选定的养护人员责任心不强，造成农村公路养护落实不到位。应急资金缺乏，农村公路抢险抢修力不从心。

（四）运营的服务能力有待进一步提升。农村客运班车主要在县乡公路上运营，离县乡公路较远的村民需步行较长距离或转乘其他车辆才能到达候车点，出行不便，公交的班次间隔时间较长，造成候车时间过长。受农村常住人口的减少、乡村公路等级低等因素影响，农村物流业发展缓慢，整体水平有待提升。

三、对策建议

（一）突破瓶颈，进一步建设好农村公路。加强对农村公路建设的领导，将“四好农村路”纳入年度考核。科学规划、依法实施，使“四好农村路”建设与农村经济社会发展和广大农民安全便捷出行的要求相适应。积极争取上级加大对农村公路建设的扶持力度，提高资金补助标准，缓解市级财政压力。创新多渠道筹融资模式，充分利用政府专项债券、重点项目贷款，扶贫资金、涉农资金、“一事一议”资金以及各类社会资金，用于农村公路发展。同时，要进一步强化农村公路建设的质量监管。

（二）依法治路，进一步管理好农村公路。完善市、乡、村的三级路长体系，构建责任明确、协调有序、监管严格、奖惩有力的路长管理机制，落实好路长制各项工作并形成长效机制和常态化，构建起建养并重、外通内联、安全舒适、路域洁美、服务优质的“畅、安、洁、优”农村交通发展新格局。要建立多部门联合执法机制，强化路政执法力度，加强巡查检查力度，加大巡路频率，清除各种路障，打击超限超载，维护农村公路的安全畅通。同时组织开展乡村公路环境整治活动，彻底清理乱堆乱放现象，消除安全隐患。要加强沿线群众的交通安全意识和爱路护路意识的教育培养。

（三）完善体系，进一步养护好农村公路。要分级分段明确养护主体，层层落实主体责任。要按照《河南省农村公路管理条例》关于“县级人民政府应当将农村公路日常养护资金纳入本级年度财政预算，并随着地方财力的增长，逐年加大资金投入”的要求，保证养护经费足额及时拨付。实行农村公路应急资金保障机制，确保水毁、崩塌等道路能得到及时的修复。开展形式多样的农村公路养护法律法规等内容的宣传教育工作。

（四）创新机制，进一步运营好农村公路。要加快完善全市农村公路运输服务网络，结合偏远山村留守老人居多，出行难的实际，科学优化乡村公交网络。结合市域北部文物旅游现状，积极谋划邙岭旅游公交专线，带动旅游产业发展。积极谋划，尽快出台相关考核机制，进一步规范运输市场，提升农村物流业发展水平。

扎实推进樱桃沟景区美丽乡村建设

二七区人民政府

2019年是新中国成立70周年，是决胜全面建成小康社会、巩固和扩大国家中心城市建设成果的关键一年，也是二七区开启全面建设现代化国际化生态化新城区新征程的关键之年。乡村振兴战略是习近平同志在党的十九大报告中提出的战略。乡村振兴，意味着乡村的产业、人才、文化、生态以及组织等各个方面的振兴。而在此过程中，如何扎实推进美丽乡村建设以助推乡村振兴，尤为值得关注。

樱桃沟景区是二七区建设现代化国际化生态化新城区之“田园二七”的主要承载区，肩负全面提升二七生态吸引力的板块功能，本文通过探讨“美丽乡村”建设在乡村振兴中的作用、意义以及存在的问题，为乡村振兴提供参考。

一、基本情况

樱桃沟景区核心景区规划面积3.13平方公里，外围景区面积13.13平方公里，代管行政区域总面积32平方公里，属嵩山山脉平缓起伏带，是典型的黄土沟壑风积地貌景观。目前景区是国家AAAA级景区，是首批中国乡村旅游创客示范基地、首批郑州市美丽乡村试点村，荣获美丽中国优秀案例、河南省文化产业特色乡镇。景区旅游业已形成“樱桃采摘·休闲康养·亲子运动·艺术文创”的特色主题，有一定独创性。创建成为国家AAAA级景区以来，累计接待游客515万人次，实现旅游收入2.15亿元。截至2019年11月底，累计接待游客200万人次，实现旅游收入1亿元。

二、主要做法

（一）常态化“五大底线”工作护航美丽乡村建设。把做好“五大底线”工作作为建设和发展的先决条件，坚决做到“五个不准”：一是做到调处矛盾不准延误，二是安全生产不准放松，三是“两违”治理不准麻痹，四是环境保护不准懈怠，五是严肃规矩纪律不准松绑，通过五大底线工作积极改善民生，服务发展大局，为美丽乡村建设保驾护航、创造友好环境。

（二）“田园小镇＋全域旅游”筑基美丽乡村建设。通过“田园小镇＋全域旅游”建设，运用项目化管理手段，扎实践行“三定、四推、五落实”机制，全面推动美丽乡村建设。

（三）景区建设添彩美丽乡村建设。以“明确创建郑州西南生态田园区”一个目标，强化两项投入，优化三大服务，做好三种宣介，深拓四大主题”为景区建设总纲，高标准完善旅游设施建设，高起点规范旅游秩序，高质量开展服务管理，高水平开发旅游资源，创造性地开展了一系列工作，为“美丽乡村”建设添彩增色。

1. 明确目标，统筹资源高位推进。二七区委区政府高度重视“生态田园区”创建工作，在三年来的政府工作报告中把创建樱桃沟生态田园区放在重要位置一再强调。樱桃沟管委会先后制定了《郑州市二七区樱桃沟旅游发展总体规划》《樱桃沟景区、钓鱼钩景区提质规划》《樱桃沟、袁河美丽乡村项目总体规划》《樱桃沟景区古寨项目整体规划方案》《凤栖南路景观大道设计方案》《樱桃沟足球小镇墙体外立面改造方案》等规划数十项，为景区发展建设指明了方向。将“生态田园区创建工作”与经济建设放在同一高度，并联推进。

2. 强化投入，完善功能打造亮点。一方面，不断完善景区基础配套设施，同时以点带面投资添内涵。以美丽乡村项目为依托，建设了具有创意艺术风格的樱桃沟景区形象大门、樱桃沟艺术园区、自然剧场、乡村音乐广场等一批景观工程，并修复樱桃古寨、刑家古寨、长安古寨，累计建设景区道路20多条，60多公里，升级拓宽整修道路近十条，建设了生态停车场2万余平方米，开辟临时多功能停车场5处，面积近万平方米，建成A级旅游公厕53个，新建大型污水处理站9处，新设500多个分类垃圾箱，新增旅游标识和交通标识200余个，新建350平方米的景区旅游服务中心。另一方面，吸引民间200多亿元资金对景区旅游资源进行开发建设，先后由市场参与实施了对百年天井院商瓷博物馆项目、绞胎瓷艺术馆项目等。兴建了忆景山庄、御苑、绿兴生态等一批规模大、管理好、特色明、带动强的大型园区。

3. 做好宣介，优化品质提升品牌。紧紧围绕“樱桃”这一独特资源，坚持以宣传推介为着力点，积极打造“百里樱桃沟　生态休闲游”旅游品牌。连续举办“郑州樱桃节”“浪漫赏花节”“首届樱桃沟风车节”“金秋采摘节”等节庆活动；举办“樱桃沟风车节”“樱桃沟春季赏花游摄影大赛”“情暖樱桃沟美食大赛”“樱桃沟春季健康长跑比赛”等20余项社会公益活动，数十万计的游客参与其中，得到了省、市等各级新闻媒体的关注，先后播报各类新闻信息百余次。对“樱桃沟”金字招牌及时进行注册，先后开发了樱桃礼盒、樱桃酒、樱桃沟粗粮、柴鸡蛋、樱桃娃娃等旅游商品十余种。同时建立了景区的官方网站，设计制作了各类景区旅游地图十万份、旅游手册5000份、旅游明信片6000份等宣传纪念品，进一步擦亮了优质景区品牌。

4. 优化服务，创新形式规范管理。专门成立了旅游与农业发展中心和食药所等监管部门，配备了精干力量对旅游市场进行管理；先后制定了《樱桃沟景区农家乐管理办法》《樱桃沟景区标识牌设置管理办法》《景区农家乐服务质量保障金管理办法》《樱桃沟景区旅游资源保护制度》等相关规定，加大对经营商户的约束，降低了商户经营的随意性；在旅游旺季，联合区、乡相关部门对农家乐（园区）的食品卫生、着装经营、消毒措施等经营情况进行明察暗访，确保景区旅游市场安定。制定《樱桃沟景区卫生管理制度》，组建了保洁队伍，配备了保洁车，对景区垃圾清扫，实行日产日清。在农家乐集中区域，实行环境卫生分片分包制度，对每家每户的保洁区域进行定期检查，对于不合格的经营户根据规定进行惩罚。定期举办培训班邀请老师讲解厨师技能、电脑操作和旅游发展等方面的知识，并多次组织学员到北京、四川等农家乐经营较好的地区实地参观考察，不断拓宽经营思路。

5. 提炼主题，突出特色个性发展。通过对景区核心景观进行了全面梳理，明确出了四大“发展主题”，规划出 4 条专题旅游线路。一是三河之源人文景观线。整合金水河、贾鲁河、熊儿河“三河之源”资源，运用愚公移山等历史传说，老奶奶庙等 13 处遗迹遗址，金水河源省级水利风景区、黄沟溪水、万人饮水工程、龙池等景点，邢家古寨、樱桃古寨、长安古寨组合百年天井院、姻缘皂角树和传奇紫藤树的历史典故形成游学路线。二是樱桃之乡特色休闲线。挖掘千年“百里樱桃沟”的樱桃植物和文化资源，连续举办 13 届樱桃节，形成樱桃采摘体验＋特色农家乐美食＋樱桃酒（茶、饮料）果脯采购等系列组合，形成采摘游路线。三是徒步天堂休闲观光线。结合景区沟壑纵横、坡台遍野的实际和生态优美、林景似锦的资源，投资 3000 多万元，修健康步道 30 余条贯通景区 3.13 平方公里，涵盖观荷花江南、竹海烤鱼沟和情人谷、情人坡、酷跑运动路段和六大拓展训练基地项目形成骑跑路线。四是创意乐园乡村体验线。先后获批国家 AAAA 级旅游景区，首批中国乡村旅游创客示范基地，首批郑州市美丽乡村试点村，荣获美丽中国优秀案例、河南省文化产业特色乡村。吸引郑商瓷、御品堂、绞胎瓷等一批享誉国内外的陶瓷匠人前来建立工作室，雕刻、绘画、文创等行业的业界专家和新锐贵族创建“樱桃沟艺术公社”，形成艺术游路线。

（四）党建引领美丽乡村建设。实施“党建＋”工程，促进美丽乡村建设。一是“党建＋项目建设”，聚焦美丽乡村建设中的重大项目、重点工作，建立党员干部挂点联系、包保责任、督查考评等机制，服务重点项目，引领重点工作有序推进。二是“党建＋环境治理”，通过强化党建意识和党员担当意识，正纲肃纪、倡树勤实作风，开展“党建＋十百千万”人居环境整治行动、“散乱污”企业治理、“两违”治理等行动，规范辖区内民居建设、禁绝环境污染事件发生，以党员榜样、党员力量引领打造优美环境。三是“党建＋社区建设”，落实村干部24小时轮值服务、村民事务代办等制度，建立起三级为民服务在线管理平台；开辟“樱桃沟景区”便民服务微信平台，实现服务到指尖，以“支部＋协会＋农户”方式，让支部在产业链上发挥作用，形成特色产业抱团互助，良性发展，成立了樱桃专业合作社、艺术家（创客）合作社、“美丽乡村”农家乐合作社，以服务型党组织发展引领经济产业发展。

三、存在的问题及对策

（一）存在的问题。

1. 规划深度与项目落地之间的矛盾。规划引领建设，一个好的规划不但需要有高屋建瓴的前瞻性，更需要能够因地制宜、切实可行，因此编制规划的指导性和可操作性同等重要。近年来，在发展中面临有上下位规划衔接不畅、前后规划对接不准、项目招商乏力等问题，影响发展的速度和稳定性。

2. 产业布局与基础经济之间的矛盾。由于产业导入有周期长、与本土经济结合不紧密、成长速度慢等速度，而辖区基础经济发展较为薄弱，特别是城市结构发生变化后，村民由既往的农产品收入、外出务工收入逐渐转变为租赁收入、旅游业收入后，局部性产生盲目引入散乱污企业、非法填埋垃圾、污染水源地等问题，增加社会综合治理难度，而同时基础经济也不能为导入的产业提供有效的基础性服务。

3. 本域发展与周边板块融合的矛盾。虽然全区一盘棋规划，但不同行政区域内不同单位在落实过程中具体项目选择和推进速度存在差异，造成景区内部发展与外围发展不同步，形成内畅外拥、内新外旧、内优外平的局面，影响景区的整体形象提升。

4. 发展需求与人才供给之间的矛盾。近年来，随着景区大跨度发展，对各类人才需求量同步猛增，虽然得益于全区历练干部、优秀后备领导干部等人才政策倾斜，取得了明显成效，但对比于巨大的发展压力仍面临着人才短缺，引智与引才结合不够等问题。

（二）对策建议。

1. 合理规划，科学发展。经济社会发展加速度已远远大于既往，城市阶段性发展优势常常会在较短的时间段内迅速消失，基层政府发展建设行为受政策、社会、经济、重大活动等多方面影响，行为波动性强，容易产生持续性变革。当前，“生态田园区”发展顺应民意、恰逢其时，但辖区受全市发展影响，也有多维发展的趋势，因此在制作规划时，应更加注重应用前瞻性视角、涵盖多产业的交叉视角和与经济基础相吻合的正前方视角，深刻剖析自有优势的转化途径和转化能力，在“三个二七”的多核心蓝图上嵌入式规划“生态田园区”建设内容，把产业布局和打造配套经济环境统筹推进，提高辖区发展的自我驱动能力。

2. 建设平台，做强产业。建设“生态田园区”，在既有的空间分区布局中打造一三结合的产业平台，以足球小镇、文创村、西岗建筑艺术体验园等项目为引领，以集中、集群、集约发展为路径，以合作开放和创新为动力，打造特色园区经济体；以艺术家合作社、艺术园区等组织为载体，通过高端艺术展览、行业论坛、产品展销会等形式延长经济产业链条，形成创作、展览、销售“一条龙”的艺术集聚区；在景区传统产业充分发展的基础上，进一步培育文化产业、培训产业、休闲运动产业，实现“吃、住、行、游、购、娱”与“运动、康养、游学、拓展”等新内涵、新载体、新业态有机衔接、融合发展，实现城乡一体、产城一体、创享一体。

3. 创新管理，优化服务。积极破解发展中面临的问题和矛盾，以创新管理方式激活发展潜能。一是构建区域双创发展生态，调动双创主体积极性，发挥双创和“互联网＋”集众智汇众力的乘数效应，通过发展景区新业态、新模式推动美丽乡村建设。二是推进“智慧景区”建设。加快推进“互联网＋政务服务＋景区服务”工作，重点支持创业创新、民生服务、社会管理、景区升级4个领域28个项目，探索大数据、物联网、下一代互联网、新一代移动通信等网络信息技术的在景区的推广使用。三是构建多方参与建管体系。与社会力量相互协作，用好平台自治、行业自律等手段，发挥第三方、公众、媒体作用，形成政府、社会、企业等各方共同参与的新兴经济建设与治理结构。

4. 人才支撑，智库扬帆。打造4个引才引智平台，积极应对人才不足与高压发展任务之间的矛盾。一是以“赛”引才。通过“摄影大赛”“讲解员大赛”“诗词大赛”“美食大赛”“手工艺品大赛”等开放式比赛，征集一批促进辖区发展的优秀作品，发现一批热爱樱桃沟，关注“生态田园区”建设的高素质人才，以灵活多样的方式开展合作。二是以“地”引才。对有利于“生态田园区”建设的高端人才，用景区优质环境资源为招徕热点，探索实施优惠政策和奖补政策，吸引人才进驻。三是以“企”引才。以同质企业优秀管理人员及技术人员为对象，采用沙龙茶吧、座谈聚会、多方合作项目等形式挖掘人才价值，引导企业履行社会责任，促进辖区发展。四是以“聘”引才。采取灵活聘用制度，对专家教授、高级技工、行业精英等进行项目化选聘使用制度，按需聘用，纳入管理，解决个别专业领域人才匮乏问题。

5. 强化党建，落实责任。以调动基层党组织的积极性、主动性、创造性为着力点，全面推进党组织的政治建设、组织建设、作风建设、纪律建设和思想建设，压实“五个责任”。一是压实樱桃沟景区党工委的“船长”责任，提高班子及工作人员的谋划、落实、纠错能力。二是压实樱桃沟景区各党组织“舵手”责任，提高社区党总支、党支部干事创业、为民服务能力。三是压实党员“船员”责任，提高党员责任在我、荣辱与共的负责担当能力。四是压实流动党员“临时工”责任，提高其严格律己、参与共建的责任意识。五是压实社会团体、企业党支部“特邀嘉宾”责任，发挥企业党员双强优势，推动全面发展。

金水区培育发展夜间经济问题研究

政协郑州市金水区委员会

国外发达城市在2000年左右就已经开始出台政策措施支持服务夜间经济发展，国内宁波市于2014年较早开始支持夜间经济发展。及至2018年中央经济工作会议正式提出发展夜间经济提振夜间消费以来，国内大中型城市纷纷出台政策支持夜间经济发展。夜间经济是一种基于时段性划分的经济形态，是从当日18点到次日6点所发生的三产服务业方面的活动，其业态囊括了购物、餐饮、旅游、娱乐等。

金水区培育发展夜间经济既是外部形势所迫，又是内在诉求所应，意义重大。金水区培育发展夜间经济有利于响应高质量发展新要求，增强消费对经济的拉动作用；有利于顺应产业转型升级新形势，培育经济发展新优势；有利于响应消费升级新趋势，激活新的经济增长点；有利于适应生活规律新变化，更好满足居民美好生活需求；有利于适应城市竞争新态势，打造金水城市新名片。

金水区培育发展夜间经济具有良好的基础优势，但也面临一些制约因素。金水区公共基础设施发达便利，已经形成金水升龙广场、花园路农业路至东风路商圈、特色街区等一批载体节点；而作为白天经济的延续，已经形成餐饮、住宿、商贸购物、休闲娱乐等一批产业业态；由于城区居民夜间活动增多，已经对发展夜间经济形成一种良好的氛围；由于城区人口密集且一部分居民收入高品位高，形成夜间经济的重要消费群体；

在交通、城管、公安等方面也初步形成一套配套服务体系。当然，由于夜间经济对金水区而言是一个新生事物，一些干群对培育发展夜间经济的思想认识不深，在谋划宣传上工作不到位；并且相比一些发达城区，金水区现有支撑夜间经济发展的平台能级不高，相关配套服务比较滞后。

现阶段北京市朝阳区、西安市曲江新区、成都市青羊区、长沙市天心区等一些城区政府无不在政策制定、规划宣传、项目建设、配套服务等方面大力支持夜间经济发展，促进产业集聚、业态融合。由于郑州尚未出台夜间经济发展支持政策，金水区需要在政策制定、规划布局、业态繁荣、配套服务等方面先行先试，率先建成夜间经济示范区，抢占郑州市夜间经济发展高地。

金水区发展夜间经济需要以习近平新时代中国特色社会主义思想为指导，以打造国际范、商都味、时尚潮的“夜金水”为主题，以形成夜间经济体系为目的；坚持品质发展与城区建设相结合、政府引导与市场主导相结合、多元融合与个性突出相结合、创新驱动与开放带动、鼓励发展与高效治理相结合的原则；力争经过3～5年的努力，形成3～5个高品质夜间经济示范区、5～10个特色夜消费体验区、一大批夜生活集聚区，形成布局合理、功能完善、业态多元、管理规范的夜间经济发展格局。在布局上重点发展“一渠”“两带”，形成多点突破。在规划上通过升级改造硬件设施支持夜经济示范区、夜消费体验区、夜生活集聚区快速形成；在业态上培育形成夜游、夜赏、夜品、夜购、夜习、夜健等多元产品供给体系；在配套上做好监管、服务、环境等创新，提供优越的配套服务体系。

对金水区政府而言，当前需要做的是深刻认识发展夜间经济的意义，组建机构负责组织运行，制定政策予以支持，加大宣传形成品牌，协同配合做好服务工作，加强考核督促快速发展。

一、金水区培育发展夜间经济的重要意义

近年来，夜间经济在国内外许多城市迅速发展并不断壮大，成为拉

动经济社会发展的重要引擎。作为一种舒缓压力的休闲性消费经济，夜间经济是白天经济活动的延续，更成为城市经济、文化与生活水平的缩影，成为城市形象、城市影响力的体现。金水区作为郑州市的主城区，培育发展夜间经济，意义非凡。

*顺应高质量发展新要求，落实国家重要部署的应有之举。*党的十九大报告指出“我国经济已由高速增长阶段转向高质量发展阶段”，要“增强消费对经济发展的基础性作用”。与此同时，伴随着城市经济发展和人民生活水平提高，夜间经济呈现蓬勃发展态势。数据显示，上海夜间商业零售额已占全天的62%，广州服务业产值的55%是夜间消费所贡献的，等等。夜间经济已成为增长的新动力、市场的新引擎、经济社会活力的新脉搏，推动消费日益成为我国经济的稳定器与压舱石，成为实现高质量发展的重要抓手。国家先后出台《关于加快发展流通促进商业消费的意见》《关于进一步激发文化和旅游消费潜力的意见》等政策文件，鼓励发展夜间经济。金水区是自带光环的政务区、城市核心区，也是全省的首善之区，站位新时代，要想在中原更加出彩的新征程中勇立潮头、在郑州建设国家中心城市中“挑大梁、走前头、做贡献”，在实现高质量发展中掌握主动，有责任、有义务带头落实国家相关工作部署，吹响发展“夜间经济”的号角，拓展夜间经济新空间，打造全省夜间经济新高地，在河南发展夜间经济的实践中走在前列、干在实处、做出表率。

*顺应转型升级新形势，培育金水发展新优势的最优选择。*近年来，在“调结构、促升级”的大背景下，我国服务业领域的新业态、新模式、新行业不断地涌现，推动国家进入了服务业主导的经济发展阶段。服务业一直是金水区的支柱产业、优势产业。2018年，金水区服务业增加值达到1223亿元，服务业增加值占地区生产总值的比重接近90%。未来金水区经济发展的核心支撑、核心动力依旧在服务业，转型升级发展的着力点也在服务业。夜间经济的经济元素涵盖吃、住、游、购、娱、体、美等方面，主体是服务业，其发展过程中所创造的经济模式、激活的市场活力、改变的消费理念、提供的生活便利等，都在不断补位和丰富城市服务功能。形成布局合理、功能完善、业态多元的夜间经济发展格局

的过程，必然是做大做强服务产业的过程，也是顺应产业升级发展趋势的过程。现阶段金水区在面临发展空间受限、支柱商贸服务业受到冲击等形势下，必须站在一个新的高度，以新的视角来认识和发展夜间经济，发挥其对于城区经济能量的释放效应，努力将其打造成金水经济升级发展的助推器，重塑金水发展新优势。这既是大势所趋、更是形势所迫。

*顺应消费升级新趋势，激活新的经济增长点的现实举措。*夜间经济分别从消费空间和消费时间两个维度为消费者创造更好的消费环境，延长了有效消费时间，提供了更加多元化的消费体验，满足了居民个性化、多样化的消费升级需求。随着居民收入提高，居民对精神、文化、旅游、娱乐、休闲、健身，以及趣味、美学和艺术的消费需求正在不断增长。夜间经济的崛起，并不是偶然，而是消费升级下满足居民高品质、多样化消费需求的必然。无论从国外还是国内城市的现状看，夜间经济已然成为城市消费新动力和新的经济增长点。一直以来，消费都是金水区经济增长第一拉动力，2018 年金水区社会消费品零售总额达到 730.9 亿元。但近年来金水区经济下行压力加大、辖区发展空间减少、房地产市场进入平稳发展期，投资增长的后劲不足，客观上要求新的经济增长点支撑经济增长。而近年来居民恩格尔系数不断下降，精神、文化、休闲、娱乐、教育等方面的支出比例不断增加，正好提供了新的增长点源泉。因此，金水区必须深挖夜间经济这座“富矿”，打造高品质夜间经济示范区，培育新的消费热点，让夜间经济成为金水区经济稳定增长的新引擎新动能。

*顺应生活规律新变化，满足人们美好生活需要的重要抓手。*随着时代发展与进步，人们生活规律和生活习惯发生了巨大的改变，越来越多的人已经改变了“日出而作，日落而息”的生活方式，夜晚的休闲活动、文化娱乐、交际应酬成为现代城市人缓解压力的重要生活选择。夜间经济作为一种以现代服务业为主体的城市消费的时空延伸，成为伴随现代城市人生活方式转变而产生的一种现象，其所塑造的消费模式、生活方式等正成为满足人民美好生活需要的有效途径。而且有数据显示，80 后和 90 后担当了夜间消费的主力，占 60%以上。郑州是一个年轻的城市，

已经迈入人口“千万俱乐部”，并且连续8年常住人口增量超过15万，而金水区更是许多年轻人“梦开始”的地方，他们需要更多的时间和空间来追求餐饮、购物、休闲、文化、体育、娱乐等消费需求的满足。从这个角度讲，金水区发展夜间经济恰逢其时。金水区需要通过打造时尚地标、美化夜间环境、开展特色活动、丰富消费业态、完善配套设施等让夜间经济“聚起来”“亮起来”“乐起来”“活起来”“火起来”，以更好的不断满足人民日益增长的美好生活需要。

顺应城市竞争新态势，打造金水城市新名片的有效手段。过去，夜间经济通常被看作衡量城市消费水平的重要指标；如今，现代人越来越认识到，夜间经济更反映着城市的繁荣程度、文化积淀与心理追求，是衡量城市整体形象、文化品位、发展水平的标尺。夜间经济的繁荣是城市开放和文明的重要标志，是城市品质和现代化水平的重要标志，是城市的活力、魅力、创造力和竞争力的集中体现。2019年以来，夜间经济作为一个新的词汇越来越多出现在各种媒体和官方文件中，各城市都开始把发展夜间经济上升到提升城市整体形象与影响力的战略高度来培育。如上海市力推“地标夜市”，天津市打造“夜津城”，北京市写进“政府工作报告”，成都市打出“组合拳”，宜昌市、锦州市等三四线城市也在摩拳擦掌。夜间经济已然成为新“风口”，成为城市竞争抢跑的新赛道。金水区商务商贸发达、科教文化资源富聚、特色街区众多、交通通信便利，具备发展夜间经济良好的人文、区位、设施等基础和优势。但近年来受城市发展导向、商业载体承载能力等影响，郑州市夜间经济的阵地正在逐步向郑东新区转移，金水区的基础和优势受到了部分稀释。在这种情况下，金水区夜间经济“不进则退、慢进也是退”，迫切需要让夜晚亮起来，人气聚起来，商圈活起来，财气旺起来，使夜间经济成为金水区的闪亮名片，助力高品质现代城区建设。

二、金水区培育发展夜间经济的优势与制约

夜间经济是白天消费的延续。金水区作为全省首善之区，服务业发

达，培育发展夜间经济具有良好的基础和优势，但相比于未来发展趋势，相比于其他发达城区，培育发展夜间经济面临一些短板和制约。

基础优势。初步打造了一批载体节点。夜间经济在空间布局上更加集中于城市高端商务商业中心、特色街区、人文或自然地标型建筑附近，这些区域构成夜间经济的载体节点。就金水区而言，已经形成花园路金水路至东风路商圈和金水路金水升龙广场高端商务商业中心，形成农科路酒吧、健康路体育用品等 18 条特色街区，形成河南省博物院、大河文化遗址等地标型文化场所。一些高端商务商业中心、特色街区已经成为城市夜晚活动的活跃区。如农科路酒吧一条街集聚了 70 余家中高档酒吧，夜晚常常营业到次日凌晨 2 点左右，是金水区夜间经济的一颗闪亮的节点。

初步培育了一批产业业态。夜间经济主要集中在商贸零售、餐饮住宿、休闲娱乐等领域。目前，按照发生在 18：00—23：00 时间段业务量划分，金水区夜经济规模总量大约 420 亿，约占全区生产总值的 1/3，其中包括中大型商场销售额的 50%（约 300 亿元）、住宿餐饮零售额的 60%（约 100 亿元）、休闲娱乐营业收入的 80%（约 20 亿元）。夜间经济在业态上大约经历三个发展阶段，以延长营业时间为主要的第一阶段、以业态丰富为特征的第二阶段、以专项产品为特色的第三阶段。金水区夜间经济业态主要处于前两个阶段，如怡邻便利店等商店、俄式餐厅等餐饮店等实现了 24 小时营业，一些 KTV、酒吧、舞厅娱乐场所延长了营业时间；一些新业态也开始出现，如 UFO 与紫荆山商场合作建立共享办公区，一些需要在夜间办公的人员可以选择在此办公；领秀等酒吧推出了演艺节目或者赛事转播项目，增添了顾客的休闲消费时间；一些城市书屋延长营业时间或在夜间开办公益讲座，一定程度上促进了夜间消费。

初步形成了一种发展氛围。金水区是河南省首善之区，不仅人口居住密度大，而且居民大多是都市白领，收入相对较高。由于白天工作相对较为繁忙，居民夜间休闲消费已经形成一种时尚氛围。据对金水区 100 名夜间消费者进行调查发现，就消费时段看，过去一个月来，62% 的受访者在 18：00—20：00 有过消费，34% 的在 20：00—23：00 有过消费，

5%的在23：00以后有过消费。就消费时间看，52.0%的被访者选择周六进行夜间消费，40%的选择周日消费，34%的选择周五消费；周一至周四进行夜间消费的仅有12%。就月消费频率看，78%的被访者每月夜间消费活动5次及以内；15%的消费活动在6～10次；11次及以上的仅有3%。就消费活动类型看，最受消费者青睐的夜间消费活动是美食餐饮，73%的被访者选择了美食餐饮；32%的选择电影和文艺汇演；53%的选择逛街购物；45%的选择健身、美容美甲、桑拿、洗浴、按摩、针灸、足疗等；25%的带孩子上课外班等；22%的选择晚上学习，如逛书店、图书馆，参观展览等；20%的选择游戏娱乐。由此可见，居民夜间消费活动多样，并且有一定的规模，夜间消费初步促成了夜间经济的一种发展氛围。

初步集聚了一批消费群体。18～40岁是夜间消费的主流群体。据对金水区100名夜间消费者进行调查发现，30岁以下的消费者占47%；30～40岁的消费者占31%；40～50岁的消费者占20%。就消费群体性别与消费类型看，70%的美食消费者为男性，70%的商场购物者为女性，休闲娱乐消费的男女比例基本相等。就单次人均消费金额看，在100元及以下的被访者占有夜间消费的被访者的33%；消费101～200元的占43%；消费201～300元的占20%；消费301元及以上的占4%。就月消费金额看，有夜间消费的被访者每月约消费800元，夜间消费月人均在500元及以下的占56%；501～1000元的占23%；1001～1500元的占16%；1501元及以上的占5%。年轻中低收入者是夜间消费的主要群体。

初步建立了一套配套体系。金水区公共基础设施比较发达，为夜间经济发展提供了较好的设施和服务条件。就交通条件而言，目前开通的3条地铁线路均经过金水区，其中地铁一号线紫荆山站、燕庄站、民航路站贯穿紫荆山与金水升龙广场商圈，地铁二号线紫荆山至东风路段属于繁华的花园路商圈，地铁5号线南阳路站至经三路站也集中了体育用品、服装零售、饮食等特色街区；目前郑州市开设的22夜间公交线路中有9条经过金水区主要道路。就街道灯光而言，大多数主干道灯火通明，花园路、金水路、东风路、文化路、国基路等主要干道明亮的灯光为居民夜间消费提供便利条件。此外，良好的治安环境以及夜间巡防，为居民夜间消费提供了安全保障。

制约因素。思想认识不深。相对于欧美发达国家，国内对夜间经济的重视相对较晚。宁波市较早重视夜间经济发展，于2014年出台《关于发展月光经济的指导意见》，此后重庆市、南京市、西安市、北京市、天津市、成都市、济南市、武汉市、石家庄市等大中城市政府陆续出台激励夜间经济发展的措施意见。2018年底的中央经济工作会议明确提出要“提振夜间经济、繁荣夜间消费”。截至目前，郑州市还没有出台正式的激励夜间经济发展的政策措施。而课题组在调研中发现，近几年金水区的政府工作报告或相关文件中没有提到发展夜间经济，大部分干部也没有意识到发展夜间经济对金水区促进创新创业、培育新的经济增长点、提升城区品牌形象的重要性，部分主要领导对发展夜间经济的意愿不强、信心不足、动力不够。同时，部分商户对发展夜间经济能够提升资源利用率的认识不足，一些大中型商场习惯于21：30关门盘点；广大中小便利店、美容美发店等也习惯于22：00关门休息；大部分餐饮店晚上十点打烊；一些酒吧、KTV、足疗店等也只营业到凌晨两点。干群思想认识不深成为金水区夜间经济培育发展的最主要制约因素。

谋划宣传不足。金水区夜间经济主要特征是产业业态单一、布局分散。业态上局限在餐饮、购物、娱乐等传统消费品领域，而文化、体育、学习、表演、康养之类的消费产品较为缺乏，特别是与城区特征相匹配的文化消费品极度匮乏；而布局上，除了几个传统的商圈外，其他夜间活动区域整体较为分散，体量较小，功能相对单一。究其原因，主要是目前夜间经济处于自发发展阶段，政府层面没有进行卓有成效谋划宣传。在谋划方面，古都西安升级打造“大唐不夜城”，开展“西安年　最中国”文旅盛宴；成都2019年春节推出“夜游锦江”项目，在240公里锦江绿道中打造“夜市、夜食、夜展、夜秀、夜节、夜宿”6大主题场景；而郑州虽然是文化古都、商业重地，但在城市主题文化方面凝练不足，在夜间经济方面没有提出让人耳目一新的活动或项目。金水区在此方面也相对欠缺，缺乏围绕夜间经济发展的主题项目，颇具特色的农科路酒吧一条街的地标性符号标识截至目前仍然没有提出来。在宣传方面，北京非常注重“京都夜文化”的宣传打造，后海、三里屯等街区已经成为非常著名的夜间消费街区；南京的“夜泊秦淮”也成为消费者津津乐道的地方，是外地游客夜间必去之地；而郑州对外省居民而言，还没有特别想去体验消费的地方；金水区尽管拥有18条特色街区，但品级不够高端，文化特征不明显。特别是，90后与00后成为夜间经济的消费主力，传统宣传手段针对他们难以奏效，夜间经济亟须营销创新。

平台能级不高。夜间经济是典型的集聚经济。发达城区无不是通过打造支撑平台，促进相关产业集聚发展而达到发展夜间经济的目的。目前金水区除了酒吧一条街、建业凯旋广场、金水升龙广场等一些传统商贸平台之外，其他平台能级不够、品级不高、创新创业发展不足，支撑不了夜间经济的繁荣发展。如建业老房子商业街是建业集团2009年重磅推出的一条高品位商业街区，是集合了传统与现代多元建筑风格的院落式商业区，业态定位上以汇聚世界各国的特色餐饮、娱乐、五星艺术酒店为主题，但由于体量小、宣传不足而发展缓慢；黄河路服饰特色街体量小、品味定位不够高端；西里路影像文化特色街因街道改造，后期没有足够的规划支持而没落；健康路体育用品街区较多注重用品售卖，缺乏健身运动服务。在平台创新创业发展方面，河南省博物院、大河村文化遗址尽管久负盛名，但由于没有开发出相应的文化产品以及夜间消费项目，而对夜间经济并没有发挥出应有的作用。而放眼其他城区，武昌区打造楚河汉街、北京朝阳区建造颇具欧洲情调的SOLANA蓝色港湾、深圳宝安区建造壹方城，都是多元文化主题商业区，成为该区域夜间消费的支撑平台与知名品牌；广州、深圳、成都等城市的夜游博物馆，上海的“动物园奇妙夜”夏令营，北京海洋馆的寒假夜宿等夜间休闲项目均取得了良好的社会和经济效益，成为夜间经济发展的良好支撑平台。

配套服务滞后。发展夜间经济尤其需要相关政府职能部门的配套服务。金水区虽然已经具备一些配套服务，但针对夜间经济发展还做得不够。首先，地铁与公交停运时间较早。据RET睿意德中国商业地产研究中心的调查显示，郑州末班地铁23：07，武汉23：37，长沙23：45；且郑州夜间公交覆盖仅有7.9%，远低于深圳的60%，大多数夜间公交末班发车时间为23：00；显然延长商户营业时间需要延长交通通勤时间。其次，安全保障不够。一些特色街区夜晚车辆行驶如旧，给路边消费的顾客带来不安全感。例如在调查中发现，农科路酒吧一条街晚上十点后一些车辆通行频繁，微醺的行人走在路边没有安全感；也有商户建议在特色街区建立警亭，给顾客安全感。再次，街区管理不到位。一些特色街区对商户没有进行统一的管理，整体给人一种混乱的感觉，使得中高端顾客流失，例如万达金街。最后，没有成立一个统筹各方的管理部门，顾客与企业难以及时找对申诉部门，而长沙天心区就成立了专门的夜经济服务中心，统筹相关职能部门服务夜间经济发展。

三、金水区培育发展夜间经济的总体思路与重点任务

指导思想。以习近平新时代中国特色社会主义思想为指导，全面贯彻党的十九大精神，按照市委“四重点一稳定一保证”工作总格局，立足区委“实现两个率先、领跑中部城区发展”奋斗目标，落实高质量发展要求，以打造国际范、商都味、时尚潮的“夜金水”为主题，着力完善特色化城区功能，建设一批夜间经济载体，营造高品质夜间营商消费环境，大幅提升城区开放活跃度、品牌知名度，加快形成夜间经济体系。

基本原则。坚持品质发展与城区建设相结合。将发展夜间经济放在提升城区整体竞争力战略下考量，定位发展高端夜间经济，以发展高品质夜间经济为契机做好城区建设开发，做好公共基础设施、背街小巷的改造升级；以城区建设和改造升级为依托形成高品质夜间经济发展载体，促进夜间经济集聚发展、高端发展、特色发展；两者相互促进共同推动城区品牌知名度提升。

坚持政府引导与市场主导相结合。充分发挥区政府在政策制定、规划引领、协调管理等方面的引导作用，科学规划全区夜间经济发展布局，制定支持政策，做好配套服务。充分发挥市场机制在夜间经济发展中的

主导作用，激活企业、个人投资经营、创新创业的积极性，深挖金水区夜间经济发展潜力，将“夜金水”打造成知名城区品牌。

坚持多元融合与个性突出相结合。鼓励“吃、住、游、乐、购、体、美”等多种业态丰富发展，鼓励综合体建设或综合活动举办，促进多元业态集聚融合发展。深挖金水乃至郑州的古都文化、商业文化内涵，建设主题文化地标，举办主题文化活动，努力打造个性鲜明、特色突出的“夜金水”品牌。

坚持创新驱动与开放带动相结合。依托金水区科教文卫资源优势，充分利用现代先进信息技术，着力创意、创新、创业，开发更多适合夜间消费的文化产品。借势郑州“一门户、两高地”建设，实施积极主动的开放带动战略，以国际视野高标准谋划一批夜间经济项目，夜间经济转型升级发展。

坚持鼓励发展与高效治理相结合。制定政策，全面鼓励发展夜间经济；充分考虑发展夜间经济的负面影响，在全面鼓励发展的同时建立健全管理规范保障机制，探索区政府相关职能部门、政府街道办、经营企业、社会公众在夜间经济发展中的权责，推动各部门各司其职、协同实施，推动各主体遵章守法，共同建设和维护良好夜间经济发展环境。

发展目标。围绕打造国际范、商都味、时尚潮的“夜金水”主题，按照提升改造夜间街区、策划形成亮点活动、创新推广新型业态的思路，经过 3～5 年的努力，形成 3～5 个高品质夜间经济示范区、5～10 个特色夜消费体验区、一大批夜生活集聚区，形成布局合理、功能完善、业态多元、管理规范的夜间经济发展格局。

夜经济示范区。在金水升龙广场、花园路金水路至东风路两大传统高端商圈，重点发展商贸、餐饮、休闲娱乐等业态；在文化路三全路的市民公共文化服务活动中心，重点发展文化创意、文化旅游、休闲娱乐等新兴业态，率先在这 3 个地方建造地标性建筑，升级相关公共设施，提升配套服务，开展主题宣传活动，建成全省一流、全国知名的夜经济示范区。

夜消费体验区。充分发挥金水特色街区现有优势，积极发展夜游、夜赏、夜品、夜购、夜习、夜健等项目，推动项目建设或开展主题活动，促进商、旅、文、学、体、会等“六夜”活动融合发展，建设 5～10 家各具特色夜消费体验区。

夜生活集聚区。充分发挥金水区商贸、教育、文化等资源优势，围绕大卫城、国贸360、正弘、天旺广场、瀚海北金等商圈，餐饮、酒吧等特色街区，影院、书店、音乐俱乐部等文化场所，建设一大批夜生活集聚区。

空间布局。“一渠引领”：即以东风渠开发为切入点，整合规范东风渠休闲游憩带，开展音乐喷泉等项目建设，鼓励多业态融合，探索音乐节、花灯展、马戏表演等会展活动，精心策划东风渠灯光秀、演艺秀、夜间游船等项目。

“两带支撑”：即集中打造金水升龙广场和花园路夜间经济繁华带。对金水升龙广场，重点鼓励商户升级定位，升级店铺门面、延长营业时间，加强交通管理，打造具有欧洲风情的国际范的夜经济繁华带；对花园路丰产路至东风路路段，统一进行路面改造亮化提升，鼓励商家升级商品层次，延长营业时间，加大夜间消费打折让利力度，加大宣传力度，打造成为网红打卡地、独具时尚潮的夜间经济支撑带。

“多点突破”：依托农科路酒吧、健康路体育、经七路餐饮等特色街区，丹尼斯大卫城、郑州百货大楼、天旺广场、瀚海北金、YOYO PARK购物公园、金水锦艺湾等城市商业综合体，紫荆山、文博等居民休闲广场，大唐人街文化广场、大观音寺中原文化集聚区、思念泛娱乐国际文化创意产业园、体育馆、科技馆、“开心麻花”剧场等项目为突破点，完善附属和周边商业配套服务，开展商、文、旅相结合的复合夜间消费，形成布局合理、多点结合的城市消费格局。

重点任务。突出规划，打造地标性夜经济集聚区。升级改造载体，建设夜经济示范区。打造升龙广场夜经济示范区。依托金水升龙广场高端酒店林立、休闲娱乐会所众多、内部配套设施齐备的优势，鼓励企业面向国际、升级定位，提升现有酒店会所设施的功能等级，亮化美化附近街道，强化交通管理、安全保障。打造花园路夜间经济示范区。依托花园路国贸 360、丹尼斯、正弘城、建业凯旋、农科路酒吧等商业综合体和特色街区，完善周边基础设施配套，优化业态布局调整。建设东风渠夜间经济示范区。以三全路金水区市民文化服务中心为起点，沿东风渠，下至中州大道，上至省体育中心，改造提升渠两岸的绿化设施，规划建设“夜游金水”水道，引导文化创意、文化旅游集聚发展。

做亮街区品牌，打造特色夜消费体验区。改造提升酒吧一条街。结合“农科路酒吧休闲一条街”街区品质提升工作，通过引进国内著名酒吧、知名娱乐企业，不断扩大街区规模、整合街区业态、提升街区品味、凸显街区特色，推动向高端化、品牌化、品质化发展，将农科路酒吧休闲一条街打造成为金水第一繁华街区、金水夜经济主战场。改造升级特色餐饮街区。进一步调整街区业态，推动向特色化、专业化、网红化发展，将金水万达金街、经七路、丰庆路等餐饮街区打造成为最具河南风土特色的小吃一条街、网红打卡地。延长文创场馆开放时间。以特色消费为主题，充分利用金水文化资源优势，依托河南省博物院、郑州海洋馆、郑州动物园等特色文化旅游资源，围绕大唐人街文化广场、大观音寺中原文化集聚区、思念泛娱乐国际文化创意产业园、体育馆、科技馆、“开心麻花”剧场等项目，鼓励场馆延长开放时间，打造一批历史文化与夜间经济融合消费体验区。提高夜演活动频次。充分利用金水节会赛事优势，依托“郑创汇”国际创新创业大赛、中国（郑州）国际街舞大赛等载体，通过调整赛事时间，将重要赛事与夜间经济结合起来，将“郑创汇”国际创新创业大赛、中国（郑州）国际街舞大赛打造成为节会赛事夜经济体验区。

增强大型网点综合功能，建设一批夜生活集聚区。打造一批夜间综合消费集聚区。充分利用综合商圈的辐射力、带动力和影响力，重点围绕丹尼斯大卫城、国贸 360、天旺广场、瀚海北金、YOYO PARK 购物公园、金水锦艺湾等城市商业综合体，突出购物、餐饮、休闲、住宿等综合功能，营造良好夜间消费氛围，引导商圈逐渐向体验型、智慧型方向发展。打造一批夜间文创消费集聚区。充分利用金水科技资源优势，依托 UFO 共享办公、众城科技等创新创业平台，拓宽建设思路，丰富服务内容，将创新创业与繁荣夜间经济结合起来，把 UFO 共享办公、众城科技打造成为城市文化与夜间经济融合示范街区。打造一批夜间文旅消费集聚区。充分利用河南省博物院、郑州海洋馆、郑州动物园等特色文化旅游资源优势，鼓励延长夜间开放时间，引导居民参观消费。打造一批夜间文娱消费集聚区。拓展书店、影院、艺术馆、体育馆、KTV 等场所综合服务功能，吸引居民文化娱乐消费。

突出特色，打造多业态产品供给体系。依托文化旅游资源优势，打造“夜游金水”品牌。依托河南省博物院、郑州海洋馆、郑州动物园等特色文化旅游资源，适时延时开放经营时间，不断丰富夜间旅游内容，持续创新夜间旅游方式，将河南省博物院、郑州海洋馆、郑州动物园等打造成金水区夜间旅游的主要目的地。依托东风渠改造提升工作，不断创新产业业态、丰富产品内容，将东风渠打造成为“夜游金水”品牌。

顺应文商旅融合发展趋势，打造金水“夜赏文创”品牌。充分利用金水辖区内紫荆山、文博、东风渠等居民休闲广场，新德亿、大视界等大型演艺场所，奥斯卡、万达、CGV 电影院等文化公共服务设施，完善附属和周边商业配套服务，开展文商旅相结合的复合夜间消费，为夜间经济注入新的文化元素。深挖商都文化内涵，鼓励依托河南博物院、大河文化遗址等文化资源开发富含商都历史文化与现代都市风情的视频影片、文艺节目，谋划一批大型文娱演出，通过大型文娱演出、群众性文艺汇演、剧场或实景演出等形式，不断丰富城市夜间消费市场内涵。继续支持“郑品书屋”开拓发展，鼓励书屋举办更多社会文化类公益讲座，探索书屋与商业融合发展模式，促进书屋能够自我滚动发展。鼓励一些酒店改造成电竞酒店，支持酒店、商场、娱乐场所利用 AR/VR 技术为消费者提供不同情境体验。

依托餐饮酒吧集聚优势，打造金水“夜品佳肴”品牌。以美食体验和休闲娱乐为主题，在大卫城、正弘城、国贸 360 等城市综合体中注重引入具有河南风味特色小吃，宣传富有浓郁地方特色的餐饮文化。在金水为达金街、建业凯旋等小吃街，加大街区整体品牌宣传，努力打造一批特色美食、名优美食、网红美食知名品牌。以餐饮、酒吧、KTV、烧烤、小吃为主题，优化提升农科路酒吧休闲一条街的综合休闲消费功能，加大宣传力度，建成富有地方特色的年轻群体夜间消费的新地标。在不扰民的前提下，允许餐饮户在20：00—23：00规范外摆，特别是夏季要鼓励延长营业时间。

依托传统商贸资源优势，打造金水“夜购潮货”品牌。鼓励丹尼斯大卫城、国贸360、正弘城、建业凯旋、天旺广场、瀚海北金、YOYO PARK购物公园、金水锦艺湾等大型商业综合体面向国际，多卖精品潮品；鼓励在一些专业产品交易市场多卖具有浓厚地方特色产品。鼓励丹尼斯、郑州百货大楼等购物中心打造购物、餐饮、共享办公等多业态相结合的商圈夜间消费形式。加大对美食、小吃、咖啡、足浴等夜间服务功能的提升，提升自身服务水平与服务技能，提升顾客体验感、幸福感、满足感。

依托科技教育资源优势，打造金水“夜习科普”品牌。充分利用郑品书屋、图书馆、博物馆、科技馆、各高校阅览室、各艺术培训机构、各相关职业培训机构等营业网点，开展夜间文化、科普、教育等夜间知识提升和普及活动，以充实自我，陶冶身心，给夜间经济生活增添文化元素。以讲座沙龙、读书会、夜宵茶点、夜间教育培训等经营方式丰富夜间科学教育市场。探索用数字化手段降低成本，尝试无人化经营，推行科普文化经营网点24小时营业。

依托体育场馆富集优势，打造金水“夜健体魄”品牌。倡导金水区体育馆、河南省体育馆、郑州市体育馆、大学田径体育场等公共服务夜间健身运动场所免费向公众开放，鼓励市民参与夜间群众性体育健身活动，提升夜间消费的品质。鼓励一些体育场馆或健身场所举办夜间赛事或节庆活动，扩展夜间消费市场的外延。

突出创新，打造多功能配套服务体系。突出监管创新。放宽夜间摆卖管制（20：00—24：00），在符合环境保护、安全生产、消防安全、市政换位等相关规定，不扰民、不影响交通秩序等前提下，对重点打造的夜市街区实施放宽摆买管制政策；经有关部门审批许可，在不占用车行道的前提下，区政府相关部门可以划定固定经营区域，满足创业者的经营需求。维护夜间市场经营秩序，鼓励企业开展商品质量、服务水平、购物环境等内容的消费体验评价并公开评价结果，推动建立消费维权社会共治格局，畅通消费者投诉渠道，完善“谁监管、谁受理、谁维权”的消费维权机制，提高消费者权益保护的能力、效率和精准度。

突出服务创新。鼓励开展延时经营，鼓励倡导金水区重点打造的夜间经济示范街区及周边区域内百货店、超市、便利店、餐饮企业、休闲娱乐场所、体育健身场所等各类销售和服务企业推行延时经营。与市交通局沟通，进一步优化夜间经济街区附近公共交通线路设置，开通夜间交通微循环路线，延长公交运营时间，加密夜间运行班次，延长夜间运营时间，方便市民夜间出行。优化夜经济繁华区交通管理，增设夜间停车泊位，重点规范和加强夜间经济示范街区的停车管理，提出优化街面停车位管理、夜间临时停车等具体措施。

突出环境美化。实施亮化美化工程，对夜间经济繁华区附近的主要道路、标志性建筑物和夜经济重点区域、特色街区进行集中亮化美化，增设照明设施，延长照明时间，营造灯光氛围，并统一智能化管理。提供良好营商环境，在法律法规允许范围内降低夜市经营的准入门槛，简化审批程序；规范夜市收费管理，降低夜间营业成本，减轻商户负担；完善水电气供给、污水收集排放、餐饮油烟处理、垃圾分类处理等配套设施，为经营者提供最大方便；加强食品安全、治安、消防等管理保障水平，完善公共安全应急救援预案，有效应对各类突发事件，为消费者提供放心的购物环境。

四、金水区培育发展夜间经济的保障措施

强化组织领导。成立以金水区政府主要领导为组长，相关区领导为副组长，各办事处主要领导为成员的金水区发展夜间经济工作领导小组，制定夜间经济发展规划，出台相关政策措施，统筹协调夜间经济发展。在夜间经济繁华区成立夜间经济服务运营中心，公开招聘具有夜间经济相关行业管理经验的人员担任“夜生活首席执行官”，执行领导小组相关

决策，服务夜间消费人群。

强化政策支持。建议出台《金水区促进夜间经济发展实施意见》，优化城区设施、要素、功能在空间上、时间上对夜间经济的配置。做好规划引导，合理布局城市空间，完善交通、环境、水电等城市基本公共服务。适度安排区级财政资金扶持夜间经济发展，对商户在人才、资金、税收上给予扶持。建立审批绿色通道，在法律法规允许范围内降低夜间经济街区经营主体准入门槛，简化审批程序等。

强化宣传引导。突出新媒体宣传平台，开设“夜金水”微信公众号、抖音公众号，实时推送网红打卡地、各类打折促销和文化娱乐等动态资讯，吸引市民广泛参与；开展休闲购物网红打卡地活动，树立一批环境优美、服务规范、线上线下结合、业态完善、适合市民夜间休闲消费的区域；充分利用报刊、广播、网络等各种媒体和平台，以及宣传单、户外大屏幕、地铁、公交、出租车广告屏等媒介，宣传推广金水区夜经济特色街区和夜经济活动，推介“夜金水”特色街区、特色产品、特色活动，为加快金水区夜间经济繁荣与发展营造良好氛围。

强化协调配合。各职能部门要协调配合，在区政府统一领导下研究制定具体方案并组织实施。商务部门负责做好综合协调工作；文化部门负责做好夜间文化娱乐活动的组织协调工作，延长文化场所营业时间，积极开展公益性文化活动；规划部门负责委托设计单位进行规划设计，切实做到风格各异，特色突出；城管部门负责指导夜消费集中区域的夜景亮化工作，鼓励、支持商家增设亮化设施和霓虹灯字号；环卫部门负责加大特色街区公厕的新建改造力度，做好现有公厕的日常清扫保洁；工商部门负责特色街区、夜市证照的办理发放工作；卫生部门负责特色街区、夜市餐饮单位食品安全监管工作，按程序对卫生设施、操作流程进行指导并提出书面监督意见；园林部门负责增加夜间娱乐项目和体育设施营运内容，做好夜间保洁和秩序管理等服务工作；金融机构应积极对市政府确定的特色街区、夜市建设单位给予信贷融资支持；建设、城管、水务、电业等部门负责水、电、气（蒸汽、天然气）管理工作。

强化督导考核。将发展夜间经济列入区政府年度重点工作，明确推动夜间经济发展年度目标任务，加强跟踪督导，并对有关部门和街道办目标任务完成情况进行考核。研究制订夜间经济示范街区标准并适时开展评定工作，对符合标准的授予夜间经济示范街区称号。

抓重点 补短板 强弱项
全面提速城市有机更新
持续提升城区承载能级

中共管城回族区委

为深入贯彻王国生书记调研郑州、徐立毅书记调研管城指示精神，全面落实全省对外开放大会及市委十一届十次全会各项决策部署，找准找实管城在郑州国家中心城市建设中的使命担当和战略定位，明确未来一个时期的城市建设发展方向和实践路径，特结合“不忘初心、牢记使命”主体教育要求，围绕管城回族区城镇化建设情况开展为期一个月的专题调研，调研采取了个别谈话、集中座谈、专题研讨等多种方式进行，现将调研成果报告如下。

一、调研背景

管城区作为郑州市老城区，在综合承载能力方面短板突出。中心城区，老旧楼院、无主管楼院破败萧条，与国家中心城市形态风貌极不协调；城市改造遗留的棚户区安全隐患一触即发，对群众安居形成持续威胁。南部新区，以道路为代表的城乡基础设施建设滞后，区域通达能力、集疏能力严重不足，民生服务水平亟待提升。解决这些突出问题，既是支撑全域旅游体系建设、实现“古都新生”的重要前提，也是优化营商环境、提高区域综合竞争力的关键举措，更是补齐民生短板、改善群众生产生活环境的应有之义。本着“吃透问题、厘清思路，补齐短板、务实发展”的原则，我们选取综合承载能力提升这个迫切需要解决的课题进行了专题调研。

二、现实问题

（一）老旧楼院数量多。全区共有楼院 831 个，其中老旧楼院 587 个（占比为 70%），无主管楼院 620 个（占比为 75%）。这些老旧楼院普遍存在“三个差”：一是基础设施差，地面破损、楼体老旧、缺少绿化、管线老化，消防设施年久失修，雨污水管道经常堵塞，断水断电时有发生。二是服务管理差，大部分老旧楼院都属于无主管楼院，部分物业管理形同虚设，公共配套服务和公共活动空间几乎为零，私搭乱建、私拉乱扯、乱停乱放等乱象丛生，给小区居民造成极大不便和安全隐患。三是人居环境差，设施薄弱、管理缺失，导致老旧楼院“脏乱差”问题突出，生活垃圾和各类杂物随意丢弃，城市“牛皮癣”“蜘蛛网”等随处可见，有的小区每逢下雨就污水横流，人居环境亟待改善，居民要求改造意愿强烈。

（二）危房安全隐患大。全区共有棚户区 61 处，510 栋房屋，6991 间、4347 户，涉及 13803 人，总面积近 42.3 万平方米。这些老旧棚户区房屋建成时间从 1950 年至 1995 年不等，大部分为 60 年代、70 年代、80 年代建成，平房、自建三层以下房屋较多，存在基础配套设施差、周边环境差、危房数量多的问题。以前后阜民里为例，该区域共有房屋 168 栋、387 间、1646 人，总面积 4.2 万平方米。区域内房屋多翻建于八九十年代，年久失修、破损老化现象严重。同时，该片区危房较多，其中特别危险的有 26 户、31 处。这些危房普遍存在墙体裂缝、房屋涉水、地基下沉等问题，不仅严重影响了城市整体风貌和群众生活品质，也对群众生命财产安全造成了持久威胁。

（三）路网体系梗阻多。一是区域内部联系不畅。绕城高速以内、南四环以外范围东西向没有一条贯穿通车的交通线路，区域交通仍无法摆脱村间土路、临时道路的支撑，未能形成完善的道路网格布局，交通疏导能力不强。二是对外联通程度不高。管城区南部片区地处二七区、经开区、航空港区、新郑市之间的交汇地带，但由于道路设施不完备，很多规划中的对外衔接路线“最后一公里”仍未打通。比如，南部有些区域在实际空间上毗邻经开区，但由于“断头路”的阻隔，进入经开区需要多次绕行，群众出行十分不便，区域发展严重受制。三是配套设施制约严重。南部片区规划的排污终点南曹污水处理厂建设仍在前期手续办理阶段，潮河治理工程没有完成，大量的变电站、热力供应站、燃气供应站、照明电源点等均未落地，管城区南部片区的雨污水排放、配套管线建设都存在不能正常使用的问题和困难，影响了路网投资建设的筹划和实施。

三、工作思路及对策

（一）扎实推进老旧小区改造提升。深入贯彻习近平总书记以“绣花功夫”管理经营城市的理念，结合省委省政府“百城建设提质”部署，和郑州国家中心城市建设要求，坚持“世界眼光、国际标准、郑州特色、以人为本、精致舒适”标准，扎实推进老旧小区改造提升各项工作。一要深谋大动一次成。坚持以“整街坊靓化”为抓手，深入实施“卫生净化、硬件优化、街区亮化、全域绿化、秩序畅通”为载体的“四化一通”工程，推动精细化管理从道路向楼院延伸，从表层向纵深推进，开启“宽视野、多角度、全方位”立体整治模式，变局部推动的小敲碎打，为整街坊一体化提升，以“最多搞一次，一次干成”的作风，努力做到地上地下同时改造、立面路面同时整治、景观设施同时提质，推动辖区市容市貌持续改观。二要过程监管创精品。城市精细化管理以及老城区的双修提升工作，规划引领是关键。城市历史文脉的挖掘展示，城市家具配置的以人为本，城区精神气质的充分彰显，施工组织的统筹衔接，关键节点的精准的把控，都需要超前谋划、一体布局，只有过程精致，才能保障结果精品，实现基础设施完备高效、卫生环境整洁有序、街景绿化全面提升，整体风貌优美和谐、城市文脉完美呈现的奋斗目标。我们必须牢牢守住为民服务这一底线，精准施政，精细服务，共同托起群众“让生活更美好”的梦想。三要全民参与造氛围。改造提升顺利推进的关键在于发动群众，群众的理解率就是我们的支持率，群众的参与率就是我们工作的成功率。在实施过程中，要按照“改什么，群众拿主意；怎么改，群众出主意”原则，在主动入户调查、广泛发动群众的同时，通过设立联络站、民情室等方式，充分征集居民群众意见建议，确定改造范围、改造标准和改造方案，并及时向群众公开，让群众从这项工作中真正得到实惠、看到效益，避免政府干、群众看的现象。四要精雕细琢提品质。利用 3 年时间，拿出绣花功夫、匠人精神，分类分批对全区 587 个老旧小区，从整街坊的“硬件功能提升、城市家具配套、历史文化传承、格调气质把握、建筑立面色调”等各个方面进行精雕细琢，让政策善意和人文关怀传导到城市的每个“神经末梢”，确保在细微之处见功夫、显温情。

（二）全面提速安居工程建设。坚持规划引领、科学布局，采取政府主导、市场化运作的方式，根据全区经济实力，坚持“尽力而为、量力而行”原则，采用分步走的办法，以北庆里、前后阜民里、东太平里等棚户区为重点，以“消棚去危”为主要措施，全力实施棚户区改造提升工程。一是委托有资质的房屋安全检测机构，对危旧房屋进行检测，排查出安全隐患较大的房屋，建立工作台账，及时启动危房置换工作，力争用 2 年时间，让所有危房群众搬迁新居。二是对北庆里等不易改造提升的棚户区，根据现状，通过外围房地产项目开发，采用捆绑运作等方式，扎实稳妥推进棚户区改造和搬迁，在改善棚户区群众生产生活环境的同时，有效疏解中心城区功能，缓解中心城区人口过密的现状。三是对前后阜民里等有改造提升可行性的棚户区，要本着延续传统城市肌理、更新利用老旧建筑、置换院落功能空间等原则进行就地提升，全力将其打造成为艺术文创产业集聚地、文化展示交流平台、现代体验式开放街区，让老旧棚户区绽放新的生命力。

（三）全力打造现代路网体系。对内要畅通微循环。要以计划实施的68个交通道路建设项目为抓手，进一步加快南部路网建设，完善农村道路系统和内外交通路网体系，鼓励打开封闭社区，打通断头路，适当增加支路网密度，优化道路断面和交叉口，逐步打通现代化城市交通微循环。力争在2021年，除小李庄车站规划调整区域外，全区基本形成支干相连、区域成网、城乡通达、畅通无阻的综合交通网络。对外要打通主动脉。要全力推动紫荆山路长江路组合立交、中州大道、渠南路等大型市政重点工程的征迁建设，全面打开管城东南门户，着力构建内外互联互通的发展格局，力争早日实现“域内畅通、域外联通”的既定目标任务。对上要积极抓协调。要进一步强化与相关部门的沟通协调，全面提速燃气、给水、电力、通信、照明、热力等配套设施跟进，尽快督促推进南三环污水处理厂、潮河治理工程以及南部片区的变电站、热力供应站等关键的节点设施工程，切实解决南部片区道路建设的后顾之忧。

总之，我们将以此次“不忘初心，牢记使命”主题教育为契机，紧扣“古都新生”奋斗目标，全面推动城市有机更新，带动形态更新、业态更新、功能更新，持续激发城市活力，向人民群众交上一份满意答卷。

新发展格局下郑州打造高质量发展区域增长极面临的机遇、挑战和对策

郑州市发展和改革委员会

面对逆全球化回潮、新兴市场体量不足、保护主义、单边主义上升、全球产业链供应链因非经济因素而面临冲击等诸多问题，构建以国内大循环为主体、国内国际相互促进的新发展格局是中国破题的必然选择和关键之举。郑州市作为河南省省会、建设中的国家中心城市，肩负着扩大内陆开放、在黄河流域生态保护和高质量发展中担当作为、为中原城市群发展提供强力支撑的历史使命，必须顺应我国区域经济发展动力极化趋势，抢抓机遇，发挥比较优势，加快融入“双循环”新发展格局，全力打造更高水平的高质量发展区域增长极，实现在新时代“中原更加出彩”新征程中龙头高高扬起，为引领中原发展、支撑中部崛起、服务全国大局作出积极贡献。

一、新发展格局下郑州所处的环境背景

（一）国家提出“双循环”新发展战略格局。面对国际、国内发展环境的新变化，党中央适时提出“双循环”新发展体系，顺应时代发展要

求，合乎经济发展规律，具有极强的战略背景意义，是与时俱进提升我国经济发展水平的战略抉择，也是塑造我国国际经济合作和竞争新优势的战略抉择。

1. 大国博弈逆全球化显著增强。从国际来看，新冠肺炎疫情全球大流行对世界经济、国际秩序、全球治理和各国政治生态产生广泛而深远影响，世界格局不稳定性显著增加、矛盾斗争更趋激烈，呈现力量格局重构、经贸规则重建、竞争优势重塑的叠加态势。一是大国博弈导致全球经济关系紧张。2019 年，我国 GDP 总量达到 99.1 万亿元人民币，是世界第二大经济体、制造业第一大国、商品消费第二大国。根据世界银行基于购买力平价的 GDP 核算，1980 年至 2019 年，我国 GDP 占全球 GDP 的比重从 2% 增长到 17.3%，美国 GDP 占比从 22.6% 下降至 15.8%，未来中国经济在全球的相对比重可能继续增长 10%，而美国将收缩 3%，这将加剧中美间的紧张关系。尤其是在贸易和经济领域，美国将我国作为最大战略对手，持续加大全方位打压阻遏围堵和极限施压力度，以美国为主导的西方与我不同制度模式、发展道路和意识形态的深层次较量趋于加剧。二是逆全球化回潮愈演愈烈。2008 年金融危机后，逆全球化回潮逐步凸显。欧美企业家、研究者和政策制定者“去中国化”的主张和决心更加凸显，供应链已然呈现出本地化、区域化、分散化的逆全球化趋势，这些均会在产业链、供应链层面对我国优势地位产生更加深层次的影响。

2. 新一轮产业和科技革命加速拓展。当前，以 5G、物联网、云计算、区块链、数据中心、人工智能为代表的新一代数字科技技术正在全球范围内蓬勃发展。作为新一轮产业变革的核心驱动力，其必将进一步释放历次科技革命和产业变革积蓄的巨大能量，创造经济发展新动能；必将重构生产、分配、交换、消费等经济活动各环节，形成从宏观到微观各领域的智能化新需求，催生新技术、新产品、新产业、新业态、新模式，引发经济结构重大变革；必将深刻改变人类生产生活方式和思维模式，实现社会生产力的整体跃升。

哪个国家能抓住这轮技术革命，哪个国家就能在未来的国际发展竞争中占得先机。我国拥有巨大的国内消费市场和世界上最完整、规模最大的工业供应体系，这是我们抢抓新科技经济的优势，同时也面临缺少重大原创成果，基础理论、核心算法、关键设备、高端芯片与国外发达国家差距较大的困境。《工业“四基”发展目录（2016年版）》显示，我国在11个先进制造领域中，共有287项核心零部件（元器件）、268项关键基础原材料、81项先进基础工艺、46项行业技术基础亟待突破。在此背景下，将满足国内需要作为发展的出发点和落脚点，加快科技创新攻关，尽快攻克一批“卡脖子”的关键核心技术，无疑具有重大现实意义。

3. 我国经济增长内生转型要求。从主要发达国家的工业化规律看，工业化中期，二产快速发展，二产增加值在GDP中所占比重不断提升，成为主导国民经济的第一大产业。第二产业生产过程比第一产业和第三产业需要更多的中间投入，所以这一时期呈现重投资、轻消费特征。进入工业化后期及后工业化阶段，现代服务业快速发展，其发展所需的固定资产投资比第二产业要少，全社会投资趋于下降。全社会的产品供给能力已达到较高水平，经济增长主要受有效需求或者市场容量的约束。因此，政府政策开始侧重于如何启动内需。2019年底，我国人均GDP达到10260美元，收入达到中高等收入国家水平；第一、二、三产业增加值分别为70467亿元、386165亿元和534233亿元，三次产业占比为7.1∶39∶53.9，已经进入工业化后期，部分发达地区已经进入后工业化时代，经济发展的核心问题已经由周期性问题转化为需求疲弱与供给过剩的结构性问题，构建“双循环”新发展格局也是我国经济转型发展的必然要求。

（二）国内城市竞争日趋激烈。郑州市2019年GDP总量为11589亿元，位居全国第15位，与宁波（11985亿元）、无锡（11852亿元）、青岛（11741亿元）、长沙（11574亿元）、佛山（10751亿元）五市GDP总量大体相当。

（三）国家和省委省政府对郑州发展有更高的要求和期待。

1. 国家对郑州有更高的目标定位。2019年3月8日，习近平总书记参加第十三届全国人大二次会议河南代表团审议，肯定了郑州打造内陆开放高地的做法成效；8 月 26 日，习近平总书记在主持中央财经委员会第五次会议时，把郑州列入国家高质量发展区域增长极城市行列；9 月 18 日，习近平总书记到郑州调研，主持召开黄河流域生态保护和高质量发展座谈会，把黄河流域生态保护和高质量发展战略确定为同京津冀协同发展、长江经济带发展、粤港澳大湾区建设、长三角一体化发展一样的重大国家战略；12 月 16 日，习近平总书记在中央财经委第五次会议上的重要讲话在《求是》杂志摘要刊发，阐明了新时代我国区域经济发展的新趋势、新路径、新机制，对郑州在国家高质量发展区域增长极形成中，赋予了新的战略定位和使命担当。这是继 2016 年底，国家出台《中部崛起“十三五”规划》和《中原城市群发展规划》，明确支持郑州建设国家中心城市后，党中央和国家再一次密集地对郑州的发展指明前进方向、带来重大机遇、赋予重大责任，国家对郑州在全国发展大局中的目标定位和厚望期待从未像今天这样如此之高。

2. 河南省发展需要郑州有更大的使命担当。2019 年 7 月 24 日，河南省全省对外开放大会在郑州召开，对郑州提出了“在全省发挥更大辐射带动作用、在全国同类城市竞争中形成更多比较优势、在国际上赢得更大影响力”的“三个在”目标。省委、省政府又专题召开会议，进一步深入研究郑州的重大发展问题，强调了郑州国家中心城市建设的“四个内涵”，要求郑州发挥好枢纽优势，加快打造国际综合交通枢纽和开放门户；要求郑州按照总书记“把制造业高质量发展作为主攻方向”的指示精神，加快建设国家先进制造业基地；要求郑州把丰富的文化资源挖掘好、利用好，成为名副其实的国家历史文化名城；要求郑州在黄河战略中扛起责任、率先行动，加快打造黄河流域生态保护和高质量发展核心示范区。“三个在”“四个内涵”是省委、省政府贯彻总书记重要指示精神、要求郑州回答的时代试卷，中部崛起、中原发展也需要郑州加快打造高质量发展区域增长极，发挥更大的辐射带动作用，这是郑州必须承担的责任使命。

二、新发展格局下郑州打造高质量发展区域增长极面临的机遇

（一）定位明确战略叠加，发展机遇前所未有。受新冠疫情和国内外不确定环境影响，我国经济发展面临前所未有的挑战，但展现出巨大韧性，宏观政策更加积极有为，稳中向好、长期向好的基本趋势没有改变。

以习近平同志为核心的党中央对郑州发展高度重视，把郑州列入国家高质量发展区域增长极城市行列，强调“增强中心城市的经济和人口承载能力”，明确要在资源要素配置、建设用地等方面向中心城市和重点城市群倾斜。我们党的执政理念和治国方略从过去更加重视大中小城市均衡发展转变为“以中心城市和城市群为带动重构我国经济空间结构”，从过去以板块为主布局区域经济转变为“以三大板块为带动、以长江和黄河为轴线，促进东西部、南北方高质量协调发展”的新战略布局；省委、省政府以中心城市带动城市群发展战略导向明确，推进郑州大都市圈建设力度不断加大。中央和省委、省政府对郑州发展寄予厚望，郑州作为正在建设中的国家中心城市、中原城市群龙头、沿黄流域超大城市，黄河流域生态保护和高质量发展区域、航空港经济综合实验区、中国（河南）自由贸易试验区、郑洛新国家自主创新示范区、中国（郑州）跨境电子商务综合试验区、国家大数据（河南）综合试验区、通用航空产业综合示范区等多项国家政策在此叠加，发展机遇前所未有。

（二）内陆门户区位突出，交通枢纽优势明显。郑州史称“天地之中”，承东启西，连接南北，区位优势突出，是全国 12 个最高等级国际型综合交通枢纽之一，是全国普通铁路和高速铁路网中唯一的“双十字”中心，也是全国唯一的空港型国家物流枢纽。2019 年，“空中丝绸之路”，郑州新郑国际机场旅客吞吐量接近 2913 万人次（图 1）、居国内机场第 12 位，货邮吞吐量突破 52.2 万吨（图 2）、稳居全国机场第 7 位，客货吞吐量继续稳居中部双第一。航空口岸全面实施“7×24”小时通

关。“陆上丝绸之路”，班列开行 1000 班、货重 54.1 万吨，分别增长 33%、56.1%。国际陆港“一干三支”多式联运示范工程通过国家验收。“网上丝绸之路”，跨境电商交易额 107.7 亿美元、增长 24.6%。“海上丝绸之路”，实现与青岛、连云港、天津等港口无缝衔接，海铁联运完成 1.1 万标箱。在国家“构建以国内大循环为主体”的新发展格局下，郑州承接南北、连贯东西的得天独厚的区位交通优势将会进一步凸显，这将成为郑州抢抓机遇、加快构建高质量发展区域增长极的强大动力引擎。

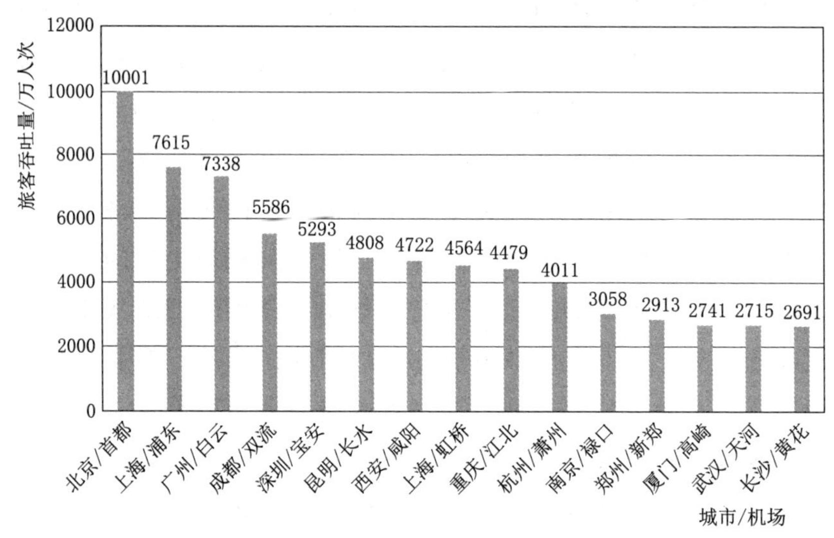

图 1　2019 年中国机场旅客吞吐量前 15 名

（三）人力充沛腹地广阔，市场消费潜力巨大。郑州处于中部地区的核心区，背靠河南 1 亿人口大省，以郑州为中心的两小时高铁经济圈形成覆盖近 4 亿人口的货物集散与消费圈。2019 年，郑州净流入人口 40 多万人，预计到 2035 年人口规模达到 1800 万人，人力资源充沛程度、市场辐射合理程度、现有空间承载能力在全国城市中优势明显。构建新发展格局的核心是以畅通国民经济循环为主体、国内国际双循环相互促进，重塑国际合作与竞争新优势，其首要任务是畅通国内循环，把满足国内需求作为发展的出发点和落脚点，构建完整的内需体系。通过发挥内需

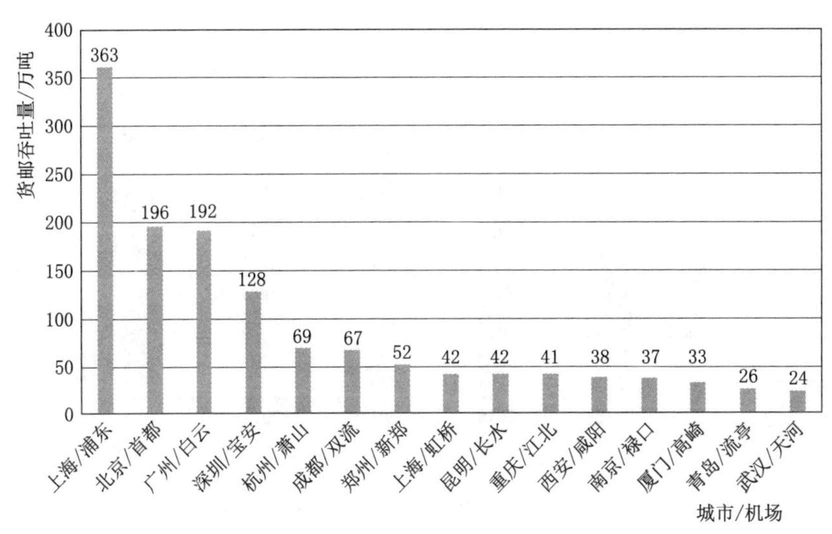

图 2　2019 年中国机场货邮吞吐量前 15 名

潜力，带动消费、消化产能，并倒逼数字经济、智能制造、生命健康、新材料等战略新兴产业领域的科技创新，最终构建起高质量的产业链和高标准的市场体系，达到促进社会经济持续健康增长的目的。人力资源是构建新发展格局的重要依托，充沛的人口、广阔的市场是我国实施“双循环”的底气，而这也恰是郑州的优势所在。

（四）态势良好动能积聚，经济总量不断提升。近年来，郑州社会经济发展态势良好，势头强劲，经济总量不断提升。2019 年，郑州地区生产总值完成 11589.7 亿元（图 3）、占全省的 21.4%、总量居全国城市第 15 位，较上年前移 1 个位次；一般公共预算收入 1222.5 亿元、社会消费品零售总额 5324.4 亿元，分别占全省的 30.2%、22.7%；进出口总额 4129.9 亿元、占全省的 72.3%，居中部城市首位、省会城市第 5 位，已经成为新亚欧大陆桥经济走廊上体量最大、经济实力最强的城市，在全国经济地理版图中的区位优势较为突出。与此同时，郑州又接连晋身成为全球经济竞争力城市 100 强、全球营商环境友好城市 100 强、全国数字城市 10 强，不断提升的经济总量和强劲的发展动能是郑州加快建设高质量发展区域增长极的重要支撑。

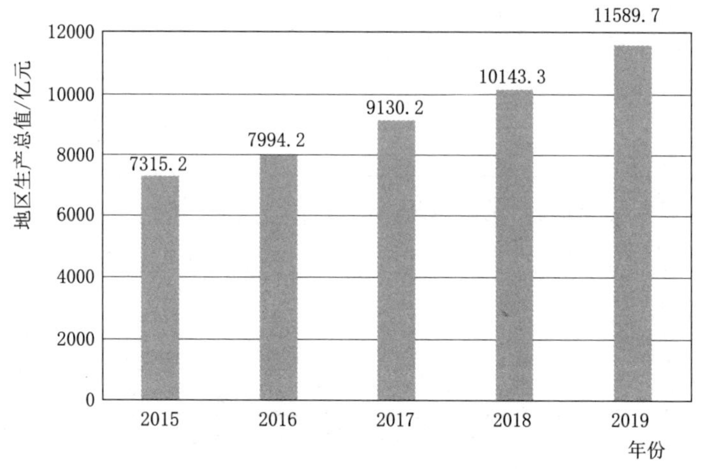

图 3　2015—2019 年郑州市地区生产总值

三、新发展格局下郑州打造高质量发展区域增长极面对的挑战

（一）开放发展层次偏低，消费拉动效应不足。互联网技术广泛应用和航空运输快速发展，拉近了世界空间距离，让郑州这样不沿边、不沿海、不沿江的内陆城市有了深度融入国际经济大循环的历史条件，而新一轮开放又是陆海内外联运、东西双向互济的开放，郑州与沿海地区处于同一平台上，为郑州开放发展打开了窗口。但要清醒地认识到，郑州也存在国际知名度不高、影响力不够、领事馆缺位、全球 500 强企业少、实际利用外商直接投资额较低、利用外资质量不高等问题。2019 年，国家中心城市已开馆领事馆数量方面，北京有 134 个，上海有 76 个，只有郑州和天津没有领事馆（图 4）。财富世界 500 强企业的总部仅有一家在郑州，外资绝大多数集中在劳动密集型和出口导向型产业（如富士康），对当地企业的辐射带动和对产业结构升级的推动不够。郑州吸收先进技术和再创新的能力较弱，对外开放层次偏低。此外，郑州的社会品消费零售总额从 2004 年的 558.70 亿元增长到了 2018 年 4260.10 亿元，但其增速却从 2005 年的 26.49%下降到了 2018 年的 5.20%；2019 年郑州全

年社会品消费零售总额5324.4亿元，仅相当于上海市（13497.21亿元）的39%、北京市（12270.1亿元）的43%和武汉市（7449.64亿元）的71%，消费拉动效应较弱，需求增长动力不足。

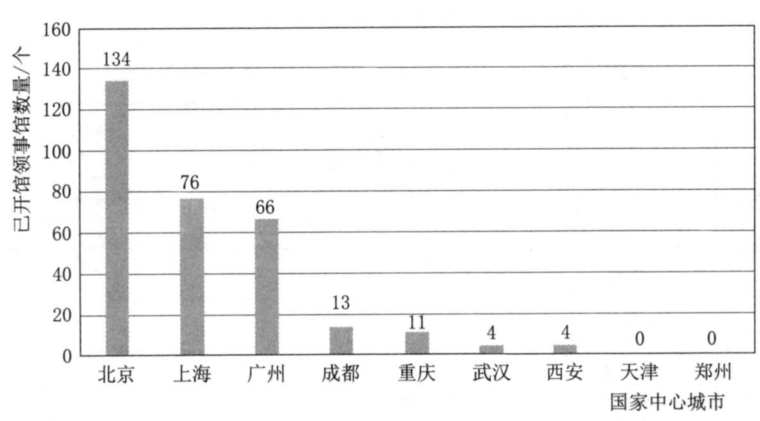

图4　2019年国家中心城市已开馆领事馆数量

（二）科技创新资源匮乏，产业链条大而不强。科技创新资源匮乏，是郑州打造高质量发展区域增长极进程中的突出短板。郑州市只有1所“世界一流大学B类建设高校”和3个“世界一流建设学科”（表1，图5），世界一流大学和世界一流学科建设高校数量是北京市（34个）的2.94%、武汉市（7个）的14.3%，世界一流学科建设数量是北京市（162个）的1.85%、武汉市（29个）的10.3%。2019年，郑州在校研究生数量为3.16万人，在中部六省省会城市中居于倒数第一（图6）。优质高等教育资源少、高端领军人才少、自主创新实力弱、原始创新能力低的问题非常突出。此外，郑州产业链条大而不强，产业发展层次总体偏低，具有行业领先水平的产品少，所拥有的全国500强企业以传统型企业居多，IT、金融、总部经济、会展经济等高附加产业业态相对薄弱，影响郑州经济发展动能的可持续性。

（三）社会经济压力加大，实体经营面临困难。当前疫情的境外输入、境内反弹风险持续存在，郑州市生产活动和经济社会循环尚未完全恢复，在疫情影响下部分领域困难和风险进一步凸显，主要有高校毕业生等重点人群就业压力突出，金融、房地产等领域风险增加，企业纾困政策受惠面不宽等。尤其在实体经济经营方面，受缺少抵（质）押物、互保链危机等因素影响，银行贷款放款、延期续贷意愿不强，中小微企业融资难、融资贵问题仍然比较突出。

表1　　全国主要城市“双一流”高校及学科数量分布表

序号	城市	世界一流大学和世界一流学科建设高校数量/个	世界一流学科建设数量/个
1	北京	34	162
2	上海	14	57
3	南京	12	38
4	武汉	7	29
5	杭州	2	19
6	广州	5	18
7	西安	7	16
8	天津	6	13
9	合肥	3	13
10	成都	7	13
11	长沙	4	12
12	长春	2	11
13	哈尔滨	4	11
14	厦门	1	5
15	重庆	2	4
16	青岛	2	4
17	兰州	1	4
18	郑州	1	3

（四）交通集疏能力不够，枢纽地位作用亟需进一步加强。交通是郑州发展的优势，但也存在亟待解决的问题。交通枢纽的能级最终体现在集疏的能力上。不论是哪种交通方式，只有成为集疏中心才会有枢纽价

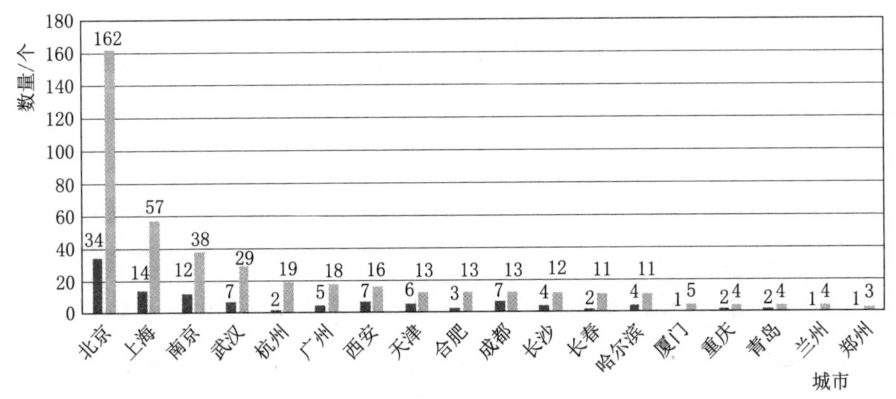

图 5　全国主要城市“双一流”高校及学科资源数量分布

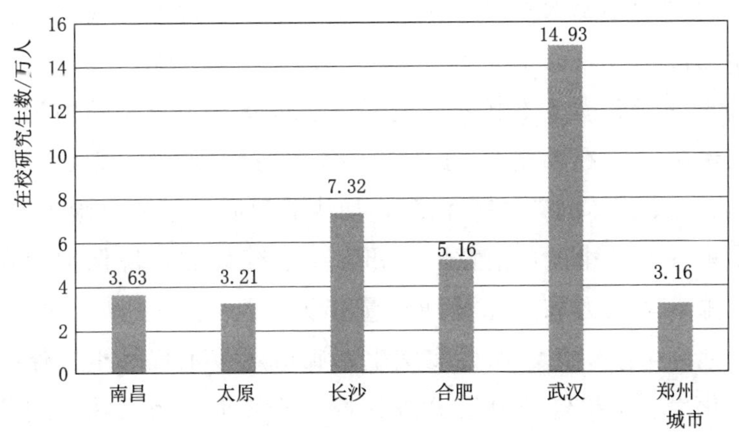

图 6　2019 年中部六省省会城市在校研究生数量

值的体现。郑州目前高铁、航空运输“中转”特征明显，在大进大出、快进快出、要素集聚方面存在不足。航空旅客吞吐量尽管略高于中部城市，但与北京、上海、成都、西安等城市相比还相差甚远；货运方面地区高度单一，严重依赖欧洲市场，非洲、中东、美洲市场鲜有开拓，缺少河南本土货代公司。此外，运载装备标准化程度、货物换装运输无缝衔接比例和数据信息共享机制都需要进一步提升，交通基础设施建设和多式联运有待进一步优化。

四、新发展格局下郑州打造高质量发展区域增长极的对策

世界百年未有之大变局在新冠肺炎疫情的影响下加速深度演化。面对国际逆全球化回潮、保护主义、单边主义上升、全球产业链供应链割裂以及国内经济下行、城市间竞争加剧等挑战，郑州市必须始终牢记习近平总书记的殷殷嘱托和省委、省政府的希望重托，立足现实基础，抢抓“双循环”新发展战略机遇，充分发挥区位、交通、人口、市场等比较优势，补足科创、产业等发展短板，统筹常态化疫情防控和经济发展，才能加快打造更高水平的高质量发展区域增长极。

（一）抢抓重大战略机遇，高标准打造黄河流域生态保护和高质量发展核心示范区。

1. 加快建设沿黄生态保护示范区。坚决落实习近平总书记“治理黄河，重在保护，要在治理”的要求，坚持防洪为先，统筹推进区域内“堤（岸）、疏、蓄、滞”综合治理，加快黄河防洪工程、险工改建加固、防护坝工程等项目建设，把黄河防汛、生态建设和环境保护摆在首要位置，把资源承载能力和生态环境容量作为黄河生态带建设的重要依据。突出沿黄地区生态特色，加快实施生态廊道示范工程和生态保护及修复工程，强化生态保护红线分区分级管控。统筹推动山水林田湖草系统治理，以沿黄河、沿路网和山区河湖区域为重点，实施森林屏障工程，全面提高森林覆盖率，形成堤内绿网、堤外绿廊、城市绿芯的区域生态格局，逐步实现防洪安全和生态建设的有机融合，加快推动郑州沿黄生态保护示范区建设。

2. 着力打造华夏文明、黄河文化主地标。突出郑州“华夏文明之源、黄河文化之魂”的文化定位，保护黄河文化遗产，加强黄河文化研究，挖掘黄河文化内涵，大力弘扬黄河文化精神。通过实施复兴黄河母亲主体形象，规划建设黄河国家博物馆和黄河文化演艺综合体，提档黄河国家地质公园，协同推进商代王城、黄帝故里、登封“天地之中”历

史建筑群保护开发，高品质打造包含汉霸二王城、西山遗址、荥阳故城、大运河通济渠郑州段、花园口抗日遗址、大河村国家考古遗址在内的沿黄河文化带，加快建设黄河文化精品工程。以举办世界大河文明论坛为契机，搭建起郑州与国际文化交流的平台，讲好“黄河故事”“郑州故事”，强化全社会对郑州作为黄河主地标的认知度，吸引游客来郑“观黄河、游黄河、感黄河”，打造国际研学黄河文明寻根目的地和中华优秀传统文化观光体验地。

3. 全力建设核心示范区起步区。按照突出自然、融入文化、着力创新、提升品质的原则，依托黄河文化公园，围绕打造“自然风光＋黄河文化＋慢生活”休闲生态系统，重点做好黄河流域生态保护核心示范区起步区规划建设。高品质建设沿黄慢行系统，高起点启动大河村国家考古遗址博物馆新建工程，精心做好江山路与沿黄公路交汇处高滩慢行系统设计，高标准打造黄河流域生态保护和高质量发展核心示范区起步区，把国道312线黄河郑州段打造成郑州最美道路，形成“水、滩、林、文化、产业”有机融合的城市沿河风貌，让郑州沿黄区域成为慢生活、微度假的理想目的地。

（二）统筹疫情防控和经济发展，多措并举扩大内需。

1. 保就业惠民生，尽全力保障困难群体。疫情对社会中低收入群体的就业、生活影响最大。新格局下郑州做好高质量发展区域增长极建设，必须首先坚持以人民为中心的思想，统筹疫情防控和经济发展，以稳岗位保就业惠民生为重点，做好“六稳”“六保”工作。坚持人民至上，切实把为民造福十条意见落实到位，千方百计保就业，深入实施稳就业攻坚行动，实施高校毕业生就业计划，拓宽农民工就地就近就业渠道，通过公益性岗位安置、开发老旧小区物业配套岗位、政府购买服务岗位等途径，解决好就业困难群众的就业问题，进一步加大困难群体就业援助力度，统筹做好失业人员、退役军人等群体就业。高质量交好脱贫攻坚答卷，把打赢脱贫攻坚战融入乡村振兴的大盘子，强化精准施策，落实兜底政策，加强对口帮扶。千方百计稳定物价，尤其是要保障粮、油等生活基本物资价稳量足，对申请最低生活保障、特困人员救助供养的建档立卡贫困人口等困难群众，视情先给予临时救助，及时缓解其生活困难，尽全力保障困难群体生活。

2. 减税负送政策，用全心稳定市场主体经营。企业平稳运行是郑州经济健康、快速发展的基础。在以“国内大循环为主体”的新发展格局下，各类企业，尤其是中小微企业在城市经济发展中的作用将进一步凸显。要以“留得青山，赢得未来”的思想，全面落实中央、省、市出台的系列稳企帮扶政策，通过“一联三帮”保企稳业、“三送一强”等活动的持续开展，帮助各类市场主体渡过难关。深入实施“861”金融暖春行动和制造业中长期贷款扩容专项行动，扩大中长期贷款投放；完善金融服务共享平台，扩大信用贷规模，推动平台进县域、进园区、进企业，确保中小微企业全覆盖；协调驻郑金融机构落实中小微企业贷款延期还本付息、支农支小再贷款再贴现资金投放等系列政策；用好地方专项债券支持中小银行补充资本金政策，增强金融服务中小微企业能力；完善中小微企业征信服务，增强政府性担保机构能力，放大增信支持效应。打好社会保险费“免、减、缓、返、补”政策组合拳，延长阶段性减免企业社会保险费政策实施期限，全力支持企业稳定岗位，稳定郑州市场主体经营。

3. 促消费增业态，最大化激发社会消费活力。扩大内需是加快内循环，在新发展格局下拉动城市经济持续增长的源头。坚持扩大内需这个战略基点，使生产、分配、流通、消费更多依托国内市场，加快培育完整内需体系。持续深入落实《郑州市关于促消费增活力稳增长的若干举措》，发展健康“网红经济”，挖掘推广“德化步行街”等城市“网红打卡点”，带动周边配套消费。要发展远程医疗等“互联网+”新业态，培育“首店经济”“夜经济”“体验经济”等消费热点，繁荣小店经济，鼓励主要商业消费区延长营业时间，支持企业在规范有序的条件下，采取“店铺外摆”“露天市场”等方式进行销售。要加快现代商贸、健康医疗、养老托幼等生活性服务业精细化发展，积极培育信息、体验、定制、智能等新兴消费热点。鼓励有条件的企业建设一批线上线下融合新消费体验馆，积极引进培育一批线上零售、在线教育、线上会展等功能性服务平台企业，支持大型商场和超市积极发展“线上＋线下、商品＋服务、零售＋体验”新模式，实现线上线下一体化发展。同时扎实推进“互联网＋农产品”出村进城工程，支持品牌连锁服务企业向乡村延伸，扩市场促消费，最大化激发郑州消费活力。

（三）加强科创研发应用，着力构建现代产业体系。

1. 实施人才强市，招引留用巩固人才支撑。坚持以更大决心、更大力量、更精准措施实施人才强市战略。实施分层分类、精准有效的人才激励政策，推行海内外高端人才、专项科技领军人才、产业骨干人才、青年人才和名师名医名家5类人才支持专项，针对高层次人才，在项目引进、人才资助、生活保障等方面推出更加具有吸引力的综合举措。健全完善人才引育工作机制，运用大数据技术绘制高层次人才分布地图，掌握行业领域创新动态和人才信息，依托重点企业驻外机构、中介组织等设立人才联络站，统筹海外人才资源，助推人才项目精准对接，搭建面向全球的郑州引才网络平台。在留才用才方面，综合运用公共租赁住房、政策性租赁住房、共有产权房、人才公寓等方式，租购并举为各类人才提供安居保障；继续提高郑州生态环境、人居环境和公共服务供给，更好地满足高层次人才子女教育、医疗和生活方面的需求，畅通人才流动渠道，努力把郑州打造成一流人才的汇聚之地、培养之地、事业发展之地和价值实现之地，为郑州打造高质量发展区域增长极提供人才支撑。

2. 引进科创资源，探索创新集聚发展动能。郑州高端教育资源匮乏，科创资源薄弱，“双循环”体系下，要增强城市经济可持续发展动能，必须把引科创平台、引科研机构作为集聚智力资源的主攻方向。依托中原科技城建设河南省人才创新创业试验区，围绕32个核心板块发展，积极构建以企业为主体的自主创新体系；围绕产业技术创新需求，鼓励创新型龙头企业、高校、科研院所在郑共建新型研发机构，着力建设高水平研发平台；以加速技术成果产业化为目标，推进人才、平台、园区等核心要素协同配套，探索建立政府引导、核心技术团队控股、社会资本参与、市场化运作的新型研发机构运行模式。以智慧岛为中心、以龙湖北部片区为核心示范区、以科学谷（鲲鹏软件小镇）为拓展区，整合中原科技城功能定位和空间布局，构建串联高新区、金水区和郑东新区的沿黄科创带，打造“中原科技带”，探索“研发基地＋科创企业＋创新金融”建设模式，打造科创引领带动全市高质量发展的产业走廊，加快形成“两翼驱动、四区支撑、多点联动”的科技创新引领郑州高质量发展新格局。

3. 聚焦关键环节，补链强链推动转型升级。主动融入以国内大循环为主体、国内国际双循环相互促进的发展新格局，建立产业链协同机制，统筹梳理完善重点产业链图谱、技术线路图谱、应用领域图谱、区域分布图谱、关联配套企业清单，推动“链长制”“一链一策”，打通堵点、连接断点，促进产业链整体配套、整链提升。深入实施制造业高质量发展三年行动计划，实施产业强链固链行动。围绕打造电子信息、汽车及零部件、装备制造、现代食品、生物医药、新型材料、铝加工制品等优势产业链，加快与新一代信息技术深度融合，打造跨行业的工业互联网平台，推动企业上云，建设一批智能工厂、智能车间，发展柔性化生产、个性化定制模式，巩固提升产业核心竞争力。制定实施服务业高质量发展三年行动计划，推广服务型制造模式，发展工业设计、研发外包等生产性服务业，强化先进制造业和现代服务业耦合共生，加快推进现代金融、现代物流、工业设计、科技服务、会展商务等生产性服务业专业化、高端化发展。结合郑州基础条件和产业特点，扛稳粮食安全责任，围绕“粮头食尾”“农头工尾”，不断提升粮食加工、流通、科研能力，积极发展设施农业、智慧农业、休闲农业、生态农业，构建一二三产融合的现代农业产业体系，持续做优都市农业，加快培育现代产业体系。

4. 加快数字经济建设，构建产业经济新生态。抢抓新一轮科技革命机遇，加快推进“数字产业化、产业数字化”，全力打造中部地区数字“第一城”。以提升数字生产力为目标，充分发挥国家大数据（河南）综合试验区战略平台作用，加快突破核心关键技术，形成一批重大原始创新成果。推动数字技术深度交叉融合创新，支持数字技术与传统制造业、农业、金融、贸易、政务、民生服务和社会治理等领域的交叉融合创新，打造一批自主共性关键技术与体系化标准，开发一批有影响力的新品，形成具有郑州产业特色的数字化转型技术和标准体系。组织实施制造业数字化转型三年行动计划、氢燃料电池汽车、人工智能、智能传感器等战略性新兴产业发展规划，抢抓新产业、新业态蓬勃发展机遇，加快发展新型显示和智能终端、新能源及智能网联汽车、节能环保等产业，围绕5G、云计算、信息安全等数字经济主导产业，培育数字经济新增长点；加快国家大数据综试区核心区、中国智能传感谷建设，推进阿里巴巴、海康威视、南威、软通动力等龙头企业区域总部项目建设。大力实施5G+示范工程，积极探索数字技术在社会治理中的创新应用，强化数字治理建设和数字化政府建设，加快构建数字经济发展新生态，全力打造中部地区数字产业化发展引领地，产业数字化发展示范地。

（四）纵深推进改革服务，加快提升郑州发展效率。

1. 着力营造一流营商环境。营商环境是城市的重要软实力和核心竞争力，尽管郑州营商环境位居全省第一，但距离北京、上海、杭州等城市还有明显差距，进一步优化营商环境是郑州建设高质量发展区域增长极的迫切任务。要坚持对标国内一流，突出数据共享、便企利民，持续推进“一网通办，一次办成”，树立以政务服务引领的营商环境改革新品牌。按照“一件事、一张网、不见面”的原则，聚焦群众和企业眼中的“一件事”，围绕“一件事”推动流程再造、系统打通和数据共享。要加快政务服务线上线下融合，按照“应上尽上、全程在线”原则，推进“一网通办”整体联动，归集、并联与企业和群众相关的电子证照、申请材料、事项办理等政务服务信息，提高办事材料线上线下共享复用水平，实现更高比例的政务服务事项“一网通办”。加强郑州数字政务建设，打造“城市大脑”，进一步丰富完善“郑好办”App功能应用，搭建好“郑好办”App手机端“掌上办”、郑州政务服务网PC端“网上办”、实体大厅端“一窗办”、综合自助一体机“就近办”的“四端协同”线上线下深度融合政务服务体系，推动“企业、群众跑腿”变“数据跑路”，让企业和群众“就近办”“掌上办”，争取“一次不用跑”。

2. 加快郑州信用体系建设。加强信用监管可以有效提升监管效能、维护公平竞争、降低市场交易成本，是健全市场体系建设的关键。要以郑州成功创建国家社会信用体系建设示范城市为新起点，创新监管理念、制度和方式。在办理信用承诺制行政许可事项时，实行容缺受理，建立市场主体信用记录，将失信记录建档留痕，实施重点领域失信问题专项治理，推进信用监管信息公开公示。发挥“互联网＋”、大数据对信用监管的支撑作用，建立风险预判预警机制，运用大数据、云计算等信息技术，利用信用信息监管系统，为公共信用综合评价、信用分级分类监管、信用协同监管、信用监测预警等提供技术和服务支撑。加大信用信息安全和市场主体权益保护力度，严肃查处违规泄露、篡改信用信息或利用信用信息谋私等行为，建立起贯穿市场主体全生命周期，衔接事前、事中、事后全监管环节的新型信用监管机制，为郑州更好融入“双循环”打造高质量发展区域增长极提供信用支撑。

（五）高水平扩大对外开放，持续提升郑州开放能级。

1. 加快形成对外开放体系高地。开放是国家中心城市和区域增长极的鲜明特征，要紧盯“四路协同”，突出口岸、保税、通关、多式联运、物流、金融六大体系联动，建设具有综合优势、较强竞争力的开放体系，努力把开放的前期优势变成长期的市场优势和竞争优势。“空中丝绸之路”方面，用好第五航权，大力开辟洲际货运、客运航线，加快培育本土基地公司，持续深化与卢森堡的全面合作，把郑州—卢森堡“空中丝绸之路”打造成中国内陆与欧洲的贸易流通主通道；陆上丝绸之路方面，在稳定开行既有线路的同时，积极拓展新线路，加密往返班次，大力发展冷链业务、数字班列、定制班列；网上丝绸之路方面，以进口药品和医疗器械试点建设为契机，探索监管模式，加快推进“1210”模式反向复制，创新出口方式，推动跨境电商与传统产业的深度融合，打造一批百亿级出海产业集群；以EWTO核心功能集聚区为载体，集聚电商网商和服务配套企业，优化产业生态，推进协同创新，着力打造跨境电商产业规则创新、技术创新、监管创新策源地；海上丝绸之路方面，以郑州为中心枢纽，多线路、多港口、多站点，推广铁公海多式联运模式，持续推动空陆网海“四条丝路”拓展延伸，着力打造铁公海联运、空陆联运平台，加快形成对外开放体系高地。

2. 加快打造全方位参与国际合作高地。“双循环”新发展格局强调以国内大循环为主体，但并不是要我们放弃国际循环、自我封闭。当今全球经济已形成紧密相连的生产分工体系，任何一个国家、一个经济体、一个想发展的区域都不可能成为经济“孤岛”，郑州只有融入其中，才能抓住新发展格局下产业链、价值链、供应链重构的机遇，进而增强自身区域增长极的引领辐射功能。要深化与“一带一路”沿线城市的经贸合作，推进全产业链深度合作；依托丝路通道、开放口岸和郑州商品交易所等贸易平台，创新境内、境外双向贸易组织模式，集聚优质商品，提升商业业态；要扩大对外交流，聚焦商贸物流、航空合作、科技创新等领域，策划承办一批在国内国际有影响力的重大经贸活动，不断提升郑州知名度、影响力；要创新招商方式，围绕主导产业延链补链、招大引强，吸引跨国公司在郑设立地区总部、采购中心、结算中心等功能性机构，加快培育以国际性战略企业为带动、全产业链发展、具有国际竞争力的产业集群，不断提高郑州在全球价值链中的地位，提升开放水平和能级，推动郑州成为国际合作高地。

（六）发挥交通优势，全力打造郑州现代流通体系。

1. 强化枢纽作用，加快形成国际交通枢纽门户。把握我国经济高质量发展的内涵特征和区域经济发展动力极化趋势，抓住郑州“区位”和“交通”这两个最大优势，走好“枢纽＋开放”的路子，加快打造国际交通枢纽门户。围绕提高枢纽通达能力、集疏能力，一方面抓硬件完善交通设施布局，加快推进国际航空运输网、米字形高铁网和轨道交通网建设，进一步优化铁路枢纽场站功能布局，抓好机场三期、高铁南站、小李庄客运站等重大项目建设，不断完善以航空为引领、公铁货运集疏、高铁客运集疏为特征的空陆衔接、多式联运的综合枢纽体系；另一方面抓软件提升交通组织能力，加快推进郑州由“中转型”枢纽向“门户型”枢纽转变，积极争取形成以郑州为中心的始发、终到轮辐式航空和高铁交通组织体系，加快完善以“一单制”为核心的多式联运体系，实现各种运输方式“零距离换乘、无缝化衔接”。推动空陆网海“四条丝路”拓展延伸，加速国际航空运输网、米字形高铁网、城市轨道和快速交通网联动，发挥高速公路网络集疏功能，尽快实现“航空＋高铁、城铁、地铁、普铁、快速路”的高效衔接，让成本低、时效快、通达性强、覆盖面广成为郑州枢纽的竞争优势，让人流、物流、生产要素在郑州能够更好地沉淀下来、集聚起来，搭建郑州建设高质量发展区域增长极的快车道。

2. 加强顶层设计，加快现代流通体系建设。习近平总书记指出，流通体系在国民经济中发挥基础性的作用，构建新发展格局，必须把建设现代流通体系作为一项重要的战略任务来抓。加快推进现代流通体系建设，是郑州发挥好自身交通物流优势的切入点，也是发力点。要把握好机遇，加强顶层设计，加快适应新技术应用的制度创新和标准体系建设，围绕数字化、现代化、国际化，制定完善流通服务业的发展政策，积极研究建设面向智慧营销、智慧物流、智慧供应链等功能的新型商业基础设施，大力推动流通领域数字化升级，鼓励制造企业与流通企业利用新技术形成全链条高效协同。要做好流通这篇文章，把构建现代流通体系作为“十四五”规划的重大课题来研究，充分发挥郑州的现代综合交通枢纽优势、物流优势，加强数字赋能，积极发展电子商务、智慧门店等流通新业态，支持大数据、云计算、人工智能、无人科技等在流通领域的研发和应用，鼓励互联网企业发挥技术优势，赋能传统流通企业，推动“互联网＋流通”全面升级。积极培育、壮大现代流通品牌企业，不断优化空间布局结构，促进流通体系、开放体系、现代产业体系协调发展，加快建设开放、高效、数字、绿色的高质量现代流通体系，为郑州新发展格局下打造高质量发展区域增长极提供新支撑。

郑州市农村集体经济发展调研报告

郑州市农业农村工作委员会

郑州市高度重视村级集体经济的发展，积极探索，先行先试，成效明显。为了及时总结村级集体经济试点经验教训，加快发展步伐，提高质量效益，按照市委、市政府要求，市农委会同市自然资源与规划局等部门对农村集体经济发展问题开展了联合调研。调研组于6月中旬对郑州市部分县（市）区、开发区，以及上海市闵行区、松江区，安徽省天长市、肥东县进行了实地调研，并检索搜集了苏州、杭州等地的相关资料，在此基础上归纳整理，形成了调研报告。

一、发展现状

（一）基本情况。郑州市辖16个县（市）区、开发区，179个乡（镇、办），2396个行政村，17642个村民组；共有农户120.1万户，农业人口501.5万；农用地面积为504.5万亩，其中耕地377.9万亩。近年来，在新型城镇化和乡村振兴的“双轮驱动”下，全市农村集体经济发展迅速，呈现以下特点。

总量大。据统计，截至2018年底，全市集体经济组织账面资产总额339.8亿元，村均资产1418.1万元（不含资源性资产）。全市经营性资产98.3亿元，约占全省经营性资产总量的1/3。全市村级集体经济组织总收入 66.9 亿元，总支出 49.1 亿元，收益 17.8 亿元。

类型多。发挥村集体的主导作用，立足村情民意，因地制宜，通过股份合作、产业发展、物业租赁等多途径探索，丰富了村级集体经济的实现形式。如中牟县官渡镇孙庄村引导村民以土地、资金、劳力、农机等生产要素入股合作社，开展果蔬等农产品的规模化标准化生产、品牌化营销，建立了“参股合作＋公司化管理”的“孙庄模式”。登封市君召乡晋爻村实施光伏发电项目，利用学校、村委屋顶，建设 35 组太阳能板，年收入达 15.6 万元。巩义市竹林镇石鼓街社区，利用长寿山景区的资源优势，盘活街区闲置房屋，以土地、资金参股，开发建设了长寿山风情古镇小吃城。

城中村股民分红持续增长。金水区的凤凰台村通过城中村拆迁改造，将 11 万平方米的集体商业房整体出租经营凤凰茶城，村集体“租赁经济”收入由改造前的 800 多万元逐步增加到约 5000 万元，人均年分红由 3000 多元增加到约 17000 元。关虎屯村依托区位优势发展租赁经营，集体经济收益大幅增长，年人均分红由 2008 年的约 14000 元增加到 25000 余元。

（二）工作措施。

扎实推进农村集体产权制度改革。河南省被列为农村集体产权制度改革整体推进省份，将于 2020 年前率先完成改革任务。郑州市该项工作走在了全省前列，第一阶段的集体资产清产核资已经完成，全市乡、村、组三级共清查核实农村集体资产 737 亿元，其中村级集体资产 512 亿元，村均资产 2132.4 万元；经营性资产 323.6 亿元，其中村级经营性资产 212.7 亿元，村均经营性资产 886 万元；集体土地 820 万亩，其中农用地 608.8 万亩。第二、三阶段的成员界定和股份合作制改革工作正有序推进，截至目前，2401 个行政村完成成员身份确认 2196 个，占比 91.5%；股份设置和量化 2147 个，占比 89.4%；成立农村集体经济组织 2117 个，占比 88.2%。完成了市委改革领导小组年初制定 70%的任务目标。各地普遍建立了集体资产登记、保管、使用和处置等制度，规范集体资产管理和交易行为，“以制度管人、按制度办事”的工作机制初步形成。农村集体产权制度为今后进一步发展壮大农村集体经济奠定了坚实的基础。

积极开展村级集体经济发展省级、市级试点工作。按照《河南省扶持村级集体经济发展试点实施方案》要求，郑州市积极申报，43个试点村共获得省级扶持资金3722万元，此外，市、县也分别配套10%的扶持资金，有效促进了全市村级集体经济的发展。2018年，郑州市印发了《郑州市扶持村级集体经济发展试点实施方案》《郑州市扶持村级集体经济发展试点项目资金管理办法》，市政府安排1亿元专项资金，力争用三到五年时间，激活农村生产要素，激发农村发展的内生动力，促进村级集体经济发展壮大和农民增收。各县（市、区）、开发区按照行政村自主申报、乡（镇、办）考察备案、县级评审上报的程序，共选出68个试点村。目前各试点项目正积极推进。

产业扶贫助推村级集体经济发展。围绕"村村有特色产业、有创业致富带头人、有新型合作经济组织、有集体经济收入、户户有增收项目"的"五有"目标，确定了特色种养、电商流通、乡村旅游等7大产业类型以及合作帮扶、托管帮扶、股份帮扶等7种脱贫模式，发改、扶贫、农业、畜牧等多部门协同推进产业扶贫政策落实，助力村级集体经济发展。截至2018年底，全市181个贫困村中，180个村有特色产业，175个村有新型合作经济组织，培育致富带头人629人，建设电商扶贫网点949个，评选旅游扶贫示范村11个、示范户21户，基本消除了集体经济空壳村。

二、存在问题

整体水平不高，发展不平衡。在全市2396个行政村中，无经营收益的集体经济"空壳村"占多数，占比为55.09%。在有经营收益的1076个行政村中，年经营收益10万元以下的集体经济"薄弱村"占多数，占比达56.87%（见图1）。

从各县（市）区、开发区情况看，集体经济发展也不平衡。如金水区已消除了集体经济"空壳村"，而航空港区、中原区"空壳村"比例仍

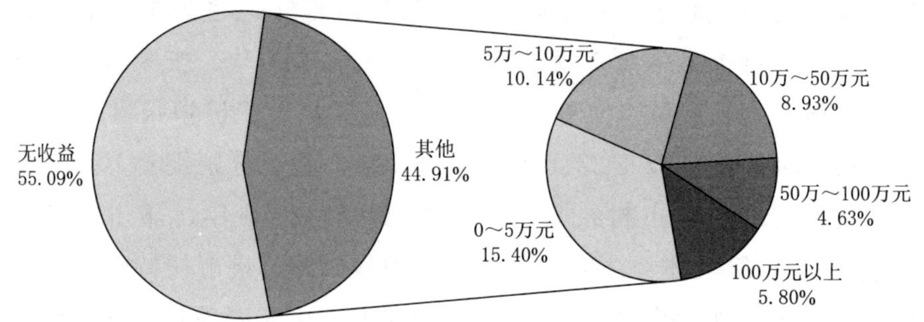

图1　全市各层次村级集体经济收益的行政村数量占比

超过80%（见表1）。从集体经济经营收入来看，市内六区、开发区村均经营收入明显高于六县（市）。如惠济区、金水区已完全城市化，租赁经济比重大、收益高，村均经营收入超过2000万元；而六县（市）很多村庄位置偏僻，产业基础弱，村均经营收入尚低于200万元（见图2）。

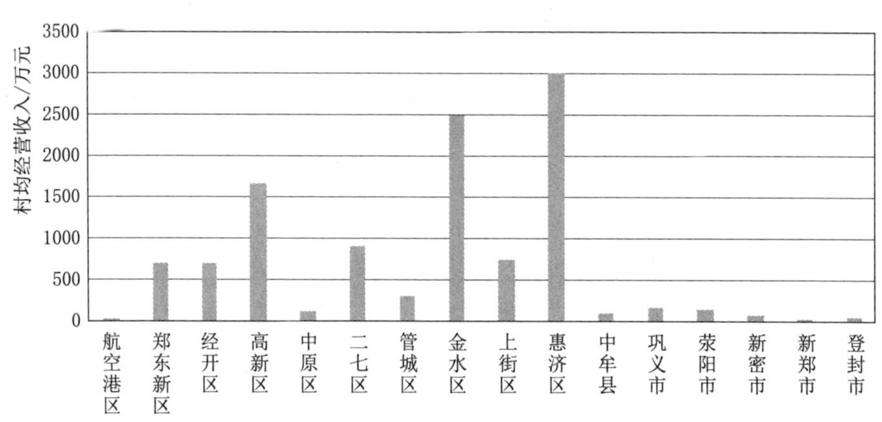

图2　各县（市）区村均经营收入

*产业层次低，后劲不足。*城中村多数集体经济组织只是凭借交通区位优势，为引入投资者提供生产场所和生产环境，主要收入来源为土地、厂房、商铺租赁，对租金依赖性高，产业低端、无序，抗风险能力低。且集体经济组织建造的生产场所大多建筑标准低、环境及配套设施差、景观拥挤杂乱，能引进和容纳的也多是规模小、技术含量低的低端产业，不足以影响乃至参与城市经济分工和产业布局，发展空间受限、后劲

不足。

表1　各县（市）区集体经济空壳村、薄弱村数量及占比

县（市、区）	行政村数/个	空壳村		薄弱村	
		数量/个	占比	数量/个	占比
航空港区	173	163	94.22%	4	2.31%
郑东新区	87	39	44.83%	37	42.53%
经开区	55	42	76.36%	13	23.64%
高新区	39	23	58.97%	0	0.00%
中原区	46	38	82.61%	0	0.00%
二七区	46	10	21.74%	15	32.61%
管城区	30	14	46.67%	7	23.33%
金水区	40	0	0.00%	6	15.00%
上街区	30	3	10.00%	3	10.00%
惠济区	54	38	70.37%	2	3.70%
中牟县	275	126	45.82%	110	40.00%
巩义市	298	162	54.36%	53	17.79%
荥阳市	289	116	40.14%	79	27.34%
新密市	334	265	79.34%	58	17.37%
新郑市	283	210	74.20%	65	22.97%
登封市	317	71	22.40%	160	50.47%
全市	2396	1320	55.09%	612	25.54%

规划滞后，缺少区域统筹。部分村庄规划滞后，产业发展定位不准，方向不明，发展存在盲目性。缺少区域统筹、差异化发展或抱团发展的协调协作机制。如很多县（市）都提出了“全域旅游”的口号，但由于顶层设计、精细谋划缺位，导致旅游产品盲目仿效，低端化、同质化严重，直接影响了旅游体验。

土地瓶颈、资源约束明显。受基本农田保护制度和建设用地指标总量限制，发展现代农业所需的附属设施、配套设施用地，以及发展一二三产融合所需的停车场、餐饮、住宿等建设用地难落实。许多村的集体

资产拆分殆尽，集体经营性建设用地长期廉价出租给私人企业，承包地也全部分包到户，集体经济基础薄弱。

基层党组织带动能力不强，发展内生动力不足。目前，村集体经济组织负责人大多由村“三委”干部担任，其中既有发展热情，又有现代经营管理能力和经验的人很少。有的村干部存在“等靠要”思想，只怪“没资源、没资金、没政策”；有的村干部虽有工作热情，但对集体经济的理解片面，思路不清，缺乏创新意识，即使有资金扶持，也不会选立项目；有的村干部有畏难情绪，认为发展集体经济费力不讨好，利益集体享、风险自己担，担心搞砸了遭村民埋怨。除城中村外，多数群众对发展集体经济的获得感不强，积极性不高。

三、对策建议

加强领导，强化协作。建立工作机制。把发展壮大农村集体经济作为实施乡村振兴战略的重要抓手，列入党委政府工作重要议事内容。建立部门联动、定期会商的工作机制，树立问题导向，破解发展瓶颈。农业农村部门作为发展壮大农村集体经济的牵头部门，要强化统筹协调，强化业务指导，强化市县联动和部门沟通，将发展壮大农村集体经济融入乡村振兴的主战场。财政、发改、金融、税务、自然资源与规划等部门要加大对农村集体经济的扶持力度，积极为农村集体经济发展提供资金金融、基础设施建设、设备装备配套升级、税收减免、用地保障等方面的支持。结合脱贫攻坚“巩固提升阶段”重点任务，实行党政机关、企事业单位与集体经济薄弱村挂钩帮扶制度，压实责任，精准施策。各县（市）区、开发区党委政府建立主要领导负总责、相关部门联动协作的工作机制，明确目标任务，厘清工作职责，抓好工作落实。

实施考核和绩效评估。组织部门把农村集体经济发展成效列入基层领导班子和干部考察考核的重要内容。制定农村集体经济绩效评估办法，对发展成效明显的县（市）区、开发区以及乡（镇）办进行奖励，实施“基本报酬+绩效考核+集体经济发展创收奖励”的“带头人”、村干部报酬补贴制度。

规划引领，系统谋划。以科学规划为引领，以项目为抓手，一张蓝图绘到底，久久为功谋划农村集体经济发展。结合乡村振兴战略规划、美丽乡村发展规划，加快编制村庄规划。按照新型城镇化、乡村振兴总要求，坚持县域一盘棋，推动各类规划在村域层面“多规合一”；优化村庄的分类和布局，明确村庄的发展定位、主导产业、用地布局；以发展壮大集体经济为导向，鼓励投资乡村建设的企业积极参与村庄规划工作，探索规划、建设、运营一体化；发挥农民主体作用，充分尊重村民、村集体的知情权、决策权、监督权，确保村庄规划符合实际并能落地实施；建立农村集体经济发展项目库，在科学谋划、充分论证的基础上，确定项目建设优先序，以项目为抓手，梯次推进，引领农村集体经济高质量发展。

解放思想，挖掘资源。强化基层党组织建设。加强以村党支部为核心的基层党组织建设，选优配强村级组织班子，强化党对农村集体经济发展的领导。选育引领集体经济发展的带头人队伍，发挥村党组织书记的“领头羊”作用，建设奉献意识强、带富能力强的“双强型”村党组织书记队伍。鼓励村党组织以合作社为载体，领办创办农业社会化服务组织，开展信息、技术、劳务等有偿服务。鼓励村党组织引进非农资本，参与集体经济发展。探索“党建＋产业发展”“党员＋致富能人”等发展模式。建立健全集体经济利益分配机制，让群众共享发展红利。及时总结发展集体经济的好做法、好模式、好经验，加强典型案例宣传推介，营造“农民有动力，干部有压力，集体资产有活力，基层组织有合力”良好发展氛围。如中牟县的孙庄村在集体资产“一穷二白”的情况下，村党组织书记有梦想、有思路、有情怀，带领支部班子学习外地经验，引导、动员村民建立股份合作社，建设“官渡·乡谣农场”。2018 年底，该村实现集体经济收益 334.8 万元，扣除发展基金，为全村 305 户入股村民分红 120 万元；部分同时拥有土地股、人工股、资金股和农机股的村民，年收入可达五六万元。

充分挖掘农村资源。结合农村集体资产清产核资工作成果，明晰现有集体资产的种类和数额，引导农村集体抢抓机遇，主动作为，激活“沉睡”的资源和资产。鼓励整合盘点集体所有的四荒地以及废旧村部、校舍、厂房、仓库、礼堂、宅基地等，自主经营或招商招租，提高闲置资源利用率，变“死资源”为“活资产”。鼓励动员发动群众，以土地、资金、资产、劳动力等生产要素入股集体经济，开展股份合作，变农户间“单打独斗”为“强强联合”，激发村民参与集体经济发展的内生动力，构建村民与集体的利益共同体。

创新发展，区域统筹。以提升“造血”功能为主攻方向，创新方式方法，因地制宜拓展农村集体经济增收渠道。鼓励村级集体经济组织通过异地兴建、联村共建等形式，建设标准厂房、仓储设施等，发展物业经济；依托农业产业、自然风光、民俗风情、农耕文化等资源，结合美丽乡村、田园综合体建设，发展农业采摘、休闲观光、农家乐、民宿等乡村旅游经济；组建农民合作社、劳务队等服务组织，为农业生产、销售等环节提供社会化服务，或承接镇村公路绿化或养护、村庄道路河道保洁等服务，发展服务经济。积极引入外来社会资本、人才、科技等要素，打破农村集体产权的封闭结构，提高资源配置效率。鼓励以集体资源和资产入股经营稳定、发展前景好的农业或工商企业，或聘请职业经理人进行资源和资产的经营管理，通过专业化运作，提升集体经济质量；鼓励探索资产项目化经营，与其他经济主体联合发展混合所有制经济，不断丰富集体经济的实现形式。

强化区域联合，扩大农村集体经济的开放性。支持多个农村集体经济组织组建跨村乃至跨乡（镇、办）的经济联合体，整合土地、资金、劳动力等生产要素，按照“明晰产权，统一经营，合理持股，成果共享”的原则，抱团发展区域性农村集体经济。鼓励县（市、区）或乡（镇、办）组团，采取统一规划、统一建设、统一经营、收益归村的方式，在开发区、商业区、城乡社区等区位条件好、产业集聚度高的区域，兴建或购置商铺、农贸市场、仓储设施、标准厂房等，提高农村集体经济组织的市场主体地位和竞争能力。

加强扶持，助力发展。把农村集体经济组织及其参股的企业作为特殊的市场主体，同等条件下，在用地、资金、金融、税收等方面，给予优先扶持。

落实用地政策。安排一定比例的年度建设用地计划指标，用于农村集体经济发展。乡（镇）土地利用总体规划预留少量（不超过5%）规划建设用地指标，用于零星分散的单独选址农业设施、乡村旅游设施等建设。鼓励土地综合整治项目节余的建设用地指标就地用于农村产业和集体经济发展，或开展节余指标有偿交易，所得收益归农村集体经济组织。为搬迁安置小区安排一定规模的建设用地，筑牢新村集体经济发展基础。农村集体土地依法被征收为国有土地时，按被征收土地面积的一定比例，为被征地村安排发展留用地，或将留用地指标折算为资金予以补偿。农村集体经济组织经依法批准的房产和建设用地，可办理不动产登记，允许其将地上建筑物、构筑物通过入股、联营等方式开发经营。探索省市县联动的“点状供地”政策，明确审批流程，简化用地手续，根据项目实际需求，灵活、精准供地。

强化资金支持。设立专项资金，持续支持农村集体经济发展。在农村集体经济“6＋1”“6＋3”扶持体系内，扩大农村集体经济试点范围，重点扶持集体经济“薄弱村”和“空壳村”。对农村集体经济组织回购、改造或开发的经营性物业项目，给予贷款贴息补助。加大对农村基层组织运转、公共事业和基础设施建设的转移支付力度。政府拨款、财政扶持和减免税费等形成的资产，归农村集体经济组织所有。各级财政支持的农村公益类小型项目，优先安排农村集体经济组织作为建设管护主体。

强化金融支持。引导各级金融机构对农村集体经济组织经营或参股的项目提供优质金融服务，在简化审批手续、下调贷款利率、扩大担保物范围、联合担保等方面给予扶持。鼓励金融机构创新金融产品，支持农村集体经济发展。依托郑州市农业担保股份有限公司，优先向农村集体经济组织提供贷款信用担保服务。

加大税费优惠。免征因农村集体经济组织名称变更登记、资产产权变更登记涉及的契税，免征签订产权转移书据涉及的印花税，免收确权变更中的土地、房屋等不动产登记涉及的登记费和工本费。对农村集体经济组织获得的财政性补助或奖励免征企业所得税。对农村集体经济组织发展二三产业缴纳的税费，按照一定比例返还。

完善法规、强化监管。完善相关法律法规。制定《农村集体经济组织管理办法》，明确集体经济组织的属性、功能定位和主要职能，确立集体经济组织在市场经济中的法人主体地位。制定《农村集体经济组织股权管理办法》，在股权结构、股权继承、增资扩股等方面给予指导，规范股权管理，确保集体经济组织成员合法权益不受侵犯。探索股权转让与退出机制，实现集体经济组织资产要素的自由流动与优化配置。建立村两委与集体经济组织的有效协调机制，实现集体经济组织与党支部、村委会职能分立，各司其职。规范农村集体经济组织章程，建立健全章程审核备案制度，引导农村集体经济组织制定适合本组织实际的章程。

加强集体“三资”监管。修改完善《郑州市农村财务管理条例》，适应农村集体“三资”现代化管理需求。构建农村集体资产管理交易、集体经济财务监管和集体经济组织成员股权（股份）管理交易“三个平台”，实施信息公开，规范合同管理，防范损害集体经济利益的行为。建立健全农村集体经济发展民主决策机制，对投资采购、资产处置、工程建设等重大决策，实行“四议两公开”工作法。建立农村集体经济定期审计制度。